※ 教育部人文社会科学基金青年项目《二十世纪五六十年代苏、鄂、皖三省青壮年支疆研究》（17YJC770034）阶段性成果

※ 新疆维吾尔自治区普通高校人文社会科学重点研究基地"西域文史研究中心"项目《内地支疆青壮年返籍问题研究》（XJEDU040216C05）阶段性成果

※ 新疆师范大学"丝绸之路文献研究中心"资助出版

※ 新疆维吾尔自治区"十三五"重点建设学科——新疆师范大学民族学资助出版

江苏青壮年
支援新疆建设研究
（1959—1965）

闫存庭◎著

人民出版社

责任编辑：刘　伟
版式设计：严淑芬
责任校对：吕　飞

图书在版编目（CIP）数据

江苏青壮年支援新疆建设研究：1959—1965 ／ 闫存庭　著．—
　北京：人民出版社，2021.2
ISBN 978 - 7 - 01 - 022545 - 6

Ⅰ.①江…　Ⅱ.①闫…　Ⅲ.①社会主义建设成就－新疆　Ⅳ.① D619.45

中国版本图书馆 CIP 数据核字（2020）第 200275 号

江苏青壮年支援新疆建设研究（1959—1965）
JIANGSU QINGZHUANGNIAN ZHIYUAN XINJIANG JIANSHE YANJIU (1959-1965)

闫存庭　著

人 民 出 版 社 出版发行
（100706　北京市东城区隆福寺街 99 号）

北京盛通印刷股份有限公司印刷　新华书店经销

2021 年 2 月第 1 版　2021 年 2 月北京第 1 次印刷
开本：710 毫米 × 1000 毫米 1/32　印张：14.875
字数：350 千字

ISBN 978 - 7 - 01 - 022545 - 6　定价：66.00 元

邮购地址 100706　北京市东城区隆福寺街 99 号
人民东方图书销售中心　电话（010）65250042　65289539

目　　录

表 目 录

绪　论

历史上新疆人口的迁移形式多种多样，但绝大多数属于以行政或军事手段推行的。按照移民产生的动因，大致可以分为官方组织的移民和自发性移民。官方组织的移民包括派驻西域的官吏、军队，以及在屯田中形成的移民。屯垦形式有军屯、民屯和犯屯，到清代更增加了旗屯、商屯和回屯。自发性移民主要是内地居民因灾荒、战乱、赋役等迁徙新疆。此外，还有一些商贾、僧侣和被掠夺、买卖而入疆的人口。

民国时期新疆以自发性迁移为主，其中因战争引发的移民尤为突出。同时，还有大量商人涌入新疆。如清末民初进入新疆的民族民主革命党员和哥老会成员、抗战时期进入的中共党员以及不同时期投奔主政者的同乡、亲属，盛世才从关内招募的屯垦移民和入疆贸易的八大商帮等。此外，还有东北军、马仲英部队、国民党军队和共产党部队的进疆等。

新中国成立后，仍沿袭了屯垦戍边的传统，经历了由政府计划移民为主、自发移民为辅，到以自发移民为主的转变过程。[①]其中，国家计划性迁移包括驻疆军人转业安置，从湖南、山东等地招录入疆的女兵，从河南进疆的青年垦荒队，由鄂、皖、苏动

---

① 童玉芬：《中国新疆的人口与环境》，世界知识出版社 2006 年版，第 99 页。

员入疆的大批青壮年及其家属，以及来自北京、上海、天津、武汉四市和江苏、浙江两省的上山下乡知识青年等。自发性迁移主要是由甘肃、河南、四川、山东等省流入新疆谋生和投靠亲友的人员。此外，还有部分从内地遣送到新疆进行劳动改造的犯人。

从 1949 年至 1966 年，新疆人口逐年上升（除 1962 年），其中尤以 1959 年增速最快，较 1958 年增长 114.42‰。1960 年较 1959 年增长 37.35 万人。1959—1960 年间新疆人口的快速增长，主要来自国家的计划性迁移和三年困难时期从内地流入的大批自流人员。这一时期国家的计划性移民，即苏、鄂、皖三省迁入的青壮年劳动力，计 25 万余人（不含家属）。其中，仅江苏一省就达 12 万多人。因而，选取江苏省青壮年移民支疆运动进行个案考察，具有重要的学术价值与现实意义。

一、选题缘起和研究意义

（一）选题缘起

"新中国成立后的边疆移民是中国人口流动的重要内容，有着相当大的规模，但目前权威性的国史学著作和移民史方面的著作甚少涉及。"[①] 20 世纪五六十年代江苏青壮年移民支疆这一历史事件，学术界迄今尚无关注。笔者来自新疆，一直关注边疆移民，尤其是新中国成立后新疆的移民活动。在查阅档案过程中发

---

① 赵入坤：《二十世纪五六十年代的中国边疆移民》，《中共党史研究》2012年第 2 期。

现，来自江苏和新疆的档案能够较好地呼应配套，有助于梳理解析这一重要史实。鉴于学术界关于江苏省青壮年支边新疆的研究非常薄弱的现状，笔者在充分查阅和占有文献资料，并广泛征求意见的基础上，决定以此为题，进行专题研究。

（二）研究意义

1.学术价值

目前，学界对清朝及民国时期新疆的人口与迁移史的研究关注较多，已有一批代表性成果出现，这些研究从移民政策、措施、类型以及对新疆社会经济发展的作用等方面展开了有益的探索。① 而新中国成立后新疆人口与迁移史的研究面比较

---

① 著述方面，如方英楷撰著：《新疆兵团屯垦戍边史》（上、下卷）（新疆科技卫生出版社 1997 年版）、刘科编著：《新疆生产建设兵团人口迁移与开发研究》（新疆人民出版社 1997 年版）等对清季民国新疆的人口迁移都有所涉及。

　　论文方面，成果比较丰富，主要有牛汝极：《从新疆地名看历史上的移民》，《西域研究》1992 年第 3 期；董琳：《清代新疆移民屯田的历史作用与教训》，《新疆师范大学学报（哲学社会科学版）》2001 年第 1 期；高莉琴：《新疆的屯垦移民与新疆汉语》，《语言与翻译》2004 年第 3 期；阎东凯、张莉：《民国"开发西北"中一次未竣的移民计划——1942 年至 1944 年的新疆移民》，《民国档案》2006 年第 3 期；李洁、郭琼：《历史上新疆汉族移民的类型及其作用》，《烟台大学学报（哲学社会科学版）》2008 年第 3 期；黄达远：《清代新疆北部汉人移民社区的民间信仰考察》，《宗教学研究》2009 年第 2 期；祈美琴、褚宏霞：《清代嘉道时期新疆移民落籍方式初探》，《西域研究》2013 年第 2 期；李洁：《民国时期新疆汉族移民探析》，《中国边疆史地研究》2009 年第 4 期；许建英：《坛庙与神祇：清代新疆汉族移民的社会文化构建》，《云南师范大学学报（哲学社会科学版）》2014 年第 3 期；刘萍：《1942—1944 年豫籍灾民迁移新疆述略》，《东岳论丛》2014 年第 4 期。

窄，关注的热点和焦点主要集中在知识青年上。其中，尤以上海知青的成果最丰富，兼有北京、天津、武汉、南京等地知青的一些成果。这些成果大都以纪实文学或知青回忆录为主，缺乏学理性的深度研究。除此之外，还有为数不多的复转军人、女兵的探讨。学界对支边青壮年的研究十分薄弱，尚未见与之相关的专门论著。本书旨在填补新疆移民开发史研究方面的不足，丰富中国人口史研究的内容，以期对当代新疆史研究有所助益。

2.现实意义

第一，本书有助于说明新疆的进步和发展，是在全国各族人民大力帮助和支援下，各族人民共同努力下取得的，对于新疆各族人民联合抵制"三股势力"各种民族分裂活动，共同维护新疆社会稳定和长治久安具有重要的意义。第二，本书可以对新时期国家、有关省市的人口迁移工作提供一定的理论依据和现实启示。时至今日，国家为了兴建大型公共基础设施，仍在进行计划性、大规模的人口迁移活动，牵涉上百万群众。这虽然与20世纪五六十年代的迁移背景不同，但其中涉及的动员、安置、巩固，以及安置后民众的社会冲突与调适等问题都是相似的。第三，本书能够展现特定历史时期内地支疆青壮年与新疆各族群众的交往交流交融，可为中华民族共有精神家园的建构提供鲜活的案例。

二、相关概念界定

（一）支边

"支边"，顾名思义，即"支援边疆或边远地区"[1]。学界基本上都认可这个解释，没有什么争议。

（二）支边青年

关于"支边青年"，目前大概有以下几种解释：

周崇经《中国人口》（新疆分册）认为"支边（青年）"指计划迁移中投入工农牧业生产的劳动力，包括计划批准来疆插队的知识青年。[2]

《新语词大词典》认为，"支边青年"指我国从 60 年代初开始，陆续在内地省区分期分批派往新疆、青海、内蒙古自治区和黑龙江省等边远省区支援边疆建设的青年。[3]

定宜庄《中国知青史——初澜（1953—1968）》认为，"支边青年"指新中国成立后到边疆和少数民族地区去支援建设的各行各业的青年，包括移民中的青年，都被如此称呼。最早的，甚至可以包括 1950 年起为解决新疆屯垦官兵的婚姻问题而在内地招聘的几千名青年女兵……只是在 60 年代后，他们在支边青年中

① 沈孟璎编著：《新中国 60 年新词新语词典》，四川出版集团、四川辞书出版社 2009 年版，第 534 页。

② 周崇经主编：《中国人口》（新疆分册），中国财政经济出版社 1990 年版，第 139 页。

③ 韩明安主编：《新语词大词典》，黑龙江人民出版社 1991 年版，第 617 页。

所占比例越来越大，大到几乎可以在二者间画等号的地步，人们才把支边青年看成是上山下乡知识青年的一部分。①

《新疆百科知识词典》认为，"支边青年"特指1954年10月至1966年底动员组织的北京、上海、天津、四川、山东、湖北、河南、江苏等省、市，具有高、初中文化程度的毕业生（或35岁以下的青壮年），到新疆支援兵团建设的青壮年。②

以上的几种解释不尽相同，但基本上都认可把有计划、有组织支边青壮年和知识青年都称为"支边青年"，而自流人员则不属于这一群体。按照"支边"的解释，参加了"支援边疆或边远地区"的青年，都可以称之为"支边青年"。支边的范围也不能仅局限在新疆，同时期还有前往青海、宁夏、内蒙古和黑龙江等省支援边疆建设的人员。在时间界限上，新中国成立后就有北京失业工人、河北受灾民众移民东北，直至20世纪70年代末上山下乡运动逐渐停止，应为支边活动结束的标志。如此看来，定宜庄《中国知青史——初澜（1953—1968）》一书中"支边青年"的解释是比较全面、妥帖的。故笔者认为，新中国成立后到70年代末，从内地省份有计划、有组织地迁移到边疆和少数民族地区，从事各行各业的青壮年，都应称其为"支边青年"。

---

① 定宜庄：《中国知青史——初澜（1953—1968）》，中国社会科学出版社1998年版，第152—153页；吴洄主编：《中国知青总纪实》，中国物资出版社1998年版，第120页。
② 蒲开夫、朱一凡、李行力主编：《新疆百科知识辞典》，陕西人民出版社2006年版，第77页。

（三）支边青壮年

古时以三十为壮年，今泛指三四十岁的人。依笔者所查档案资料所见，当时的"青年"特指年龄在17—30岁之间，而"壮年"则是年龄在31—45岁之间。[①]"支边青壮年"一词，目前还没有看到明确的解释。当时，中央的提法也是动员"青年"，并明确指出：动员的主要对象是青年，"同时也应该动员一部分有较多生产经验的壮年"[②]。这可能是各地在动员过程中，逐渐约定俗成而形成了"支边青壮年"一词。"支边青壮年"属于"支边青年"中的一部分，特指在1959—1960年间从内地省份支援边疆和少数民族地区的青年和壮年。具体到本书来说，指来自江苏、湖北、安徽等省支援新疆建设的青壮年。

三、国内外研究现状、水平和发展趋势

笔者通过对CNKI、万方、维普和人大报刊复印资料以及超星、读秀等数据库的检索发现，关于青壮年移民支边的研究成果很少。目前，还没有研究支边青壮年的专著，论文方面也仅见《二十世纪五六十年代湖北援疆历史考察》《新中国成立后河南对

---

① 《江苏省1959年支援新疆社会主义建设青壮年人员情况统计表（一）》，1959年12月，江苏省档案馆藏，档案号：4008-001-0006。

② 《中共中央关于动员青年前往边疆和少数民族地区参加社会主义建设的决定（一九五八年八月二十九日）》，载中共中央文献研究室、中共新疆维吾尔自治区委员会编：《新疆工作文献选编（一九四九——二〇一〇年）》，中央文献出版社2010年版，第202页。

新疆的人力支援研究（1956—1966)》等为数不多的专题研究。其他一些与支边青壮年有关的研究，多散见于人口史、移民史相关的著述和论文中，这些研究或过于笼统，或一笔带过，缺乏全面细致的考察。

鉴于此，本书拟先从横向对边疆移民史研究现状进行总体梳理，继则从纵向依据移民类型进行分类阐析，以便大家对边疆移民史，尤其是新疆人口迁移史研究状况有较全面的认识。

（一）边疆移民史研究概览

中国移民史的研究起步较晚，20 世纪 80 年代以后才为学界所广泛关注。边疆移民作为中国移民史的重要组成部分，也越来越多地受到学界的重视。

新中国成立后关于边疆移民史的论述，较早的可见之于田方、林发棠《中国人口迁移》，该书就人口迁移与经济发展、开发边疆的关系，以及人口迁移中的诸问题作了较为翔实的论述与介绍，并针对新中国成立以来人口迁移工作的经验教训，提出了一些有价值的建议。[1] 继之则有石方《中国人口迁移史稿》、沈益民等《中国人口迁移》、葛剑雄等《简明中国移民史》、杨云彦《中国人口迁移与发展的长期战略》、葛剑雄《中国人口史》、段成荣《中国省际人口迁移研究》等，多是以通史形式，介绍了历代人口迁移的原因、迁移类型、迁移数量及其历史作用等。这些著述的相关章节，渐次推进了边疆移民史的研

---

[1]　田方、林发棠主编：《中国人口迁移》，知识出版社 1986 年版。

究。① 这些研究中，复旦大学葛剑雄及其团队详细归纳了中国移民史的分期、历代移民的特点和人口变化等，在学界有较大的影响。

《中国人口》和《跨世纪的中国人口》是 20 世纪八九十年代，分别由中国财政经济出版社和中国统计出版社陆续出版的多卷本、区域性人口研究丛书，各省区编纂体例相同，独自成册。《中国人口》从各地区不同的社会、经济和自然条件出发，对人口的数量、出生、死亡、迁移、分布、性别、年龄、婚姻家庭、民族、素质及计划生育等各种基本人口现象和人口问题进行了综合阐述和分析。《跨世纪的中国人口》系统论述了人口数量、分布、结构、素质以及人口与社会、人口与经济等领域的现状和特征，展示了人口发展的历史轨迹，同时也分析了现实的困扰和潜在的问题等。这两套丛书同样涉及新中国成立后的边疆移民，各省区的侧重点略有不同。

李德滨《黑龙江移民概要》对历代黑龙江的移民进行了全面阐述和系统分析，开创了地区移民史研究的先河。② 其后，刘俊哲《中原人口》、杨政等《新疆人口省际迁移研究》、刘科《新疆生产建设兵团人口迁移与开发研究》、王俞春《海南移民史志》、苍铭《云南边地移民史》等也是区域性的移民史研究，介绍了各

---

① 石方：《中国人口迁移史稿》，黑龙江人民出版社 1990 年版；沈益民、童乘珠：《中国人口迁移》，中国统计出版社 1992 年版；葛剑雄、曹树基、吴松弟：《简明中国移民史》，福建人民出版社 1993 年版；杨云彦：《中国人口迁移与发展的长期战略》，武汉出版社 1994 年版；侯杨方：《中国人口史》（第六卷 1910—1953 年），复旦大学出版社 2001 年版；段成荣：《中国省际人口迁移研究》，海潮出版社 2001 年版。

② 李德滨、石方编：《黑龙江移民概要》，黑龙江人民出版社 1987 年版。

相关省份人口迁移的历史过程、移民类型、特点及其作用等。①
刘有安《移民社会文化适应——20 世纪迁入宁夏的汉族移民研
究》则是运用民族学、社会学的原理，通过对 20 世纪迁入宁夏
的不同移民群体的实地调查，围绕移民的社会关系网络的建构和
移民对于迁入地地域文化及民族文化的适应，来分析不同移民群
体的社会文化适应问题。该成果运用多学科理论进行了创新性研
究，值得学习和借鉴，并将有利于推动边疆移民史研究的进一步
深入。②

　　不难看出，以上成果多集中出现在 20 世纪八九十年代，
2000 年以后学界的关注度反而没有那么高了。国内也没有出版
关于边疆移民史的比较权威的著作，但在专题研究方面还是有所
深入和突破。

　　冯浩华《对青海移民与垦荒的历史考察》、解书森等《青海
的开拓与国内移民——兼与冯浩华同志商榷》、林富瑞《略论建
国以来河南的人口迁移》、陈伯敏等《青海农业移民调查》、杨政
等《新疆人口省际迁移研究》、汪学华等《建国以来新疆人口的
省际迁移状况分析》等考察了各相关地区迁移过程、阶段、特

---

①　刘俊哲：《中原人口》，北京经济学院出版社 1993 年版；杨政、童玉芬、原
　　新：《新疆人口省际迁移研究》，新疆人民出版社 1996 年版；刘科编著：《新
　　疆生产建设兵团人口迁移与开发研究》，新疆人民出版社 1997 年版；王俞
　　春：《海南移民史志》，中国文联出版社 2003 年版；苍铭：《云南边地移民
　　史》，民族出版社 2004 年版。
②　刘有安：《移民社会文化适应——20 世纪迁入宁夏的汉族移民研究》，民族
　　出版社 2013 年版。

点及对社会的影响。^① 刘绍文等《建国以来新疆人口增长初探》、李元庆《浅议新疆人口的机械增长》着重探讨了人口自然增长和人口迁移对新疆人口结构的影响。^② 赵入坤《二十世纪五六十年代的中国边疆移民》一文用翔实的资料，论述了边疆移民的原因、类型、特点及存在的问题，最终认为不能决然地否定国家的边疆移民政策。^③ 葛剑雄等《20 世纪中国移民史的阶段性特征》通过探讨中国移民的发展阶段性特征，揭示中国社会发展的内在规律，并认为政治体制变迁与国家安全、经济发展以及自然环境和地理因素是影响移民运动的关键性因素。^④

张毅等《新疆兵团人口迁移与新疆社会发展》、徐美群等《移民对黑龙江农场建设发展的影响》、姚勇等《建国初至"文革"前新疆人口迁移与社会经济发展》专门探讨了人口迁移与社会发展的关系，着重讲述人口迁移在推动工、农业社会发展的积极作

① 冯浩华：《对青海移民与垦荒的历史考察》，《经济研究》1983 年第 5 期；解书森、陈冰：《青海的开拓与国内移民——兼与冯浩华同志商榷》，《经济研究》1984 年第 3 期；林富瑞：《略论建国以来河南的人口迁移》，《河南科学》1985 年第 4 期；陈伯敏、蔡文眉：《青海农业移民调查》，《社会学研究》1988 年第 4 期；杨政、原新、童玉芬：《新疆人口省际迁移研究》，《新疆大学学报（哲学社会科学版）》1995 年第 2 期；汪学华、刘月兰、唐湘玲：《建国以来新疆人口的省际迁移状况分析》，《西北人口》2010 年第 4 期。

② 刘绍文、杨红伟：《建国以来新疆人口增长初探》，《人口学刊》2001 年第 6 期；李元庆：《浅议新疆人口的机械增长》，《新疆社会科学》1989 年第 3 期。

③ 赵入坤：《二十世纪五六十年代的中国边疆移民》，《中共党史研究》2012 年第 2 期。

④ 葛剑雄、安介生：《20 世纪中国移民史的阶段性特征》，《探索与争鸣》2010 年第 2 期。

用，而对其产生的问题和解决的路径等则关注不多。①

李德滨《解放后黑龙江移民问题探讨》、田方《我国移民问题的剖析》、解书森等《对青海移民的几点认识——青海发展中值得重视的一个问题》、鹿立等《从我国五十年代有组织的移民垦荒探析移民巩固问题》、李德滨《当代中国移民基本经验》、续西发《新疆人口迁移问题研究》等则是各地根据移民工作中存在的问题，总结出相应的应对策略。虽然各地的具体经验不尽相同，但都强调要注意经济效益、社会效益和生态效益的相协调，一定要顺乎民意，按照人口移动的规律办事，这对当前的移民仍具有重要的指导意义。②

李德滨《黑龙江省移民类型探讨》、李洁等《试论 1949 年以后新疆汉族移民的类型与功效》着重分析不同移民类型的特点及其相互关系。③ 刘丹《新疆移民问题研究——新中国成立后

---

① 张毅、何秉宇：《新疆兵团人口迁移与新疆社会发展》，《新疆大学学报（哲学社会科学版）》1999 年第 4 期；徐美群、谭杰、王洪军：《移民对黑龙江农场建设发展的影响》，《佳木斯大学社会科学学报》2010 年第 5 期；姚勇、张磊：《建国初至"文革"前新疆人口迁移与社会经济发展》，《兰台世界》2013 年 5 月（上旬）。

② 李德滨：《解放后黑龙江移民问题探讨》，《社会》1983 年第 1 期；田方：《我国移民问题的剖析》，《社会》1984 年第 6 期；解书森、陈冰：《对青海移民的几点认识——青海发展中值得重视的一个问题》，《西北人口》1985 年第 2 期；鹿立、王秀银：《从我国五十年代有组织的移民垦荒探析移民巩固问题》，《人口研究》1986 年第 4 期；李德滨：《当代中国移民基本经验》，《人口研究》1995 年第 2 期；续西发：《新疆人口迁移问题研究》，《新疆大学学报（哲学社会科学版）》1996 年第 4 期。

③ 李德滨：《黑龙江省移民类型探讨》，《社会学研究》1986 年第 3 期；李洁、徐黎丽：《试论 1949 年以后新疆汉族移民的类型与功效》，《北方民族大学学报（哲学社会科学版）》2009 年第 2 期。

新疆人口迁移、定居及类型研究》则是运用"社会行动—情景分析"的理论视角，分析新疆人口迁移的类型及其演变过程，认为新疆人口迁移具有多元化、复杂性和历史传承的特点，用西方的"推—拉"理论是不能完全解释的。[①] 李洁的博士学位论文《变迁、互动与交融——新疆阿克苏地区汉族移民及民族关系研究》则是以阿克苏地区的汉族移民为考察对象，论述汉族移民的迁移行为和迁移活动。同时，选取两个村落进行田野考察和对比研究，来说明新疆南疆农村汉族移民文化变迁以及与维吾尔族民众交融的共性与个性。[②] 这些成果运用交叉学科的理论和方法，进一步深化了移民史的研究。

　　与此同时，台湾学者对中国的边疆移民有较早的关注。罗联芳《中共移民新疆之研究》一文简要论述了新中国成立后中国共产党移民新疆的目的、过程以及移民在新疆开垦建设中的贡献，最后分析了中国共产党移民新疆政策的得与失。[③] 康添财《中共移民边疆政策之研究》则是在论述中国共产党移民边疆政策的基础上，分析中国共产党推行此政策的目的，进而探讨边疆移民政策的利弊得失。[④] 李淑芬《中共治理新疆与生产建设兵团前期发展之研究（1949—1966）》一文着重介绍了新疆生产建设兵团建

---

① 刘丹：《新疆移民问题研究——新中国成立后新疆人口迁移、定居及类型研究》，《西北人口》2010 年第 6 期。

② 李洁：《变迁、互动与交融——新疆阿克苏地区汉族移民及民族关系研究》，博士学位论文，兰州大学学院，2009 年。

③ 罗联芳：《中共移民新疆之研究》，硕士学位论文，（中国台北）"政治大学"边政研究所，1983 年。

④ 康添财：《中共移民边疆政策之研究》，硕士学位论文，（中国台北）"政治大学"边政研究所，1987 年。

立及发展的过程，其中也粗略提及了中国共产党的移民政策。[①]
这些研究大都是作为总括性的介绍，多偏重于政策层面，很少提及内地青壮年支疆的史事，有的观点亦有些偏颇。

此外，国外学者也有一些相关研究。如布朗大学吉平的博士论文"Frontier Migration and Ethnic Assimilation: A Case of Xinjiang Uygur Autonomous Region of China"主要论述边疆移民对新疆政治、经济的影响以及民众之间的冲突与调适。[②] 施瓦兹"Chinese Migration to North-West China and Inner Mongolia，1949—1959"一文指出，巩固国防、发展经济和土地开垦是西北移民的主要驱动力。[③]

（二）基于新疆不同移民类型的分类梳理

新中国成立到改革开放以前，新疆的移民以国家计划性迁移为主，包括驻疆军人就地转业和内地复转军人的安置，从湖南、山东等地招录入疆的女兵，由北京、上海、天津、武汉四市和江苏、浙江两省上山下乡的知识青年以及从鄂、皖、苏等省动员入疆的大批青壮年及其家属。此外，还有自愿流入新疆的自发性迁移。兹依据移民类别，对相关成果进行分类讨论。

---

① 李淑芬：《中共治理新疆与生产建设兵团前期发展之研究》，硕士学位论文，（中国台北）"中央大学"历史研究所，2012 年。

② Ji Ping,"Frontier Migration and Ethnic Assimilation: A Case of Xinjiang Uygur Autonomous Region of China," Ph. D. dissertation, Providence: Brown University,1990.

③ Henry G. Schwarz,"Chinese Migration to North-West China and Inner Mongolia,1949–1959", *The China Quarterly, No.16(Oct.- Dec.,1963)*.

1. 对驻疆转业部队和复转军人的相关研究

新中国成立初期，驻疆部队大部分来自内地，主要由进疆的 9 万余人民解放军部队和起义的 7 万余国民党部队组成。1953 年，驻疆部队按照中央指示整编为国防部队和生产部队。1954 年，新疆生产建设兵团成立，生产部队有 10 余万人就地转业。此后，国家动员内地大批复转军人入疆，仅 1960—1974 年间就有 8 万多名官兵进入生产建设兵团。目前，学界对这一群体很少关注。新疆军区编《屯垦军魂：抗日时期三五九旅南泥湾大生产运动解放初期驻疆人民解放军大生产运动纪实》、原新疆军区副政委张明儒《扎根记——中国人民解放军二十万官兵在新疆》这两本书收录了大量文献、图片等，反映了解放初期驻疆人民解放军大生产运动的历史实录。① 与之相关的文章，如孔力《第一代军垦战士的 60 多年戈壁人生》、李开全《铸剑为犁屯垦戍边——新疆生产建设兵团发展历史回眸》等回忆性的纪实文章，多是描述屯垦战士在新疆生产建设兵团屯垦戍边、艰苦创业的基本情况。②

2. 对招聘女兵和招录妇女的相关研究

1950—1952 年，先后有万余名女兵从湖南、山东、四川等地被招聘进疆。1954 年，又有 6000 余名山东妇女被招收进疆，

---

① 新疆军区编：《屯垦军魂：抗日时期三五九旅南泥湾大生产运动解放初期驻疆人民解放军大生产运动纪实》，新疆大学出版社 2004 年版；张明儒：《扎根记——中国人民解放军二十万官兵在新疆》，新疆人民出版社 1995 年版。

② 孔力：《第一代军垦战士的 60 多年戈壁人生》，《文史天地》2011 年第 9 期；李开全：《铸剑为犁屯垦戍边——新疆生产建设兵团发展历史回眸》，《党史文汇》2007 年第 5 期。

她们主要是解决部队官兵的婚姻问题。虽然进疆的女兵数量不多，但具有一定的代表性，为学者所关注。《新疆生产建设兵团史料选辑第13辑》（兵团早期女兵与妇女专辑）收录了新中国成立初期关于湖南女兵和山东妇女的大量文献、回忆录、访谈录以及口述史料等。①张吕、朱秋德《西部女人事情——赴新疆女兵人生命运故事口述实录》、卢一萍《八千湘女上天山》、欧长伏等《八千湘女进疆回忆录》均是以口述实录的形式，展示了20世纪50年代支援新疆建设的女兵生活状况，有较强的可读性。②丰收《西上天山的女人》、公丕才《边地母亲——五万进疆女兵的婚姻纪实》则是以报告文学的形式分别描述了女兵在新疆生活和婚姻情事，其中不免有一些文学渲染色彩。③姚勇《湘鲁女兵在新疆》一书则是在上述资料的基础上，运用新疆军区档案馆的资料，探究女兵进疆的背景和数量，讲述女兵的爱情、婚姻故事，讴歌她们在边疆开发建设中的历史作用。④此外，姚勇、张宁《浅析建国初期山东女性进疆的历史背景》、姚勇《从档案解读湖南女兵进疆的若干问题》则分别探讨了山东女性、湖南女兵进疆的

① 新疆生产建设兵团史志编纂委员会、兵团党委党史研究室编：《新疆生产建设兵团史料选辑第13辑》（兵团早期女兵与妇女专辑），新疆人民出版社2003年版。

② 张吕、朱秋德编著：《西部女人事情——赴新疆女兵人生命运故事口述实录》，解放军文艺出版社2001年版；卢一萍：《八千湘女上天山》，北京出版社出版集团、北京十月文艺出版社2006年版；欧长伏、戴庆媛主编：《八千湘女进疆回忆录》，湖南人民出版社2010年版。

③ 丰收：《西上天山的女人》，作家出版社1998年版；公丕才：《边地母亲——五万进疆女兵的婚姻纪实》，甘肃人民出版社2006年版。

④ 姚勇：《湘鲁女兵在新疆》，光明日报出版社2012年版。

背景和具体人数。^① 姚勇《20 世纪 50 年代女兵进疆与新疆稳定》、冯建江《八千齐鲁女兵功在天山》则主要讲述女兵对维护新疆稳定，开发建设边疆的重要作用。^② 廖海庭、郑文法《八千湘女上天山》、刘向晖《三湘女兵情洒天山》则是纪实性文章，叙述了湖南女兵在新疆生活的奇闻轶事。^③

3. 对知识青年的研究

1955—1956 年，河北、河南、广东、四川等地先后有 8000 余名知识青年进疆。1963—1966 年间，从北京、上海、天津、武汉四市和江苏、浙江两省有 12 万多名知识青年入疆。目前，学界对曾经在疆知识青年的研究较多，成果也比较丰富，其中尤以对上海知青的研究最多。

新疆生产建设兵团史志编纂委员会、兵团党委党史研究室编《新疆生产建设兵团史料选辑第 12 辑》（支边知识青年专辑）收录了大量文献、报纸资料，并有访谈录、回忆录和一些珍贵的书信、日记等资料，该书多为关于上海知识青年的资料。^④ 沈贻炜《荒烟》、房艺杰《浦江儿女在天山》、大力《故乡他乡：上海青年支边往事》、朱根娣《塔里木的上海知青》、谢敏干《苦恋三

---

① 姚勇、张宁：《浅析建国初期山东女性进疆的历史背景》，《南方人口》2005 年第 3 期；姚勇：《从档案解读湖南女兵进疆的若干问题》，《南方人口》2006 年第 3 期。

② 姚勇：《20 世纪 50 年代女兵进疆与新疆稳定》，《新疆社会科学》2011 年第 4 期；冯建江：《八千齐鲁女兵功在天山》，《新疆日报》1996 年 8 月 25 日。

③ 廖海庭、郑文法：《八千湘女上天山》，《中国民兵》2006 年第 3 期；刘向晖：《三湘女兵情洒天山》，《湘潮》2002 年第 3 期。

④ 新疆生产建设兵团史志编纂委员会、兵团党委党史研究室编：《新疆生产建设兵团史料选辑第 12 辑》（支边知识青年专辑），新疆人民出版社 2003 年版。

部曲》等都是以报告文学或纪实性回忆文章汇编成书，描述了上海知青在兵团工作、生活的酸甜苦辣。① 姚勇《上海知青在新疆》对上海知青进疆的背景、进疆人数、返城的原因等进行了详细分析，充分肯定了他们对新疆社会经济发展的贡献。② 谢敏干《新疆上海知识青年上山下乡四十年（1963—2003）大事记》《新疆上海知识青年名人录》则对上海知青在新疆上山下乡的脉络进行了系统梳理，对在兵团成长成才的知青事迹进行了简要描述。③ 肖道纲《天涯长路》、沪侠《胡杨有情——上海支边知识青年纪实长篇小说》、胡尔朴《蝶之灰》等则是以长篇小说的形式，反映了 20 世纪 60 年代初从上海到新疆生产建设兵团的知识青年富有传奇色彩的生活经历。④ 此外，《永远的胡杨——上海知青赴新疆建设四十五周年纪念大会专辑》《戈壁嵌影——赴新疆建设兵团五十周年纪念》则分别是上海知青赴新疆 45 周年、50 周年，召开纪念大会时内部印行的画册，以丰富的图片展示了上海知青曾经生产、生活的场景和当前他们的生活状况。《难忘二道湖》是上海市嘉定县知青进疆 45 周年的回忆录（内

① 沈贻炜：《荒烟》，文化艺术出版社 1990 年版；房艺杰主编：《浦江儿女在天山》，新疆大学出版社 1999 年版；大力：《故乡他乡：上海青年支边往事》，新疆青少年出版社 2013 年版；朱根娣：《塔里木的上海知青》，新疆生产建设兵团出版社 2013 年版；谢敏干：《苦恋三部曲》，新疆青少年出版社 2000 年版。

② 姚勇：《上海知青在新疆》，新疆大学出版社 2001 年版。

③ 谢敏干编：《新疆上海知识青年上山下乡四十年（1963—2003）大事记》，珠海出版社 2008 年版；谢敏干：《新疆上海知识青年名人录》，珠海出版社 2008 年版。

④ 沪侠：《胡杨有情——上海支边知识青年纪实长篇小说》，新疆生产建设兵团出版社 2009 年版；胡尔朴：《蝶之灰》，新疆人民出版社 1993 年版。

部印行），记述了他们在兵团农十三师哈密红星一场的生产生活情景。

关于上海知青在新疆的学术论文并不多，其他省份更少。新疆大学姚勇先后发表《上海知识青年支援新疆建设的历史回顾》《浅析上海知识青年推动新疆文明进程的历史作用》《上海知识青年对新疆经济发展的伟大贡献》《关于十万上海知识青年进疆和返沪的思考》等文章，系统地对上海知识青年进疆背景、在疆生产生活状况、历史贡献以及他们集中返沪的原因等问题进行了详细考察。[1] 谢忠强《1960 年代上海知识青年新疆垦荒支边运动述论》在上述研究基础上，对上海知青支边原因、过程、历史意义进行了梳理。[2] 张红彦《告别黄浦江高歌进新疆——纪念十万上海知识青年开赴新疆兵团 50 周年》、李惠兴《四十余载新疆情——王震与上海支边知识青年》则以纪实文章的形式追忆上海知青进疆的原因及过程，讲述了王震在动员上海知青到新疆过程中作出的重要贡献。[3]

北京、天津、浙江、江苏等省市的知青也有一些相关著作。

① 姚勇：《上海知识青年支援新疆建设的历史回顾》，《新疆大学学报（哲学社会科学版）》1999 年第 2 期；姚勇、刘云：《浅析上海知识青年推动新疆文明进程的历史作用》，《新疆大学学报（哲学社会科学版）》1999 年第 4 期；姚勇、张磊：《上海知识青年对新疆经济发展的伟大贡献》，《新疆社科论坛》2002 年第 3 期；姚勇：《关于十万上海知识青年进疆和返沪的思考》，《西北人口》2000 年第 3 期。
② 谢忠强：《1960 年代上海知识青年新疆垦荒支边运动述论》，《石河子大学学报（哲学社会科学版）》2013 年第 3 期。
③ 张红彦：《告别黄浦江高歌进新疆——纪念十万上海知识青年开赴新疆兵团 50 周年》，《中国农垦》2013 年第 5 期；李惠兴：《四十余载新疆情——王震与上海支边知识青年》，《中国地方志》2005 年第 12 期。

王国征《那魂牵梦萦的地方》是天津支边知识青年发起、执笔、编辑的纪实性文章集结而成的文学作品。① 董宏猷《我们曾经年轻——武汉知青回忆录》、田先瑶《西眺烟云》是武汉知青在兵团军垦岁月，如烟往事的追忆。②《天山脚下的北京知青》和《宁波知青的足迹》分别描述了北京、宁波知青在兵团劳动、工作、生活的纪实文学和纪实史料文集。③ 刘海林《戈壁春秋》是一部专门介绍无锡青壮年和知青在新疆的文集，其中知识青年占了很大篇幅。④《这里曾是胡杨林》、《伊犁文史资料第 29 辑》（南京知青回忆录专辑）则分别描述了南京知青在阿克苏地区阿瓦提县和伊犁地区劳动和生活的场景。⑤ 许新复等《阿拉山下我们的军垦岁月》、骆中启《岁月的呼唤——在新疆兵团农六师一〇三团的日子里》则是津、沪知青分别在艾比湖畔和农六师一〇三团屯

① 王国征主编：《那魂牵梦萦的地方》，中国三峡出版社 2004 年版。
② 董宏猷主编：《我们曾经年轻——武汉知青回忆录》，武汉出版社 1996 年版；田先瑶主编：《西眺烟云》，时代作家出版社 2011 年版。
③ 《天山脚下的北京知青》编委会：《天山脚下的北京知青》，新疆维吾尔自治区内部资料，准印证（2004 年）第 157 号，2004 年版；宁波市政协文史委员会编：《宁波知青的足迹》，宁波出版社 2011 年版。
④ 刘海林主编：《戈壁春秋》，新疆维吾尔自治区内部资料性出版物，准印证（2006 年）293 号总第 904 号，2006 年版。
⑤ 《这里曾是胡杨林》编委会：《这里曾是胡杨林》，江苏人民出版社 1995 年版；中共伊犁哈萨克自治州委员会党史研究室、中国人民政治协商会议伊犁哈萨克自治州委员会文史资料委员会：《伊犁文史资料第 29 辑》（南京知青回忆录专辑），新疆维吾尔自治区内部资料，准印证（第 26 号），2010 年版。

垦戍边的经历。①《知青图录：在新疆芳草湖农场》则以图文并茂的形式，再现了上海、天津、无锡知青在呼图壁农场的生活、劳作的情景。②《山魂水韵忆北屯》是新疆生产建设兵团农十师原支疆天津知青在纪念进疆 40 周年撰写的一部纪实性回忆录，该书为知青内部印行。

　　还有一些知青团体，通过创办知青网站、知青刊物等，来进一步宣扬和传承知青文化和知青精神。辽宁省知青文化会主办共和国知青网，以"追溯一代知青历史，挖掘一代知青文化，发展一代知青经济，弘扬一代知青精神"为办网宗旨，不断推进知青历史、经济、学术和主流文化的研究。同时，中国知青网、上海知青网、知青·上海等，都是特色鲜明、栏目丰富、办得比较好的网站。还有一些网站，如老知青网、湖南知青网、宁波知青网等则是以论坛的形式搭建相互交流的平台，同样有较大的知青群体。推介知青群体的报刊主要有《知青风采》《知青》《上海知青》《知青·上海》《天津知青》《无锡支青》等，这些刊物都是知青创办，定期或不定期出刊，记录广大知青的青春、当年的追求和奋斗的痕迹，通过不同的故事、不同的经历和反思，刻画知青群体的追求和向往。

　　当下，知青文化研究的领域还在不断拓展。从文学创作到影

---

① 许新复、孙书权、刘工主编：《阿拉山下我们的军垦岁月》，天津社会科学院出版社 2010 年版；骆中启主编：《岁月的呼唤——在新疆兵团农六师一〇三团的日子里》，新疆维吾尔自治区内部资料性出版物，准印证（2003）年第 338 号，2003 年版。

② 政协新疆维吾尔自治区委员会文史资料和学习委员会、新疆维吾尔自治区五家渠市政协编：《知青图录：在新疆芳草湖农场》，新疆人民出版社 2011 年版。

视作品，从美术绘画到音乐创作，从餐饮理念到旅游文化等，都出现了以知青运动为题材的文化创造。当然，这些表现形式上难免有渲染和夸大的成分，故不在此一一赘述。

4.对支边青壮年的研究

1956—1957 年，河南垦荒队和青壮年 8 万多人赴疆。1959—1965 年间，苏、鄂、皖三省青壮年 24.6 万余人、家属 8.6 万人入疆。学界对青壮年的研究非常薄弱，《湖北二十世纪五六十年代援疆史料选辑》是以文献资料、部分报纸资料和回忆录等，来记述湖北青壮年和知识青年援疆的史实。[1]《苏皖鄂青壮年支边在昌吉》一书详细记述了江苏、安徽、湖北三省支边青壮年在昌吉的生活实态，其中江苏省青壮年占了较大篇幅。该书由昌吉回族自治州政协专业人员访谈后整理、汇编而成，具有较强的学术价值和较高的史料价值。[2] 李好学《河南青年在新疆》是对河南青年垦荒队的纪实性描述。[3] 赵光鸣《感谢支边》是一本文集，内容既有知识青年，又有支边青壮年，其中有多篇关于南通支边青壮年的文章。[4] 刘海林《戈壁春秋》、徐金石等主编《戈壁红柳》都是以回忆性小文章汇编成书，主要记录了无锡和泰州支边青壮年在新疆生产生活的情况。这些文章大多出自支

---

[1] 中共湖北省委党史研究室、新疆生产建设兵团党委史研究室：《湖北二十世纪五六十年代援疆史料选辑》，湖北长江出版集团、湖北人民出版社 2008 年版。

[2] 昌吉州政协党派社团学习文史委员会编：《昌吉州政协文史资料第 33 辑》（苏皖鄂青壮年支边在昌吉），新疆维吾尔自治区内部资料性出版物，准印证（2010）年第 53 号，2010 年版。

[3] 李好学：《河南青年在新疆》，河南人民出版社 1959 年版。

[4] 赵光鸣主编：《感谢支边》，新疆大学出版社 2003 年版。

边人员之手，内容大都朴实无华，但读起来倍感亲切。① 钱华兴
《江苏省无锡县支援新疆社会主义建设青壮年进疆五十年纪念册
（一九五九年八月——二零零九年八月）》一书除了有当事人的回
忆录外，更为难能可贵的是搜集了大量照片及袖章、批准证书等
实物，对本书研究有非常重要的作用。②

除此之外，王振华《二十世纪五六十年代湖北援疆历史考
察》对湖北青壮年和知识青年进疆的背景、过程以及他们对新
疆建设的贡献进行的介绍，最后简要分析了湖北援疆工作的
得与失。③ 马晶莹《新中国成立后河南对新疆的人力支援研究
（1956—1966）》一文则对河南青年垦荒队、支边青壮年以及部
分自流人员进疆的背景、历史过程进行分析阐述，并对河南的
人口迁移作出评价。④ 谷景英、姚勇《河南垦荒队支援新疆建
设的历史考察》对河南青年垦荒队进疆背景、人数及他们对新
疆开发建设的作用进行了专案探讨。⑤ 闫存庭《民众动员与20
世纪五六十年代的移民支边——以江苏省青壮年支疆为例》一

① 刘海林主编：《戈壁春秋》，新疆维吾尔自治区内部资料性出版物，准印证
　（2006 年）293 号总第 904 号，2006 年版；徐金石、李洪喜主编：《戈壁红
　柳——江苏泰州支青扎根边关 50 周年纪实》，新疆维吾尔自治区内部资料，
　准印证（2010）年第 016 号，2010 年版。
② 钱华兴主编：《江苏省无锡县支援新疆社会主义建设青壮年进疆五十年纪念
　册（一九五九年八月——二零零九年八月）》，内部印行 2009 年版。
③ 王振华：《二十世纪五六十年代湖北援疆历史考察》，硕士学位论文，华中
　师范大学，2011 年。
④ 马晶莹：《新中国成立后河南对新疆的人力支援研究（1956—1966）》，硕士
　学位论文，新疆大学，2011 年。
⑤ 谷景英、姚勇：《河南垦荒队支援新疆建设的历史考察》，《兰台世界》2013
　年 3 月（上旬）。

文从动员伊始民众对支边的顾虑和误解谈起，继而论述政府民众动员的有效实施，进而对民众的支边热潮进行评析，最后分析动员过程中的几种偏差，从而认为移民支边过程中虽然存在种种问题，但从边疆开发建设、安边固疆、民族交融等方面的成效来看，国家移民支边政策是利大于弊的。[①] 闫存庭《1959年南京市青壮年支援新疆建设的历史考察》一文选取南京市为个案，从宣传发动、组织运送、分配安置及他们对新疆社会经济的贡献等方面进行了系统考察。[②] 这些都渐次推进了对内地支边青壮年的研究。

5. 对自发性迁移的研究

自发性迁移的主体，多是由甘肃、河南、四川、山东等省流入新疆谋生、逃荒、避难和投靠亲友的群体。新中国成立以后，就有自流人员陆续流入新疆。三年经济困难时期，自流人员进疆达到高峰。1955—1958年，新疆安置自流人员1万多人。1959—1966年间，仅新疆官方安置收容人员就达76万多人。据有关专家推算，新中国成立后三十年自流入疆人数应在100万人以上。对这一庞大的群体，学界却极少关注，仅见孙玉梅《建国后自流人口入疆研究（1949—1979）》一文，其对自流人员入疆的原因、规模以及新疆的收容安置措施进行了梳理，阐述了自流人员对新疆开发的作用以及潜在的各种问题，最后提出了相应的

---

① 闫存庭：《民众动员与二十世纪五六十年代的移民支边——以江苏省青壮年支疆为例》，《江苏社会科学》2014年第6期。

② 闫存庭：《1959年南京市青壮年支援新疆建设的历史考察》，《新疆大学学报（哲学·人文社会科学版）》2014年第3期。

对策和建议。①

自新中国成立至改革开放以前，既有政府国家计划性移民，也有民众自发的临时性或永久性的迁移，这两种人口流动共同汇成新中国成立后新疆人口迁移流动的主流。在学界的共同努力下，相关研究已获得长足进展。这些成果丰富了边疆移民史的研究，但同时还存在一些值得加强和改进的地方。

一是整体研究的不平衡性。如研究的热点和焦点都在知识青年上，对女兵、青壮年则关注较少，关于复转军人、自流人员的研究成果更是稀少。即便是从对知青的研究上看，也呈现严重不平衡性，对上海知青的成果更丰富一些，而天津、武汉、江苏、浙江则很少。知识分子"上山下乡"运动一度有较大的影响，吸引国内外众多学者的目光是顺理成章的，但对国家组织的大规模计划性和对数量众多的自流人员的研究则几乎是空白，这就颇值得我们去深思。已有研究对各种迁移活动的迁移背景、过程、影响等均有探究，但对人口迁移的内在驱动力、人口流向、移民心态、移民的融合与调适等方面的研究则十分有限。邓群刚《移民垦荒中的农民心态问题及其应对——以1956年的河北省邢台县为中心》一文探讨了移民的社会心态，为我们提供了一个很好的研究视角。②

二是研究内容的学理性比较欠缺。从现有的成果看，大都是以报告文学、纪实文学或回忆录的形式呈现，缺乏严密的论证、

---

① 孙玉梅：《建国后自流人口入疆研究（1949—1979）》，硕士学位论文，新疆大学，2011年。

② 邓群刚：《移民垦荒中的农民心态问题及其应对——以1956年的河北省邢台县为中心》，《兰州学刊》2011年第2期。

深入的调研、扎实的访谈，故而在学理性方面探究远远不够。造成这种情况的原因有三：①高校和科研院所的专业人员对这方面关注很少，缺乏专门的研究队伍，更缺乏学会之类的组织予以推动。在新疆的研究队伍中，以新疆大学姚勇及其所指导的研究生在从事这方面的研究，其他单位很少有人涉及。②与内地省份相比，新疆档案文献查阅利用不便。口述史料的收集与整理工作费时费力，极少有人愿意去做。③在当代移民史研究中关于知青等问题，很多人不愿意去触碰和探究。

三是对移民支边群体历史资料的发掘不够。移民支边人员作为"三亲"（亲历、亲见、亲闻）群体，多出生于20世纪三四十年代，他们当中很多人已经离世，发掘和抢救这一群体的口述史料显得尤为重要。"由于特殊的政治背景的影响，新中国建立后，几十年间不断的政治运动，对档案的形成、档案的内容都有极大的影响。"[1] 因此，做好口述史料的整理，可以补史、证史甚至可以改变人们对历史的认识。知识青年群体文化程度较高，一直比较活跃，通过定期召开座谈会、创办网站、印制报刊、编纂回忆录等形式传播知青文化。这一群体资料相对丰富，有照片、实物及回忆录等文字性的材料。复转军人、女兵、支边青壮年及自流人员群体既缺乏文字记录，亦很少有保存下来的实物，留存的资料非常有限。笔者还了解到，由于经费限制，很多支边青年的文集、画册都是自费出版或者以内部资料的形式刊行，甚至还有的因经费问题而不得不停止印行。对于这些口述史料和实物性资料的发掘，需要专业人员的引导、科学有序的操作和一定经费的

---

① 宋学勤：《当代中国史研究与口述史学》，《史学集刊》2006年第5期。

支持。

四是要进行跨学科交叉研究。中国的边疆移民问题是一个涉及面十分广阔的领域，单从历史学、人口学或者历史地理的角度进行的研究，显然是不够的。要放开视野，引入社会学、社会心理学、文化人类学、人口资源环境经济学、统计学等学科的理论方法，寻找新的结合点，实现多学科之间的交叉渗透，不断推陈出新，取得新的研究成果。

20 世纪五六十年代，边疆移民是国家组织的大规模计划性迁移，涉及面大，波及范围广，牵涉人数多，社会影响深远。但通过上述分析可以看出，学界对这一重大史事的关注度明显不够，研究成果很少。因此，选取江苏省青壮年移民支疆是一个较好的新中国人口迁移史研究案例，值得大力研究。

四、研究资料

本书研究主要依据档案资料，因为江苏省"为了避免不必要的扩大波动面，避免国内外反革命分子的造谣污蔑，省委确定支边工作不登报，不在无线电台广播"[1]，所以，当时的《新华日报》《南京日报》《江苏画报》等官方报刊均没有支边青壮年的记录。江苏省的报刊资料相对缺乏，但档案资料的开放度较高，笔者已经掌握了江苏省档案馆、南京市档案馆、南通市档案馆、苏州市档案馆、扬州市档案馆和镇江市档案馆等地的档案资料。新疆维

---

[1] 《章维仁同志在省委第四次支边工作会议上的讲话（记录稿）》，1960 年 2 月 18 日，江苏省档案馆藏，档案号：4008-001-0008。

吾尔自治区当时作为受援方，《新疆日报》《新疆画报》《新疆维吾尔自治区人民委员会公报》以及各地州市、相关师团编纂的志书中均有零星的记载。这些都是对档案资料的补充和完善。笔者多方努力，搜集到新疆生产建设兵团档案馆、昌吉回族自治州档案馆、农八师石河子市档案馆、呼图壁县档案馆、农六师芳草湖总场档案室等地的档案资料。同时，查阅了大量的文献汇编资料以及前人的著述、论文等资料。此外，还制定了访谈提纲和调查问卷，在乌鲁木齐市、昌吉市、呼图壁县、和静县等地访谈了多位当时的支边青壮年，可以进一步补充和完善资料。

第一章　青壮年支边运动的肇兴

新中国的移民支边运动几乎与新政权的建立同步。青壮年支边作为移民支边的一种重要形式，它的兴起有着复杂而深刻的背景。举其要而言之，一是国家认为新中国成立初期的移民垦荒运动虽有偏差，但更不能否定成绩，故是利大于弊；二是"大跃进"狂潮的推波助澜。为此，在对小规模省际迁移和大规模移民垦荒运动进行梳理的基础上，分析在迁移工作问题重重的情况下为何发起规模更大的青壮年支边运动，很有必要。

第一节　新中国成立初期的省际迁移与移民垦荒运动

新中国成立到 1958 年"大跃进"开始之前，为了应对不同的困难，有关省区已组织了不同形式的活动，如失业、灾荒诱因下的小规模省际迁移和粮食与就业危机下的大规模移民垦荒运动。这些活动在一定程度上推动了青壮年移民支边运动的兴起。

一、失业、灾荒诱因下的小规模省际迁移

新中国成立初期，全国各地都面临着不同的困难。面对严重

的失业问题，北京市尝试向东北和西北移民，以解决民众的就业问题；在灾荒面前，河北省、平原省①则试行向东北移民来度荒。这一时期的省际移民是由省与省之间协商而进行的，国家并未直接参与，且移民规模较小。从其成效来看，移民并未能有效解决民众的实际困难。

（一）北京市失业工人移民东北和西北

新中国成立之初，全国各大城市都面临着严重的失业问题，北京市亦不例外。较其他城市，北京市的失业问题情况更复杂，而且关系着首都社会秩序的稳定。为此，北京市采取了以工代赈、还乡生产、向察绥和东北移民、介绍转业和赴本溪煤矿等地就业的办法，以减少本市失业人口，巩固新生的人民政权。

经与东北人民政府②及河北、察哈尔③、绥远④、平原等有关省区协商，北京市政府为本市失业知识分子和工人介绍工作，解

---

① 平原省，1949年8月20日成立，辖新乡、濮阳、安阳、菏泽、湖西、聊城六专区和新乡、安阳二省辖市。1952年11月15日撤销，其行政区域分别划归山东、河南二省。其政府驻地为新乡市。

② 东北人民政府，新中国成立初期东北地区的最高政权机关。1949年8月27日成立，辖区包括辽东省、辽西省、吉林省、松江省、黑龙江省、热河省、沈阳市、长春市、哈尔滨市、旅大市、鞍山市、抚顺市、本溪市。1954年6月撤销。其政府驻地为沈阳市。

③ 察哈尔省，民国塞北四省之一，新中国成立后由中央直辖，辖张家口、大同、宣化3市及雁北、察南、察北3专区，共32县。1952年11月15日撤销，其行政区域分别划归山西、河北二省。其政府驻地为张家口市。

④ 绥远省，民国塞北四省之一，新中国成立后由中央直辖，辖归绥、包头2市以及丰镇、集宁等22县和镶红旗、镶蓝旗等18蒙旗。1954年6月撤销，其行政区域并入内蒙古自治区。其政府驻地为归绥（今呼和浩特）。

决本市贫民与逃来难民的就业问题。1949年10月9日起，在北京市各区公所（或区政府）代为办理以下人员的登记介绍工作：

（甲）知识分子登记：1.河北省小学教员500人。年龄：20岁至45岁。资格：后期师范或高级中学毕业。工作地区：冀南及冀西山地农村，很偏僻者不去。2.察哈尔小学教员100人。资格：初级师范或初级中学毕业。工作地区：大部在雁北，少数在察北。3.绥远小学教员40人，平原省100人。4.东北矿区需要高中毕业的青年学生300人，赴东北训练半年后，作（做）会计统计工作。

（乙）失业工人登记：北满矿区需要有技术或有劳动力的翻砂、采煤及伐运林木工人数千人。

（丙）移民登记：察北及绥北地区，地广人稀，有大量土地需要开垦，本年冬季计划向察北移民3,000人，绥北移民200人。凡生活困难自愿前往农垦安家立业者（每户至少有男劳动力1人）均可，供给车饭费，并酌量情况发给棉服、棉被及棉鞋等物。开垦第一年由政府给予生产垫本（包括农具、种子、牲口及各户一件皮衣）及贷款，以后分几年还清不加利息。①

可以看出，相对小学教员和工人，移民人员的资历要求最低，"每户至少有男劳动力一人"即可，而且政府还提供一些基

---

① 市府新闻处：《京市登记失业者，介绍赴各地工作》，《人民日报》1949年10月9日。

本的生产、生活资料。这对于城市的贫民和难民来说，应该是有一定吸引力的。

经过短短几天的准备，第一批移民 179 人于 1949 年 10 月 19 日赴察。① 后因察北地区发生鼠疫，10 月 28 日起停止移民察北，这期间共有 931 人分四批抵达察北。② 1949 年北京市共有失业工人、受灾农民、城市贫民 419 户 1,168 人迁移察北和绥远从事垦荒等农业生产。此外，还有 320 名失业知识分子，分赴师资比较缺乏的河北、察哈尔、绥远、内蒙古等地担任中、小学教员；634 名失业工人前往抚顺煤矿作工。不难看出，实际移出人数远少于计划移出人数，这是因为"城市市民一向轻视劳动和农村物质条件较差，巩固了他们留恋都市的思想，宁在城市挨饿，不愿到农村去生产，宁自卖一点吃一点，不愿离开城市。"③

1949 年 11 月，因天气寒冷、坐客稀少，北京市有 4,000 户 12,000 名三轮车工人感到生活困难而提请市总工会帮助转业。1950 年 3 月，北京市提出春季移民 15,000 人的计划（赴绥远 5,000 人，察哈尔 10,000 人）。此次移民主要是解决一部分三轮车工人、失业贫民和知识分子以及少数外来灾民的生活和转业问题。为了做好移民准备工作，北京市民政局、劳动局会同市总工会组成"京市介绍就业生产指挥部"，在各区还设立了分部。由总部与绥、察两省和本溪煤铁公司就运送、安置等工作进行商谈。察、

① 市府新闻处：《京市赴察北移民，头两批已启程》，《人民日报》1949 年 10 月 23 日。
② 《赴察移民停止登记》，《人民日报》1949 年 10 月 29 日。
③ 《北京市民政局关于春季移民工作总结》，1950 年 5 月 4 日，载北京市档案馆编：《国民经济恢复时期的北京》，北京出版社 1995 年版，第 643 页。

绥两省均预先留下了土地，准备了房屋、食粮、牲畜和农具，并分别成立专门机构负责接受与安置移民。①

除动员三轮车工人前往察、绥从事农业生产外，北京市还办理失业市民的移民工作。凡自愿携带家属前往察绥两省安家落户、从事农业生产的市民，只要每户至少有一个男劳动力并具有从事农业劳动的技术或决心，即可分批于春耕前由政府派专人送往察哈尔或绥远，途中所需车费及伙食费全部由政府供给。抵达目的地后即可由当地政府分配土地与房屋，并将无利贷给生产垫本每人小米 560 斤，其中包括：8 个月的伙食费，每人每月贷给小米 30 斤，共计 240 斤；种子农具费，每人贷给小米 110 斤；牲畜费，每人贷给小米 190 斤；安家费，每人贷给小米 20 斤。②

在不到一个月的时间里，北京市先后有 10 批 4,700 余人移往绥远。移民大多数为三轮车工人，其次为贫苦市民、少数排子车工人和失业知识分子，他们被安置在丰镇、集宁、龙胜、武东、凉城、兴和、陶林等 7 县。③ 此外，从 1950 年 3 月 30 日至 4 月 21 日，京、津两市向察哈尔移民 3,828 名（其中天津市为 3 批 1,471 人）。据统计，1950 年北京市移民察、绥的计有 1,826 户 7,150 人。④ 已完成的移民数尚不及计划数 15,000 人的一半。

①　京市新闻处：《解决三轮车工人等生活问题，京市移民察绥，从事农业生产》，《人民日报》1950 年 3 月 13 日。

②　京市新闻处：《解决失业市民生活问题，京举办移民察绥工作》，《人民日报》1949 年 3 月 23 日。

③　京市新闻处：《移民察绥工作即将结束，愿往察省转业者速往区公所登记》，《人民日报》1950 年 4 月 7 日。

④　《北京市市民政局关于春季移民工作总结》，1950 年 5 月 4 日，载北京市档案馆编：《国民经济恢复时期的北京》，北京出版社 1995 年版，第 644—645 页。

这是因为不少人对移民有很大顾虑，如"北京生活好混，到那不会种地，怎么办？""我们种地那行啊！不如凑合下去，自己挣点，政府给点。"[①] 其中最重要的原因是春季随着气温升高，三轮车工人生活逐渐好转，很多人不再愿意转业到农村去。

1951—1953 年，北京市向宁夏省移民 6 批共 1,354 人。1955 年 4 月到 1956 年 1 月，向甘肃、青海两省移民 1,971 户 8,525 人。这些移民中无业失业人员 749 户，占总户数的 38.1%；其余是从事临时性职业的有 1,122 户，占 61.9%，他们的职业是歇业工商业的职工、三轮车工人、临时壮工、小商小贩、小手工业者等。[②] 1949—1956 年间，北京市向东北和西北共移民约 2.68 万人。

移民到达移入地不久，即有人员陆续返回。1953 年，北京市民政局给市政法委员会的报告中说："送往察绥之移民自遣送后即不断发生返回北京的情形""据估计察绥移民可能有大部分人已返回北京"。同时，移民西北的也不断返京，"截至 1956 年 12 月 15 日返京 236 人，至 1957 年 12 月 31 日返京 2,030 人，至 1960 年 4 月 15 日返京 4,338 人，至 1961 年 5 月底返京已达 10,544 人（以上数字均为累计）。"[③]

从北京市将失业工人移民东北和西北的实践来看，这并不是解决失业的最好办法。首先是很多人并不愿意移民，尽管移出地

---

① 《北京市移民工作中的几点体会》，1956 年，载中华人民共和国内务部移民局编印：《移民工作资料选编（第一辑）》，1958 年，第 109 页。

② 《北京市移民工作中的几点体会》，1956 年，载中华人民共和国内务部移民局编印：《移民工作资料选编（第一辑）》，1958 年，第 108 页。

③ 北京市地方志编纂委员会：《北京志·政务卷·民政志》，北京出版社 2003 年版，第 121 页。

政府积极动员、解决路费、精心护送，移入地政府尽力安置、提供贷粮、分发土地等，但实际完成的移民数与预期的数字仍有很大差距；其次是移民到达之后不久即有大量人员返回原地。这其中虽有安置巩固工作方面的不足，也有他们自身的各种顾虑，如"他们普遍害怕受外乡人欺侮，怕迁移到新的地方，当地政府不管他们，怕得不着土地、房屋、耕畜、农具，因而无法进行生产。"[①] 更重要的是，他们缺乏农业生产技术和从事农业劳动的习惯，面临地区与职业的双重转变，很多人无法适应。

（二）冀、平灾民移居东北

新中国成立伊始，不少地区发生连续灾荒。1949 年全国受灾面积达一亿余亩，灾民约 4,000 万人。灾区遍及华东、华北、中南、东北等区及陕西等省。华东地区受灾面积 5,256 万亩，灾民 1,642 万人，以皖北、苏北、山东等地的水灾较重。华北地区受灾面积 4,720 万亩，灾民 1,143 万人，以河北、平原两省的水灾较重。中南地区受灾面积 2,266 万亩，灾民 875 万人，以河南、湖北、江西之水灾较重。东北地区以北满的旱灾与辽西的水灾较重。西北地区的陕西关中，被淹 60 万亩（全部尚无统计）。[②]

为解决水灾严重地区广大灾民的生产生活困难，河北省人民政府除了领导灾民生产自救外，并有计划地组织灾民向东北迁移。移民的主要对象是两三年里不能摆脱灾害的重灾区灾民。1949 年 8 月，河北省人民政府根据群众原有的灾荒来临时即迁

---

① 《办好移民工作》，《人民日报》1950 年 5 月 7 日。

② 内务部研究室：《救灾工作及其问题》，《人民日报》1950 年 1 月 15 日。

移谋生的习惯，与东北人民政府就移民问题进行了协商，并报内
务部批准，决定移民东北。9 月 28 日，河北省政府制定了移民
办法，对移民人员的要求为"一家之中必须具有一有劳动习偿、
身体强壮能耕种土地之男劳力，原已是合作生活适合此条件者也
算一户；要有去东北安家立业长期思想；身体健康无疾病者。"①
从 1949 年 10 月开始，河北省各级人民政府成立了移民办事处，
有关各县陆续成立了移民委员会，专门办理移民工作。1949 年
11 月 5 日，东北人民政府正式准予河北省移民 17,300 人。

在移民开始时，灾民有许多顾虑，例如怕东北冷，怕水土不
服，怕人地生疏受欺负，怕去了做苦工等等。还有许多人舍不得
老家亲属，舍不得房屋、家具。针对这些问题，河北省政府召开
了移民县份民政科长联席会议，通过各界人民代表会议进行宣传
动员，说明"东北地广人稀，物产丰富""天下农民是一家，到
处都有人帮助，只要劳动就有饭吃"等道理，打破灾民中存在的
"穷家难舍，热土难离"的乡土观念，或"冬去春回"的思想。
移民的房屋、土地等财产，有的交给亲友，有的则由农会保管。
移民地里的麦子，有的约定由代收户收割后给变卖寄款，有的由
经管者事先偿付麦种、肥料钱等。这样，群众的顾虑很快就消除
了。灾民临走时，各地还召开欢送会，为他们募集路费。武清县
杨村镇各街组织了搬运小组，帮助灾民搬东西，各街自动募集了
20 多万元及其他物品帮助灾民。一般灾民所留下的财产，均用

---

① 《河北省人民政府移民办法》，1949 年 9 月 28 日，河北省档案馆藏，档案号：
　907-1-63，转引自郭贵儒、陈冬生：《建国初期河北省救灾度荒工作述评》，
　《河北师范大学学报（哲学社会科学版）》2002 年第 2 期。

托亲友代管或由合作社公平收买等办法，予以适当处理。"对于
灾民不能带走的财物，各地合作社在不亏损的条件下，公平合理
收购，并以比较便宜的价钱供给必需品。"① 移民的登记审批过程
为，先由村以户为单位进行登记，交由县区审查，办事处抽查批
准。继则以户为基础、以村为单位，建立小组、分队、大队等组
织，以便于运送。

1949 年 11 月 19 日，天津专区首批灾民 1,300 人出发，到
12 月 28 日至共有 14,500 余名灾民移往东北，这些移民来自天
津市及天津专区、唐山专区、保定专区等地灾区。在运送过程
中，除每区派有干部带队外，并由政府资助每人每日生活费 3 斤
小米及车费开支。"这样大规模的有组织有计划的移民，在中国
历史上还是第一次。"② 东北各地人民政府依据土地、人口及群众
基础等条件，把移民分配到讷河、克山、海伦、德都、庆安、绥
棱、嫩江、甘南和查哈阳农场等地。黑龙江省人民政府为了照顾
移民的食宿问题，在哈尔滨、齐齐哈尔、绥化、洮安等地设立移
民站，各县事先准备了房子、大车、皮衣、棉衣、柴炭等物。为
帮助移民发展生产，省府拨发无利贷粮 5,000 吨，并指示各县要
把移民安置在土地好、群众基础好和富裕的地方。③ 移民一下火
车，就有各县成队的大车迎接。到达安置点后，每 9 户移民编成
1 个小组，每组分发 6 匹大马，1 张开荒洋犁，1 个大车；每人平

① 《天津专区解决灾民困难，首批灾民移往东北，东北各地政府妥善安置》，
《人民日报》1949 年 11 月 23 日。
② 培蓝：《河北移民到东北》，《人民日报》1950 年 5 月 7 日。
③ 《热情接待河北移民，松江、黑龙江两省积极准备妥善安置，帮助移民订
生产计划，解决食宿烧柴等问题》，《人民日报》1949 年 12 月 2 日。

均分给一二垧地（每垧 10 亩，能收四五石至七八石粮），每垧地发给 100 斤籽种；每人并发可吃 8—10 个月的口粮。[1] 在灾民到达后，各地还发动灾民写信报告家乡亲友移往情况，以加强对移民的巩固工作。

东北人民政府继 1949 年冬季接收河北省万余人移民之后，1950 年春又开始接收平原省移民。按照计划，东北人民政府分配给松江[2]、黑龙江两省各安置 5,000 人的任务。[3] 在移民前，平原省人民政府预先拟定了移民工作具体方案，并在梁山县成立了移民委员会，进行宣传、教育和组织工作。东北人民政府农林部和民政部也召开了松江、黑龙江两省接收移民工作会议，提前做好接收移民的准备工作。此外，平原和东北两地人民政府分别在泰安、济南、山海关、沈阳、长春等地设立多处招待站，列车上还配备干部和医师随车护送。1950 年 3 月 24 日，有 5,800 余名平原省移民陆续抵达东北境内，其中 4,700 余人安置在松江省尚志、方正、五常、汤原 4 县，另外的 1,100 余人安置在黑龙江省的庆安、克山、依安 3 县。为了帮助移民安家生产，除由各地具体解决移民耕地外，并对每户贷发 5 个月食粮 1,250 斤及安家费和夏季盖房材料费（按一间半计算）折合食粮 1,000 斤，每 2 户（每户平均按 5 人计算）贷发籽种 600 斤

———————

[1] 培蓝：《河北移民到东北》，《人民日报》1950 年 5 月 7 日。

[2] 松江省，始建于 1945 年 8 月，新中国成立后由东北人民政府领导。辖哈尔滨、佳木斯、牡丹江、鹤岗四市及双城、尚志等 32 县。1954 年 6 月 19 日撤销，原松江省所属各县、市划归黑龙江省。其政府驻地为哈尔滨市。

[3] 《平原移民万人至东北，当地政府与人民准备周到，热情招待，移民决心好好生产》，《人民日报》1950 年 5 月 7 日。

和耕马1匹，每12户贷发大车1辆、洋犁1副和东北币300万元。①

应该说，河北省和平原省移民东北工作事先都作了准备，从宣传动员到组织运送，都有周密的安排。安置地区除了分配土地外，还分发了粮食和基本的生产资料。但从移民效果看，也并不理想，"我省（河北省）1949年遭受水灾后，曾移民东北，跑回来的很多，觉得这不是解决渡荒问题的办法，因之，终止了这种移民工作"②。内务部的报告中也指出，"根据河北省经验，因为第一年路费开支和生产垫本耗费过大，作为经常工作则可，作为救灾工作，则不如以所费就地救灾，灾民得救者可更多"③。这就可以看出，中央不主张救灾渡荒形式的移民，而是要作为一项经常性的工作来组织。因为有些城市在工业生产需要大量的劳动力，东北和西北亦有大量土地需要开垦，"这就说明了移民工作在适当的情况下是应该进行与可能进行的"。但是，农民中普遍存在着"穷家难舍，热土难离"的思想，有很多人在国民党统治时期有过逃荒的痛苦经历，更使他们不敢轻易冒险，视迁移为畏途。④

二、粮食与就业危机下的大规模移民垦荒运动

20世纪50年代中期，粮食极度短缺和城市青年失业问题，

① 新华社：《东北接收平原移民五千余，妥善安置并及时帮助生产》，《人民日报》1950年5月22日。
② 《河北省八年来移民工作总结》，1957年10月4日，载中华人民共和国内务部移民局编印：《移民工作资料选编（第一辑）》，1958年，第102页。
③ 内务部研究室：《救灾工作及其问题》，《人民日报》1950年1月15日。
④ 《办好移民工作》，《人民日报》1950年5月7日。

严重制约着国家工业化目标的实现和整个社会经济的发展。为解决这一突出问题，党和政府决定有计划地开垦荒地，增加粮食生产，同时缓解城市日益严重的就业压力。该决策直接推动了 1956 年的大规模移民支边运动。1956 年上半年全国共迁移 58 万余人，下半年因安置巩固工作出现问题，移民工作基本停止。直到 1957 年，仍以巩固移民和接迁部分移民家属为主。大规模的移民垦荒运动既有其有利的一面，又有潜在的各种问题。

（一）粮食与失业困扰下的中国社会

新中国成立之初，由于经受长期战乱和遭遇各种自然灾害，农业经济的落后与粮食等农产品的极度短缺，成为牵制国民经济社会发展的全局性问题。

为了解决粮食问题，就需要发展农业生产。要提高农业生产量，不外扩大耕地面积和提高单位面积产量。1952 年 8 月，《中央人民政府政务院关于劳动就业问题的决定》中指出，"已耕的土地不足，在目前的技术条件下就不够种，进一步向前发展，定会产生更多的剩余劳动力。这是一个最根本的问题。因此，从根本打算，必须有计划有步骤地向东北、西北和西南地区移民，在不破坏水土保持及不妨害畜牧业发展的条件下，进行垦荒，扩大耕地面积"[1]。1954 年 7 月，邓子恢副总理指出，"第一个五年计划期间，农业增产的最主要方法还是依靠提高单位面积产

---

[1] 《中央人民政府政务院关于劳动就业问题的决定》，《人民日报》1952 年 8 月 4 日。

量和增加复播指数"[1]。但从当时的情况看，中国的耕地已严重不足，"全国人口平均每人约二点五亩，按农业人口计，每人约三点二亩"[2]。这成为制约中国农业经济发展的根本弱点。故有计划地开荒，扩大耕地面积，被看作增加粮食产量的要途。因新中国成立初期国家财力有限，农业机械短缺，油料供应不足，所以在短期内用机器大量垦荒是不可能实现的。但中国农村有大量的劳力，山东、河北等地农民历来有"闯关东""走西口"的传统。自新中国成立以来，每年都有十余万人自流到东北、西北等地。中央农村工作部认为，"如果加以组织，数量肯定更加可观，对于开荒、扩大耕地面积，增加粮食产量应该能起更大的作用"。遂于1955年5月向中央建议：

> 在黑龙江、内蒙古、山东和江苏的沿海一带，广东雷州半岛和海南岛，湖北和湖南等省沿湖地区以及西北的新疆、青海、甘肃和西南的云南、西康和四川的西部，都有广阔的土地可以开垦。有的需要兴修大型水利工程以后才能开垦，有的并不用兴修大型水利工程就能够开垦。对于后一种条件较好的荒地，目前就可以由国家组织拖拉机开荒队把它开出来，然后交给有组织的移民成立农业生产合作社，用人力畜力去继续经营，拖拉机开荒队再到别处继续开荒。这样做，就可以把我国目前有限的农业机器的力量最有效地发挥出

---

① 《关于农业、林业、水利的五年计划》，1954年7月13日，载《邓子恢文集》，人民出版社1996年版，第376页。

② 《关于农业、林业、水利的五年计划》，1954年7月13日，载《邓子恢文集》，人民出版社1996年版，第374—375页。

来，达到大规模开荒、从而增加粮食产量，解决人民群众吃饭问题的目的。[1]

同月，中共中央批准该意见，这成为大规模移民垦荒运动的直接推动因素。另一方面，在城市日益严峻的就业压力下，国家采取动员家在农村的中小学毕业生回乡参加生产的同时，借鉴苏联模式开始了青年垦荒运动，进一步推进了大规模的移民垦荒运动。

新中国成立后，我国的教育事业发展很快。到 1953 年底，全国小学较 1949 年增加 50％，小学生增加一倍多；中学增加 13％以上，中学生增加了近两倍。中小学校迅速增加、学生人数持续增长的势头，造成了不少学校一味追求数量而忽视教学质量的冒进问题。1953 年，教育部提出"整顿巩固、重点发展、保证质量、稳步前进"的方针，使中小学招生人数急剧下降，直接造成大批农村中小学毕业生成批地、自发地涌入城市谋生。[2] 在城市粮食紧缺危机的情况下，唯一的解决办法，就是劝阻他们不要盲目流入城市。但是，青年大都不愿回乡。国家通过塑造典型的办法，以榜样的力量鼓舞农村青年下乡的决心，徐建春就是一个很好的例子。

徐建春本是山东一个普通的农家女，小学毕业后因家庭困

① 《中央农村工作部关于垦荒、移民、扩大耕地、增产粮食的初步意见》，河北省档案馆藏，档案号 855-3-593，转引自胡彦明：《新中国初期河北省移民问题研究》，硕士学位论文，河北师范大学，2006 年，第 9 页。
② 定宜庄：《中国知青史——初澜（1953—1968）》，中国社会科学出版社1998 年版，第 6 页。

难，母亲不让她升学，她只好回乡劳动，担任互助组组长。1952年10月，《山东青年》介绍了她回乡和担任互助组长的经过。同年，青年团山东省第一届代表大会对她进行了表彰，并增补她为候补委员。1954年3月12日，《人民日报》转发了《徐建春——农村知识青年的好榜样》一文，这是党报为全国知识青年正式树立起的第一个先进典型。[①]

徐建春成为青年们在农村可以"大有作为"最有力的明证，许多农村青年因此怀揣梦想回乡。农业合作化运动进入高潮及各种夸大的宣传，更让很多青年产生了农村很快就要跨入共产主义的错觉，这也成为他们回乡的主要动力。

截至1954年10月，据辽宁、河南等11个省、北京等3个直辖市和湖北、四川2省部分县、市的统计，初中毕业生已经从事生产劳动或参加其他工作的有77,000余人，占不能升学人数的78%。另据辽宁、北京等7个省、市和江苏等4个省的部分县、市统计，高小毕业生从事工农业生产或参加其他工作的有446,000人，约占不能升学人数的68.5%。[②]

从以上数据可以看出，国家动员青年务农的道路是可行的。但很快，青年们发现，农业合作化运动的发展并非如当时宣传的那么美好，加上许多地方发生灾情，粮食减产，大量农村青年不再安心生产，再次涌入城市。1954年，仅上海无法就业的青年就达60多万人。当时的上海市长陈毅疾呼："祖国有很大困

---

① 定宜庄：《中国知青史——初澜（1953—1968）》，中国社会科学出版社1998年版，第19—20页。

② 定宜庄：《中国知青史——初澜（1953—1968）》，中国社会科学出版社1998年版，第27页。

难，上海是祖国一个很大的包袱。这个包袱，我陈毅一个人背不起，希望广大党员、人民帮我背。"[1] 如何安排这些城市青年就业，成为亟待解决的社会问题。而 1955 年下半年发起的青年参加志愿垦荒活动，为解决城市青年就业问题提供了一条可行的路径。

中国的青年垦荒运动深受苏联青年垦荒运动的影响。长期以来，相对于快速发展的重工业来说，农业生产一直是苏联国民经济发展的薄弱环节。1954 年 3 月，苏联通过《关于进一步增加全国谷物生产和开垦生荒地和熟荒地的决议》，拟在 1954—1955 年内，在哈萨克、西伯利亚、乌拉尔、伏尔加河流域和北高加索的部分地区，至少要开垦 1,300 万公顷生荒地和熟荒地，以扩大谷物播种面积。[2] 在这次垦荒运动中，改变了过去移民开荒的办法，而是以城市青年为垦荒主体，以机器为开荒主力。仅 1954 年就动员了 10.2 万余人，开垦生荒地 1,700 多万公顷，播种 350 万公顷以上。[3] 在短时间内就能开垦大片荒地，缓解城市就业压力，这对中国来说无疑具有很大吸引力。

1955 年 4 月，团中央代表团赴苏学习共青团工作经验时，对苏联的城市青年移民垦荒运动作了详细考察。6 月 24 日，青年团中央书记处将《关于苏联开垦荒地的一些情况的报告》报送

---

① 江西省政协文史和学习委员会编：《重返 1955——上海青年志愿赴江西垦荒口述纪实》，江西人民出版社 2013 年版，第 4—5 页。

② 新华社：《苏联共产党中央委员会全体会议就赫鲁晓夫的"关于进一步扩大苏联的谷物生产和关于开垦生荒地和熟荒地"的报告通过的决议（之一）》（1954 年 3 月 2 日），《人民日报》1954 年 3 月 17 日。

③ 新华社：《关于苏联农业发展的几个问题，赫鲁晓夫答英国贝尔纳教授问》，《人民日报》1954 年 12 月 25 日。

中共中央，报告对苏联垦荒的规模、物资、人员、组织以及共青团在垦区的工作生活状况、建设"共青城"等情况等作了介绍。6月27日，中共中央转发了该报告，并在批示中指出，这个报告"很有参阅价值"。^① 这成为中国青年开展大规模垦荒运动的前奏。

在这之前，有不少复员军人、农民、社会知识青年、在职干部和学生写信给《人民日报》，建议政府举办移民垦荒事业，并要求解决他们到祖国边疆去开垦荒地，参加劳动生产的具体问题。《人民日报》在答复中称，移民垦荒是国家经济建设当中必须进行的一项重大事业，对发展农业生产，增加粮食产量，有很大作用，建议移民垦荒的意见是正确的。但是，大规模地移民垦荒，是一件复杂、细致而繁重的工作，急于大规模地进行移民垦荒是有困难的。建议青年们"应当把开垦祖国边疆的热情，用在目前的生产和所在岗位的工作上，不要过急，以致不安于现有生产岗位的工作，或是盲目地卖东西，借路费，准备出发"。^② 可以看出，当时国家还没有做好大规模移民的准备，对形势的判断也是比较客观的。

1955年7月6日，团中央在《关于组织青年参加边疆建设问题的一些意见》中指出：中共中央已批准农村工作部"关于垦荒、移民、扩大耕地、增加粮食的初步意见"，共青团在这方面应起积极的突击队的作用。我们也打算动员一部分城市中未升学

---

① 顾洪章主编：《中国知识青年上山下乡大事记》，人民日报出版社2009年版，第2页。

② 《关于移民到边疆进行开垦的问题》，《人民日报》1955年6月19日。

的中小学毕业生及其他失业青年参加垦荒工作。① 紧接着，在团中央写给党中央的报告中又一次提到：

> 今年（1955 年）京、津、沪三地不能升学的初中、高小毕业生就有 6 万多人，加上历年未升学、就业的为数更多。上海一地没有职业的青年就有 30 余万左右。最近数月我们接到各地区青年要求去边疆参加建设的来信日渐增多，有的人也要求前去开荒。我们觉得，从城市中动员年轻力壮的、有文化的青年去参加垦荒工作是有好处的。也是今后解决城市中不能升学的初中、高小毕业学生和无职业青年的就业问题的一个办法。②

在团中央的发起和组织下，全国迅速掀起组织青年垦荒队到边疆、到山区的活动。1955 年 8 月，北京市首支青年志愿垦荒队正式成立。团中央书记处书记胡耀邦在欢送北京青年志愿垦荒队奔赴北大荒时作了《向困难进军》的讲话，鼓励垦荒队员用"忍受、学习、团结、斗争"的精神对待困难，在黑龙江荒原上安家落户，多做贡献。胡耀邦的讲话和北京第一支青年志愿垦荒队的隆重出发，引起全国青年强烈的反响。其后，辽宁、黑龙江、吉

---

① 《关于组织青年参加边疆建设问题的一些意见》，1955 年 7 月 6 日，载黑龙江省青运史工作委员会办公室、共青团黑龙江省委青运史研究室：《青年志愿垦荒队》，（88）黑新图字第 722 号准印 1988 年版，第 3 页。

② 《关于响应党的号召，组织青年参加开垦荒地的几项意见（草稿）》，1955 年 7 月 27 日，载黑龙江省青运史工作委员会办公室、共青团黑龙江省委青运史研究室：《青年志愿垦荒队》，（88）黑新图字第 722 号准印 1988 年版，第 5 页。

林、河北、山东、上海、武汉、天津、湖南、广东、浙江、福建、河南、云南、江西、广西等 16 个省、市及部分县城也相继组织了青年志愿垦荒队。有上万名青年志愿垦荒者，在北起黑龙江、南至海南岛和怒江边的辽阔荒原上从事开拓工作。[①] 这也成为 1956 年全国大移民的重要推动因素。

（二）1956 年的大规模移民垦荒运动

1955 年下半年，在持续批判右倾保守思想的情况下，全国农业合作化运动迅猛发展，短短几个月，"加入农业生产合作社的农户就由 1,690 万户增加到 7,000 万户，在农户总数中所占的比例就由 14% 增加到 60% 以上，有些省、市已经基本上完成了初级形式的合作化"[②]。毛泽东主席说："今年（1955 年）夏季以前在农业方面存在的许多困难情况现在已经基本上改变了，许多曾经被认为办不到的事情现在也可以办了。我国的第一个五年计划有可能提前完成或者超额完成。"[③] 中央农村工作部副部长廖鲁言也指出，"农业合作社确实是办得又多，又快，又好，全国农业合作化的高潮正在引起全国农业生产的高潮"[④]。在这种"急速"

---

① 新华社：《全国有十六个省市青年组成志愿垦荒队，全国广大青年在"向荒地进军"、"向困难进军"的口号下，已经形成了组织志愿垦荒队去开拓荒地的热潮》，《人民日报》1955 年 12 月 25 日。
② 廖鲁言：《关于 1956 年到 1967 年全国农业发展纲要的说明》，《人民日报》1956 年 1 月 26 日。
③ 新华社：《毛泽东主席召集最高国务会议，讨论中共中央提出的 1956 年到 1967 年全国农业发展纲要草案》，《人民日报》1956 年 1 月 26 日。
④ 廖鲁言：《关于 1956 年到 1967 年全国农业发展纲要的说明》，《人民日报》1956 年 1 月 26 日。

发展的背景下，1956 年 1 月中共中央出台的《1956 年到 1967 年全国农业发展纲要（草案）》指出："国家应当有计划地开垦荒地，扩大耕地面积。在有条件的地方，应当鼓励合作社组织分社，进行垦荒工作。""从 1956 年开始，在 12 年内，要求国营农场的耕地面积由 1955 年的 1,336 万亩增加到 14,000 万亩。"[①]

《纲要（草案）》颁行后，各省区纷纷表示大力支持，开垦荒地、发展农业越来越受到重视。在农业部、内务部的指导下，经过省与省之间的协商，1956 年的移民垦荒任务确定为：由山东、河南、河北、北京、天津、上海等省市移出 55 万余人，分别安置在黑龙江、青海、甘肃、江西、内蒙古等省区，建立新的农业生产基地。1956 年 2 月，各地纷纷开始启动移民工作。4 月，周恩来总理对春耕生产作出指示："1956 年的开荒计划比以往任何一年都大。开荒的重点省、区，必须抓紧时间，争取在播种季节以前开垦出更多的荒地，更多地增加当年开荒当年种植的面积。为此就必须相应地做好移民工作。"[②] 铁道部为鼓励农民或市民积极参加开垦荒地进行农业生产，减轻移民家属的经济负担，制定了垦荒移民家属迁移乘车优待办法，规定"凡提交县以上人民委员会的证明并持有户口迁移证的垦荒移民家属，购买硬席客车时，不论人数多少，一律按票价减低 50%"。"垦荒移民家属托运搬家物品时，不受重量限制，一律按行李运价计算。如乘坐专为移民家属加挂的客车时，随身携带品的重量亦不受规定限制，

① 《1956 到 1967 年全国农业发展纲要（草案）》（1956 年 1 月 23 日中共中央政治局提出），《人民日报》1956 年 1 月 26 日。
② 周恩来：《国务院关于春耕生产的指示》，《人民日报》1956 年 4 月 1 日。

但以不占用座位和不妨碍通路的较小物品为限。"① 这个办法只适用于移民家属，因为移民本人的费用由内务部统筹解决。从这一个细节可以看出，当时政府是大力支持移民垦荒的。

1956 年 6 月，内务部主持召开了全国移民座谈会，相关省区汇报了移民工作的情况和所遇到的问题。从 1956 年 2 月至 6 月间，完成省际移民 308,399 人，省内移民 270,959 人。② 会议认为，1956 年的移民不仅已开垦了大量的荒地，而且对解决城市、小城镇的一部分无业和失业人口的问题作用也很大。会议还指出：虽然从 1949 年开始做了几年移民工作，但过去的移民是小规模的、分散进行的，而且许多移民是未经政府组织，自流到安置地区的。因此，缺乏系统的、成熟的经验，各地或多或少出现了一些偏差。针对移民中出现的种种问题，内务部决定将移民工作的重心转移到巩固工作上。除河南省继续移往甘肃、青海两省移民 66,000 人，向新疆军垦农场输送农业工人 26,157 人外，其他省区均不再移民，全力进行巩固工作。内蒙古自治区（原定省际移民 15,000 人，已完成 9,554 人）和广东省（原定省内移民 70,000 人，已完成 15,000 人）未完成的任务也停止进行。③

① 《内务部、农业部转发铁道部关于"垦荒移民家属迁移乘车的优待办法"》，1956 年 3 月 27 日，载中华人民共和国内务部办公厅编印：《民政法令汇编（1956 年）》，1957 年版，第 460—461 页。

② 谢觉哉：《内务部关于移民工作情况和意见的报告》，1956 年 7 月 27 日，载中华人民共和国内务部办公厅编印：《民政法令汇编（1956 年）》，1957 年版，第 444 页。

③ 《中华人民共和国内务部袁任远副部长在移民工作座谈会上的综合发言》，1956 年 6 月 30 日，载中华人民共和国内务部移民局编印：《移民工作资料选编（第一辑）》，1958 年版，第 11 页。

1956 年下半年，各地通过积极组织生产、修建房屋、解决物资供应以及加强思想教育等措施巩固移民。但是，仍有少数人坚决要求返籍，有的地方还发生请愿现象；有相当一部分人虽然参加了生产，但思想仍很不稳定；真正长期安家打算的，只占一部分。内务部认为，这不但会使国家和移民本人遭受严重的损失，而且会给后续的移民也带来困难。为此，内务部要求：一是安置移民较多的地区，要把巩固工作列为中心任务来抓，主动解决存在的问题；二是稳定移民情绪，鼓舞移民生产建家信心，保证秋收，特别是做好生产收益的分配工作；三是根据安置地区的情况，接迁一部分家属，以巩固民心；四是切实解决移民生活困难，修房建屋，接济口粮，解决寒衣、被子等生活必需品；五是加强思想教育和民族团结教育。①

应该说，内务部的指示精神具有很强的针对性，但由于任务大、工作急，各地的巩固工作并不能一下子跟上来，较好地解决移民中的问题。1957 年年初，部分地区移民返籍的现象仍然很严重。内务部认识到，如果这种现象不制止，不但会影响春耕生产，使移民生活发生困难，而且会对巩固移民工作成果和后续的移民垦荒工作造成更大的困难，遂又作出了指示：大力组织移民搞好副业生产，争取移民的生产收入达到或超过移出地区的水平；对因受灾损失严重的移民新村和少数青年农庄（队），划分为小社或者将一部分人员分散安插到就近的老社；做好移民的迁

---

① 《内务部关于巩固 1956 年移民工作的指示》，1956 年 9 月 15 日，载中华人民共和国内务部办公厅编印：《民政法令汇编（1956 年）》，1957 年版，第 451—454 页。

送和安置工作；对返籍的移民，凡自愿重返安置地区而又适合农耕生产的，移出地区应帮助他们返回安置地区。指示中还特别强调，重返安置地区的移民路费原则上自理，但对带家属的，本人和家属的路费均由政府发给。① 可见，政府是非常鼓励返籍人员返回安置地区，更重要的是免于以后的移民工作陷于被动。

1956 年全国共移民 684,000 余人，1957 年上半年迁移 71,865 人（移民家属 11,865 人，安置自流农民、灾民近 60,000 人），二者共计 756,221 人。其中，省外移民 438,272 人，各省市移出人数为：山东省 204,744 人，河南省 101,834 人，河北省 25,108 人，上海市 20,665 人，北京、天津两市各 10,000 余人，安徽、陕西、山西等省共移出 5,386 人。黑龙江省安置的自流民、灾民多是山东、河南、河北、安徽等省流去的。各省（区）安置人数为：黑龙江省 270,269 人，青海省 68,791 人，甘肃省 58,487 人，江西省 20,098 人，内蒙古自治区 20,627 人。省内移民共计 317,949 人，移民地区有黑龙江、辽宁、浙江、湖北、广东、河北、甘肃、福建、江苏、云南、安徽等 11 个省和新疆、内蒙古两个自治区。省内移民多是把城镇的失业人口，动员下乡转入农业生产。上述移民，分散插社安置的 552,880 人，集体建村安置的 203,341 人。② 需要说明的是，省际移民中各省区

① 《中华人民共和国内务部关于继续做好移民巩固工作的指示》，1957 年 3 月 27 日（57）内移字第 74 号，载中华人民共和国内务部移民局编印：《移民工作资料选编（第一辑）》，1958 年版，第 39—42 页。
② 《国务院转发内务部关于 1956 年下半年到 1957 年上半年移民垦荒工作总结报告的通知》，1957 年 9 月 18 日政习字第 65 号，载中华人民共和国内务部移民局编印：《移民工作资料选编（第一辑）》，1958 年版，第 44—45 页。

安置人数之和虽与总人数相吻合，但缺少新疆维吾尔自治区的安置数字。据查阅资料得知，1956 年河南省移民中安置在新疆的有 45,836 人。[①]

移民经费涉及路费（包括车船费、途中医药费等）、中途设站费、建房费和必要的环境设备费（如打井、修路、安装碾磨等）、生产垫本（包括耕畜、农具、籽种、肥料等）、开荒费、新村行政费、衣被补助费、医药费、生活资料补助费和特别开支（如途中死亡丧葬费等）。国家按照投资与贷款七与三的比例投入移民经费。1956 年国家对移民垦荒的工作给予了很大的支持，迁移时所需的路费和住房、建设新村道路、桥梁、水井等费用，均由国家投资解决。国家还以大量投资和贷款帮助移民解决生产生活上的困难，其中无偿投资占 70% 左右。仅黑龙江、甘肃、青海、内蒙古等 9 个省区，国家的投资即达 1.1 亿多元。国家还为迁移到黑龙江省的居民购买拖拉机 500 台，修建房屋 2.5 万间，并在新村设立了卫生所、供销合作社、农业技术推广站和邮政代办所等。[②]

（三）大移民工作中的利与弊

从 1956—1957 年的移民情况可以看出，这一时期的移民涉

---

① 《河南省移民委员会 1956 年工作总结》，1957 年 3 月 21 日，载中华人民共和国内务部移民局编印：《移民工作资料选编（第一辑）》，1958 年版，第 88 页。

② 新华社：《有组织有计划地移民垦荒的第一年，全国移民七十多万开垦了大量荒地，各地明年将继续大力帮助移民发展生产安家立业》，《人民日报》1956 年 12 月 28 日。

及人数多、地域广，兼有灾民、失业人员、知识分子、青年垦荒队员等多种类型。省际移民中绝大多数是从人口稠密、受灾较多的山东、河南、河北等省移出的，少部分是从北京、上海、天津等大城市移出的。在安置地域的选择上，则是以边疆地区为主，其中尤以黑龙江省为甚。

移民们徙移到新的地方以后，开垦了大量荒地，为国家增产了许多粮食。迁移到黑龙江省的居民 1956 年开垦荒地 600 万亩，春季播种 210 多万亩，平均每人播种 18 亩。迁移到内蒙古的居民共开荒 19 万亩，移到青海省参加当地农业生产合作社的居民共开荒和种间歇地 32.3 万多亩。移到青海省建立新村的居民已开荒 1 万多亩，平均每人开荒 10 多亩。黑龙江省建立新村的移民种的玉米每公顷[①] 产量在 4,000 斤以上，谷子每公顷产量 2,500 斤左右，马铃薯每公顷产量近 1 万斤，粮食总产量达 12 万吨。此外，还有许多人的收入超过了在原居住地的收入。黑龙江省的 10.8 万多名青壮年垦荒队员，平均每人收入 200 元以上，也有不少人达到 400 元以上，比在原籍收入增加了。迁移到甘肃省敦煌县前进农业社的 33 户居民，有 28 户的生活水平比在原居住地有所提高。迁移到青海省湟中县大元乡的 66 户居民有 90% 已经能够自给，其中 30% 还有余粮。[②] 同时，移民还对当地的工矿、水利、交通、林业等事业的发展，给予了很大的支援。移民还对农业生产经验和技术

---

① 1 公顷等于 15 亩。

② 新华社：《有组织有计划地移民垦荒的第一年，全国移民七十多万开垦了大量荒地，各地明年将继续大力帮助移民发展生产安家立业》，《人民日报》1956 年 12 月 28 日。

的交流发挥了一定作用，如青海省民和县马厂垣乡有的移民
创造了砂地点播耧，提高劳动效率 10 倍以上；湟沅县高陵乡
移民赵景和，在春耕中带头推广耧摆，不仅节省了 600 斤种
子，提前完成了生产队的播种任务，而且出苗情况也很好。[①]
但是，由于缺乏经验，各地的移民安置工作中存在不少问题，最
突出的表现是大量人员返回原籍。据内务部的报告，到 1957 年
5 月，返回原籍的移民已有 98,000 余人，占移民总数的 13%。
此外，留在垦区的约有 10% 的人思想不够稳定。从各地的安置
情况看，这一数字还是比较保守。以河北省为例，移民到黑龙江
萝北县青年集体农庄的男女青年 662 名，返籍与其他事故减员
21.7%；迁移到青海省民和县的回民 6,844 人，返籍约 2,000 人，
占移出数的 29.2%；迁移到内蒙古单身青壮年 7,165 人，返籍约
4,000 人，占移出数的 55.8%。[②] 黑龙江省安置工作准备较为充
分，但由于安置人数太多，到 1956 年 12 月返籍的已有 3 万余人，
加上批准回去探家的，大约占移民数的 1/3。[③] 河南省 1956 年从
获嘉县迁移到甘肃省安西县 3,352 人，先后返籍的就达 2,256 人，

① 《青海省移民垦荒局关于召开第三次移民垦荒工作会议的报告》，1957 年 1
月 23 日(57) 移垦办字第 24 号，载中华人民共和国内务部移民局编印：《移
民工作资料选编（第一辑）》，1958 年版，第 206—207 页。
② 《河北省八年来移民工作总结》，1957 年 10 月 4 日，载中华人民共和国内
务部移民局编印：《移民工作资料选编（第一辑)》，1958 年版，第 102—
103 页。
③ 《黑龙江省 1956 年移民工作基本情况和 1957 年移民工作任务》，1957 年 2
月于杰副省长在黑龙江省移民会议上的报告，载中华人民共和国内务部移
民局编印：《移民工作资料选编（第一辑)》，1958 年版，第 141 页。

占移民总数的 67%。①

在不断出现返籍现象的同时，有些地方移民聚众打架、请愿、滋事的事件也相继发生。如闹政府的、包围干部、破坏生活用具和生产资料等等。因而，扩大了移民与政府、移民与当地群众之间矛盾。② 这些事件中，以黑龙江省最为严重，曾发生 1 万余人集体请愿、殴打干部、卧轨拦车等，跑回山东和流落各地的1,800 余人。③

这些问题发生，有以下几个方面的原因：

一是计划大、时间紧、准备不足，移民生产生活困难。如黑龙江省 1956 年在短短的 3 个月里就接收安置 26 万人，在荒原上建立了 450 个新村。黑龙江省萝北、甘南等县接收移民的数量，超过或接近于全县原有居民户数。虽然移出地区和安置地区都做了最大努力，但由于时间短、任务大，移民类型多、牵涉面广，各项准备工作仍然不够充分，生产生活资料调运不及时，移民困难很多。移民中很多人住在窝棚里，有的年轻夫妇与单身汉合住在集体宿舍，还有的缺少衣、被、口粮等生活必需品。黑龙江省除部分地区给少数移民建有新房外，绝大多数均系暂时借房居

---

① 杨成森：《当前移民工作中的几个主要问题》，《内务部通讯》1958 年第 1 期，载中华人民共和国内务部移民局编印：《移民工作资料选编（第一辑）》，1958 年版，第 65 页。

② 《甘肃省是怎样处理移民返籍和闹事的?》，《内务部通讯》1957 年第 7 期，载中华人民共和国内务部移民局编印：《移民工作资料选编（第一辑）》，1958 年版，第 201 页。

③ 谢觉哉：《内务部关于移民工作情况和意见的报告》，1956 年 7 月 27 日，载中华人民共和国内务部办公厅编印：《民政法令汇编》，1957 年版，第 445 页。

住，"河南移民极不习惯与当地群众住对面炕，两三辈人男女老幼同挤在一个炕上，有的移民整日为此哭闹"。①

二是对移民对象审查不严，动员过程中有片面夸大的宣传。移民对象带家户较少，青壮年单身汉多，他们独身生活，困难较多，思想容易波动。有的地方没有按条件进行审查，甚至不顾政策，将个别缺乏劳力的孤老、革命伤残军人，甚至刑期未满分子都动员去了。有的地区宣传动员中偏重经济内容，夸大安置条件。少数地区还有信口开河，凭空许愿，以及强迫命令的做法。有的基层干部为了完成任务，在动员中确有不实的宣传，如说"青海皆平原""黄金遍地，牛羊满山""牛肉七分钱一斤，皮袄八元一件""高小毕业生可以当区级干部，中学毕业可以当县级干部"。② 河南省东明县在介绍安置地区的情况时说：东北每家每户都有肥猪，啥时想吃就杀一头，住的都是瓦房，生产已经机械化，劳动比在东明轻松得多。这些夸大的宣传，与实际安置条件有很大的反差，对安置和巩固工作都不利。

三是移民和当地群众存在着利益上的矛盾。一方面分散插社的移民能为当地的农业合作社增加劳动力，交流生产经验，群众对移民表示欢迎和支持；另一方面，移民到来要调剂借出大量房屋，以及一些小型农具、工具和牲力等，对当地群众是一种无形

---

① 《对甘肃、青海、黑龙江等地区的我省移民进行慰问工作的总结报告》，河南省移民委员会 1956 年 10 月 22 日移王字第 18 号，载中华人民共和国内务部移民局编印：《移民工作资料选编（第一辑）》，1958 年版，第 117 页。

② 《加强调查研究，总结已有经验，进一步做好移民垦荒工作——省移民局代局长雷林在中共青海省委第二届第二次全体委员会议（扩大）上的发言》，《青海日报》1956 年 11 月 21 日，载中华人民共和国内务部移民局编印：《移民工作资料选编（第一辑）》，1958 年版，第 225 页。

的压力。秋收时来的移民参加了劳动，分了红，移民认为按劳取酬是应该的，而在当地群众看来，移民并未扩大生产，增加收入，而把自己一年的劳动所得又分出去了。因而，当地人对移民有不同的看法，形成了双方利益上的矛盾。有的地方在生产中同工不同酬、同酬不同工、评分不民主、调活不合理等现象，引起双方的猜疑和不满。

四是基层干部工作简单粗糙，思想教育不够。有的基层干部在安置工作上先紧后松，认为移民有饭吃、有房住、有活干就"万事大吉"。青海的一些移民反映："青海有的干部对待移民象（像）青海的天气一样，热的时间短，冷的时间长。"少数当地干部和群众认为移民是"灾难民""逃荒要饭的"，在生产生活各方面予以歧视，在一定程度上挫伤了移民垦荒生产、建家立业的积极性。[1] 移民闹事、返籍等事件发生后，部分干部产生厌倦和埋怨情绪，对要求返籍的移民，缺乏耐心的说服劝阻，有的靠花钱解决问题，滋长了移民的依赖思想。有的地方甚至还有动员和遣送移民返回原籍的情况，严重地影响到移民的巩固。

第二节 移民支边政策的确立

囿于资料限制，目前还未看到国家动员内地青壮年支援边疆

---

[1] 《对甘肃、青海、黑龙江等地区的我省移民进行慰问工作的总结报告》，河南省移民委员会 1956 年 10 月 22 日移王字第 18 号，载中华人民共和国内务部移民局编印：《移民工作资料选编（第一辑）》，1958 年版，第 119 页。

和少数民族地区建设这一决策的直接动因，现有的研究也多是语焉不详或一笔带过。然而，通过对新中国成立初期移民运动进行梳理，结合当时国内步步升温的"大跃进"形势，也可窥其一二。

一、中央对新中国成立初期移民工作的考量

无论从新中国成立初期的省际移民，还是 1956 年的大移民情况来看，移民垦荒的效果都不尽如人意，甚至还存在很多问题。有不少人已经认识到问题的严重性，提出了不同的建议：

1957 年 7 月，在全国人大四次会议上，山东省省长赵健民对移民垦荒工作提出：

> 这是一项极其繁重复杂的宣传动员与组织准备工作，各级领导上缺乏经验，投资又很大，因此建议国务院有关部门召开有关省份的会议，总结几年来移民垦荒工作的经验教训，并对今后移民工作进行细致的准备，制定出移民垦荒规划。[①]

山东是移民大省，作为省长的赵健民深知其利弊，他所提建议言下之意是移民花费很大，而又准备不足，应当制定切实可行的方案。

---

① 《在第一届全国人民代表大会第四次会议上的发言——从山东农业生产和农民生活看共产党和社会主义稳如泰山（赵健民的发言）》，《人民日报》1957 年 7 月 20 日。

1957 年 9 月，邓子恢副总理明确指出农业发展的三个方向：

1. 主要的基本的方向是提高现有土地的单位面积产量。争取在今后十年实现全国农业发展纲要四十条规定的粮棉增产指标；

2. 发展山区生产；

3. 适当开垦荒地，要量力而行。第一个五年计划，全国国营农场和农业生产合作社共开荒地六千万亩，但同期全国征用土地二千五百万亩到三千万亩，开荒成本大，收效慢。目前不能做（作）为主要方向。①

1957 年 10 月，李富春副总理也指出，第二个五年计划期间发展农业的关键在于：

提高单位面积产量为主，开荒为辅。这是由于，可垦的荒地多数在边远地区，需要投资较多；在合作化基础上，提高单位面积产量有很大潜力。②

1958 年 1 月 16 日，《人民日报》编者按语中也指出：

由国家建立农场或者组织大规模的远距离移民，用机器

---

① 《关于发展农业生产的几个问题》，1957 年 9 月 2 日，载《邓子恢文集》，人民出版社 1996 年版，第 494 页。

② 《关于编制第二个五年计划的一些意见》，1957 年 10 月 5 日，载《李富春选集》，中国计划出版社 1992 年版，第 204 页。

垦荒，目前还受着国家财力物力的限制。组织农业合作社搞近距离的小型开荒，搞"飞地"，则是目前切实可行的办法。这种小型开荒主要依靠群众自己的财力物力，不需要国家投资，做起来也比较容易；同时也可以充分利用一部分农业社的剩余劳力来增加生产和增加社员收入。①

以上的几种观点多是建议从提高单位面积产量的角度来发展农业生产，而不建议长距离大规模的移民垦荒运动，主要是因为开荒投入大，而收效慢。有些人甚至认为"移民垦荒是劳民伤财，越垦越穷"。②

青海省移民局代局长雷林在青海省委第二届第二次全体委员会议（扩大）上的发言更道出了大规模移民垦荒中的种种无奈：

在这将近一年（指1956年，笔者注）的工作当中，我们深深的（地）感觉到有些被动忙乱，缺乏应有的敏感和预见，因而对某些复杂情况缺乏应有的辨别能力，对可能发生的问题不能早作预防，对已经发生的问题也不能提出有效办法，从而就不能有力地指导工作前进。③

---

① 《远耕队和"飞地"（编者按）》，《人民日报》1958年1月16日。
② 内务部移民局：《组织移民展开社会主义大辩论》，《内务部通讯》1957年第11期，载中华人民共和国内务部移民局编印：《移民工作资料选编（第一辑）》，1958年版，第57页。
③ 《加强调查研究，总结已有经验，进一步做好移民垦荒工作——省移民局代局长雷林在中共青海省委第二届第二次全体委员会议（扩大）上的发言》，《青海日报》1956年11月21日，载中华人民共和国内务部移民局编印：《移民工作资料选编（第一辑）》，1958年版，第219页。

黑龙江省副省长于杰在黑龙江省移民工作会议上也表示：

> 我们对大批安置移民的艰巨性、复杂性估计不足，计划的不够稳妥，步子迈的（得）大了些，超过实际可能。[1]

从青海省和黑龙江省这两位负责人的话来看，移民任务安排太大、太急，出现的问题也不能很好解决，对形势的估计和判断严重不足。

但当时在"冒进"和"跃进"的氛围下，这些建议却不被重视。正如《人民日报》所言，"两年来的经验证明，采取移民这个途径是必要的和切实可行的，随着经验的增多和工作的改进，这一工作也是完全可以做好的。"[2]《光明日报》的社论也称："1956年的移民工作，确实发生了一些偏差，但是，检查工作中的偏差，并不能否定成绩，而且成绩依然是主要的……采取移民的办法开垦荒地，是完全可行的。"[3] 这些党报的舆论可能是中央对移民垦荒运动的一个总的判断。而主办移民垦荒工作的内务部负责人的观点，对中央来说无疑更具说服力。

内务部部长谢觉哉算了一笔账，"即以最化（花）钱的省外长距离移民说，按开荒一亩所需投资和贷款，同国营农场比较，

---

① 《黑龙江省1956年移民工作基本情况和1957年移民工作任务》，1957年2月于杰副省长在黑龙江省移民会议上的报告，载中华人民共和国内务部移民局编印：《移民工作资料选编（第一辑）》，1958年版，第141页。

② 冯纪新：《开发和利用黑龙江省的农业资源》，《人民日报》1956年10月25日。

③ 《（社论）1957年移民工作的主要任务》，《光明日报》1957年2月6日。

大体仍低三分之一，因为国营农场的基本建设、生产设备和行政管理都需要很大一笔钱，所以移民开荒是合算的"。[1] 时任内务部部长助理杨成森就移民垦荒工作中投入与产出比作了进一步分析，他说，据不完全统计，1956—1957 年全国移民 80 余万人，其中省外移民有 40 多万人，开垦荒地 700 余万亩。国家投资共达 15,800 万元，平均每亩投资不超过 25 元。再加上贷款，每亩支出也不超过 30 元。1956 年播种 480 万亩，1957 年播种 650 万亩。如果每亩产量按 100 斤计，可收入 113,000 万斤粮食；如果每亩产量按 120 斤计，则可收入 135,600 万斤粮食。两年的生产总值相当于国家投资 158,000 万元的 50%—60%。而省内插社安置的近 40 万人的收入，尚未计算在内。同时，由于安置地区劳动力的增加，对工矿、水利、交通、林业等基本建设也给予了很大的支援，对文化和农业生产技术的交流和传播也都有一定的作用。因此，移民垦荒工作的成绩是主要的、基本的，并不是"得不偿失"。[2] 他进一步指出，我国人口分布极不平衡，全国 94% 的人口只占 40% 的土地，其余 6% 的人口却占 60% 的土地。在地广人稀和边远地区，不但开垦荒地需要增加劳动力，就是改变这些地区的耕作方式，提高单位面积产量和进行其他各项建设，也都需要移入大量的劳动力。黑龙江省 9,000 多个农业社中，有 5,000

---

① 谢觉哉：《内务部关于移民工作情况和意见的报告》，1956 年 7 月 27 日，载中华人民共和国内务部办公厅编印：《民政法令汇编（1956 年）》，1957 年版，第 449 页。

② 杨成森：《当前移民工作中的几个主要问题》，《内务部通讯》1958 年第 1 期，载中华人民共和国内务部移民局编印：《移民工作资料选编（第一辑）》，1958 年版，第 61—62 页。

多个需要增加劳动力，这些社增加 5%—10% 的农户，不但不会挤掉原有农户占有的必需耕地，而且能够适当增加全体社员的收入。甘肃省规划河西走廊，拟在 10 年内建成粮棉生产基地，要移民 8 万户 40 万人。因而，移民垦荒是农业社会主义建设中一项不可缺少的任务。若以当前的进度，每年输送近百万人到边远地区和山区，经过两个五年计划就可以输送上千万人，这对建设边疆，繁荣山区的经济、文化、交通和加强国防建设都有重大的政治意义。他最后指出："只要移出地区、安置地区和移民对象选择得当，就能使我们的工作事半功倍，不仅可以达到国家对移民垦荒的要求，而且也符合移民群众改善生活的愿望。"①

来自黑龙江省等地移民新村粮食丰产的消息，更是为移民垦荒工作注入希望。1957 年甘南县 55 个移民新村收获粮食 23,670 吨，除农民吃粮、牲畜饲料和种子之外，还向国家卖粮 15,000 吨。全国闻名的萝北县北京村 1956 年收获粮食 63 万多斤，除吃用外也向国家卖出 30 万斤。又据嫩江专区 12 个县 284 个移民新村的调查，平均每个劳动力年收入在 300 元到 500 元的就有 94 个村，这些移民的收入都和一般合作社社员的收入差不多，甚至还超过了后者。富裕县移民四村，每个劳动力平均年收入 590 元，比在老家山东时的收入增加两倍半到三倍。许多新村设有俱乐部和食堂，带家属的新村还建立了 20 多座小学校，中心村还设立农业技术推广站和卫生所。村村都有供销合作社，有些村还

---

① 杨成森：《当前移民工作中的几个主要问题》，《内务部通讯》1958 年第 1 期，见中华人民共和国内务部移民局编印：《移民工作资料选编（第一辑）》，1958 年版，第 64—65 页。

成立了业余剧团和其他文化娱乐组织。① 在这种情况下，黑龙江省委书记冯纪新还表示，由于现有耕地的劳动力不足，所以耕作十分粗糙，未能使肥沃的土地充分发挥地力。如果要把一亿亩左右的荒原开发起来，那就更需要补充大量的劳动力和必要的农业机械。他认为，"采取移民这个途径是必要的和切实可行的，随着经验的增多和工作的改进，这一工作也是完全可以做好的"②。与此同时，新疆也提出，"在兰新铁路通车后大力发展工业和农业的新形势下，这就需要从关内各地大量移民到新疆去进行各项生产建设。新疆各族人民是满腔热情地欢迎汉族老大哥的伟大帮助的"③。这些宣传报道和相关省份大力要求移民支边的热情，更坚定了国家组织移民垦荒的决心。

1958年3月8日，朱德副主席在全国国营农牧场社会主义建设积极分子会议上的讲话中说：过去五年来开荒有很大的成绩，但是经济利益不大，年年赔钱，如果这样下去农场的局面就难于打开了。他同时又指出，开荒的意义很大，既可以解决就业问题，还解决了移民问题。虽然过去解决移民，花钱不少，但是还得办。只要有组织地搞，先布上点，建了房子，开展了生产，解决了吃、穿、住就能巩固下来，然后就能吸收更多的人去。他还强调，全国每年要增加1,000多万人口，如不开辟新的事业，社会主义就会发展很慢。你们进行开荒工作，解决就业问题，就

---

① 康伟中：《百万公顷荒地变良田》，《人民日报》1958年1月17日。

② 冯纪新：《开发和利用黑龙江省的农业资源》，《人民日报》1956年10月25日。

③ 《在中国人民政治协商会议第二届全国委员会第二次全体会议上的发言——鲍尔汉的发言》，《人民日报》1956年2月6日。

是为国家办了一件很大的事情。[①]

从朱德副主席的这番话可以看出，国家对开荒工作是有比较清楚的认识的，那就是花钱多，而效益并不好。但为了解决就业问题，还必须得办。他还认为，如果是有组织的开荒移民，就能巩固下来，就会有更多的人愿意去。

从内务部对移民开荒工作投入与产出比的分析和朱德副主席对就业形势的认识看，他们都认为移民垦荒是利大于弊，而且弊端是可以纠正和克服的。他们的认识对中央的决策无疑具有重要影响。

二、"大跃进"狂潮的推波助澜

"'大跃进'运动是在不断错误批判 1956 年反冒进的基础上发动起来的。"[②] 1957 年 9 月，中共八届三中全会既揭开了批评反冒进的序幕，同时也开启了农业"大跃进"的大幕。这次会议通过了《1956 年到 1967 年全国农业发展纲要修正草案》（简称"四十条"纲要），并于 1957 年 10 月 26 日正式公布。翌日，《人民日报》专门配发了题为《建设社会主义农村的伟大纲领》的社论指出：许多人惯于根据小农经济的生产条件来看合作化以后的

[①] 《朱德副主席在全国国营农牧场社会主义建设积极分子会议上的讲话（节录）》，1958 年 3 月 8 日，载农垦部政策研究室、农垦部国营农业经济研究所、中国社会科学院农经所农场研究室编：《农垦工作文件资料选编》，农业出版社 1983 年版，第 308—309 页。

[②] 齐鹏飞、杨志军主编：《1921—2011　中国共产党九十年历程》（第 7 卷·道路探索），吉林人民出版社 2011 年版，第 241 页。

新情况，对过去没有见过的事情，常常是不敢想，不敢做，信心不足，顾虑重重。为了克服各种各样的保守思想，最有效的方法，就是在农村中以"四十条"纲要为中心，进行一次生产建设问题的大鸣、大放、大争。社论还要求在第二个五年计划期间在农业和农村方面"实现一个巨大的跃进"[①]。这是中共第一次以号召的形式使用"跃进"一词。

1957 年 11 月 13 日，《人民日报》发表的社论《发动全民，讨论四十条纲要，掀起农业生产的新高潮》中指出："1956 年公布了全国农业发展纲要草案以后，曾经鼓舞起广大农民的生产热情，造成了全国农业生产的高潮……有些人害了右倾保守的毛病，象（像）蜗牛一样爬行得很慢，他们不了解在农业合作化以后，我们就有条件也有必要在生产战线上来一个大的跃进。这是符合于客观规律的。1956 年的成绩充分反映了这种跃进式发展的正确性。"[②] 该社论号召批判右倾保守思想，在生产建设上"来一个大的跃进"。这是"大跃进"口号的第一次提出。

1958 年元旦，《人民日报》发表的社论《乘风破浪》号召全国人民："我们要在十五年左右的时间内，在钢铁和其他重要工业产品产量方面赶上和超过英国；在这以后，还要进一步发展生产力，准备再用二十年到三十年的时间在经济上赶上并且超过美国，以便逐步地由社会主义社会过渡到共产主义社会。"[③] "赶英超美"的口号由此响彻中国。

---

① 《建设社会主义农村的伟大纲领》，《人民日报》1957 年 10 月 27 日。
② 《发动全民，讨论四十条纲要，掀起农业生产的新高潮》，《人民日报》1957 年 11 月 13 日。
③ 《乘风破浪》，《人民日报》1958 年 1 月 1 日。

1958年2月3日，《人民日报》发表的社论《鼓起干劲，力争上游！》要求，打破一切右倾保守思想，力争上游，"全国各省都应当考虑在五年，或者六年，或者七年，或者八年内实现纲要所规定的十年实现的指标。十年决于三年，全国大部分应争取在三年内使当地区的面貌基本改变"①。

就这样，"大跃进"运动步步紧逼，节节升温。1958年5月，中共中央召开八大二次会议，会议再次对反冒进进行批判，肯定了"毛泽东同志提出的15年赶上和超过英国的口号，鼓足干劲、力争上游、多快好省地建设社会主义的口号，要当促进派、不要当促退派的口号，勤俭建国、勤俭持家的口号，苦战三年、争取大部分地区的面貌基本改观的口号"②。会议认为中国正经历着"一天等于二十天"的伟大时期，提出了"我国工业在五十年或者更短的时间内，在钢铁和其他主要工业产品的产量方面赶上和超过英国；使我国农业在提前实现全国农业发展纲要的基础上，迅速地超过资本主义国家"。③会议还审议通过了"鼓足干劲、力争上游、多快好省地建设社会主义的总路线"。会后，全国各条战线上都迅速掀起了声势浩大的"大跃进"运动。

中共八大二次会议之后，"大跃进"运动进一步升级，高指标、浮夸风弥漫全国。各地区各部门修改、提高指标逐步演化成

---

① 《鼓起干劲，力争上游！》，《人民日报》1958年2月3日。

② 刘少奇：《中国共产党中央委员会向第八届全国代表大会第二次会议的工作报告》，1958年5月5日，载中共中央文献研究室编：《建国以来重要文献选编》（第11册），中央文献出版社1995年版，第292页。

③ 刘少奇：《中国共产党中央委员会向第八届全国代表大会第二次会议的工作报告》，1958年5月5日，载中共中央文献研究室编：《建国以来重要文献选编》（第11册），中央文献出版社1995年版，第305页。

为"竞赛"。1958年5月，八大二次会议通过1958年产钢800万吨的计划，5月下旬就提高到800万—850万吨。6月12日，国家计委向中央政治局提交《第二个五年计划要点》的报告说，估计1958年钢产量可能达到850万—900万吨，"现在看，以钢铁为主的集中主要工业产品的产量有可能不用3年赶上和超过英国，全国农业发展纲要有可能3年基本实现"[1]。6月17日下午，中央政治局开会时，薄一波说预计今年钢产量将达到900万吨。6月18日，中央全体常委讨论，均赞成将1958年钢产量指标改成1,000万吨。6月22日，毛泽东在薄一波给政治局的报告《两年超过英国》中批示："超过英国，不是十五年，也不是七年，只需要两年到三年，两年是可能的。"[2]

与工业领域"高指标"伴生的是农业领域的不断攀升的"高指标"。1958年1月，农垦部部长王震在出席中国农业水利工会第一次全国代表大会时说：在第二个五年计划中，国家用于开垦荒地建设国营农牧场的投资将有20亿元，国家规定的开荒指标是4,000万亩。但是在全国农业生产"大跃进"中，国营农业企业的职工也要来一个生产大跃进，努力争取完成开垦6,000万亩荒地的任务。粮食总产量（累计数）要争取达到410亿斤，棉花总产量要达到1,440万担。[3] 须知从1949年到1952年四年累

① 韩钢：《1958年北戴河会议》，载中共中央党史研究室编：《中共党史资料》（第四十七辑），中共党史出版社1993年版，第209页。
② 毛泽东：《关于向军委会议印发〈两年超过英国〉报告的批语》，载本社编：《建国以来毛泽东文稿》（第7册），中央文献出版社1992年版，第278页。
③ 新华社：《国营农牧场在第二个五年计划内，开荒面积将超过解放以来的两倍》，《人民日报》1958年2月1日。

计开荒为 400 万亩，1953 年到 1955 年三年累计开荒为 446 万亩，而 1956 年和 1957 年每年开荒的面积 400 多万亩。1949 年到 1957 年农垦系统的耕地面积为 1,800 万亩左右。"二五"计划所定任务是新中国成立以来开荒面积的两倍多，所提目标不可谓不艰巨。

1958 年 2 月 26 日到 3 月 8 日，农垦部召集国营农牧场社会主义建设的积极分子，在北京轰轰烈烈地开了十天的生产跃进会议。农垦部副部长张林池说：

> 1956 年冬和 1957 年上半年来了一股子台风，吹掉了多快好省，吹淡了四十条纲要，而国营农场与农业机械化在这个风头上也受到一定影响……我们的思想水平不高，经验不足……有些问题发现过晚，有些问题坚持得差，具体帮助农场解决问题不够。[①]

即使农垦部已经发现了问题，但也没有停止"跃进"的步伐。张林池还说，国家计委提出开荒指标为 4,000 万亩，根据中央多、快、好、省的方针，可以保证开垦 6,000 万亩，争取完成 8,200 万—10,000 万亩，这个数字约等于日本或英国现有的耕地面积。具体到 1958 年的计划，1957 年经委下达的计划草案为开荒 646 万亩，"大跃进"中直属单位的计划是：保证 700 万亩，争取 800

---

① 《农垦工作的基本情况和今后任务的意见——张林池副部长在全国国营农牧场社会主义建设积极分子会议上的报告》，1958 年 2 月，载农垦部政策研究室、农垦部国营农业经济研究所、中国社会科学院农经所农场研究室编：《农垦工作文件资料选编》，农业出版社 1983 年版，第 300 页。

万—900 万亩或更多一些。全国农场开荒的计划是：保证 1,000 万亩，争取 1,200 万—1,500 万亩。[①]

与这些"高指标"相呼应的则是各地竞放农业高产"卫星"的浮夸风。其中粮食高产的"卫星"，更是喧嚣一时。1958 年 1 月，各地就有粮食亩产放卫星的报道，其后纪录不断被刷新。在北戴河会议召开前夕，早稻亩产放的最大"卫星"，当属湖北麻城县麻溪河乡建国第一农业社，称其在 1.016 亩播种"江西早"种子的稻田里，创造了平均亩产 36,956 斤的惊人纪录。福建南安县胜利乡海星社社员，在 1.107 亩的花生试验田里收获干花生 11,663 斤，平均亩产 10,535 斤，摘得了花生单产的最大"卫星"[②]。1958 年 8 月 13 日《人民日报》发表了题为《祝早稻花生双星高照》的社论，不仅是祝贺"双星"腾空，同时也是要向世人证明"人有多大的胆，地有多大的产"的正确性[③]。边疆和少数民族地区农业基础条件薄弱，没有放出什么像样的"卫星"，有的省份有些坐不住了。为了凑上这场热闹，让自己省的农业也实现"大跃进"，他们纷纷要求内地省份支援劳动力。

1958 年 8 月 17—30 日，中共中央在北戴河召开了政治局扩大会议。这次会议，全面制定了"大跃进"运动的各项主要计划，把"大跃进"和人民公社化运动迅速推向顶峰，把党的"左"倾

---

① 《农垦工作的基本情况和今后任务的意见——张林池副部长在全国国营农牧场社会主义建设积极分子会议上的报告》，1958 年 2 月，载农垦部政策研究室、农垦部国营农业经济研究所、中国社会科学院农经所农场研究室编：《农垦工作文件资料选编》，农业出版社 1983 年版，第 300—301 页。

② 新华社：《麻城建国一社出现天下第一田，早稻亩产三万六千九百多斤，福建海星社创花生亩产一万零五百多斤纪录》，《人民日报》1958 年 8 月 13 日。

③ 《祝早稻花生双星高照》，《人民日报》1958 年 8 月 13 日。

错误思想发展到了极点。这次会议历时近半个月，讨论了 1959 年国民经济计划、当前的工业生产、农业生产和农村工作等 17 个问题，号召全党和全国人民为 1958 年生产 1,070 万吨钢而奋斗。会议指出，1959 年是全国人民苦战三年有决定意义的一年，要求我国的工业和农业继续用 1958 年的速度或者比 1958 年更高的速度前进，保证在最短时间内彻底解决粮食、棉花、油料的生产和供应问题，并且在最短时间内从根本上改变我国工业落后的状况。[①] 新疆也曾几次向中央提出，要求内地在劳动力方面予以支援。[②] 在这种情形下，对边疆和少数民族要求增加劳动力这一问题，"很快得到中央的支持，因为全国就要进入'共产主义'了，怎么也不能让这些地区拖住后腿。"[③] 因此，这次会议的第 10 个议题，就是讨论 570 万人去边疆的问题。

1958 年 8 月 29 日，会议通过的《中共中央关于动员青年前往边疆和少数民族地区参加社会主义建设的决定》指出，劳动力不足是加速边疆和少数民族地区社会主义建设的极大困难，有些党委已多次要求中央从其他地区调劳动力支援。为了使边疆和少数民族地区的社会主义建设事业能够逐步地同内地一样获得迅速发展、齐头并进，中央决定，自 1958 年到 1963 年五年内，从内地动员 570 万青年到这些地区去参加社会主义开发和建设工作。

[①] 新华社:《中共中央政治局扩大会议提出今年宏伟目标，为生产一千零七十万吨钢而奋斗，会议指出人民公社是加速社会主义建设和过渡到共产主义的最好形式》,《人民日报》1958 年 9 月 1 日。

[②] 张生才:《让支援新疆建设的青年在自治区发挥更大的力量》,《新疆红旗》1959 年第 15 期，第 19 页。

[③] 定宜庄:《中国知青史——初澜（1953—1968）》，中国社会科学出版社 1998 年版，第 148 页。

这标志着内地青年支援边疆和少数民族地区活动的大幕正式拉开。此举意在较短时间内加速开发边疆地区富饶的资源，为社会主义建设事业服务，而且可以使各族人民一起逐步地建立起现代化工业、农业和畜牧业，提高经济和文化水平。在政治上，促进这些地区的社会主义改造，进一步增强民族团结与共同繁荣。因此，这批青壮年"除部分投入当地工业和其他企业外，大都是参加或建立社会主义全民所有制公社（国营农牧场），发展多种经营"。① 他们被赋予为社会主义集体所有制公社树立榜样，为向全民所有制过渡提供经验，消除地区间、民族间各项事业发展不平衡的使命。同时，他们还大都是民兵的骨干力量，担负着维护地方治安的重任。

1958 年 10 月 14 日，朱德副主席参加中央国家机关青年社会主义建设积极分子大会时勉励青年们说，你们比较容易接受新事物、新思想，敢想、敢说、敢做，热情高、干劲足。因此，青年们应当而且也能够在社会主义建设的伟大事业中起到突击的作用。他号召青年们"特别要到西北和内蒙古等地区去，加速祖国边疆的建设，在那里的伟大社会主义建设中大显身手"②。

1959 年 1 月，国家民族事务委员会副主任汪峰提出，要努力做好动员内地青年前往边疆和少数民族地区参加社会主义建设

① 《农垦部刘型副部长在全国动员青年参加边疆地区社会主义建设工作会议上的讲话稿》，1959 年 2 月 16 日，江苏省档案馆藏，档案号：4008-001-0001。
② 新华社：《朱德副主席勉励青年过好共产主义关，劳动不计报酬，工作不讲条件，号召青年到边疆去，在那里的社会主义建设中大显身手》，《人民日报》1958 年 10 月 15 日。

的工作，加速少数民族地区的社会主义建设，"争取在今后十五年、二十年或者更短一点的时间内，使我国各少数民族在经济和文化方面，都能够赶上或者接近汉民族的发展水平，共同建成社会主义"①。

由此，青壮年支边运动便轰轰烈烈地发动起来了。

第三节　支边运动中若干要素的确定

1958 年 8 月召开的北戴河会议决定，自 1958 年到 1963 年五年内，从内地动员 570 万青年到边疆和少数民族地区参加社会主义开发和建设工作。其中，从河北动员 50 万人去内蒙古；从河南动员 65 万人去青海，15 万人去甘肃；从湖南、湖北、安徽、江苏动员 200 万人去新疆；从浙江动员 30 万人去宁夏；从四川东部动员 100 万人去四川以西地区；从山东动员 80 万人去东北三省；广东动员 30 万人去海南和南路。动员对象主要是本人自愿、政治可靠、身体强健、家务拖累不大的青年，同时也应该有一部分较多生产经验的壮年。男女人数大体相等。② 可以看出，国家

---

① 汪峰：《目前少数民族地区的形势和今后党与国家在民族工作方面的任务（摘要）》，1959 年 1 月 16 日在中国人民政治协商会议全国委员会学习委员会所作报告，载人民出版社：《民族政策文件汇编》（第三编），人民出版社 1960 年版，第 108 页。

② 《中共中央关于动员青年前往边疆和少数民族地区参加社会主义建设的决定（一九五八年八月二十九日）》，载中共中央文献研究室、中共新疆维吾尔自治区委员会编：《新疆工作文献选编（一九四九——二〇一〇年）》，中央文献出版社 2010 年版，第 202 页。

在移出地区的选择上，以人口稠密、受灾较多的地区为主，兼有部分省内移民；安置地区则以边疆和少数民族地区为主；迁移对象则要求为青年和壮年，且男女比例要相当。这些要素的选择，是深受前期省际、省内移民尤其是 1956 年大规模移民垦荒运动的影响。

一、移出地区与支边对象

移出和安置地区的选择，要对群众的生活水平，农、副业收入，劳力负担，耕地面积，耕作技术和民族关系等进行全面调查，并照顾到群众历年来自由流动的习惯，确定移出和安置地区。

移出地区，一般应选择在人稠地少，劳动力有剩余的贫瘠地区和连年受灾地区。从国家规定的支边人员的移出地区看，是基本上符合这一条件的，如"冀、鲁、豫和苏北、皖北是人口稠密的经济作物区，因淮河和海河带来的洪水和内涝，生产不稳定，粮食产量也低"[①]。

较之于农村的移民，城镇移民更难巩固，各地在安置巩固的实践中更证明了这一点。青海省指出，不安心于农业生产的移民，多是来自城镇。并坦言，那种要求马上把移民中所有知识分子和技术人员都安置到适当岗位或相应的职业的想法与做法都

[①] 《关于编制第二个五年计划的一些意见》，1957 年 10 月 5 日，载《李富春选集》，中国计划出版社 1992 年版，第 205 页。

是不对的，也是行不通的。[①]青海省 1956 年上半年安置在农业区的移民，约有 50% 的户 1957 年还不同程度地缺乏口粮，尤其是来自城镇的移民，缺少口粮的情况更加严重。据乐都县调查，该县安置北京、天津两市的 941 户移民中，1957 年够吃的仅有 293 户，占总户数的 31%，还有 648 户移民不同程度地缺少口粮，其中有 57 户根本没有参加生产，所需口粮都要靠贷款维持，这成为部分移民情绪不安的因素之一。[②]河北省同样认为，"城镇贫民及农村非农业人口移到农村，地区和职业双重变更，困难更多"[③]。甘肃省更是明确表示，今后（1957 年以后）除水库区移民外，"关于垦荒移民，一般不接受城镇居民"。[④]《人民日报》在答读者的信中也指出："因为城市人口多数没有参加农业劳动的习惯和技术，根据几年来的经验，不宜参加远距离的移民垦荒，只能分别对象，逐步地就近转入农村，从事劳动生产。"[⑤]农垦部移民局于廷栋更明确指出，前往支援边疆的青年，除一小

---

① 《青海省移民垦荒局关于召开第三次移民垦荒工作会议的报告》，1957 年 1 月 23 日（57）移垦办字第 24 号，载中华人民共和国内务部移民局编印：《移民工作资料选编（第一辑）》，1958 年版，第 214 页。

② 《加强调查研究，总结已有经验，进一步做好移民垦荒工作——省移民垦荒局代局长雷林在中共青海省委第二届第二次全体委员会议（扩大）上的发言》，《青海日报》1956 年 11 月 21 日，载中华人民共和国内务部移民局编印：《移民工作资料选编（第一辑）》，1958 年版，第 222 页。

③ 《河北省八年来移民工作总结》，1957 年 10 月 4 日，载中华人民共和国内务部移民局编印：《移民工作资料选编（第一辑）》，1958 年版，第 103 页。

④ 《甘肃省两年来安置移民工作初步总结》，1957 年 6 月 4 日移会字 019 号，载中华人民共和国内务部移民局编印：《移民工作资料选编（第一辑）》，1958 年版，第 199 页。

⑤ 编者：《可否到边疆去开荒?》，《人民日报》1958 年 3 月 24 日。

部分参加工矿、交通、森林等工业建设外，大部分是参加农业生产，并且多数是集体安置，建立工农商学兵密切结合、农林牧副渔全面发展的人民公社（或国营农牧场）。因此，支援边疆的动员对象，在一般情况下，主要是农村的男女青年。[①]

根据各省安置的经验，内务部负责同志也意识到，城镇居民由于原来的生活水平较高，又缺乏农业生产技术和从事农业劳动的习惯。因而，国家花钱很多，但移民生产收入少，长时间不能自给，难以巩固。例如，1956 年江西省安置上海移民已有 34%返回原籍。北京市 1954 年迁移到银川地区的民众，有的到 1957年仍不能自给，依靠政府救济度日。因此，暂不宜从城镇动员大批居民，参加远距离的垦荒生产。[②] 故而，在支边人员的选择上，中央倾向于选择农村青壮年，而不再动员城镇青年去支援边疆建设。

二、迁移方式

在迁移方式的选择上，大概有以下四种：

第一，全家迁移。1956 年采用这种方式迁移了 55 万多人。除城市移民外，一般地都巩固了 90%左右。多数移民在正常年景下，经过一年的劳动，就基本可以自给。这是因为，迁移前经过反复盘算，达到了完全自愿；安置后全家团聚，农、副业生产

---

① 于廷栋：《谈谈农村青年支援边疆建设的问题》，《劳动》1959 年第 10 期。
② 《国务院转发内务部关于 1956 年下半年到 1957 年上半年移民垦荒工作总结报告的通知》，1957 年 9 月 18 日政习字第 65 号，载中华人民共和国内务部移民局编印：《移民工作资料选编（第一辑）》，1958 年版，第 47 页。

和家务劳动可以兼顾，收入较多。

第二，先迁劳动力，再接家属。1956年用此种方式迁移了20余万人。其优点是：在迁移和安置上都比较方便，青壮年体力强，劳动效率高。但由于这些人没带家属，家务生活上的困难不好解决，心悬两地，思想容易动摇。据统计，一般的已返回原籍的约占30%，有的达到50%。如果原来把家属带去，就能避免或少发生这种情况。

第三，安置自由流入的农民、灾民和移民自行动员的亲友。黑龙江省1954年到1956年共安置了自由流入的农民、灾民30万人，内蒙古平均每年也安置2万—3万人。这种做法适合我国农民、灾民自由流动的历史习惯，国家花钱也比较少。但由于自由流动的农民、灾民带有盲目性，如果掌握不好，就可能引起大批的外流。

第四，青年垦荒队。完全由青年组成，平均年龄在20岁左右，有中、小知识分子，工人、干部和城市失业人员等。起初他们热情很高，也垦种了一些荒地，增加了粮食产量。但多数人缺乏生产经验，还有一部分人意志薄弱，遇到困难就心灰意冷，动摇想家；垦荒队中男多女少，婚姻问题不易解决；有些青年的家属不愿到垦区，让这些人脱离家庭，长期过独身生活是很困难的。

对于第一种方式，国家认为巩固效果较好，可以继续采用；第二种方式，也是可行的，建议最好是全家迁移；第三种方式，由移民自行动员来的群众，多是出于自愿，适合移民条件。安置后亲友团聚，互相帮助，易于巩固。国家建议移出地区在不影响当地农业社的情况下可帮助他们迁往垦区。第四种方式，不宜普遍采用，甚至被认为其是失败的。因为到 1957 年，除那些领导强，党、团员多，国家投资特别充裕的青年垦荒队外，其余的有很多人已返回原籍。内蒙古建立的 10 个青年垦荒队，已有 6 个因队员返籍而解体。湖南、广西、黑龙江等省也有类似现象。

从 1956 年的移民工作情况看：河北省认为第一、第三种方式比较好，婚姻问题也比较容易解决，而第二种方式则很难巩固。[①] 内蒙古自治区认为青年垦荒队是失败的，花钱多，问题大，费力大，还难巩固；移民插社较好，凡全家来的和已经把家属接迁来的基本上全都巩固下来了，但在生产生活上也有问题；单身移民动摇不定，但经过说服教育，半数以上也可以巩固下来。[②]

那么，在支边运动中为何选择了第二种呢？青年垦荒队诟病太多，被认为是失败的，所以直接被否定；灾民和移民自行动员亲友的办法虽然花钱少，易巩固，曾一度被提倡，"但由于自由流动的农民带有很大的盲目性，不好掌握，往往使工作陷于被动"[③]。故第三种方式也被抛弃；第一种迁移方式被公认为容易巩固、较好的安置方式，却未被采用，个中原因尚不得而知。笔者认为中央可能考虑全家迁移所需经费多，又不太容易很快就能

---

① 《河北省八年来移民工作总结》，1957 年 10 月 4 日，载中华人民共和国内务部移民局编印：《移民工作资料选编（第一辑）》，1958 年版，第 104 页。

② 《内蒙古自治区关于 1956 年移民工作情况和 1957 年移民工作任务的报告》，1957 年 3 月 27 日（57）民移字第 18 号，载中华人民共和国内务部移民局编印：《移民工作资料选编（第一辑）》，1958 年版，第 239—240 页。

③ 农垦部移民局：《移民工作总结》，1959 年 3 月 24 日，载农垦部政策研究室、农垦部国营农业经济研究所、中国社会科学院农经所农场研究室编：《农垦工作文件资料选编》，农业出版社 1983 年版，第 342 页。

迁移完成。而青壮年"体力强，劳动效率高"，更符合当时"跃进"的需要。况且，在动员中要求男、女比例大体相等，有利于支边青壮年思想的巩固。故在当时的情形下采取权宜之计，选择了第二种方式"先迁劳动力，再迁家属"。

三、移入地区与安置方式

"安置地区选择得当，是搞好生产的先决条件，是巩固移民的根本物质保证。"[①] 地广人稀而又需要开发的省、区和各省、区内有荒可开的地区，是安置移民的主要区域。因此，国家对支边青壮年的安置都选择在了边疆和少数民族地区。据当时估计，全国有可耕荒地约15亿亩，计：东北2.5亿亩（主要在黑龙江、松江两省），华北2.1亿亩（绥远占2亿亩），西北8.2亿亩（青海2亿亩，新疆5亿亩），华东1,000万亩，中南4,600万亩，西南6,000万亩（主要在西康）。在全国可耕荒地中，经过重点调查的有4.2亿亩，其中：东北2.5亿亩，西北1亿亩，中南3,200万亩，内蒙古2,800万亩，华北870万亩，华东440万亩。[②] 故支边青壮年安置的重点放到西北、东北和内蒙古等地。具体安置点尽可能地选择土质、气候较好，水源充足，副业门路多，交通比较方便，距老村较近的地区。

---

① 杨成森：《当前移民工作中的几个主要问题》，《内务部通讯》1958年第1期，载中华人民共和国内务部移民局编印：《移民工作资料选编（第一辑）》，1958年版，第66页。

② 《关于农业、林业、水利的五年计划》，1954年7月13日，载《邓子恢文集》，人民出版社1996年版，第375页。

移民安置方式主要有两种：

第一，建立新村，集中安置。这种方式适用于开垦大片荒地，安置大量移民。该方式虽然有国家投资多，准备任务繁重等困难，但从长远来看，这是一种安置移民的主要方式。1956年，各地建立新村有两种不同的做法：一种是集中迁移，一年建成，一般每村是二三百户，在第一年做好开荒、建房等准备，移民于翌年春季全部迁到安置地区。二是分期迁移，逐年发展，一个新村规划为二三百户，在建村的第一年政府组织迁移100户左右，作为安置移民的基础，然后由移民自行动员亲友，扩大新村，大约经过两三年的时间，新村即可建成。但后一种方式是按计划、分步骤，由小到大，在巩固的基础上逐步发展起来的，因此，该方式较前者既省力又稳妥。

第二，分散插社。这种方式便于开垦分散的小片荒地，可以使那些因劳力不足，年年撂荒，耕作粗放的农业生产合作社，逐步能够精耕细作，提高单位面积产量。同时，插社移民可以得到老社员帮助，国家花钱较少，比较容易巩固。采取这种方式，要加强团结互助教育，贯彻移民与老社员的"自愿两利"和"同工同酬"政策，防止歧视和排挤移民的现象。①

根据1956年的经验，插社移民每户约需900元，建立新村移民约需1,200元，而安置自由流入的农民、灾民平均每户仅需约500—600元。1956年的大移民中绝大多数是分散插社，这在

---

① 《国务院转发内务部关于1956年下半年到1957年上半年移民垦荒工作总结报告的通知》，1957年9月18日政习字第65号，见中华人民共和国内务部移民局编印：《移民工作资料选编（第一辑）》，1958年版，第50页。

当时也是符合各地实际情况的。建立新村不但需要花钱多，而且面临的困难也更多，对人地两疏的移民来说可能也更难适应。

　　由此可见，国家对 1958 年支边活动中迁移对象、移出移入地区迁入方式等的选择上，都是在总结前期移民经验基础上形成的，并非盲目作出的决定。

第二章　江苏支边青壮年的动员和组织

　　青壮年移民支边工作是由中央直接领导，农垦部负责具体管理，各相关省区党委互相协商的基础上进行的。大批青壮年安全有序进疆，是一项复杂而又系统的工作。这不仅是对政府人力、财力、物力的考量，也是对组织实施者智慧的检验。一般而言，移民支边活动要经过宣传动员、组织运送、分配安置和教育巩固四个阶段，各阶段层层相接，环环相扣。因此，有必要着重论述江苏省如何多措并举做好宣传动员工作，并就两省区如何在行军时间长、周转环节多的情况下，把缺乏旅行常识的支边青壮年顺利运抵安置地点等进行分析探讨。

第一节　宣传动员

　　动员数十万人远离家乡，改变长期的生产生活习惯，在边疆地区安下心、扎下根，无疑是一件十分艰巨而细致的工作。在动员伊始，江苏省首先确定了整体迁移计划和各专区的任务分配情况，进而明确支边对象并实施有效动员，最后对报名人员进行审核批准。江苏省各级政府有效实施了民众动员，保证了移民支疆工作的顺利进行。

一、迁移计划与任务分配

支边工作是一项面广量大的群众性工作，涉及许多部门，政策性很强，同时又是一项重要的政治任务。各级党委为了顺利完成支边工作，逐级成立了专门机构，负责支边的日常工作。

1959年3月6日，江苏省动员青壮年参加新疆社会主义建设委员会正式成立，组成人员有惠浴宇、宫维桢、章维仁、王人三、朱春苑、诸葛慎、季解、宋超、徐一山、刘平、严罗平等。以惠浴宇（省长）为主任委员，宫维桢（省委统战部部长）、章维仁（省人委秘书长）为副主任委员，其主要任务是动员全省青壮年前往新疆参加社会主义建设。省支边委员会下设办公室，章维仁委为办公室主任，徐一山、季解为副主任，具体负责支边工作相关事宜。各专区成立以地委书记（或副书记）为主任的专区支边委员会。[①] 下表是江苏各专区（市）支边委员会的基本构成情况。

表2-1-1：江苏各专区支边委员会组成情况统计表（1959年）

专区（市）名称	机构组成人员情况
苏州专区支边委员会	主任：王瑞云（地委副书记） 副主任：赵壁（地委秘书长） 办公室主任：王广昌（计委副主任） 办公室副主任：林东（组织部科长）

---

① 江苏省地方志编纂委员会编：《江苏省志·民政志》，方志出版社2002年版，第826页。

专区（市）名称	机构组成人员情况
常州专区 1 支边委员会	主任：陈云阁（地委第三书记兼专员） 副主任：汤南（共青团地委书记）、原克振（劳动局长） 办公室主任：原克振 办公室副主任：戴贤中（民政科副科长）
徐州专区 支边委员会	主任：冯可玉（地委副书记） 副主任：秦成（地委专员） 办公室主任：魏家和（劳动局长） 办公室副主任：余新（妇联主任）
扬州专区 支边委员会	主任：李忠（地委副书记） 副主任：周兴（地委秘书长） 副主任：李世品（地委副专员） 办公室主任：李世品 办公室副主任：钟万彬（民政科长）、田德章（人事科长）
南通专区 支边委员会	主任：王太祥（地委副书记） 副主任：陈可清（地委副专员） 办公室主任：冯如开（人事科长） 办公室副主任：何克勋（民政科副科长）
淮阴专区 支边委员会	主任：李冲林（地委专员） 副主任：黄振之（宣传部副部长）、汤赤环
盐城专区 支边委员会	主任：钱万新（地委书记） 副主任：赵拂尘（地委副专员）、何心如（组织部长）、徐运勤 办公室主任：赵拂尘 办公室副主任：徐运勤、倪一民（民政科副科长）
南京市 支边办公室	主任：洪百川（市人委秘书长） 副主任：刘克（市劳动局长）、陈乐（市公安局副局长）

资料来源：江苏省地方志编纂委员会编：《江苏省志·民政志》，方志出版社 2002 年版，第 826—827 页。

　　有支边任务的县，由县委组建支边办公室，公社建立支边领导小组，生产大队指定书记或副书记具体负责。如扬州市建立了以市委书记杨萍为主任委员的支边委员会，共青团、妇联、粮食、商业、公安、交通、民政等有关部门负责同志为委员。该委员会下设办公室，办公室有秘书、宣传、物资供应、交通运输、

卫生防疫检查和总务等六个工作组。[①] 江阴县杨舍公社以党委第
二书记挂帅，成立了由社长、团书记、妇女主任、治保委员等七
人组成的支边委员会。公社下辖各大队由大队长领导，建立支边
一条线的领导体系。[②] 由此可见，从省到县、公社甚至大队都建
立有相应的工作机构，但从县级以下各地的机构就不够健全，专
门负责支边的人员也很少，多为临时抽调或暂时兼任这一工作。

江苏省要在 5 年内动员 60 万青年前往新疆参加社会主义建
设，其首要任务就是确定迁移地区以及年度支边计划。

1958 年 8 月 11 日，在北戴河会议召开之前，江苏省已按
国家要求制定了支边计划草案。按照计划，江苏省委拟分 4 年
动员，1958 年动员 10 万人，1959 年、1960 年各动员 20 万人，
1961 年动员 10 万人，争取提前一年完成任务。全省 77 个市、
县中，徐州、淮阴两个专区 21 个市、县和盐城专区沿海的大丰、
滨海、射阳 3 县，人口密度较小，劳动力比较缺乏，其中有些地
区严重缺乏劳动力，基本上不能担负任务，镇江专区南部的四个
山区县也只能动员一小部分。因此，支边任务主要分配在其余的
49 个市、县。

1958 年动员的 10 万人，准备集中在扬州、南通两个专区的
部分县内动员完成。或由江都、泰兴、泰县、海安、南通 5 个县
动员，一次完成，以后这 5 个县不再担负任务；或者除以上 5 个
县外，再加上靖江、扬州、如皋、如东、海门 5 个县，10 个县

① 《扬州市支边工作总结》，1960 年 7 月，扬州市档案馆藏，档案号：A56-1-
  11。
② 《江阴县杨舍公社动员青壮年支援边疆社会主义建设的总结回（汇）报》，
  1959 年 9 月 10 日，江阴市档案馆藏，档案号：118-3-5。

完成 10 万人，1959 年再动员一部分。集中在少数县内动员的好处是县里工作容易安排，一次或两次完成，免得年年动员，影响全面部署。同时省委还规定，凡是动员青壮年去新疆的县，可以不承担新兵入伍的任务。①

但实际上，1958 年国家并未正式开始大规模移民支边工作。只是在 1958 年冬，由河南、湖北、山东三省组织 18,000 余人的先遣队前往安置地区。其中，河南去青海 7,000 人、去甘南 3,000 人，湖北去新疆 5,000 人，山东去东北 3,000 人。② 此举旨在为 1959 年的大批迁移提供经验，以减少移民工作中的偏差。江苏省青壮年是从 1959 年开始进疆的。对江苏省而言，动员青壮年支援新疆建设是一项崭新的任务。为了积累经验，各地、县在大规模动员之前，大都选取一些乡或大队进行工作试点，如常州专区武进县选取前黄乡、扬州市汉河公社选取汉河大队等为试点，以更好地完成支边任务。

1959 年 2 月 16 日至 21 日，农垦部组织召开了全国动员内地青年前往边疆地区参加社会主义建设的工作会议，进一步明确了 1959 年动员任务、动员及安置工作、经费开支及运输等问题。1959 年从内地迁移到边疆和少数民族地区的共 66 万人，其中河南去青海 14 万人，去甘南 5 万人；浙江去宁夏 5 万人；安徽 5 万人、湖北 11 万人、江苏 6 万人去新疆；山东去黑龙江 15 万人，

---

① 《动员六十万青壮年前往新疆参加社会主义建设的初步方案（草稿）》，1958 年 8 月 11 日，江苏省档案馆藏，档案号：4008-001-0001。
② 农垦部移民局：《移民工作总结》，1959 年 3 月 24 日，载农垦部政策研究室、农垦部国营农业经济研究所、中国社会科学院农经所农场研究室编：《农垦工作文件资料选编》，农业出版社 1983 年版，第 339 页。

去吉林 3 万人，去辽宁 2 万人。① 可以看出，迁出人数最多的是山东省，支边东三省 20 万人。安置人数最多的为新疆，皖、鄂、苏三省共计 22 万人进疆。江苏省计划动员人数较少，主要是为了摸索具体做法，总结经验教训，以更好地完成动员任务。

1959 年江苏省动员 6 万人的任务具体分配如下：

1. 扬州专区 10,000 人。其中，泰兴县 6,000 人，泰州县 4,000 人。

2. 盐城专区 6,000 人。其中，盐城县 1,500 人，滨海县 1,500 人，建湖县 1,000 人，阜宁县 1,000 人，东台县 1,000 人。

3. 淮阴专区 8,000 人。其中，淮安县 1,200 人，淮阴市 800 人，涟水县 1,000 人，灌云县 1,000 人，沭阳县 1,000 人，泗阳县 1,000 人，宿迁县 1,000 人，泗洪县 1,000 人。

4. 徐州专区 8,000 人。其中，丰县 1,050 人，沛县 1,050 人，铜山县 1,100 人，邳县 1,100 人，睢宁县 1,100 人，新沂县 800 人，东海县 800 人，赣榆县 1,000 人。

5. 苏州专区 8,000 人。其中，常熟 2,000，太仓 600，吴江 800，吴县 1,600，无锡 1,000，江阴 2,000。

6. 常州专区 6,000。其中，扬中 2,000，金坛 1,000，武进 3,000。

7. 南通专区 12,000 人。其中，如皋 2,900，如东 1,500，南通县 2,900，启东 1,500，南通市 200，海安县 1,500，海门县

① 《农垦部党组关于执行中央动员内地青年前往边疆地区参加社会主义建设的决定而召开的会议的报告》，1959 年 3 月 27 日，载农垦部政策研究室、农垦部国营农业经济研究所、中国社会科学院农经所农场研究室编：《农垦工作文件资料选编》，农业出版社 1983 年版，第 343 页。

1,500。

　　8.南京市 2,000 人。①

　　从 1959 年的任务分配情况看，较 1958 年的计划草案有较大变动。首先是动员人数明显减少；其次是动员的范围扩大，涉及江苏省 7 个专区的 37 个县、3 个市。徐州、淮阴两个劳动力比较紧缺的专区也都分配了任务；最后，从某一专区来看，又涉及多个县，任务比较分散。这种过于分散的方式随后被证明是不利于宣传动员工作的。之所以选择这种分配方式，可能是由于时间过于匆忙所致。因为江苏省要求在 1959 年 5 月底全部完成动员工作，所以采取按各专区人口的一定比例来分配的方式。各专区根据各相关县具体情况，将任务分配到县，一般是各县都有一定的任务。但扬州专区的分配则是有一定的考虑，任务集中分配到两个县，因为"两泰（即泰州县和泰兴县）地区的人民，生活不大富裕，群众有迫切要求改善生活的愿望，乡土观念比较薄弱"。②

　　在完成 6 万人的支边任务之后，江苏省还有 54 万人要安排。省支边办公室认为需要制订详细的规划，于是做了调查研究。江苏省总人口 4,291 万（城市 308 万，农村 3,983 万人），耕地面积7,870 多万亩，平均每人有耕地约 1.9 亩。全省城乡劳动力合计1,741 万人（占总人口的 40.5%），17 岁至 45 岁符合支边年龄的

---

① 《各专、市任务分配情况》，1959 年，江苏省档案馆藏，档案号：4008-001-0001。

② 《李世品同志在扬州专区动员青壮年参加新疆社会主义建设工作会议上的总结（记录稿）》，1959 年 3 月 21 日，扬州市档案馆藏，档案号：B45-2-14。

1,566 万人（占总人口的 36.5%）。五年动员 60 万人，占全省总人口的 1.4%，占全省劳动力的 3.4%，占全省适龄人口的 3.8%，也就是每 26 名适龄青壮年中就要动员 1 人。[1] 江苏省委认为动员 60 万人去新疆，对农业生产会有影响，但不会有太大的影响。抽调劳动力困难是有的，但是是暂时的，也是可以完全克服的。

　　针对这些情况，江苏省制定了支边任务分配的基本原则：人口多、密度大的地区多分配，人口少、密度小的少分配；农村多分配，城市少分配，特别是较大的城市，基本不分配；在农村中，平原多分配，山区、沿海少分配，以利于发展山区经济和加强海防。既要保证本地生产和建设继续发展，又要保证支边任务完成。省支边委员会依据该原则对 1960 年以后的任务进行了分配，详见表 2-1-2。

---

① 《章维仁同志在省委第四次支边工作会议上的报告》（记录稿），1960 年 2月 18 日，江苏省档案馆藏，档案号：4008-001-0008。

表2-1-2：江苏省动员青壮年参加新疆社会主义建设任务分配表（草案）（1960年）

地区	总人口数	耕地面积	平均每人田亩数	支边任务占全省/区总人口数百分比	支边任务数	1959年已完成支边任务	1960—1963年任务数	备注
江苏全省	42,916,581	78,746,260	1.834	1.42%	600,000	60,000	540,000	
淮阴专区	5,980,385	16,324,296	2.729	1.17%	70,000	8,000	62,000	
徐州专区	5,962,383	14,175,518	2.378	1.19%	71,000	8,000	63,000	
盐城专区	4,660,600	9,991,597	2.146	1.29%	60,000	6,000	54,000	
镇江专区	5,084,872	8,305,285	1.633	1.51%	76,500	6,000	70,500	
扬州专区	6,891,773	11,238,763	1.616	1.53%	105,500	10,000	95,500	
苏州专区	4,676,200	6,899,986	1.476	1.6%强	75,000	7,000	68,000	
南通专区	5,652,917	7,896,981	1.397	1.76%	100,000	12,000	88,000	
南京辖区	2,645,930	2,822,275	1.857	0.91%	24,000	2,000	22,000	
无锡辖区	1,361,521	1,091,559	1.144	1.32%	18,000	1,000	17,000	

说明：南京辖区"总人口数"包括城市人口1,126,658人、农村人口1,519,272人。无锡辖区"总人口数"包括城市人口406,213人、农村人口955,308人。但"耕地面积"、"平均每人田亩数"两列均为农村人口相应数字，不包括城市人口。

资料来源：依据《江苏省动员青壮年参加新疆社会主义建设任务分配方案（草案）》制作而成，江苏省档案馆，档案号：4008-001-0008。

　　从表 2-1-2 可以看出，该分配方案是在对全省各地人口数、土地面积核算的基础上，遵循前文所述的原则进行分配，任务涉及江苏省全部的 7 个专区和 2 个省辖区。南通专区地少人多，所以分配任务较多，迁移数量占专区总人口数的 1.76%。淮阴、徐州、盐城则相对是人少地多，所以迁移任务较小，淮阴专区的迁移数量仅总人口数的 1.17%。南京辖区的任务数最少，尚不到总人口数的 1%，这是因为国家规定城市人口不分配或少分配。

　　关于各地任务的分配，宜采取相对集中，避免过于分散、摊派的做法。1959 年上半年各地对支边任务的分配，有的比较集中，例如一个专区集中在几个县，一个县集中在几个公社。也有的地方则相当分散，甚至一个县只动员 100 人，有的大队只动员 1 个人。经实践证明，动员任务以相对集中为好。所谓相对集中，就是既要完成支边任务，又不影响当地发展和提高生产，在这个前提下，尽量缩小波动面。江苏省委提出，在一年之中，专区不必县县动员，县也不必社社动员，把动员工作相对集中在几个点或者几个片为好。在一个县、一个公社，最好 5 年之中动员一两次，不要年年搞。任务分配过于分散，可能出现两种情况：一种是冷冷清清，零打碎敲，由于未放手大搞群众运动，任务虽轻有时也不易完成，特别是支边人员思想上容易带有"夹生"的情况；另一种是放手发动群众，轰轰烈烈动员起来之后，报名的很多，而批准的很少，波动面太大，又增加了回头做安抚工作的麻烦和困难。如果年年在一个单位动员，年年又要不批准的人稳定，也容易助长人心浮动，不利于生产。① 宫维桢也提出，1960年要集中一些，在一个地区或几个地区动员。"一个地委五年搞一次，或者最后再扫扫尾。如果每个地区年年搞，人心浮动，领导上和群众压力就都很大，对生产不利。"②

那么，乡镇分配给大队的支边任务是重点分配好，还是平均分配好呢？根据丹阳县陵口公社在试点工作中的经验来看，乡镇分配给各大队的支边任务以重点分配比较适宜，可以照顾到去的对象的选择，如可选择夫妻成对的，或者一个大自然村去几个可以有个同伴，思想也容易巩固。杨家大队黄金寿在他女儿批准后，召开座谈会时说："我们村只去一个人，如果能去二三个人还可照应一下"，这说明批准时照顾到这一方面就比较好。溧阳县大部分也是采取了重点分配的办法，如新昌公社有25个大队，任务只分给了其中的15个大队。南渡镇有29个大队，任务只分给了17个大队。但也有的是各大队平均摊派，采取自报任务的办法。③ 在各大队的任务是向群众公开好，还是不公开好的问题上，根据试点的结果，一般任务是应具体分到各大队，但任务分到各大队时不宜向外宣布，只能内部掌握，否则会影响青壮年的报名情绪。如荆林大队由于将任务透露出去，被青壮年知道了，结果只有20多个人报名。他们说："一个大队不过这三个

---

① 《章维仁同志在省委第三次支边工作会议上的报告》，1959年7月14日，江苏省档案馆藏，档案号：4008-001-0003。

② 《宫维桢同志在第三次支边工作会议上的指示（记录稿）》，1958年7月17日，江苏省档案馆藏，档案号：4008-001-0003。

③ 《溧阳县支边工作情况简报（第一号）》，1959年8月3日，镇江市档案馆藏，档案号：B21-3-359。

人，报名有什么用，把报名的纸张还写得浪费掉了"，① 所以就不愿报名。

经与新疆维吾尔自治区协商，1960 年江苏省动员 6 万人进疆。其中，南通专区 34,500 人，苏州专区 13,500 人，扬州专区 12,000 人。专区以下各县任务的分配，由地委研究决定。

1960 年 5 月底支边任务完成后，新疆又提出 3 年或 4 年完成接收支边人员的工作规划，要求各省制定年度支援人数。江苏省根据劳动力情况，提出分 4 年或 5 年完成剩余 48 万人的两个方案：

第一个方案，按四年完成：

1961 年 10 万人，1962 年 10 万人，1963 年 14 万人，1964 年 14 万人。

第二个方案，按五年完成：

1961 年 9 万人，1962 年 9 万人，1963 年 10 万人，1964 年 10 万人，1965 年 10 万人。②

1959 年全国遭受大面积的空前严重的自然灾害，1960 年又有 5 亿—6 亿亩农田连续遭受不同程度的旱灾、风灾和涝灾等。同时，由于粮食生产指标偏高，粮食消费安排不好，造成全国性粮食紧缺的局面。为此，中央提出"农业是国民经济的基础，粮

---

① 《（丹阳县）陵口人民公社关于支边工作的总结》，1959 年 4 月 20 日，镇江市档案馆藏，档案号：B21-3-370。
② 《江苏省支边委员会办公室关于报请批示今后四年或五年支边人数安排意见的报告》，1960 年 6 月 22 日，江苏省档案馆藏，档案号：4008-002-0015。

食是基础的基础"。因此，要把加强农业战线作为全党的首要任务，要求"全党全民，一致努力，大办农业，大办粮食"，从各方面实行精减，"该停办的停办，该缓办的缓办，该减人的减人，该调换的调换（以女代男，以弱代强），挤出一切可能的劳动力，加强田间生产的力量"。为了尽可能多地挤出劳动力，中央还要求"支援边疆建设的青年，除了为建立少数大豆、棉花和橡胶基地所必需的以外，一般暂停几年"。① 由此，大规模移民支边活动停止，江苏省随后的支边计划也因此被搁置。

二、动员对象与宣传策略

（一）支边对象的选择

北戴河会议通过的《中共中央关于动员青年前往边疆和少数民族地区参加社会主义建设的决定》对动员对象的基本要求是：本人自愿、政治可靠，身体强健、家务拖累不大，有一部分较多生产经验的壮年，男女人数应该大体相等。同时，还必须配备一定数量的干部和党、团员。② 1959 年 2 月，农垦部在全国动员内地青年前往边疆地区参加社会主义建设工作会议也提出：无动

① 《中共中央关于全党动手，大办农业，大办粮食的指示》，1960 年 8 月 10 日，载中华人民共和国国家农业委员会办公厅编：《农业集体化重要文件汇编 1958—1981》（下册），中共中央党校出版社 1981 年版，第 338 页。
② 《中共中央关于动员青年前往边疆和少数民族地区参加社会主义建设的决定》，1958 年 8 月 29 日，载中共中央文献研究室、中共新疆维吾尔自治区委员会编：《新疆工作文献选编（一九四九——二〇一〇年）》，中央文献出版社 2010 年版，第 202 页。

员任务的地区，原则上不接受青年外移的请求。有动员任务的地区，以农村青年为动员重点，城市中除少数手工业工人，社会服务人员外，一般应少动员或不动员，机关干部除有计划抽调外，一律不动员，工矿企业职工和在校学生一律不动员。[①] 此举在于避免因内地青年支援边疆建设而增加盲目外流的人数。

根据中央和农垦部的精神，江苏省对动员对象提出了更具体的要求：年龄在 17 岁以上 45 岁以下，本人自愿、政治清楚、身体强健，家务牵累不大的青年，其中，要有 20% 左右生产经验较丰富的壮年；男女比例应大体相等；动员对象中党员、团员比例占 1.5% 和 15% 左右。[②] 此外，还规定以下六种人员不予动员或批准：不符合规定年龄的人员；地、富、反、坏、右分子以及有重大政治历史问题尚未搞清的人员；身体太弱或患有传染病的人员；在校学生；孕妇；现役军人的爱人。[③] 同时期湖北省对动员对象的要求是：本人自愿、政治可靠、身体健康、家务拖累不大的青年和有些生产经验的壮年，年龄一般应在 16—35 岁，少部分有丰富生产经验的壮年可放宽到 40 岁，最好男女各半，各行各业各方面的都有些。党、团员占到若干数量，配备一定量的干部作为骨干。怀孕六个月以上的妇女和有慢性传染病的以及在

---

① 《农垦部党组关于执行中央动员内地青年前往边疆地区参加社会主义建设的决定而召开的会议报告》，1959 年 3 月 27 日，载农垦部政策研究室、农垦部国营农业经济研究所、中国社会科学院农经所农场研究室编：《农垦工作文件资料选编》，农业出版社 1983 年版，第 343 页。

② 《中共江苏省委关于动员青年前往新疆参加社会主义建设的决定》，1959 年 2 月 7 日，江苏省档案馆藏，档案号：4008-001-0001。

③ 《关于 1959 年动员青壮年前往新疆参加社会主义建设的具体计划》，1959 年 3 月 4 日，江苏省档案馆藏，档案号：4008-001-0004。

校学生不能前去。地富反坏右"五种人"不能前去，其子女自解
放以来，确实得到改造表现尚好的亦可前去。^① 总的来看，两省
对动员对象的要求都差不多，江苏省的要求更具体、更严格一
些。江苏省对动员对象的要求得到了农垦部的肯定，刘型副部长
在全国动员内地青年前往边疆地区参加社会主义建设工作会议中
指出，江苏省提出"南京市可多动员一部分工人、商业、教育、
卫生和服务人员""要有 20% 左右生产经验较丰富的壮年，男女
人数的比例要注意大体相等，党员为动员人数的 1.5%，团员为
15%"的这些规定，应予推广。^②

　　虽然江苏省对动员对象有比较具体的要求，但在实际执行中
会有弹性，对动员对象的要求随之逐步放宽。1959 年 3 月，章
维仁在动员青壮年参加新疆社会主义建设动员会议上，就动员对
象的要求作了具体说明：

　　关于动员范围的问题。主要放在农村，中央精神是城市不
动员或少动员，以减少国家负担，所以省委只安排南京市动员
2,000 人。南京市应当按照规定，各行各业都要抽调一些。其他
城市如动员，尽量不动员在业职工，可在闲散人员中动员。

　　关于政策规格问题。地富反坏右不能去，摘了帽子的可以
去，但在登记表上要说明，不能做骨干。年龄在 16 岁以上就可

① 《中共黄冈地委关于动员青壮年前往新疆参加社会主义建设的决定》，1959
　年 3 月 3 日，载中共湖北省委党史研究室、新疆生产建设兵团党委党史研
　究室：《湖北二十世纪五六十年代援疆史料选辑》，湖北长江出版集团、湖
　北人民出版社 2008 年版，第 72 页。
② 《农垦部刘型副部长在全国动员青年参加边疆地区社会主义建设工作会议
　上的讲话稿》，1959 年 2 月 16 日，江苏省档案馆藏，档案号：4008-001-
　0001。

以去，也不必须强调周岁。男女比例，各地根据省委规定自己掌握。农业中学的学生，省委意见一般不动员，因为全省只有 28 万人，江苏省要培养有文化的农民，搞机械化电器化。但实在完不成动员任务的地方，也可以稍微去一点中学生，由各地市委自己掌握。支边人员家属，刚去时一般不带，等过二三年生产生活稳定以后家属再去。对留在公社的支边人员家属按社员待遇予以照顾。农垦部认为这种处理家属的做法是很好的。

关于骨干配备问题。党、团员比例按省委规定执行。1959 年支边活动中，县委委员以上干部配备是：南通、扬州各去地委委员级干部 1 人，县委委员级干部 3 人；徐州、淮阴、苏州各去县委委员级干部 3 人；盐城、常州各去县委委员级干部 2 人；南京市去县委委员级干部 1 人。[①]

1959 年 5 月 16 日，章维仁在淮阴、盐城、南京三个地区支边工作会议上就各地动员中存在的问题作了答复。针对有的地方感到女性难动员的情况，指出女性少个把也可以，但为了便于未婚支边人员以后解决婚姻问题，动员工作中要力求做到未婚男女大体相等。家属一般不带，夫妻二人带一个小孩的可以批准，一两岁小孩最好不带。家属要严格控制，最多不超过 5%，没有更好。[②]

1959 年 7 月，淮阴、盐城、南京三个地区 1.6 万人进疆之后，江苏省委结合各地工作开展的实际情况，进一步明晰了对动员对

---

① 《章维仁同志在江苏省动员青壮年参加新疆社会主义建设工作会议上的总结（记录稿）》，（1959 年 3 月），江苏省档案馆藏，档案号：4008-001-0001。

② 《章维仁同志在淮阴、盐城、南京三个地区支边工作会议上的发言（记录稿）》，1959 年 5 月 16 日，江苏省档案馆藏，档案号：4008-001-0002。

象的要求。党团员骨干配备上，在党、团内必须进行支边教育，动员他们积极响应党的号召，但不要提"党团员带头"的口号，因为"有少数地方，党员动员太多，团员动员过少，个别地方甚至党团员批准的人数，多于群众的人数"。[1]男女比例大体相等，主要指未婚男女大体相等，要力争达到这个要求。这一条主要是掌握批准权的公社党委心中有数，不再对外公开宣传婚姻问题。在妇女群众较多的地方，动员妇女的比重也可以多于男性。为了避免增加国家负担，城镇一般不动员。在农村完成动员任务有困难的地方，小城镇也可以适当动员一些，其主要对象是未就业的居民或应该让路的民办工业人员。没有动员任务的县和乡社，自发报名的青壮年和专业复员军人，不能当做完成任务的控制对象。动员的面要适当集中，不要太分散，以免人心浮动。"适当集中"也应有个限度，既要完成任务，又要以不影响当地生产的继续发展与提高为原则，在这个前提下尽量缩小波动面。[2]

1960年3月5日，农垦部移民局在郑州召开全国支边工作现场会议，对1960年支边工作进行部署，最终形成决议如下：

1. 任务问题。新疆维吾尔自治区党委提出1960年进疆青壮年总数是28.5万人，其中江苏省10万人，湖南省11万人，湖北4.5万人，安徽3万人。湖北、安徽同意新疆提出的数字，江苏、湖南根据省委的意见将任务均减为6万人。

2. 随迁家属的比例问题。经过协商，各省均同意按青壮年人

---

[1] 《章维仁同志在淮阴、盐城、南京三个地区支边工作会议上的发言》，1959年5月15日，江苏省档案馆藏，档案号：4008-001-0002。

[2] 《章维仁同志关于第三次支边工作会议的总结发言》，1959年7月17日，江苏省档案馆藏，档案号：4008-001-0003。

数的 20% 安排。

3. 动员任务中学生人数问题。新疆建议各省支援的学生人数
是：江苏和湖南各 4,000 人，湖北 2,000 人，安徽 1,000 人，合计
11,000 人。江苏、湖南、湖北均表示在校学生不能动员。如指小
学以上文化程度，在进疆的青壮年当中就可以抽调解决。

4. 年龄问题。动员省都提出适当放宽年龄。新疆方面同意一
般 16 至 45 周岁均可。15 周岁以上有父母带去的亦可算做任务。

5. 男女比例问题。新疆表示男女比例相当很好，因限于住房
条件，最好能多未婚的姑娘。各动员省均表示男女大体相等是中
央的决定，力争做到。但单纯动员未婚妇女，比例难于办到，仍
以多批成对夫妇为宜，新疆对此表示同意。

6. 迁往干部配备问题。新疆建议动员省份大力协助随迁干部
的配备，湖北、江苏表示按 1959 年支边青年的编制配备排、连、
营、团干部。但江苏要求配备的干部主要是在支边青壮年中的
党、团员骨干积极分子中选拔。①

这些内容中，变化最大的当数随迁干部的配备形式，江苏省
要求从过去配备专门的脱产干部为主，变为从党团员中的骨干分
子选拔干部。

江苏省出席此次会议的是劳动局副局长许靖，他还带着几个
"如有必要，即别人提问时可适当解释，一般不谈"的问题：

1. 地富反分子支边问题。1959 年地、富、反分子一个没去，
1960 年省委规定可以去一部分，但不超过 5%。

---

① 《新疆自治区和江苏、湖北、湖南、安徽四省关于支边工作协作会议纪
　　要》，1960 年 3 月 7 日，江苏省档案馆藏，档案号：4008-002-0016。

2.年龄问题。省委规定凡是夫妇同去支边的，其子女年龄在15—16岁、父母年龄在45—50岁的家属也算作支边任务。

3.家属问题。省委规定家属控制在20%范围内。凡是夫妇同去支边，其子女1岁以上，2—3个孩子的都可以随带进疆。有4个小孩就算家庭牵累大的，不动员。此规定是根据1959年王恩茂提出"小孩可以多带个把，父母暂时不要来"的精神确定的。

4.未婚男女比例问题。仍是大体相等，但要求在条件可能的地方可以女多于男。

5.带队干部问题。省委规定1960年主要从党团员中选拔，因"十年来社会主义教育青壮年阶级觉悟思想认识能力显著提高"。①

这些所谓"一般不谈"的问题的关键，就是对支边政策规格稍微放宽些，其根源还是动员过程中存在一定的困难。

即便如此，各地在执行政策规格上仍有一些偏差。如有少数地方对省委的规定缺乏正确理解。在体格条件上，有的地方挑剔过严，秃子不要，独眼不要。有的重视发动青年，而忽视了发动壮年。有的地方机械地强调男女相等，不适当地要求动员成对夫妻，甚至要求报名的未婚男女结成夫妻再去，引起一些男女青年的思想恐慌。有的地方甚至批准了少数临产期的妇女和生病未愈的青壮年，1959年有7人途中流产，1人因病情加重死亡。②

---

① 《需向农垦部请示解决的几个问题》，1960年3月，江苏省档案馆藏，档案号：4008-002-0016。

② 《江苏省1959年动员青壮年参加新疆社会主义建设工作总结》，1960年2月，江苏省档案馆藏，档案号：4008-001-0008。

在"大跃进"气氛下，全国大炼钢铁、城乡公社化运动和不顾客观条件的大搞工程项目，"使得本来十分剩余的劳动力反而蒙上了一层人力不足的假象"①。中国的劳动力管理体制随之也发生了变革，中央将增加职工的权力下放到省市。1958 年 6 月 29日，中共中央转发《劳动部党组对于当前工业企业补充劳动力问题向中央的请示报告》规定："中央决定今后劳动力的招收、调剂等项工作，由各省市、自治区党委负责管理。当前的招工计划，经省、市、自治区党委确定后即可执行，不必经过中央批准。"② 招工权下放以后，"有些企业仍然存在着人多好办事与劳动力有备无患的思想，不遵守劳动计划，不通过劳动部门，大量地私自招收人员"③，"某些单位看到劳动力紧张，生怕往后招不到人，因而在招工时就宁多毋少，宁早毋迟，过多过早地招收了新职工和固定临时工人，有的甚至不择手段地私招乱挖在职工人"④。这使得大量农民在涌入城市同时，外流到异地农村的规模也在迅速扩大。

由于农村劳力盲目外流的现象日益严重，所以中央要求在宣

① 王洪春、阮宜胜：《中国民工潮的经济学分析》，中国商务出版社 2004 年版，第 7 页。
② 《关于招工问题的规定》，载国家劳动总局政策研究室编：《中国劳动立法资料汇编》，工人出版社 1980 年版，第 28 页。
③ 《(社论) 如何解决当前企业劳动力问题》，《劳动》1959 年第 3 期。
④ 《中共中央关于立即停止招收新职工和固定临时工的通知》，1959 年 1 月 5日，载中共中央文献研究室编：《建国以来重要文献选编》(第 12 册)，中央文献出版社 1996 年版，第 9—10 页。

传支边时应当"统一口径，掌握分寸"①。1959年2月，农垦部副部长刘型在全国动员青年参加边疆地区社会主义建设工作会议上的总结发言中强调：

> 动员几十万青年支援边疆建设，是一个伟大的行动，应当正面宣传中央决定精神。除在一定地区一定时期是一件中心工作外，切不可在全国范围内过分强调，驾乎当前全国工农业生产之上，影响各地的中心工作特别是当前春耕生产。安排要适当，语言要有分寸，目前青年要求支边的热情很高，农村劳力盲目外流的现象比较严重，应特别注意宣传……还应当注意宣传工作的灵活性和持久性，从动员迁送，到接待安置和组织生产都必须有经常不断的宣传鼓动工作，才能保持青年饱满的政治情绪和勇往直前的革命干劲，过去"接待时轰轰烈烈，安置后冷冷清清"的偏向不能再重复。②

时任新疆维吾尔自治区党委第一书记王恩茂说，关于宣传工作，邓小平有过指示："动员支边人员要讲新疆好，有发展前途，但也要讲新疆建设中的困难，能艰（吃）苦的去，不能艰

---

① 《农垦部党组关于执行中央动员内地青年前往边疆地区参加社会主义建设的决定而召开的会议的报告》，1959年3月27日，载农垦部政策研究室、农垦部国营农业经济研究所、中国社会科学院农经所农场研究室编：《农垦工作文件资料选编》，农业出版社1983年版，第343页。
② 《刘型副部长在全国动员青年参见边疆地区社会主义建设工作会议上的总结发言》，1959年2月，江苏省档案馆藏，档案号：4008-001-0001。

（吃）苦的不去，宣传要留有余地，要完整。"他又说，对新疆的困难要讲，使大家有思想准备，但说困难要适当，总的要实事求是。①

为了避免不必要地扩大波动面，在支边工作的宣传报道上，"省委确定支边工作不登报，不在无线电台广播"。②江苏省委宣传部在答复太仓报社关于县报如何进行支援边疆的宣传问题中提出，"报纸和无线广播不要正面进行有关支边方面的宣传报道，但是可以从侧面配合宣传，例如有意识地选登一些边疆建设成就的消息等"。③可见，在宣传动员工作上各地都比较谨慎，既要讲困难，但又要有分寸，主要是怕民众顾虑太多而不愿意去。

（二）民众对支边的认知

在宣传动员之初，群众对支边有各种各样的顾虑和误解。武进县新闸公社有人说："只有说上有天堂，下有苏杭，没有听说上有天堂，下有新疆。"鸣凤公社有一部分群众提出：人家说新疆冷、荒凉，不晓得究竟怎样？既然新疆是好地方，为什么人少？既然那里是好地方，只要政府发一个通知就行了，为什么要动员？④也有不少人对支边持半信半疑的态度，海门县平山公社

① 《王恩茂同志在我们汇报慰问活动后的发言记录》，1959年12月，江苏省档案馆藏，档案号：4008-002-0007。
② 《章维仁同志在省委第四次支边工作会议上的讲话（记录稿）》，1960年2月18日，江苏省档案馆藏，档案号：4008-001-0008。
③ 《中共江苏省委宣传部函》，1960年4月8日，镇江市档案馆藏，档案号：C4-3-84。
④ 《武进县支边委员会对第二次支边工作会议的情况报告》，1959年8月12日，镇江市档案馆藏，档案号：B21-3-359。

有社员说："既然新疆好，为什么政府还要三请三邀呢?"也有人对宣传的内容不相信，悦来公社汲角大队一个社员说："样样说好，花好稻好，都是骗人。"① 还有一部分群众道听途说、误信传闻，如说"新疆没得河，洗脸水都没得""在新疆冬天根本不能出门""新疆寄信一个月才到江苏"等等。还有人向往从事工业，他们说："在家种田，到那里还是种田，那个高兴去!"② 支边人员的亲友家属，特别是他们的爱人、父母、岳父母、公婆等近亲属，往往还顾虑同亲人团聚困难，或者顾虑子弟进疆后不再扶养家庭，不赡养父母。③

民众的这些顾虑，可以归纳为怕吃苦，怕冷，怕生活不习惯，怕讲话听不懂，顾虑到新疆没米吃、没水喝、没有房子住，有的顾虑将来无法与家人团聚。江阴县则更具体的总结为"一看三要十怕"，"一看"是看领导干部去不去;"三要"是：要集体报名集体去、要推派代表去了之后去、要搞工业;"十怕"是：怕天气冷、怕没有大米吃、怕路远、怕婚姻不自由、妻子怕丈夫去了要变心、父母怕儿子去了找不到爱人、怕去了之后不扶养家属、怕宣传新疆的情况与事实不符等。④ 安徽省支边青壮年则有"六

① 《海门县支边工作简报》，载江苏省支边办公室编印：《支边动态》第13期，1959年7月28日，镇江市档案馆藏，档案号：B21-3-360。
② 《吸取经验，全面指导，各地支边试点工作陆续展开》，载江苏省支边办公室编印：《支边动态》第3期，1959年4月9日，镇江市档案馆藏，档案号：B21-3-360。
③ 《章维仁同志在省委第三次支边工作会议上的报告》，1959年7月14日，江苏省档案馆藏，档案号：4008-001-0008。
④ 《江阴县动员青壮年支援新疆社会主义建设总结》，1959年9月24日，苏州市档案馆藏，档案号：H27-3-47-186。

怕"：怕运远、怕冷、怕生活不习惯、怕住帐篷、怕不能回来、怕见不到亲人。[①] 可以看出，各地群众的顾虑基本上都是相同的。

在群众有顾虑的同时，部分公社干部也存在着畏难和抵触情绪。新沂县窑湾公社有支边任务 600 人，社党委书记讲："铁路上要我人，支边又要我人，这怎么行？"启东县万安公社副书记说，"公要混沌（馄饨）婆要面，又要搞生产，又要搞支边"，感到无法完成。海门县余角公社书记说"县委部署我们突击治虫，难道支边比治虫还重要吗？"[②] 有的干部怕支边影响生产，怕劳动力外调之后影响"三包"（即包工、包产、包成本）任务的完成。因此，在排队时把适龄人员隐瞒起来，有的对报名的人说"客满了"。[③] 还有的认为"支边比服兵役难搞，服兵役三四年可回来，支边要去一辈子""未婚女要求相等有困难，小姑娘用灯笼去照也找不出来"。[④] 特别是在 1959 年支边自返人员较多、或有些支边人员来信反映新疆不大好的地区，干部在宣传工作上感到"理屈词穷"，有说不出口的畏难情绪，群众中亦反映既然新疆好，为什么去的人再回来等怀疑心理。

应该说，这些都是群众非常真实的想法，也是基层干部面临

---

① 《关于 1959 年下半年动员青壮年支援新疆建设工作情况的报告》，1959 年 7 月 20 日，安徽省档案馆藏，档案号：52-2-255。

② 《南通地委王书记亲自检查支边工作及采取的措施》，载江苏省支边办公室编印：《支边动态》第 11 期，1959 年 8 月 8 日，镇江市档案馆藏，档案号：B21-3-360。

③ 《章维仁同志在淮阴、盐城、南京三个地区支边工作会议上的发言》，1959 年 5 月 15 日，江苏省档案馆藏，档案号：4008-001-0002。

④ 《南通专区支边委员会关于 1960 年动员青壮年支边工作总结》，1960 年 5 月 5 日，南通市档案馆藏，档案号：D222-111-0009-0003。

的现实问题，因而成为支边动员工作中主要的阻力。这说明要化解干部群众疑虑，既要从国家战略的高度、支边的政治意义方面来提高群众和干部的认识，更要做好宣传动员工作。

（三）江苏省的动员策略

正如农垦部在郑州召开的现场会议上所讲，"宣传动员工作是整个支边工作的基础，这段工作好坏，决定着外调青壮年的质量，关系到安置后的巩固和边疆地区建设事业的发展"。[①] 那么，江苏省是如何宣传动员的呢？

一是采取普遍宣传与重点教育相结合，营造支边的舆论和声势。在宣传内容上，针对群众对支边运动存在的思想问题，反复交代支边政策，坚持贯彻自愿原则，说明支援边疆对于加速祖国社会主义建设的重大政治意义和经济意义，启发群众的政治积极性。宣传中坚持以正面教育为主，在强调新疆好、支边光荣的同时，也说明会有暂时的困难，鼓励支边青年有迎接困难和克服困难的决心和信心。通过新中国成立前后生产生活回忆对比，现实情况和前途愿景对比，激起青壮年报名支边的高潮。在宣传方法上，紧紧抓住由党内到党外，由干部到群众，层层发动。统一培养和训练宣传骨干是开展宣传教育的重要条件。在动员开始时，各县都培训了骨干分子，分片或召开全县性的生产小队长以上干部、党团员、积极分子会议，在统一骨干思想认识的基础上，开

---

① 《一九五九年动员青年参加边疆社会主义建设工作的基本情况和一九六〇年工作的意见（草稿）》（1960年2月），镇江市档案馆藏，档案号：C28-3-245。

展全民性的宣传运动。1960年，仅扬州专区就训练支边骨干3,000多人。[1] 同时，利用生产间隙，采取块块动员与条条贯彻相结合，运用大会动员、小会座谈与个别重点说服等方式，分别召开妇女、青年、民兵、支边人员家属等各种类型的会议，根据不同人的思想特点，采取灵活的形式，解决群众的思想问题。

在宣传形式上，以党、团员为骨干，组织宣传队伍，运用一切宣传工具和宣传阵地，通过有线广播、家庭访问、黑板报、土广播、相声、快板、漫画、图片宣传牌等，使支边活动做到家喻户晓，深入人心。公社广播天天放着"毛主席的战士最听党的话，哪里需要哪里去，哪里艰苦哪安家""我们新疆好地方"等歌曲，气氛热烈，像参军一样，当时的口号是"一人支边，全村光荣，全家光荣"。[2] 扬州专区则通过黑板报、大字报、田头鼓动标语、短小文娱节目，以及支边人员从新疆寄回来的信件、图片、漫画、地图展览等形象化的宣传手段，和以前去过新疆的同志的亲身经历，介绍新疆具体情况及发展远景，对广大群众启发很大，群众怕远、怕冷、怕离家的乡土观念逐步改变，坚定了他们支援边疆、建设边疆的决心。[3] 江阴县长泾公社"到处都有宣传标语，到户都有红旗招展，从早到晚都有说唱活动，组织学生利用放学期间一日三次宣传，宣传生产，宣传支边。同时组织小队向大队

[1] 《中共扬州地方委员会批转专区支边委员会关于"支边工作会议情况的报告"》，1960年4月15日，扬州市档案馆藏，档案号：B1-2-167。
[2] 安镇乡集体：《无锡县安镇乡五十八名支边青年在疆实况》，载钱华兴主编：《江苏省无锡县支援新疆社会主义建设青壮年进疆五十年纪念册（一九五九年八月——二零零九年八月）》，内部印行2009年，第141页。
[3] 《扬州专区支边委员会关于动员青壮年参加新疆社会主义建设的工作总结报告》，1960年10月6日，扬州市档案馆藏，档案号：A56-3-29。

报喜，大队向公社报喜，一报生产奇迹，二报决心支边，使生产、支边的热潮始终蒸蒸日上，一浪高一浪"[①]。

二是统一干部思想认识，充分发挥乡党委和支部的作用。江苏各地支边工作的动员和开展，主要依靠的是基层党委和组织。为此，各地、市县委分层召开骨干会议进行训练，以统一思想，提高认识。在此基础上确定进疆的公社大队干部和生产队干部，在宣布任务的同时公布他们的名单，并吸收他们参加支边机构进行工作，从而发挥他们的核心作用，成为支边的旗手。在训练骨干的同时，有意识地进行调查摸底工作，着重摸好这几方面的底：摸适龄对象的底；摸劳动力的底；在适龄对象中扣除军属、孕妇、学生等几种不动员的人；对合乎条件的对象，摸清身体状况、婚姻状况和家庭牵累状况；随时掌握动员对象和家属对支边的态度和思想。掌握以上情况，可以有意识地做好动员工作。在动员过程中，除召开社员会议、适龄人员座谈会、适龄人员家属座谈会等进行教育外，还运用骨干、积极分子和青年团、妇联等方面的力量，加强个别教育，掀起报名热潮。

为了更好地掌握政策，平衡批准人员的政策规格，批准权限控制在公社党委，由大队对报名人员签署意见，送公社党委决定。社队掌握支边自愿的原则，做到"三通四满意"（"三通"即本人通、老人通、妇女通，"四满意"是本人满意、家属满意、新疆地区满意、群众满意）的要求。对强调劳动力紧张、怕影响

---

① 《（江阴县）长泾公社生产、支边双高潮》，载江苏省支边办公室编印：《支边动态》第 7 期，1960 年 4 月 9 日，镇江市档案馆藏，档案号：B21-3-360。

"三包"（即包工、包产、包成本）思想的部分干部，积极从正面引导，加强"全国一盘棋"的思想教育，帮助他们算细账，挖潜力，强调解决劳动力不足的根本途径是加强技术革新和技术革命。支边人员家属和未批准人员思想工作做的好坏，直接影响支边人员的思想巩固程度。各地一般都采取分工包干，普遍召开座谈会和登门家访。除进一步加强支边意义的教育外，特别强调支边人员走后，公社对他们一视同仁，不会亏待，而且支边人员安定以后家属也可以进疆，从而消除他们怕无人照顾的疑虑。对未批准的青壮年主要是进行"两光荣"的教育，说明去边疆光荣，建设家乡也同样光荣，强调服从组织，号召未批准的青壮年向支边人员开展生产竞赛，及时稳定未批准人员的情绪。[1]

三是有意识地培养妇女骨干，调动妇女报名的积极性。相对男性青壮年来说，女性顾虑更多，也更难动员。"尤其是青年小姑娘们爱面子，胆量小，不知深浅，加之个别人的家庭还会给她们的（施加）压力，因而思想发动工作是艰巨的"[2]。1959年全国仅有江苏省和湖南省醴陵县达到了未婚男女大体相等的要求。1960年中央指出：到边疆地区的青年越来越多，如果男女差额过大，他们的婚姻将成为严重的社会问题，也将影响到他们的巩固。为此，中央要求，"除多批已婚青年，相对地缩小未婚青年比重而外，要加强对妇女的思想发动工作，在一个公社或一个县的范围内进行调剂。必要时，可适当降低女性青年的年龄，放

① 《江苏省1959年动员青壮年参加新疆社会主义建设工作总结》（1960年2月），江苏省档案馆藏，档案号：4008-001-0008。

② 《（扬州市）汉河公社汉河大队支边试点工作总结》，1960年4月6日，扬州市档案馆藏，档案号：A56-2-12。

宽审批条件，争取作（做）到未婚男女比例大体相等"①。各地干部对动员妇女支边也有各种畏难情绪，如南通县金西公社一位妇女主任说："动员男的我保证，动员妇女你们大家来。"如东县湖垛公社有个大队副说："要搞妇女支边，打灯笼引火把也难照到。"②湖北省随县洛阳公社反映了几个妇女的思想情况，"不去吧，夜半深更想丈夫；去吧，逢年过节想妈妈"③。

针对这一问题，江苏省要求各地有意识地在群众中培养有威信的妇女骨干，提前批准她们的支边申请，通过其影响力和感染力，带动周围的群众。如徐州专区沛县在动员开始时，未婚妇女报名人数很少，孟庄公社首先批准群众中威信较高的两名未婚女性，召开群众大会公布，然后通过她们在群众中进行个别走访，结果一人就发动了20名青年妇女报了名。④南通专区不少地方还召开巧妈妈、巧嫂子、巧姑娘会，以滚雪球的方式，团结广大妇女报名支边。常州专区对男女比例相差较大的情况，采取三个补救办法来解决：第一，在比例悬殊较大的乡，选择一两个未婚妇女多的大队重点教育发动，组织已批准的妇女进行感情联络，带动其他妇女。第二，适当扩大地区范围，在本县一些原无

---

① 《一九五九年动员青年参加新疆社会主义建设工作的基本情况和一九六〇年工作的意见（草稿）》（1960年2月），镇江市档案馆藏，档案号：C28-3-245。

② 《各地应加强支边工作的领导》，载江苏省支边办公室编印：《支边动态》第2期，1960年3月12日，镇江市档案馆藏，档案号：B21-3-360。

③ 《关于随县支边工作情况的报告》，载湖北省支边办公室编：《支边工作简报》第3期，1960年4月25日，湖北省档案馆藏，档案号：SZ67-2-937。

④ 《江苏省关于1959年支边动员工作中未婚男女大体相等的体会》（1960年2月），镇江市档案馆藏，档案号：B21-3-398。

任务的乡镇选择一批主动报名的未婚妇女。第三，公社间互相调剂平衡。总体要求是，作为一个乡来说，可以根据实际情况不要求一律相等，但作为一个县来说，未婚男女必须坚持做到大致相等。①

四是生产密切结合支边，达到支边生产双丰收。各地在工作安排上，采取以生产为中心，支边为重点。在做法上，采取统一组织力量、统一检查，各级组织和干部一手抓生产，一手抓支边。在时间安排上，一般都采取白天搞生产，晚间搞支边，田里劳动搞生产，田头休息谈支边，晴天搞生产，雨天搞支边等一系列与生产相结合的工作方法。②经过支边宣传教育，广大青壮年以实际行动"搞好生产迎支边"，积极开展各种竞赛活动。在审批以后，支边青壮年自觉组织起来，开展有纪念意义的生产活动，如开支边渠、丰产田、丰产林，积万担草塘泥等，特别是他们和当地群众开展生产竞赛，以优异成绩向故乡献礼。这不仅保证了支边任务的完成，而且有力促进了生产。江阴县长泾公社周雪生等4人决心报名支边，又积极以实际行动争取支边，当他们研制成绳索牵引半自动化积肥机后，公社除立即定名为"支边一号积肥机"外，并连夜召开了各大队干部等60多人的现场会议，号召向周雪生等人学习，以鼓舞他们支边的信心。③

---

① 《关于支边工作座谈会议情况报告》，1959年8月17日，镇江市档案馆藏，档案号：B21-1-18。
② 《章维仁同志在省委第三次支边工作会议上的报告》，1959年7月14日，江苏省档案馆藏，档案号：4008-001-0008。
③ 《（江阴县）长泾公社生产、支边双高潮》，载江苏省支边办公室编印：《支边动态》第7期，1960年4月9日，镇江市档案馆藏，档案号：B21-3-360。

　　五是按照公平合理的原则，处理好各项经济问题。妥善地处理支边青壮年及其家属的经济问题是动员青壮年支援边疆建设的一项重要工作，它关系到党的政策的贯彻，关系到国家、集体、个人三者的利益。它不仅是一项复杂、细致的经济工作，而且也是一项重要的政治思想工作。支边人员的房屋、工资、工分、股金、家具等的处理，对于支边人员的经济利益影响是相当大的。如果处理不当，就可能直接影响到支边人员的思想情绪，影响到后续的动员迁送工作。对此，各地贯彻按劳付酬、等价交换、生活资料永远归个人的原则，积极稳妥地处理支边人员的账务、工分等经济问题。支边人员中原来有工资待遇的，一律由原单位预支一个月工资。南通专区还对欠款不多的社员免除借款，对个别确实有困难，途中缺少零用钱的支边人员，一般给予2—3元的照顾。[1] 房屋是群众最重要的生活资料，1959年江苏省对支边人员的房屋采取不拆不卖的原则，有家属的交家属住，全家走的则由公社、大队代为保管。但据海安县反映，很多支边人员对这种方式表示不满，要求自由处理。该县也认为"支边人员在原籍留有房屋，对个别意志不坚定的人，将起不好作用"[2]。江苏省随之规定："支边人员的房屋由本人自由处理。有家属的教育他们给家属继续居住，全家迁去新疆的可以委托亲友代管或转让他人，也可以以合理的价格出售，但

---

[1] 《南通专区支边委员会关于1960年动员青壮年支边工作总结》，1960年5月5日，南通市档案馆藏，档案号：D222-111-0009-0003。

[2] 《关于支边人员原籍房屋处理问题的请示》，1961年5月22日，江苏省档案馆藏，档案号：4008-001-0011。

是不得将房屋拆毁变卖。"① 这些措施的及时调整，消除了民众后顾之忧，巩固了他们的支边思想。

从宣传动员的总体情况看，男性比女性容易通，青年比壮年容易通，生活困难的比生活富裕的容易通，常出门的比未出过门的易通，原本想外出的比安定农村的易通，无牵累的比有牵累的易通。②

三、报名热潮与审核批准

强大的政治动员的有效实施，使干部、群众对支边工作有了更为全面的认识，在群众中形成了支边光荣的社会舆论，掀起了支边的热潮。

1959 年，各地报名总体情况是"一般地区报名人数都超过任务数四十倍，个别县超过七十倍。"③ 很多青壮年写血书表示：愿把自己的青春献给祖国，以加速社会主义建设，决心用艰苦的劳动把边疆建设成为美丽的大花园。1960 年，各地报名人数都占任务数 30 倍左右，"三通"人数占任务数 5—7 倍。④ 南通专区不少公社符合支边条件的青壮年 100%报了名，报名人数达

---

① 《关于支边人员原籍房屋处理问题的通知》，1961 年 6 月 4 日，江苏省档案馆藏，档案号：4008-001-0011。

② 《(武进县) 前黄乡动员青壮年参加新疆社会主义建设工作总结》，1959 年 4 月 27 日，镇江市档案馆藏，档案号：B21-3-370。

③ 《章维仁同志在省委第四次支边工作会议上的报告》，1960 年 2 月 18 日，江苏省档案馆藏，档案号：4008-001-0008。

④ 《关于 1960 年支边动员迁送工作情况和今后工作意见的报告》，1960 年 7 月 12 日，江苏省档案馆藏，档案号：4008-001-0010。

902,284 人，超过任务数 26 倍，出现了不少父母替子女、丈夫替妻子、妻子替丈夫、夫妇同报名、兄弟父子争报名，七八十岁的老太太替孙子报名，全家写决心书、盖血印、写血书的动人事例。① 扬州专区报名 25 万多人，占任务数的 20 倍以上。大桥公社有 5 名妇女在申请书上写道，"我们的心，雷打不开，风吹不散"，我们的口号"好男儿志在四方，女英雄支援边疆"。还有不少人在课堂、会堂、田头自编自唱着，"三面红旗迎风飘、积极响应党号召，支援边疆大建设，个个争先把名报"，以表示他们支边的决心。② 苏州专区常熟县受宣传教育的人数达 242,231 人，占动员地区总人数的 90%，报名人数 50,847 人，相当于任务数的 25 倍以上。③ 镇江专区武进县前黄乡报名 5,830 人，占在家适龄青壮年的 86%，超过预定要求 134 倍。④ 盐城地区很多妇女在报名时表示决心说："志气冲云霄，信心比山高，决心如石坚，保证不动摇。""过去参军只有男的分（份），今天支边我们妇女一定要算上一分（份）。"还有很多妇女说"好男儿志在四方，女英雄支援边疆，献了青春和智慧，建设祖国和边疆"。⑤ 镇江

---

① 《南通专区支边委员会关于 1960 年动员青壮年支边工作总结》，1960 年 5 月 5 日，南通市档案馆藏，档案号：D222-111-0009-0003。

② 《扬州专区支边委员会关于动员青壮年参加新疆社会主义建设的工作总结报告》，1960 年 10 月 6 日，扬州市档案馆藏，档案号：A56-3-29。

③ 《关于动员青壮年支援新疆建设工作的总结（初稿）》，1959 年 8 月 31 日，苏州市档案馆藏，档案号：H27-3-47-176。

④ 《（武进县）前黄乡动员青壮年参加新疆社会主义建设工作总结》，1959 年 4 月 27 日，镇江市档案馆藏，档案号：B21-3-370。

⑤ 《江苏省关于 1959 年支边动员工作中未婚男女大体相等的体会》，1960 年 2 月，镇江市档案馆藏，档案号：B21-3-398。

专区丹阳县邱敖生说，"我要求去新疆不是为了发财享福，而是为了建设祖国的边疆，决不怕苦怕难，只要有我们的双手就能开发新疆的富源，把它成为幸福的乐园，成为我第二幸福家乡。"顾民已经 60 岁，坚决要求自己的 3 个儿子都到边疆去参加社会主义建设。[1] 南京市原计划动员 2,000 人，而报名人数超过 6 万人，报名的人中写血书的达 100 人左右，直接向省市的来信有300 封，来访的约 500 人次。秦淮区一个青年怕报名报不上，请母亲随同一起去，以示母亲真通。下关区有 1 人写了 12 封血书，以示到新疆去的决心。[2] 扬州市瓜洲公社花园大队社员姚春江自己不识字，就到镇上花了一角钱，请测字先生写了一份申请书，以表示自己的决心。[3] 常州市新闸公社党员、团员和大队干部报名支边人数均为 100%，生产队干部报名人数达到 98%。[4] 宿迁县陆圩乡支边青年陆敬法原是大队会计，属在职干部，公社不予批准。后因有一对夫妇改变主意，他才临时顶替而支边的。[5]

以上可以看出，江苏省宣传动员覆盖面很广，民众的积极性很高。但是，也必须看到，有些人报名有很大的盲目性和从众性。如东县报名人数总计 158,505 人，经过排队符合支边条件的

[1] 《（丹阳县）陵口公社关于支边工作的总结》，1959 年 4 月 20 日，镇江市档案馆藏，档案号：B21-3-359。
[2] 《南京市支边工作小结》，南京市档案馆藏，档案号：5016-1-1。
[3] 《（扬州市）第一、二阶段支边工作情况》（1960 年 3 月），扬州市档案馆藏，档案号：A56-2-12。
[4] 《（常州市）新闸公社支边工作总结》，1959 年 9 月 6 日，镇江市档案馆藏，档案号：B21-3-370。
[5] 访谈陆敬法，农六师芳草湖农场，2014 年 7 月 23 日。陆当时是宿迁县陆圩乡大队会计，分配到呼图壁县芳草湖一场任连队会计。

为 48,256 人，真正"三通"的只有 5,855 人，仅超过任务数 355 人。如东县掘郊公社陆某某说，"大会上报名是造声势的，真正是我去是不可能的"。还有的说，"报名不是我一个人，大家去我也去"。^① 武进县前黄乡小漕大队沈某某口头表示要去新疆，然而让他写申请书，即说"要考虑考虑"。大路大队王某某在动员大会上说"我们夫妻二人都愿去"，会后又说"真的叫我们去，我们是不去"。^② 盐城县新兴公社一位党员，自认为工作好，领导不会批准到新疆去，所以报名显得很积极，夫妻双双按了血指印，但实际上并没有支边的思想准备，批准之后就借口"老婆不肯去"，表示反悔。^③ 还有些人看到麦子丰收，粮食比以前吃得稍多，就改变主意不想去了。^④ 江苏如皋县一名支边青壮年回忆道：报名人数没有那么多，当时如皋县桃元公社万桥大队分配任务 70 个，经过反复动员，报名的就 70 多个人，最终批准 73 人。^⑤ 另一名支边青壮年也说，"报名的人少，家里不放，基本上报（名）多少来多少"。^⑥ 由此可以推断，以上这些报名数字

---

① 《进一步认真做好思想发动工作》，载江苏省支边办公室编印：《支边动态》第 1 期，1960 年 3 月 5 日，镇江市档案馆藏，档案号：B21-3-398。

② 《(武进县) 前黄乡动员青壮年参加新疆社会主义建设工作总结》，1959 年 4 月 27 日，镇江市档案馆藏，档案号：B21-3-370。

③ 《防止思想回潮》，载江苏省支边办公室编印：《支边动态》第 4 期，1959 年 5 月 29 日，镇江市档案馆藏，档案号：B21-3-360。

④ 《陈副专员 3 月 22 日电话会议上发言记录稿》1960 年 3 月 22 日，南通市档案馆藏，档案号：D222-111-0034-0011。

⑤ 访谈叶春田，新疆乌鲁木齐，2014 年 5 月 29 日。叶当时是如皋县桃元公社支边带队干部，任排长，被分配到乌鲁木齐县柴窝堡农业大队。

⑥ 访谈王清保，新疆乌鲁木齐，2014 年 5 月 29 日。王当时是无锡县港下公社支边青壮年，被分配到乌鲁木齐县地窝堡乡金星公社。

偏大，这可能与"大跃进"背景下的冒进有直接关系。

　　然而，还有少数人虽然要求进疆，但有不同的思想动机。如想弃农就工，想当干部，想赚大钱，想开拖拉机减轻劳动量，想到新疆多吃口粮，想乘机与妻子（丈夫）离婚另找对象等。扬州市霍桥公社有少数群众"在表面上积极要求支援边疆建设，而实质上想乘机谋生活出路"。[①] 丹阳县陵口公社有几种比较有代表性的现象：如张巷大队东庄村福某母亲说："现在在家内不得过，吃这一点口粮，还要做得不息，还是到那边去总可以多吃一点。"有的因夫妇关系或婆媳关系不好，想乘机互相分开，新庙大队胡良村胡某某报名时一定要批准她去，经了解，"因她与公婆关系很不好，嫌她没得生养，所以坚决要去边疆，可互相分开来。自己丈夫在无锡，也未取得丈夫同意"。还有的人是逃避沉重的劳动负担，新庙大队孙某某的儿子，报名时对父亲说"我这次去边疆两年，等运河开好了再回来，现在开运河实在吃不消"。[②] 还有一些人本来夫妇关系不好，离婚未成，想借支边达到脱离夫妇关系的目的，盐城县有 7 个妇女、建湖县有 3 个妇女、东台县有 3 个妇女，都是这种情况，本人要去支边，但其丈夫却不同意。[③]

　　严肃慎重地做好审批工作，是保证支边人员质量的关键。从动员开始到审批阶段，以公社和生产大队为单位，反复调查研究

① 《（扬州市）第一、二阶段支边工作情况》，1960 年 3 月，扬州市档案馆藏，档案号：A56-2-12。

② 《（丹阳县）陵口公社关于支边工作的总结》，1959 年 4 月 20 日，镇江市档案馆藏，档案号：B21-3-359。

③ 《审批工作注意妥善处理婚姻、家庭关系》，载江苏省支边办公室编印：《支边动态》第 6 期，1959 年 6 月 12 日，镇江市档案馆藏，档案号：B21-3-360。

排好几个队：适龄人数和劳动力总数；符合动员条件的男女人数和家庭牵累情况；党团员、动员对象及适龄人员家属的思想情况和动态；已婚男女只有一方去的原因。[①] 在此基础上，按照规定的任务和政策规格，有目的地重点加工教育，有领导、有准备地进行批准。个别公社未能认真排队摸底，致使少数临产妇女、有婴儿和家庭拖累大的人也被批准，造成工作上被动，尤其是个别地区还批准了一些现役军人和在职职工的爱人，最终不得不更换。

审批过程是反复地进行思想教育的过程，江苏省委要求必须掌握自愿的原则。有的地区为了贯彻这一原则，规定报名人数占任务数若干倍，报名人数中符合"三通"条件的占任务数若干倍，再进行审批，以防止工作草率。但这种层层增加机动人数的办法会给运送工作带来困难，同时对未批准人员也容易造成思想波动。各地批准工作一般分为三步：首先，根据排队材料和预报名人员的表现，内部确定名单；其次，依据初步确定的对象，经过大队重点教育，表示同意后报送公社审批，再通过召开座谈会、注射防疫针等以考察其自愿程度；第三，结合考察结果，由公社平衡，在大会上正式宣布批准。其顺序一般是先批准干部、党团员，后批准群众。或者成熟一批，批准一批。这样做的好处是"以骨干带动群众，以先进带动落后，既稳且准，运动有起有伏，有声有色"[②]。

盐城专区在审批阶段的经验是"尽量先批未婚女青年和已婚

---

① 《章维仁同志在省委第四次支边工作会议上的报告（记录稿）》，1960 年 2 月 18 日，江苏省档案馆藏，档案号：4008-001-0008。

② 《（扬州市）汉河公社汉河大队支边试点工作总结》，1960 年 4 月 6 日，扬州市档案馆藏，档案号：A56-2-12。

而没有小孩的夫妇，对于有小孩的可以尽量动员一方先走，另一方后去"①。此举有利于尽可能多地批准女性，从而保证男女比例的大体相等。除此而外，还有的地方在审批中还照顾到青壮年之间的关系问题，如扬州市汉河公社汉河大队在批准两男一女的过程中，姑娘赵某某本来没有对象，"干部说批准你和周某某一起去，她说我还要考虑考虑呢。过一会干部了解到她对另一个男的印象好，转变方式说：批准倪某某和你一起去，她就不作声了"②。这说明到新疆安家落户，多数人都有自己的打算，也说明审批过程中必须把思想工作做深做细。正式批准后，通过发通知书、戴光荣花、组织报喜等形式，营造支边光荣的气氛，进一步巩固思想。对个别思想回潮的青壮年，经过教育无效就及时更换。③

然而，有些未批准的人思想波动很大。南京辖区有些未批准支边的人员坚决要去，情绪非常激动，经常到区里纠缠，影响办公秩序。④泰州县未批准的青年中，有 5 个当场痛哭，个别人还刺破手指写血书，坚决要求去新疆。⑤宿迁县黄墩公社新华大队

<hr />

① 《许靖同志关于盐城地区支边工作情况的报告》，1959 年 6 月 5 日，江苏省档案馆藏，档案号：4008-002-0003。
② 《（扬州市）汉河公社汉河大队支边试点工作总结》，1960 年 4 月 6 日，扬州市档案馆藏，档案号：A56-2-12。
③ 《江苏省 1959 年动员青壮年参加新疆社会主义建设工作总结》，1960 年 2 月，江苏省档案馆藏，档案号：4008-001-0008。
④ 《全省审批工作基本接近完成》，载江苏省支边办公室编印：《支边动态》第 8 期，1959 年 6 月 17 日，镇江市档案馆藏，档案号：B21-3-360。
⑤ 《仔细的摸底排队、深入的思想发动，是审批工作的关键》，载江苏省支边办公室编印：《支边动态》第 11 期，1959 年 8 月 8 日，镇江市档案馆藏，档案号：B21-3-360。

蔡某某，因身体不符合条件而未被批准，苦闷想不开，服盐卤自杀未遂。泗阳县在压缩小孩数字，进行个别调整后，有的妇女抱着小孩到县里跪求，不愿退下来。①

第二节　组织运送

安全有序地做好运送工作，是完成支边任务的重要一环。支边人员中80%以上是未出过远门的农民、妇女和小孩等，缺少旅行知识，且旅行时间长，周转环节多，每一个环节都直接关系着支边人员的生命安全和思想巩固。

以江苏省江阴县云亭公社为例，该公社支边青壮年于1959年8月18日到乡集中，19日向江阴县城进发。在县城住三天，通过多次会议，8月22日乘汽车赴无锡。当天下午6时乘火车奔赴新疆，经过8天8夜到达尾亚。在尾亚休整两天后，9月1日改乘汽车进疆。经过四天四夜的汽车，到达博尔塔拉蒙古自治州。在州党委休息两天，9月5日分配工作确定。6日乘车前往安置点新生公社冈心大队。② 江阴县云亭公社支边青壮年从家乡出发，到万里之外的最终安置单位，历经20余天，经过数次转运与接待，每一环节都不容忽视。

① 《6月17日各地电话记要》，载江苏省支边办公室编印：《支边动态》第9期，1959年6月19日，镇江市档案馆藏，档案号：B21-3-360。
② 《江苏江阴云亭公社青壮年支边总的基本情况汇报》，1959年10月26日，镇江市档案馆藏，档案号：B21-3-363。

一、编组形式与转运方式

（一）运输计划

西北铁路干线运输任务大，通过能力小，运输能力满足不了迁送支援边疆建设青年的需要。特别是西藏事件发生后，为了满足军用物资运输的需要，1959 年 5 月不得不暂时停止运送支边青年，这给地方支边工作造成了一些困难。1959 下半年，西北线路运送依然很紧张，在保证国家重点物资运输任务的情况下，才能安排支边青年的运输工作。因此，支边青年的全年运输计划很难一次安排好。铁道部采取长计划短安排的办法，即按原定的初步运输计划，逐月进行具体安排。每月 15 日以前，由铁道部与农垦部向省、自治区下达下月的运输计划和起运日期。各动员省根据下达的指标，编排具体的运输计划（包括登车地点、终点站、人数和时间等），在当月 20 日前报铁道部与农垦部，以便安排具体的车辆。

在运输时间选择上，根据江苏省农业生产和新疆的气候情况，有关部门提出，运送时间安排在每年三月、四月和五月为最好；其次为八月、九月和十月，不过这 3 个月天气较热，农活较忙；至于六月、七月这两个月，天气太热又农忙；十一月、十二月、一月、二月 4 个月新疆天气太冷，均不宜运送。[1] 当然，江苏省运输计划要服从于全国的安排。1959 年因西藏事件，江苏

---

[1]《关于当前支边工作简况和今后工作意见》，1959 年 5 月 30 日，江苏省档案馆藏，档案号：4008-001-0004。

省的运输计划有所调整。1960 年江苏省较早确定运送计划，在四月至五月就完成了运送任务。

在铁道部确定铁路运输的车次、始发站、日期和运行时刻后，江苏省各地就开始安排由县到铁路启运站的运输工具及运送时刻。最后，根据省内运输计划和县内集中准备的需要，确定各公社的运送日期。根据农垦部、铁道部的安排，1959 年江苏省分两批迁送支边青壮年入疆：第一批原计划从 6 月 24 日至 7 月 3 日每天一列车，分乘 10 辆列车运送 16,000 人，实际上是从 6 月 24 日至 7 月 5 日分乘 12 辆列车运送了南京、盐城和淮阴的支边青壮年 16,641 人；第二批原计划从 8 月 16 日开始，至 9 月 11 日结束，平均每列车 1,630 人，加上 5%的家属，共计 1710—1720 人左右。后由于天气炎热，人数较多，江苏省与农垦部、铁道部协商，要求增加列车。实际上，从 8 月 16 日开始直到 9 月 17 日，才运送完扬州、苏州、常州、南通和徐州地区的支边青壮年 44,257 人。1960 年原计划自 4 月 1 日至 5 月 16 日运送支边青壮年入疆，每天 1 列车（4 月 11 日停运），每列 1,600 人，共计 45 列车运送 72,000 人(其中，青壮年 60,000 人，家属 12,000 人)。① 后因新疆需要纺织、缫丝和化工等专业技术人员，一部分支边人员留在关内培训，

减少 1 个列车，故计划数应为 44 列。② 而实际上，自 4 月 1 日至 5 月 24 日，共发送 53 趟列车，运送南通、苏州和扬州三

---

① 《铁道部上海铁路总局南京铁路局指示》，1960 年 3 月 28 日，江苏省档案馆藏，档案号：4008-002-0017。
② 《江苏省人民委员会办公厅关于我省运送支边人员有关事项的函》，1960 年 4 月 20 日，江苏省档案馆藏，档案号：4008-002-0017。

个专区的支边青壮年 59,672 人，随行家属 12,632 人。

（二）编组形式

为了便于长途旅行中的管理和教育，江苏各地将同一公社的人尽量编在一组，并按照军事化组织设置营、连、排。每一列车编为一个营（1,500—1,600 人），设营长、教导员，配备相当于乡党委委员一级的干部。每营设 3 个连，每个连 500 人左右，设连长、指导员，配生产大队一级干部。每一个车厢编为一个排（60 人左右），设正、副排长，配生产队长一级干部（不脱产）。不脱产的干部，多是在原乡原社找，因为他们熟悉情况，便于团结和联系群众。①

为了加强组织领导，列车还成立了由负责接收的新疆干部、列车长和营级带队干部等组成的列车指挥部。有的还设政治宣传、联络、卫生和生活等小组，进行具体工作。指挥部除每到大站召开党团支部、干部会议及时解决问题外，还分头深入车厢了解支边人员动态。对同一个县的支边人员分乘两个列车的，每列车都派有护送干部，以避免县与县之间发生闹事现象。同时，列车还成立临时的党团组织（党总支和支部），每个车厢亦成立相应的党团组织。

为了避免强迫命令的作风，1960 年支边人员行军队伍不再运用军事化编组的形式，而是改为大队、中队和小队。大队配备大队长、教导员各 1 人，大队助理员 3 人；中队配备中队长 2 人，

---

① 《关于 1959 年动员青壮年前往新疆参加社会主义建设的具体计划》，1959 年 3 月 4 日，江苏省档案馆藏，档案号：4008-001-0004。

根据需要配备女性中队副1人；小队配备小队长1—2人，上述干部一般从党、团员积极分子中选拔。每列车以护送县长（部长）为主，与新疆接收负责干部、列车长、带队的大队长和教导员等组成列车指挥部，协同领导，统一指挥。每列车的支边大队临时设立1个党支部和1个团支部，党支书由教导员兼，团支书由大队长兼。党团小组根据党团员人数自行确定编成若干小组，并规定小组会的时间和内容。

（三）列车安排

每个列车有27—28节车厢，除1节硬席卧铺车外，其余均为篷车。所谓篷车，就是运输货物的闷罐车，黑森森的大铁箱子，中间有一个两米宽的铁门。长长的大铁盒子只开了几个小小的窗户，没有座位，也没有行李架。[1]据支边青年周松珍回忆："一节车厢搭着两层铺，只有两个小窗户，里边黑乎乎的，没有厕所，只有一个大马桶。火车开动了，我们打开行李，坐在上面，就算是我们的'卧铺专列'。"[2]当时的路轨不平，走到山路、拐弯等特殊路段，火车就会剧烈晃动，此时木桶内的粪便就会溢

[1] 范汝豪：《我由支边入文学殿堂》，载昌吉州政协党派社团学习文史委员会编：《昌吉州政协文史资料第33辑》（苏皖鄂青壮年支边在昌吉），新疆维吾尔自治区内部资料性出版物准印证（2010）年第53号，2010年版，第437页。

[2] 周松珍口述、梅子整理：《扎根昌吉纪事》，载昌吉州政协党派社团学习文史委员会编：《昌吉州政协文史资料第33辑》（苏皖鄂青壮年支边在昌吉），新疆维吾尔自治区内部资料性出版物准印证（2010）年第53号，2010年版，第17页。

出来，散发出难以言表的臭味。^① 一般每列车配大车厢 8 辆，每辆载 75 人；小车厢 19 辆，每辆载 55 人。篷车均装有铺板，分为上下两层，平均每人实际占用车厢面积 0.88 平方米左右。这较 1959 年 5 月以前进疆的已大有改善，因为先前"不带铺板的 50 吨的棚车乘坐 70 人，每人只占 0.52 平方米；30 吨的棚车乘坐 45 人，每人只占 0.59 平方米"。^② 硬席卧铺车厢由脱产带队干部、新疆的接待干部、乘务员、医生、隔离病员和脱产带队干部家属乘用。

1959 年，运送支边青年的列车每 1 列车配备 17 个大车厢，每个车厢坐 70—75 人；8 个小车厢（其中一个装行李，做隔离车厢），每个车厢坐 50—55 人；1 个硬席（软席）卧铺车。为了减少运输困难，支边人员每人随身携带的物品不得超过 50 市斤。各地按照大小车厢数和载运的人数，以车厢为单位组成排的建制，以便有秩序乘车，防止混乱。

1960 年，每 1 个列车大概有 15 个大车厢，9 个小车厢。每个大的中队 75 人（包括家属，下同）左右，最多不超过 77 人，下分 4 个小队，每个小队 18—20 人；每个小的中队 53 人左右，最多不超过 55 人，下分 4 个小队，每个小队 12—14 人。每个大队配备大队长 1 人，教导员 1 人，助理员 1 人。每个中队配备中队长 1 人，中队副 2 人，每个小队配备小队长 1 人，小队副 1 人，

---

① 唐柏泉等：《四十七年支边岁月片段》，载钱华兴主编：《江苏省无锡县支援新疆社会主义建设青壮年进疆五十年纪念册（一九五九年八月——二零零九年八月）》，内部印行 2009 年版，第 149 页。

② 《农垦部移民局杨虎臣局长在支援边疆建设青年运输协作会议上的发言（提纲）》，1959 年 4 月 30 日，江苏省档案馆藏，档案号：4008-001-0001。

副队长中配备妇女 1 人。[①] 因 1959 年支边人员到安置地后物资缺乏，故 1960 年支边青壮年携带的行李不再受重量限制。

（四）省内运输

省内轮船、汽车运输服从于铁路运输时间的安排。扬州地区先用轮船或汽车将支边青年运至高岗，然后在高岗用大客轮运往浦口上车。南通地区，由青龙港、天生港（或任家港）直接运抵浦口上车。其他地区以轮船、汽车直接运抵各铁路沿线启运。省内水陆交通运输工具和时间安排，由省交通运输指挥部会同上海办事处和各有关专区指挥部拟订具体计划。一般要求各轮船队、汽车队在火车开车前 6—8 小时到达启运站。

（五）列车运行时刻表

根据铁道部运行计划，江苏省制定各专区启运顺序。1959 年第一批进疆的顺序是南京市、淮阴专区和盐城专区；第二批顺序依次为扬州专区、苏州专区、常州专区、南通专区和徐州专区。1960 年启运顺序首先是南通专区、其次是苏州专区，最后是扬州专区。各县的启运次序则由地委确定。表 2-2-1 和表 2-2-2 分别为 1959 年和 1960 年江苏省支边青壮年进疆列车时刻表。

----

① 《南通县动员青壮年参加新疆社会主义建设委员会关于今年支边人员编队和运送时间的补充通知》，1960 年 4 月 1 日，江苏省档案馆藏，档案号：4008-002-0017。

表 2-2-1：1959 年江苏省支边青壮年进疆列车时刻表（1959 年 6 月）

站名		到达时刻	开车时刻	停车时间	附注
镇江 — 徐州	镇江		21:50		
	南京	23:43			
	浦口		03:42		
	蚌埠	11:29	13:00	1:31	饮食供应站
	徐州	18:55	20:34	1:39	
新浦 — 徐州	新浦		11:47		
	新沂	13:57	14:44	0:47	
	邳县	15:44	16:51	1:07	
	徐州	19:09	20:34	1:25	饮食供应站
徐州 — 尾亚	徐州		20:34		
	商丘	01:11	04:14	3:03	
	郑州	10:37	12:07	1:30	饮食供应站
	洛阳	16:08	16:36	0:28	
	潼关	01:53	02:51	0:58	
	西安	07:13	09:30	2:17	饮食供应站
	宝鸡	16:12	17:43	1:31	
	天水	01:14	02:11	0:57	
	陇西	08:40	11:14	2:34	饮食供应站
	定西	14:33	16:09	1:36	
徐州 — 尾亚	兰州	19:53	20:30	0:37	
	打柴沟	07:57	10:03	2:06	
	武威	17:43	19:45	2:02	饮食供应站
	张掖	05:24	06:19	0:55	
	清水	11:48	12:40	0:52	
	玉门	17:23	20:30	3:07	饮食供应站
	疏勒河	02:00	05:09	3:09	
	尾亚	16:26			

说明：1959 年 6 月江苏省第一批进疆的为南京市、淮阴专区和盐城专区。南京市直接从浦口上车，淮阴、盐城专区则按照就近原则，一部分从镇江、浦口发车，一部分从新浦、邳县发车，到徐州后并成一条运输线。

资料来源：据《江苏省列车时刻表》绘制而成，南京市档案馆藏，档案号：5016-3-1。

以南京市青壮年所乘列车为例，按照列车运行时刻表，该列车 6 月 26 日 3 时 42 分从浦口站出发，沿途停靠 20 站，最终于 7 月 2 日 16 时 26 分抵达终点站尾亚[1]，历时七天六夜（156 时 44 分）。列车在沿途站点停靠时间比较长，少则半个小时左右，多的长达三个小时。列车停靠大站设有饮食供应站，可集中饮水、吃饭。在一些小的站点，则只提供饮用水。运送支边人员的均是增开的临时列车，"沿途列车停靠站太多，有时什么车都让，开车时间不准确，影响支边人员上车下车的秩序"[2]。从带队人员陈乐邨沿途发给南京市人委办公厅的电报来看，列车到达郑州、西安、陇西和武威的时间分别为 26 日上午 8 时、28 日上午 6 时、29 日上午 8 时和 30 日 16 时[3]，而表 2-2-1 列车运行时刻表的预计到站时间分别为 26 日 10 时 37 分、28 日 7 时 13 分、29 日 8 时 40 分和 30 日 17 时 43 分。可以看出，列车停靠站点确实有一定误差，到后来误差逐渐缩小。这在当时全国运力十分紧张的情况下已属不易。

---

① 尾垭，地名，位于新疆哈密境内，与甘肃接壤，1959 年兰新铁路只修到此地。
② 《江苏省 1959 年动员青年参加新疆社会主义建设工作总结》，1960 年 2 月，江苏省档案馆藏，档案号：4008-001-0008。
③ 见南京市指派带队干部陈乐邨于 1959 年 6 月 27 日、28 日、29 日、30 日发送给市人委办公厅的电报，南京市档案馆藏，档案号：5016-2-2。

表 2-2-2：1960 年江苏省支边青壮年进疆列车时刻表（1960 年 4 月）

站名	1960 年 4 月 1 日起			1960 年 4 月 21 日起			伙食内容
	到达时刻	开出时刻	停车时间	到达时刻	开出时刻	停车时间	
浦口		23:30			18:10		
蚌埠	06:01	07:08	1:07	0:08	0:41	0:33	开水
徐州	12:54	15:06	2:12	06:53	07:53	1:00	开水、吃饭
商丘	19:16	20:19	1:03	13:08	13:50	0:42	开水
郑州	02:40	04:40	2:00	19:52	21:36	1:44	开水、吃饭
陕县	07:44	08:21	0:37	06:35	07:35	1:00	开水、吃饭
潼关	12:39	13:08	0:29	10:37	11:03	0:26	开水
西安	15:37	16:20	0:43	16:00	17:50	1:50	开水、吃饭
宝鸡	21:06	23:04	1:58	02:34	03:36	1:02	开水、吃饭
天水	05:55	08:23	2:28	09:52	12:17	2:25	开水
陇西	15:10	17:33	2:23	17:45	19:10	1:25	开水、吃饭
定西	23:30	01:54	2:24	22:45	23:15	0:30	开水
兰州西	05:21	06:15	0:54	04:16	05:53	1:37	开水、吃饭
打柴沟	10:37	12:50	2:13	14:42	16:26	1:44	开水、吃饭
武威	19:43	22:29	2:46	23:58	00:59	1:01	开水、吃饭
河西堡	05:46	07:52	2:06	03:15	04:57	1:42	
张掖	10:24	11:09	0:45	10:30	11:30	1:00	开水、吃饭
玉门	16:44	20:48	4:04	20:44	00:19	3:35	开水、吃饭
疏勒河	08:50	11:04	2:14	02:45	03:19	0:34	开水
峡东	19:56	20:56	1:00	07:52	08:54	1:02	开水、吃饭
柳园	22:28	23:54	1:26	10:18	10:53	0:35	
尾亚				14:10	14:45	0:35	
烟墩				16:44	17:07	0:23	

站名	1960 年 4 月 1 日起			1960 年 4 月 21 日起			伙食内容
	到达时刻	开出时刻	停车时间	到达时刻	开出时刻	停车时间	
哈密	13:32			19:44			

说明：自 1960 年 4 月 21 日起，为夏图支边列车时刻表。

资料来源：根据《铁道部上海铁路总局南京铁路局对输送支边青年若干问题的指示》（1960 年 3 月 28 日）、《铁道部蚌埠铁路局布置 1960 年夏图支边列车时刻及有关事项》（1960 年 4 月 20 日）绘制而成，江苏省档案馆藏，档案号：4008-002-0017。

　　表 2-2-2 是全国执行夏图列车运行时刻表前、后江苏省支边青壮年进疆列车时刻表。这两个时刻表停靠站点没有大的变化、沿途供应站点也不变，而开车时间、停车时间以及列车运行时间有所变化。1960 年 4 月 21 日之前运行时间为七天六夜（157 时 56 分），之后为六天六夜（145 时 34 分），运行时间的缩短在于压缩停车时间。吃饭时间多为一个小时左右，时间安排比较紧。陕县为饮食供应站，但在该站停车时间仅为 37 分钟，农垦部要求根据运输计划与车站密切配合，争取下车吃饭，"如万一不行，则将菜饭送上车厢"①。1959 年和 1960 年支边青壮年运送中最大的两个区别是：1959 年末站到尾亚，1960 年已达哈密；1959 年途中每天供应一餐熟食，吃一餐自带干粮；1960 年则为每天两餐均供应熟食。

（六）途中管理

　　列车行进途中的日常管理主要依靠排（或称中队）和班（或

---

① 《农垦部移民局转发江苏省支边青年列车时刻运行表》，1960 年 3 月 25 日，江苏省档案馆藏，档案号：4008-002-0010。

称小队）的组织。上车、下车，到供应站吃饭、喝水、上厕所等都要排队，有序进行。带队干部要佩戴臂章，支边人员要佩戴"××县（市）支边青壮年"的证章（由各地自己做），以便于识别和指挥。

各级指挥人员携带哨子，并事先规定一定的联络办法，如长音上车，短音下车等。没有指挥号令，在列车中途停车时不准下车。各级带队干部在出发和途中等车时要点名核对人数，防止有人混入或掉队。在途中吃饭或休息之后上车时，也要检查人数，防止掉队等情况的发生。途中还要严格执行预、确报制度，使沿途供应站提前做好物资准备。途中遇到临时发生的重大事件，在就近的供应站随时用电话汇报。① 此外，各地还开展《行军十好评比竞赛》，具体内容如下：

> 政治挂帅好，支边决心强。
>
> 服从组织好，接受新疆分配。
>
> 遵守纪律好，坚决服从命令。
>
> 团结互助好，尊重女同志。
>
> 勤俭节约好，省水省干粮。
>
> 安全卫生好，途中免事故。
>
> 清洁卫生好，身体很健康。
>
> 刻苦耐劳好，不怕大困难。

---

① 《江苏省动员青壮年参加新疆社会主义建设委员会办公室关于 1960 年支边运送工作的注意事项的通知》，1960 年 3 月 29 日，江苏省档案馆藏，档案号：4008-002-0017。

> 文娱活动好，心情很愉快。
>
> 政策执行好，尊重民族习惯。[①]

即便如此，运送中还存在人数不准确等混乱现象。整个大队、中队、小队到底有多少人，数字往往不一致，复查的数字一般比预报的数字多。其原因有三：一是中队、小队干部未掌握名单，心中无数；二是家属人数未查清，走的人数比批准的人数多；三是护送干部往往统计中有疏漏。[②]

（七）支边人员途中的思想变化

支边青壮年初离家时留念乡土，对亲人依依不舍；在路途的前两天信心很足，年轻人在一起洋溢着青春活力，笑声不断，有说不完的话，还不知道想家；但是没过三天，大家情绪就逐渐低落，饮食不习惯，水土不服，烦躁上火，车厢内渐渐失去了欢笑。火车一过兰州，尤其是过了嘉峪关，满眼荒凉，飞沙走石，沿途还有很多讨饭的人，与山绿水秀的家乡形成强烈的反差，"我们不禁想起在课本上学过的'西出阳关无故人'的诗句来，就开始想家，白天想家只是在心里，到了晚上有的人就偷偷

---

① 《行军十好评比竞赛》，1959 年 5 月，江苏省档案馆藏，档案号：4008-001-0005。

② 《浦口铁路支边列车和始发指挥部的工作》，载江苏省支边办公室编印：《支边动态》第 20 期，1959 年 8 月 22 日，镇江市档案馆藏，档案号：B21-3-360。

地哭鼻子"①。有的人议论，"还没到新疆都这么荒凉，到了新疆还不知可怕成啥样子！"②湖北支边青年胡秉麒描述了他在路途的心情：

> 驶过嘉峪关，进入西凉川。
>
> 人烟稀少见，戈壁尽荒滩。
>
> 千里皆冰封，万里飘飞雪。
>
> 离家数千里，亲人难共蝉。
>
> 几度悔西行，那能吐真言。
>
> 既来则安之，凭命听由天。③

列车快到尾亚时支边青年主要考虑工作分配问题，有的人借口汽车定额人数太多，不愿上车。

针对支边人员的情绪波动，列车上会时常响起嘹亮的歌声，播放着"到新疆去""到祖国最艰苦的地方去"等宣传材料，不

---

① 周松珍口述、梅子整理：《扎根昌吉纪事》，载昌吉州政协党派社团学习文史委员会编：《昌吉州政协文史资料第 33 辑》（苏皖鄂青壮年支边在昌吉），新疆维吾尔自治区内部资料性出版物准印证（2010）年第 53 号，2010 年版，第 18 页。

② 怡然：《全家三代踏上支边路》，载昌吉州政协党派社团学习文史委员会编：《昌吉州政协文史资料第 33 辑》（苏皖鄂青壮年支边在昌吉），新疆维吾尔自治区内部资料性出版物准印证（2010）年第 53 号，2010 年版，第 10 页。

③ 胡秉麒：《战戈壁，斗严寒》，载中共湖北省委党史研究室、新疆生产建设兵团党委党史研究室：《湖北二十世纪五六十年代援疆史料选辑》，湖北长江出版集团、湖北人民出版社 2008 年版，第 214 页。

断鼓舞着支边青壮年的精神。[1] 带队干部则主要是加强思想教育工作，打消他们的顾虑。一方面是进行政治教育，深入讨论支边的政治意义，进一步端正对支边的认识，以打消他们的顾虑和紧张心理，鼓舞支边积极性；另一方面是加强服从新疆分配的教育，通过介绍好人好事和开展竞赛来巩固和鼓舞支边人员的情绪。行进途中规定相应的作息时间，夜间睡觉，白天组织读报、漫谈和开会等，进行必要的时政教育和思想教育，并开展各种适当的文娱活动，以活跃行军生活。各列车指挥部运用连环画、象棋、扑克、乐器等文娱用品，丰富群众的行军生活。泗阳支边人员自带画册书 2,381 本，象棋 40 副，扑克 116 副，有的地方支边人员还带了不少乐器。[2] 此外，还有的组织唱革命歌曲、请复员军人讲革命故事等，提振群众信心。镇江专区总结出一套经验，即要根据支边青壮年沿途的思想变化情况，见什么讲什么，从过去的艰苦奋斗史讲到今天祖国的建设成就和未来的幸福生活，如到徐州时，就讲述解放战争中伟大的淮海战役，到陕西、甘肃一带时，就讲述红军二万五千里长征过草地、爬雪山的故事，以启发和树立支边人员的荣誉感和艰苦奋斗的信心。[3]

---

[1] 吴振平、钱华兴：《支援新疆建设 50 周年》，载钱华兴主编：《江苏省无锡县支援新疆社会主义建设青壮年进疆五十年纪念册（一九五九年八月——二零零九年八月）》，内部印行 2009 年版，第 136 页。

[2] 《在第二批支边人员运送工作中应该注意的几个问题》（1959 年 7 月），江苏省档案馆藏，档案号：4008-002-0009。

[3] 《镇江专区关于 1959 年动员、迁送支边青壮年工作的总结报告（初稿）》，1959 年 10 月 12 日，镇江市档案馆藏，档案号：B21-1-18。

二、物资调配与经费开支

按照中央规定，1959 年的支边经费由中央和地方共同负担，分项预算、地方包干、专款专用为其基本使用原则。交通费、冬装费、途中伙食补助费、设站费、宣传费和检疫费（去新疆的）等七项开支由中央预算。安置在工矿、交通、林业的青年所需经费，除宣传费、设站费和去新疆的检疫费外，其余按统一规定标准，由各用人单位开支。[①] 1960 年支边经费仍由中央和地方共同负责解决，经费使用原则变为分项预算、分期拨款、专款专用、年终结算。车船费、被服费、途中设站费（指农垦部统一规划的供应站）和抚恤费等四项实报实销；途中伙食费、途中医疗费、宣传费和检疫费等四项均按规定标准执行。中央预算以外的其他各项开支，均由地方负责解决。对安置在工矿、林业、交通、基建等企业部门的青年所需车船费、被服费、途中伙食费、途中医疗费和抚恤费等由用人单位开支，并由各安置省、区主管业务部门汇总拨给动员省；宣传费、检疫费和途中设站费等统由中央级预算拨款。对安置在人民公社、国营农牧场的青年接迁家属与动员返籍青年的重返所需的车船费、途中伙食费和途中医疗费等三项经费列入中央预算。[②] 支边经费的开支范围和标准如下：

[①] 《农垦部党组关于执行中央动员内地青年前往边疆地区参加社会主义建设的决定而召开的会议报告》，1959 年 3 月 27 日，载农垦部政策研究室、农垦部国营农业经济研究所、中国社会科学院农经所农场研究室编：《农垦工作文件资料选编》，农业出版社 1983 年版，第 344 页。

[②] 《中华人民共和国农垦部、中华人民共和国财政部关于动员青年参加边疆建设经费管理使用的几项规定》，1960 年 2 月 18 日，江苏省档案馆藏，档案号：4008-002-0010。

运输费：依照中央规定，由动员省编制从起点站至安置地区接运站的预算（包括火车、汽车和轮船），安置省、区编制从接运站到终点站的预算。其开支标准按铁道部、交通部规定运价分别编造预算。依此规定，由江苏各县至尾亚（1960年至哈密）车站交接为止的交通运输费（包括汽车、轮船、火车、行李托运费）由中央负担。由公社到县的路程，50里以内的，除开支一些必要的行李托运费外，一般均为步行；路程在50里以上的，则酌情报销交通运输费。1960年支边人员乘坐火车费用按实际乘车人数计算，由护送干部凭《乘车证明》（式样附后）乘车。票款的结算，则由带队干部凭乘车证明开列乘车票据，并将票价款在乘车证上注明，加盖车站公章，交人民银行，转账列为铁道部收入。

乘车证明（式样）

_____火车站

兹有本省支边人员_____名，支边人员家属_____名（其中大人_____名，小孩_____名），共_____名。于1960年____月____日____时____分由火车站启运至哈密，所乘列车大车厢_____辆，小车厢_____辆。所需乘车费请你站按铁路规定和中国人民银行分行1959年3月23日通知向当地人民银行办理结算手续。

护送工作人员_____名，新疆工作人员_____名车票已/未/另购。

_____地委支边办公室　　　　（公章）

_____县护送负责人　　　　　（公章）

1960 年　　　　月　　　　日

资料来源：《铁道部上海铁路总局南京铁路局指示》，1960 年 3 月 28 日，江苏省档案馆藏，档案号：4008-002-0017。

被服费：每人发新棉衣一套，棉帽一顶，棉鞋一双，棉被一条（经与新疆协商，共用棉 8 斤。棉衣、棉帽、棉鞋用棉 4 斤，棉被用棉 4 斤），经费由中央解决。被服所需平纹棉布，除支边人员每人已发 1959 年的布票外，不足之数由有关专、县、市在临时用布的指标内，每人补助 6 丈[①]2 尺。所需棉絮，在产棉区的由有关公社和群众在自留棉中调剂解决，不足之数由商业部门负责供应；在非产棉区的则由商业部门负责供应，有困难的专县，由商业厅帮助解决。江苏省还规定，"平文（纹）布规格不能随便提高，如无平文（纹）布可按同等价格调换其他品种。棉花用十级棉，确无十级时，可用九级；如无九级，报专区调拨，专区无九级棉可报省商业厅调拨，不得使用八级棉"。[②] 上述被服，一律不发现金。为了节省时间和节约用布用棉，缝制工作由公社包干，动员当地群众自做。根据商业部门规定的棉布、棉花价格和各地加工价格计算，每人初定为 32.4 元，服装被服用布用棉定量和定额计算过程，详见表 2-2-3。

---

① 1 丈等于 10 尺。
② 《章维仁同志在淮阴、盐城、南京三个地区支边工作会议上的发言》，1959 年 5 月 15 日，江苏省档案馆藏，档案号：4008-001-0002。

表 2–2–3：江苏省支边青壮年被服用布用棉定量和
定额计算过程表（1959 年）

项目	用布量	用棉量	初匡定额	计算过程
棉衣	31 尺	4 斤	16 元	面子平纹蓝布，里子普通灰布（棉花包括鞋、帽用），工价 2 元
棉被	27 尺	4 斤	12.9 元	面子花哗叽，里子白洋布，被胎用纱网工和被子缝工 1 元
棉鞋棉帽	4 尺		3.5 元	棉鞋面用 26 工呢，棉帽面用单面卡其或平布，里子均用普通灰布或洋布
合计	62 尺	8 斤	32.4 元	

资料来源：据《服装被服布用棉定量和定额计算过程表》整理而成，南京市档案馆藏，档案号：5016-3-5。

当时棉花、棉布供应十分紧张，各地多方调剂，确保支边之用。后由于全国棉花收购计划完成较差，棉布供应异常紧张，农垦部、商业部联合发布紧急通知，"对支边人员棉衣等用布规定为每人 60 尺（棉衣、棉鞋、棉帽 34 市尺，棉被 26 市尺），并确定收回部分布票"[①]。国家虽对棉布供应削减，但减少数量并不多，说明对支边工作还是给予很大的支持。在具体操作中，江苏省只是对尚未制成服装的地区按照新规定执行。1960 年，根据各地的安置情况，中央决定"迁往寒冷地区的青年每人供应棉衣一套（包括棉帽、棉鞋），用布 34 尺，棉花 5 市斤；棉被一床，用布 26 尺，棉花 6 市斤；棉大衣一件，用布 26 尺，棉花 4 市斤"[②]。

---

① 《关于收回支边人员 1959 年后期布票的联合通知》，1959 年 5 月 7 日，南京市档案馆藏，档案号：5016-3-5。

② 《中华人民共和国农垦部、中华人民共和国财政部关于动员青年参加边疆建设经费管理使用的几项规定》，1960 年 2 月 18 日，江苏省档案馆藏，档案号：4008-002-0010。

中央还强调被服一律用平纹布和中等絮棉制作，服装的式样以群众喜爱为要，力求省棉、省布、合身美观。与 1959 年相比，棉衣、棉被用棉量增加了 3 斤，用布量不变。此外，还新增棉大衣1 件，由新疆缝制，并由新疆编列预算。

途中伙食费：从县至铁路起运点，按每人每天 0.5 元的标准，由各地自行设站安排就餐（按规定中央报销 0.3 元，省地方财政开支 0.2 元）。从铁路起运点上车起运后，每天在中央所设的供应站吃熟食一餐，标准 0.3 元，由中央开支；另外，每人每天在火车上吃干粮一顿，由人民公社为每人准备 10 斤干粮，供途中 7 天食用，经费为每人 1.5 元，由省财政开支。1959 年江苏省规定每人带足干粮 15 斤，以免挨饿，干粮按每斤 0.15 元的定额标准置办，较国家规定的粮食数量和标准均有所提高。途中干粮的准备工作，各地不尽相同，扬州专区考虑到天气情况和小孩的需要，要求各县品种尽可能丰富一些，多准备炒面、饼干 (不易霉坏)，少做烧饼，同时搭配一部分果子、八珍糕。①1960 年，中央规定从车站起点到终点站每天供应两餐熟食，伙食标准提高到每人每天 0.8 元。江苏省规定在途的伙食（包括省内、省外）每天 2 餐，每人每餐 0.3 元，由沿途供应站负责供应熟食。带队干部出具"就膳证明"（式样附后），供应站凭"就膳证明"按规定结报。支边人员在县里集中以前的粮食全部自带。

---

① 《全面审批工作接近完成》，载江苏省支边办公室编印：《支边动态》第 8 期，1959 年 6 月 17 日，镇江市档案馆藏，档案号：B21-3-360。

就膳证明（式样）

＿＿＿＿＿供应站：

　　兹有＿＿＿区＿＿＿县（市）的支边人员，于1960年＿＿＿月＿＿＿日起，至＿＿＿月＿＿＿日至，在你站吃饭＿＿＿餐，其伙食费按统一规定向有关部门结报。用膳人数如下：

　　一、支边青壮年＿＿＿人；（包括同行的支边干部）

　　二、支边人员家属＿＿＿人；（系指不符支边条件的家属和小孩）

　　三、护送工作人员＿＿＿人；（包括护送的医务人员）

　　四、新疆随车人员＿＿＿人。

　　总计＿＿＿＿＿人。

＿＿＿＿＿地委（市）支边办公室（公章）

＿＿＿＿＿县（市）护送负责人员（签名盖章）

1960年＿＿＿月＿＿＿日

说明：护送人员由于在途中全部免费供应饮食，所以，在去的途中不应再支报出差的途中伙食补助费。

资料来源：《就膳证明》（1960年），江苏省档案馆藏，档案号：4008-001-0008。

　　宣传费：1959年每人0.1元。1960年每人0.2元，迁、安省区各0.1元。

　　医疗费：1959年每人0.1元。1960年每人0.5元（其中，动员省0.2元，安置省0.3元）。

　　检疫费：1959年每人0.3元，1960年不变。

　　设站费：由农垦部统一规划设立的途中伙食供应站，所需经费列入中央预算。途中设站费包括伙食费（按途中伙食费标准）、房租费（借用公房、民房不列）、临时雇用炊事员工资（动员当地人力支援工作的不列入）、零星炊具购置费（碗筷青年自带）、公杂费（过往两省以上青年的大站每月 50 元，小站每月 30 元）、重病员住院费（凭医院收据报销）、病员赶队的车船费（尽可能乘坐青年专车）和埋葬费（每人 50 元标准内实报实销）。供应站的干部由当地政府调配，工资由原机关发付。新疆、青海、甘肃、云南等省区设站费列入中央预算。江苏省规定，省指定的供应站，每站开支范围为 40 元；专署指定的站，根据任务大小，每站可开支 10—20 元，具体数字由各专署决定。对接收支边人员的重病员费用，病愈后去疆或回家所需的旅费火车费已统一开支，由车站介绍免费乘车，不再开支经费。如需开支其他车船费，按实际费用报销。①

抚恤费：迁送途中因交通事故、因病死亡、伤残或安置后当年因公、因病死亡、致残的要给予抚恤。抚恤费的开支范围和标准按照中央政府政务院 1954 年 5 月 22 日批准内务部、劳动部"关于经济建设工程民工伤亡抚恤问题的暂行规定"办理。

欢送费：由县和公社自行解决，但要求不得铺张浪费。1959 年淮阴市为了欢送支边人员，先由"大队请客，到了公社又请客，送花、送东西（实用品），还送 12 元零用，再请看戏"②。对此，江苏省在全省予以通报，提出对支边人员既要热热闹闹，又要防止浪费。

---

① 《关于 1960 年度动员青壮年参加新疆社会主义建设经费管理的意见》（1960 年 2 月），江苏省档案馆藏，档案号：4008-001-0008。
② 《江苏省支边办公室通报》，1959 年 6 月 22 日，南京市档案馆藏，档案号：5016-3-1。

支边人员家属救济费：支边人员家属由公社按照社员待遇予以照顾，对少数确有实际困难，需要临时救济的，在徐州、淮阴两地按动员人数每人 1.5 元的标准编造预算，其他地区按动员人数每人 1 元的标准编造预算，列入省级财政开支。各县根据不同困难户的实际情况，统一掌握使用。①

专区、市、县支边办公室开支费用：包括支边办公室所需办公费、邮电费、会议费；调用干部（包括因护送进疆的干部和医务人员）所需工资、旅费以及在县（市）集中所开支的公杂费等，都由各专、市、县财政预算中开支。

此外，经批准随行进疆的支边人员家属，除服装费自理外，其余有关费用与支边人员相同。

在了解了中央关于各项费用使用原则和开支标准之后，来看 1959 年、1960 年江苏省支边青壮年开支的具体情况，见表 2-2-4、表 2-2-5。

---

① 《关于 1959 年动员青壮年前往新疆参加社会主义建设的具体计划》，1959 年 3 月 4 日，江苏省档案馆藏，档案号：4008-001-0004。

表 2-2-4：江苏省 1959 年动员青年参加边疆建设经费决算表

科目编号	科目名称	实际支出数			备注
		人数	平均每人数	金额	
	总计	54,212	57.74	3,130,160.86	
1	车船费	54,212	22.70	1,230,612.40	
	火车费	54,212	18.82	1,020,000.00	
	其他	54,212	3.88	210,612.40	
2	冬装费	54,212	30.60	1,658,887.20	
3	途中伙食补助费	54,212	2.95	159,786.85	全年核定预算数：3,286,649 全年拨款数：3,286,649 结余数：156,488.14
4	途中医疗补助费	54,212	0.21	11,384.52	
5	宣传费	54,212	0.11	6,104.10	
6	检疫费	54,212	0.20	11,015.01	
7	途中设站费	54,212	0.12	6,668.10	
	雇用炊事员工资			5,017.63	
	重病号住院费			1,097.47	
	病员赶队的车船费及伙食费			215	
	埋葬费			338	
	购买费	54,212	0.84	45,328.29	
	其他（主要是零星住宿费）	54,212	0.01	374.39	

说明：

1.1959 年江苏省支边青壮年人数 60,690 人，家属 3,523 人，共计 64,222 人。其中安置在农业的 54,212 人，安置在其他部门 6,478 人。

2.1959 年支边经费，按中央规定项目部分，计开支 3,469,401.07 元，按照实际进疆人数分别报销，除向新疆结算 339,240.21 元外，向中央报销如上数。

3. 冬装费预算定额为每人 32.4 元。

4.1959 年省级开支 290,372.87 元，市县开支尚不包括在内。

资料来源：据《1959 年动员青年参加边疆建设经费决算表》（1959 年）整理而成，江苏省档案馆藏，档案号：4008-001-0007。

表2-2-5：江苏省1960年动员青年参加边疆建设经费决算总表（1960年1月16日）

科目编号	科目名称	决算总数			中央负担部分		新疆负担部分		省负担部分
		金额	人数	平均每人开支	人数	金额	人数	金额	
	合计	3,974,210.89			45,682	2,998,237.12	13,990	861,000.00	114,973.77
	中央与新疆分担小计	3,847,960.09	59,672	65.15	45,682	2,986,960.09	13,990	861,000.00	
1	车船费	1,563,665.14	57,808	27.05	45,682	1,235,665.14	12,126	328,000.00	
	火车费	1,202,575.28	57,808	20.8	45,682	950,575.28	12,126	252,000.00	
	汽车费	65,868.43	57,808	1.14	45,682	52,868.43	12,126	13,000.00	
	轮船费	285,009.37	57,808	4.93	45,682	225,009.37	12,126	60,000.00	
	行李及搬运费	10,212.06	57,808	0.18	45,682	7,212.06	12,126	3,000.00	
2	被服费	1,983,238.08	59,672	33.24	45,682	1,518,238.08	13,990	465,000.00	
3	途中伙食费	145,702.67	59,672	2.44	45,682	110,702.67	13,990	35,000.00	
4	途中医药费	14,469.54	59,672	0.24	45,682	11,469.54	13,990	3,000.00	
5	宣传费	6,116.04	59,672	0.10	45,682	5,116.04	13,990	1,000.00	
6	检疫费	16,291.21	59,672	0.27	45,682	12,291.21	13,990	4,000.00	
7	途中设站费	118,477.41	59,672	1.81	45,682	93,477.41	13,990	25,000.00	
	免费供应伙食费	79,402.73	59,672	1.15	45,682	63,402.73	13,990	16,000.00	
	公杂费	2,243.30	59,672	0.03	45,682	2,243.30			

续表

科目编号	科目名称	决算总数			中央负担部分		新疆负担部分		省负担部分
		金额	人数	平均每人开支	人数	金额	人数	金额	
	临时灶事员工资	3,948.52		0.07		2,948.52		1,000.00	
	接待重病员费用	3,668.06		0.06		2,668.06		1,000.00	
	购置费	29,164.80		0.49		22,164.80		7,000.00	
	埋葬费	50.00		0.01		50.00			
	全部属中央负担	11,277.03				11,277.03			
	全部属省负担	114,973.77							114,973.77

备注："全部属中央负担"系倒流入员遣回及青壮年家属进疆补助费，"全部属省负担"系指干粮费 54,812.69 元，生活困难补助费 58,569.36 元，招待费 1,591.42 元。

资料来源：据《江苏省 1960 年动员青年参加边疆建设经费决算总表》（1960 年 1 月）整理而成，江苏省省档案馆藏，档案号：4008-001-0009。

说明：

1. 人员数：1960 年进疆总数 59,672 人，其中安置在农业的 45,682 人，经费须有中央承担，安置其他行业的 13,990 人，相关经费由新疆承担。

2. 车船费：因国有部分支边青年留在关内培训，故新疆按乘支边人数 12,126 人分摊经费。

3. 途中免费供应伙食费支出：支出 79,402.73 元，其中浙江过境 42,735 人，每人 0.25 元计，共 10,688 元由中央负担。其余 68,714.73 元按人数比例分摊。

从表 2-2-4、表 2-2-5 可以看出：

从宣传动员到组织运送，1959 年、1960 年江苏省支边青壮年平均每人花费为 57.74 元和 65.15 元，其中以车船费和被服费占绝大部分。关于 1960 年支边人员的经费问题，江苏省曾预算为 79.6 元，较 1959 年执行数 57.74 元增加 22.2 元，其中，家属比例增加为 20%，增加定额 14.9 元；服装用棉增加 3 斤，增加定额 3 元；省内伙食费增加 1 餐，每餐 0.3 元，以 3 天计算，增加定额 1 元；检疫费增加定额 0.3 元；1959 年支边人员中，约有 10% 的人因为留在关内学习尚未进疆，大部分未发服装，所以服装费执行数偏低，1960 年每人预算增加 3 元。以上合计，平均每人要增加 22.2 元。[1] 但 1960 年实际执行数为 65.15 元，较预算数要低，主要是因为支边人员家属的被服费国家不承担。1958—1960 年间，中央预算共开支支边人员旅运费、冬装费和家属生活补助费等 1.1 亿余元，每人平均 70 元。安置经费一般都是由省、区财政支出的，钱花的比中央预算支出的多。因此，"国家在今后移民时，除开支旅运费和冬装补助费等费用外，还必须开支安家费和生产补助费，否则达不到妥善安置，发展生产的目的"。[2]

以上项目经费开支基本上都是固定的，因冬装由各地自做，

---

[1] 《需向农垦部请示解决的几个问题》（1960 年 3 月），江苏省档案馆藏，档案号：4008-002-0016。

[2] 《中央批转农垦部党组关于动员青年参加边疆建设工作情况和今后意见的报告》，1962 年 10 月 19 日，见农垦部政策研究室、农垦部国营农业经济研究所、中国社会科学院农经所农场研究室编：《农垦工作文件资料选编》，农业出版社 1983 年版，第 570 页。

所以实际开支较预算都不尽相同。其中，最突出的如滨海县实用 32.07 元，东台县则用 29.2 元，其他县一般是 31 元左右，这样县与县之间发生了一定的差额。究其原因，主要在衣帽用布方面，如滨海县用 33.46 尺，东台县用 28.79 尺，其他县则用 29—31 尺不等。同时在品种、供应和使用方面也都不相同，东台县棉衣（面子）用纱卡其每尺 0.445 元，建湖县用呢绒每尺 0.485 元。用棉等价格也不同，如阜宁县用九级花，每斤 0.81 元，建湖县 0.55 元，滨海县 0.61 元。其次，各地缝纫业加工工资不同，如棉被每条加工费盐城 1.44 元，阜宁 0.97 元，东台为 0.91 元。棉衣帽加工费（每套）盐城 2 元，滨海 2.47 元，建湖 1.95 元，东台 1.45 元。[①]

关于支边经费的管理原则，属于中央开支部分规定是"分项预算，分期拨款，专款专用，年终结算"的办法，这种集中由中央统一管理的办法，便于中央完整掌握支边经费的使用情况，但同时也存在一些缺点，主要是地方不能因地制宜地处理一些具体问题。因此，江苏省建议按照中央财政经费管理"统一领导，分级管理，条块结合，块块为主"的原则，由财政部下达指标，列入地方财政预算，便于各地根据实际情况灵活掌握。[②]

支边青壮年进入新疆境内，即尾亚以西的各项开支，大体分为两类：一类是实报实销，如车船费、招待费等；一类是定额包干，如伙食费、住宿费、医药费和饮水站设置费等。车船费由

---

① 《盐城专区关于经费管理的几点意见》，1959 年，江苏省档案馆藏，档案号：4008-002-0006。

② 《江苏省支边办公室函复农垦部移民局关于征求意见的函》（笔者据文意自拟标题），1960 年 3 月 16 日，江苏省档案馆藏，档案号：4008-002-0011。

交通运输组按照运输局规定的价格，以实际乘车人数计算；伙食费，每人每天最高 1.2 元，各地按实际物价提出相应标准；住宿费，冬季按每人每宿 0.5 元，其他季节 0.3 元；医药费，按照每人 0.1 元范围内开支；饮水站经费，以招待人数按每人每次 0.03 元计算；文娱宣传活动费，平均每人不得超过 0.1 元；各接待站公杂费，主要是电讯费等，每月不得超过 30 元的范围内支用。需要说明的是，安置在工矿企业、森林工业的进疆青年所需的车船费、途中伙食、医药等费用，按标准由各用人单位开支。其他安置在国营农场、人民公社等单位的费用则由国家承担。①

供应站的设置与作用。供应站的设置主要是为了解决支边青壮年吃饭、饮水和候车期间的临时休息问题，同时还要协助治疗病员，收容重病号住院治疗，在长途转送支边人员中发挥着非常重要作用。供应站的具体任务是：

1. 负责过往青年的熟食供应，在起运、接收站还要准备必要的住宿和候车（船）地点。

2. 在过往青年停站时，利用各种形式进行宣传鼓动工作。

3. 负责站与站之间的联络，协助列车通知下一站按时作好饮水和用饭的准备工作。

4. 协助带队干部照顾上、下车（船）和组织转运工作。

---

① 《新疆维吾尔自治区劳动调配委员会关于进疆青年的经费开支标准及领报关系若干规定的通知》，1959 年 4 月 16 日，新疆生产建设兵团档案馆藏，档案号：016-03-0218-6。

　　5.收容需要入院治疗的重病员，转运当地医院治疗，病愈后负责送往安置地区归队。

　　6.万一有病亡事故负责掩埋。①

　　为了节省国家开支，中央关于铁路沿线设站的原则是尽量利用原有的军用供应站和移民转运站的全套机构设备和人员。设站时所需干部由所在地政府配备。但大的供应站，动员省和安置省、区需派干部参加工作，中央统一规划设立的供应站，由所在省负责组织领导，同时受农垦部、铁道部和交通部的指导。公路、海运设站问题，则由各省、自治区自行安排。②

　　根据农垦部统一规划设站与地方分散设站相结合的办法，属于农垦部统一规划，经往西北干线的设站点是蚌埠、徐州、郑州、西安、陇西、武威、玉门等7处饮食供应站和15处饮水供应站。饮水站的设置由铁道部统一规划，地方铁路部门设立。1960年，每天由供应一餐熟食改为两餐均为熟食，而且运输距离也有所延长，由尾亚延伸至哈密。为此，铁道部、农垦部在铁路线沿途增设了供应站，调整为徐州、郑州、陕县、潼关、西安、宝鸡、陇西、兰州、打柴沟、武威、张掖、玉门、峡东等

----

① 《新疆维吾尔自治区劳动调配委员会关于转发"中华人民共和国交通部、中华人民共和国铁道部、中华人民共和国农垦部关于动员内地青年前往边疆地区的运输和设站的几项规定"的通知》（笔者据文意自拟标题），1959年3月23日，新疆生产建设兵团档案馆藏，档案号：016-03-0218-14。

② 《农垦部党组关于执行中央动员内地青年前往边疆地区参加社会主义建设的决定而召开的会议报告》，1959年3月27日，载农垦部政策研究室、农垦部国营农业经济研究所、中国社会科学院农经所农场研究室编：《农垦工作文件资料选编》，农业出版社1983年版，第344页。

13 处饮食供应站和 18 处饮水供应站，多数供应站同时供应饮食和茶水，详见表 2-2-1 和表 2-2-2。此举对安全运送工作起到了重要作用，如 1959 年陇西到打柴沟需要 20 多个小时，饮食供应站之间的距离过大，不能及时补充饮食，也会造成支边人员的心理上的不安和动摇。

　　属于省内的供应站，则由地方根据实际需要自行设置。1959 年江苏省除按中央要求在徐州、浦口设立两个供应站外，又在苏州、常州、镇江、新沂增设 4 个供应站。供应站的人员配备、组织领导和物资供应等，均由所在地的专、市、县负责解决。浦口站主要负责解决南京辖区的供应问题，徐州站主要负责淮阴北部地区的供应任务。扬州专区根据需要设立了 5 个供应站，其工作分工为：宝应、邵伯负责淮阴以南 3,000 人的供应，兴化、泰州、仙女庙负责盐城 6,000 人的供应。① 1960 年，江苏省指定南通（天生港）、镇江、南京（浦口）、徐州设立供应站，由当地市商业局与有关部门联系负责安置供应，镇江和徐州还需分别保证浙江、安徽两省支边人员路过时的伙食供应。各地对支边人员集中后所需副食品供应，由各地县自行安排，保证供应，并在伙食标准范围内，做到吃饱穿暖。江苏省商业厅还建议各地支边人员集中时，可以考虑免费供应肥皂一块、香烟两包和部分糕点，具体由各地根据货源情况而定。②

---

① 《关于 1959 年动员青壮年前往新疆参加社会主义建设的具体计划》，1959 年 3 月 4 日，江苏省档案馆藏，档案号：4008-001-0004。

② 《（江苏省）商业厅对关于动员青壮年支援边疆社会主义建设有关物资供应方面的几点意见（草案）》，1960 年 2 月 17 日，江苏省档案馆藏，档案号：4008-001-0008。

那么，各地供应站伙食供应情况又如何呢？南京市浦口供应站总的原则是"保证饭热菜香，有质有量，既不无故浪费，也不尅扣标准"。1960年该供应站9天内运送支边人员14,582人，用米13,970斤，平均每人每餐0.96斤。青菜每天1,250斤，菠菜150斤，粉丝20斤，猪肉150斤。按每人每餐0.25元的标准，做到一菜一汤，顿顿有荤。此外，还专门做鸡蛋面等为病人调剂口味。[①]1960年镇江市支边供应站，主要是解决苏州专区及浙江全省支边人员过境的供应任务，从4月27日开始，到5月16日结束，总计供应57,531人（其中，苏州专区14,390人，浙江省43,141人）。共用大米39,548斤，平均每人约11两（其中成年人约12两，小孩约6.1两）。菜金（包括大米、燃料）支出8,969.53元，平均每人0.156元。供应开水1,913担，平均每30人一担水，每人折合为0.0061元。当时镇江市蔬菜等副食品供应比较紧张，但由于得到商业部门的大力支持，能够按时按量送菜上门，在蛋、肉等副食品难以供应的情况下，又千方百计供应了一些蘑菇、蛤干、虾米、粉丝等，用来调剂口味，平均每人吃蔬菜9两。对浙江省支边人员，还另有稀饭，每天有干有稀。[②]据江苏宿迁县支边青年阎耀回忆，西去的火车上一路都有人接待，吃的、喝的准备得很丰盛，米饭、馍馍和大肉炖粉条随便吃，管饱。当时正在困难时期，每个接待点都能吃上如此丰盛的饭菜，而且能吃上肉，深切感受到了国家和当地政府对支边青年

① 《南京市浦口支边供应站工作情况简报》，载江苏省支边办公室编印：《支边动态》第9期，1960年4月23日，镇江市档案馆藏，档案号：B21-3-398。
② 《江苏省镇江市支边供应工作汇报》，1960年6月13日，镇江市档案馆藏，档案号：B21-3-398。

的重视和关心。[①] 同时期湖北省孝感供应站伙食供应也很好，雪白的大米饭，大盆盛的大块猪肉，还有绿色蔬菜、豆腐、粉条等，这在 1960 年来说如同过年一般，而且是吃饱吃够，亲历人杨沫恩称那是终生难忘的"丰盛而别有风情的晚餐"。[②] 由此可以看出，在物资紧缺的情况下，各地对支边青年的伙食供应情况大都不错。但甘肃境内的餐食相对差一些，如甘肃陇西送上的午餐，青南瓜汤里放上一点牛肺及大葱，没有一滴油，既难吃又腥味很重，没一个人下咽，全部退回了。[③]

　　为了保证途中饮食供应，铁道部还要求各地建立列车预报和确报制度。列车开出后，发车站将列车开出和到达时间、乘坐人数通知下一个车站。车站在列车到达前六小时就要通知熟食、饮水供应站，以便准备熟食和开水。《支边青年列车予（预）报表》样式如下：

---

① 阎耀口述，陈红光整理：《支边的点滴往事》，载昌吉州政协党派社团学习文史委员会编：《昌吉州政协文史资料第 33 辑》（苏皖鄂青壮年支边在昌吉），新疆维吾尔自治区内部资料性出版物准印证（2010）年第 53 号，2010 年版，第 429 页。

② 杨沫恩：《支边琐忆》，载昌吉州政协党派社团学习文史委员会编：《昌吉州政协文史资料第 33 辑》（苏皖鄂青壮年支边在昌吉），新疆维吾尔自治区内部资料性出版物准印证（2010）年第 53 号，2010 年版，第 328 页。

③ 蔡坚、徐萍：《激情满怀万里行》，载刘海林主编：《戈壁春秋》，新疆维吾尔自治区内部资料性出版物准印证（2006）年 293 号总第 904 号，2006 年版，第 39 页。

支边青年列车予（预）报表（式样）

铁道部运输总局

1960 年 3 月制

车次和到站时间：_____次车____月____日时到站。

省县别：_____省_____县

本 次 列 车 总 人 数：_____人，其中七岁以下小孩_____人，病员_____人。编队：_____营（大队）_____连（中队）_____排（小队）。

其中：第一连_____人，第二连_____人，第三连_____人，第四连_____人，第五连_____人，第六连_____人，第七连_____人，第八连_____人，第九连_____人，第十连_____人。

需住院治疗者的姓名、所属公社和病情：

带队人员对饮食供应的意见：

备注

带队人员的职务和姓名（签名盖章）

1960 年_____月_____日

说明：此表一式二份，一份存供应站作为用餐证明。一份转火车站，在列车开出时立即用电报通知下一个伙食站所在的车站，车站应在列车到达六小时前将电报送给伙食站。电报内容为：____次列车____日____时从我站开出，系____省____县支边青年，共____人，其中小孩____人，病员____人。有____营____连____排，其中第一连____人，第二连____人，第三连____人……请转知伙食站准备供应。

_____车站____月____日

资料来源：《支边青年列车予（预）报表》，1960 年 3 月，江苏省档案馆藏，档案号：4008–002–0016。

　　火车将支边青壮年运往尾亚或者哈密，并不意味着运送任务的结束。因为新疆地广人稀，各安置点距离很远。加之新疆境内自然条件较差，交通不便，需要设立更多的供应站。

　　新疆境内自尾亚开始，全部依靠公路运输，支边青壮年改乘敞篷大卡车。平均每辆车运送 35 人左右，四五十辆车接同一列车的支边人员，出发时宛如一条长蛇阵，滚滚尘埃，首尾难见。[①] 道路蜿蜒曲折，高低不平，车尾卷起的尘土，如同一条黄色的巨龙腾空而起，根本看不清前后车辆。所有的人满身尘土，如果互相对视，只能见到对方的眼珠在闪动。[②] 据支边青年回忆，坐这种汽车远比乘火车难受。1959 年，新疆在 5,500 余公里的公路干线上设立了 25 处固定的食宿站、91 个茶水站，先后抽调 600 余辆汽车，担负接运支边青壮年的任务。[③] 为了保证行车安全，新疆在运输中实行"五定"，即：定队，组织和固定专门运人车队，不打乱；定人，挑选政治条件好，安全行驶 3 万公里以上的驾驶员运人，尽量做到不换人；定车，挑选好车运人，不更替；定班，派那一个车队接那班列车要预先确定好，不临时乱

---

① 胡民贵口述，胡全慧整理：《我们在奇台过上了好日子》，载昌吉州政协党派社团学习文史委员会编：《昌吉州政协文史资料第 33 辑》（苏皖鄂青壮年支边在昌吉），新疆维吾尔自治区内部资料性出版物准印证（2010）年第 53 号，2010 年版，第 286 页。

② 杨沫恩：《支边琐忆》，载昌吉州政协党派社团学习文史委员会编：《昌吉州政协文史资料第 33 辑》（苏皖鄂青壮年支边在昌吉），新疆维吾尔自治区内部资料性出版物准印证（2010）年第 53 号，2010 年版，第 330 页。

③ 《1959 年接运安置支边青壮年的工作情况和 1960 年的工作意见——辛兰亭副主席在自治区接运安置支边青壮年工作会议上的报告（记录稿）》，1960 年 3 月 22 日，新疆生产建设兵团档案馆藏，档案号：007-03-0080-3。

派；定站，那里就餐，那里吃饭，要按照既定安排执行，不打乱计划。此举对确保行车秩序和行车安全均起到了重要作用。新疆境内设立食宿站具体情况，见表 2-2-6。

表 2-2-6：支边青壮年进疆沿站食宿计划表（1959 年）

线路	食宿地点	一次招待人数	吃饭餐数	住宿	招待单位负责供应量		接洽招待负责单位
					兵团运输站	交通厅运输站	
	尾亚	2,000	一餐				
西线	哈密	1,600	两餐	一夜	60%	40%	兵团运输站
	七角井	1,600	一餐	一夜	60%	40%	兵团运输站
	鄯善	1,600	一餐		60%	40%	兵团运输站
	达坂城	1,600	两餐	一夜	60%	40%	兵团运输站
	玛纳斯	1,600	两餐	一夜	60%	40%	兵团运输站
	乌苏	600	一餐		60%	40%	兵团运输站
	精河	600	两餐	一夜	100%		兵团运输站
北线	克拉玛依岔路口	600	两餐	一夜		100%	交通厅运输站
	前山涝坝	600	两餐	一夜		100%	交通厅运输站
	和什托洛盖	600	两餐	一夜	50%	50%	兵团运输站
	布尔津	600	两餐	一夜	100%		兵团运输站
南线	托克逊	600	一餐	一夜	100%		兵团运输站
	库米什	600	一餐		100%		兵团运输站
	焉耆	600	一餐	一夜	100%		兵团运输站
	策大雅	600	一餐		100%		兵团运输站
	库车	600	一餐	一夜	100%		兵团运输站
	拜城	600	一餐		100%		兵团运输站

线路	食宿地点	一次招待人数	吃饭餐数	住宿	招待单位负责供应量		接洽招待负责单位
					兵团运输站	交通厅运输站	
南线	阿克苏	600	两餐	一夜	100%		兵团运输站
	三叉口	600	两餐	一夜	50%	50%	兵团运输站

说明：

1. 南疆到喀什及以东，西到和田、康苏各地人员均由接人单位自己负责解决食宿。

2. 凡进疆人员到达各目的地当天的食宿均由接人单位负责招待。

3. 去乌苏的人员在玛纳斯吃一餐。

4. 去塔城人员住前山涝坝，去阿勒泰、富蕴的人员住克拉玛依岔路口。

资料来源：据《进疆人员沿站食宿计划》（1959年）、《关于进疆人员食宿招待问题的几项规定》（1959年3月9日）整理而成，新疆生产建设兵团档案馆藏，档案号：016-03-0218-11、016-03-0217-1。

　　上表为1959年所设的20处食宿站，1960年增至25处。1959年尾亚为火车终点站，过往人员较多，故按每天食宿2,000人的标准设站。哈密、七角井、鄯善、达坂城、玛纳斯多为通往西线、北线、南线的必经之路，所以这5处按1,600人的标准设置较大的站，其余地方设站规模则相对较小。食宿招待站的设置是按照固定站和临时站相结合，以兵团和交通厅原有的运输食宿站为主，国营商业部门的旅社和食堂为辅建立起来的。各站除利用原有房屋住人外，不足的部分，主要利用当地的旅馆、民房等解决。对于无条件设站的，由自治区统一调配部分帐篷解决。支边青壮年途中的招待费，1959年中央规定为每人每天0.8元，新疆又补贴了0.4元。每人每天吃两餐1.2元，住宿费每人每天0.5元。主副食供应"一律供给细粮不吃粗粮，不要粮票，粮食以吃

饱为原则，不定量"。^① 哈密供应站平均每人每餐供应"主食 12
两、蔬菜 4 两、肉 1 两，从食用情况来看数量是充裕的，质量也
较好，一般进疆人员均感满意，其中特别是在这里能够吃到鱼，
是他们感到非常难得的事情"。^② 但事实上，哈密市粮食和副食
品供应非常紧张，当地居民几乎吃不到肉，蔬菜、食糖等的供应
也基本停止。可见，新疆方面对支边人员的饮食供应工作确实不
错。1960 年，随着新疆物价下降和支边青年大量进疆，招待费
用进行了下调，铁路沿线每人每天 1 元，从托克逊以南每人每天
0.8 元，这也能够保证吃饱吃好。

　　支边青年的运送任务由兵团运输站和交通厅运输站共同承
担，兵团运输站承担任务较重。1959 年兵团运输站（即兵团机
运处）组织了三个吉司 150 车队，一个解放牌车队，一个大道奇
车队，共 5 个接运支边青壮年的运输车队，每个车队的车是 60
辆，共 300 辆汽车。从 3 月 23 日到 9 月 26 日，共出车 1,970 次，
接运支边青壮年和家属、带队干部 71,243 人。^③ 当时新疆道路
通行条件不良，车况不佳，特别是大道奇车队，车型老旧，机件
容易损坏。另外，汽车材料缺乏，一些重要的零部件得不到补
充。汽车往往行驶 40—60 公里就要停车休息，检查机件，排查
隐患。特别是有的列车支边人员接收单位较多，运送过于分散，

---

①　《新疆维吾尔自治区劳动调配委员会关于进疆人员食宿招待问题的几项
　　规定》，1959 年 3 月 9 日，新疆生产建设兵团档案馆藏，档案号：016-03-
　　0217-1。

②　《接待安徽省进疆支援社会主义建设青壮年工作简结》，1959 年 3 月 16 日，
　　新疆生产建设兵团档案馆藏，档案号：016-03-0218-12。

③　《新疆生产建设兵团机运处接运支边青壮年工作总结》，1959 年 12 月 14 日，
　　新疆生产建设兵团档案馆藏，档案号：006-01-0369-5。

运距长短不一，第二次周转运人时间不一，影响车辆的调度。同时，三三两两分散行驶，也容易发生问题。从 1959 年 5 月 19 日至 6 月 12 日，发生 7 次行车事故，重伤 13 人，轻伤 26 人。发生事故的原因除对支边人员安全教育不够外（如行车途中跳车、手被挤伤等），大部分是驾驶员警惕性不高，责任感不强所致。而其根本原因，则是车辆周转不畅，原抽调的车（主要是交通厅车队）调不回来，原有运人车队建制被打乱，数量不足就临时抓凑，有的甚至在运力紧张的情况下提出"多装快跑"的运货办法运人。[①] 有的车队一路上互相超车，有的车辆篷布篷杆不全，任由日晒雨淋，致使青年埋怨很多。

三、物品检疫与医疗卫生

（一）检验检疫

为防止农作物病虫随着支边人员所携带的各种种子、苗木及其他物品传入新疆，农业部提出要严格进行检疫，新疆也提出禁止棉花红铃虫、水稻白枯叶病、水稻干尖线虫病、马铃薯块茎蛾、甘蔗黑斑病、花生线虫病、蚕豆象、豌豆象等 9 种病虫害的传入。1959 年江苏省委对支边人员提出：不准携带任何种子进入新疆，包括棉籽、甘蔗、马铃薯、水稻、蚕豆、豌豆、花生种子

---

① 《新疆维吾尔自治区劳动调配委员会关于接运支边青年车辆连续发生七次事故的报告》，1959 年 6 月 15 日，新疆生产建设兵团档案馆藏，档案号：016-03-0217-1。

等；在集中前对必须携带的单衣、被单等物品，采取蒸、煮、浸烫、暴晒等办法进行处理。皮棉、棉絮、棉衣、帐子、木箱、木柜等，则用溴化甲烷进行熏蒸处理。[①] 常州专区还要求"凡是支边人员一律不准携带稻草绳子，草鞋及其他由稻草所制成的物品。打铺盖、捆物件所用绳子，用麻绳或其他绳子"[②]。各地在执行中多是对统一缝制的棉衣裤等物品使用药剂集中熏蒸，对旧棉衣的面子、夹衣、单衣、帐子等全部用开水烫洗，箱子等用具洗刷或开水烫刷，对旧棉絮及其他不能烫洗物品采取暴晒处理。[③]对支边人员居住地较集中的村、镇，一般以大队为单位集中处理，分散的则自行处理。但有些地区注意不够或处理不彻底，如淮安县张西大队，集中抽查时发现少数人带有麦种、蚕豌豆、大豆等种子。阜宁县集中时检查、发现带有各种种子约 40 斤。

　　1960 年 2 月 18 日，农业部、农垦部联合下发通知指出，新疆、青海、甘肃、宁夏等省区是防止棉花红铃虫传入的保护区，支边青壮年前往这些省区，所携带棉衣、棉絮、帐子等物品必须进行处理。同时，还要求"各地检疫站应以县为单位进行查验，出具检疫证明书，交由支援边疆建设人员的领队收执，以便沿途

---

① 《（江苏省）农业厅关于做好动员青壮年参加新疆社会主义建设检疫工作的意见（初稿）》，1959 年 3 月 5 日，江苏省档案馆藏，档案号：4008-001-0001。

② 《江苏省常州专员公署为做好支边人员植物检疫工作的紧急通知》，1959 年 8 月 22 日，镇江市档案馆藏，档案号：B49-3-213。

③ 《江苏省首批支边人员农业检疫工作总结及下阶段工作意见》，1959 年 8 月 3 日，镇江市档案馆藏，档案号：B49-3-200。

查验"①。同年4月，江苏省青壮年启运期间，正值病虫潜伏期，人为传播可能性很大。为此，江苏省对支边检疫工作提出了更严格的要求，以防止农作物病虫传播蔓延。

一是健全"一条线"专业组织。在支边办公室下成立检疫小组，有支边任务的公社、大队分别建立相应组织，指定专人负责，并根据任务定期召开专业会议，研究贯彻各项检疫工作。同时，公社或大队，在支边人员中选定一个或几个责任心强的同志为检疫员，从支边人员批准起到离开公社时，具体负责检疫工作。

二是广泛而深入地加强宣传教育工作。结合支边动员工作，说明做好检疫工作对保护新疆农业生产的重要意义，劝阻他们一律不要携带任何种子、苗木，特别是农作物稻种、棉籽、花生、蚕豌豆、山芋、马铃薯等种子。县或公社选定的检疫员配合其他防疫人员组成专业检查组，循环检查。要求样样查到，件件过目，对未进行处理或处理不彻底的物件，立即进行"补课"，确保彻底消毒。

三是对支边人员的衣物和行李进行不同处理。以植棉为主的地区，支边人员携带的物品要集中进行药剂熏蒸；粮棉夹种地区以人工处理为主，只对棉区支边人员所带物品进行药剂熏蒸；不种棉花的地区，以人工处理为主，可不进行熏蒸。

四是签发支边检疫证件。通过各项处理检疫消毒合格后，由

---

① 《中华人民共和国农业部、中华人民共和国农垦部关于做好支援甘、青、新、宁人员携带物品检疫工作的联合通知》，1960年2月18日，江苏省档案馆藏，档案号：4008-002-0010。

公社负责填发加盖县农林局公章的检疫证明卡（式样附后），发给支边人员以资证明。同时填写县级检疫证书（式样附后）一式四份，正本交支边带队人员随身携带，以备检查。对同一县支边人员分批出发时，每一批均需备有检疫证书。[1]

　　尽管如此，支边人员还是携带了大量农产品进疆。据哈密植物检疫站1959年对从安徽进疆的18批支边人员进行植物检疫检查中发现，他们携带各种农产品共1,512次，带有检疫对象的有70次；湖北省28批人员中，携带农产品1,117次，发现检疫对象229次；江苏省29批人员中，携带农产品3,066次，发现检疫对象229次。1960年从江苏、湖北等76批进疆人员中，携带农产品11,540次，发现检疫对象1,214次。[2]

支边人员检疫片（式样）

后　　　　　（正面）　　　　　前	
1. 遇检疫检查，出本证，以供检验。 2. 本证仅证明支边农业检疫处理合格用，不起其他证明作用。 3. 此证应妥善保存，不得私自涂改或转借他人。如果途中遗失应立即报告领队干部，请求补发。	江苏省　　专区　　县支边人员 　　农业检疫合格证书 　　　县农林局公章 1960 年　　　月　　　日

---

① 《关于做好1960年支边工作的初步意见》，1960年3月，江苏省档案馆藏，档案号：4008-002-0011。

② 《新疆维吾尔自治区农业厅、新疆维吾尔自治区民政厅关于对进疆支边青壮年家属进行植物检疫工作的通知》，1964年6月20日，江苏省档案馆藏，档案号：4008-002-0035。

左 　　　　　（里面）　　　　　右

| 姓名　　　性别　　　年龄
支边人员证明号码
支援地点
携带物品共　　件

计有：＿＿＿＿＿＿＿＿＿＿
　＿＿＿＿＿＿＿＿＿＿＿＿
　＿＿＿＿＿＿＿＿＿＿＿＿
　＿＿＿＿＿＿＿＿＿＿＿＿
　＿＿＿＿＿＿＿＿＿＿＿＿ | 本证书根据：
1. 未带农作物种子苗木。
2. 不带棉花产品如籽棉、皮棉等。
3. 所带左列物品均经溴化烷熏蒸或经
洗刷煮晒等处理，消毒合格。
证明未发现你处规定的植物检疫
对象。
　　证书有效期 19　年　月　日
　　　　　　　起至 19　年　月　日

　　检验人　　　复验人
　　局长　　　　签发日期 |

资料来源：《关于做好 1960 年支边工作的初步意见》(1960 年 3 月)，江苏省档案馆藏，档案号：4008-002-0011。

江苏省县农林局支边农业检疫证书

（　　　）字第　　　号

签发日期　　年 月 日

县　　名＿＿＿＿＿＿＿	
支边人数＿＿＿＿＿＿	经由地点＿＿＿＿＿＿＿
物件名称＿＿＿＿＿＿	运送地点＿＿＿＿＿＿＿
件　　数＿＿＿＿＿＿	运输工具＿＿＿＿＿＿＿

本证书根据：
1. 检查支边人员未带有任何种子、苗木。
2. 所带行李物件经溴化甲烷熏蒸和经洗、刷、煮、晒等处理。
3. 证明上列物件未发现你区规定的九种植物检疫对象。

续表

处理意见：
证书有效期间 19　　年　月　　日起至 19　　年　月　　日

局长＿＿＿＿＿　　　　检验人＿＿＿＿＿

资料来源：《关于做好 1960 年支边工作的初步意见》(1960 年 3 月)，江苏省档案馆藏，档案号：4008-002-0011。

（二）医疗卫生

为了适应支边人员旅程长、人数多、水土气候变化等特点，和到达新疆后的保健工作需要，每列车配备医务人员一人（江苏省的总原则是尽量社会上动员，不在医院内动员），并携带足够的药品，以备沿途急需。对于途中不能行走的病员，送供应站所在地的医院治疗。[①] 根据江苏省委"身体太弱或传染病者不予动员或批准"的规定，对支边人员健康状况进行了解和重点检查，检查方法一般采取群众、基层单位保健人员和组织公社医务人员进行自测。支边人员在出发前，均进行伤寒副伤寒甲乙（三联）疫苗皮下注射，总量 1.25 毫升（第一次批准时注射 0.25 毫升，第二次在公社或县集中时注射，两次间隔七天；第三次到达目的地后由所在的卫生医疗机构注射），在 5 月份以后起运的人员，出发前还要口服痢疾噬菌体。

----

① 《关于 1959 年动员青壮年前往新疆参加社会主义建设的具体计划》，1959 年 3 月 4 日，江苏省档案馆藏，档案号：4008-001-0004。

但从 1959 年的情况来看，支边人员发病率在 30% 以上，病情较重的在 20% 左右。以镇江专区为例，该专区共有支边青年 6,087 人，沿途发生重病 6 人，较重病 78 人，一般疾病 4491 人，患病人员占总数的 75%。[①] 部分列车消毒工作很差，甚或没有消毒，有的连清洁工作也做得非常马虎，这对支边人员身体健康有着直接影响。

支边青年旅途中的主要病症是感冒、肠胃炎、疟疾、鼻出血、伤寒、疖肿等。其发病的原因：一是天气炎热，气候干燥，开水供应不足，有时喝生水，甚至喝不上水。二是支边人员缺少卫生知识和旅行常识，不少人因怕挨饿而暴饮暴食。三是个别县护送医生责任心不强，在药品配备方面，主要药品不带，而是带了两瓶糖浆，沿途供医护人员自己当做汽水喝。

对此，各地要求支边人员不要喝生水，不乱吃东西，注意天气冷热变化；各车厢分带一些仁丹、十滴水及其他药品，提前做好防护工作；保证过往青年的开水供应，每个过往青年供应量不得少于两磅。1960 年进疆的列车上由 1 名医生增加到 2 名医生，还要求其能掌握一般疾病的治疗和急性病、传染病、多发病的防治。[②]

此外，途中还存在各种安全问题。有的火车站接待服务人员很少，对于停车、开车时间和安全卫生等事项交代不清，有的支边人员因找不到厕所，又怕掉车，随地大小便或在车底下大、小

---

① 《镇江专署支边卫生工作总结》，1959 年 11 月 11 日，镇江市档案馆藏，档案号：B21-1-18。

② 《关于 1960 年支边卫生工作的意见》，（1960 年 2 月），江苏省档案馆藏，档案号：4008-001-0008。

便；有的列车变更开车时间又不与列车负责人联系，突然提前开车，支边人员因大、小便来不及上车而掉队；有的玩弄铁窗被挤伤，有的随便横穿铁轨，有的人因挂车冲击产生震动而从上层摔到下面而跌伤。[①] 1960 年，江苏省支边办公室、南京铁路局联合出台《支边青年乘车安全须知》中明确指出，万一途中掉队，"可与所在车站联系，免费乘客车赶乘支边列车"[②]。这就可以防止有些人因盲目爬车而发生安全事故。江苏省还向农垦部移民局提出建议，在车厢口附近安装漏斗式活动马桶（车厢不开洞），以免支边人员到车站下车大、小便发生事故。[③] 运送途中有重病号的，则留在供应站转医院治疗，其随行家属也一同留下，以便照顾，而避免互相挂念。[④]

由此可见，组织运送中各个环节都事关支边人员的安全和思想巩固。尽管各地各级政府做了很多工作，但因运距远、时间长，工作经验缺乏，仍然会有一些意外情况发生。但总体看，组织运送工作还是比较有序的。

[①] 《江苏省支边委员会关于下半年支边工作情况和今后工作意见的报告》，1959 年 9 月 29 日，江苏省档案馆藏，档案号：4008-001-0004。

[②] 《支边青年乘车安全须知》，1960 年 4 月，江苏省档案馆藏，档案号：4008-002-0017。

[③] 《江苏省支边办公室函复农垦部移民局关于征求意见的函》（笔者据文意自拟标题），1960 年 3 月 16 日，江苏省档案馆藏，档案号：4008-002-0011。

[④] 《江苏省动员青壮年参加新疆社会主义建设委员会办公室关于 1960 年支边运送工作的注意事项的通知》，1960 年 3 月 29 日，江苏省档案馆藏，档案号：4008-002-0017。

第三章 江苏支边青壮年的安置和巩固

支边青壮年运送进疆以后，就面临着分配安置和教育巩固工作。支边青壮年的分配方案是由各单位根据各自生产发展的需要及粮食、住房等安置条件，制定具体计划并报经自治区党委研究后确定。支边人员的分配是按照以农业为主，适当照顾工业及其他部门需要为基本原则。在地区分布上，主要是在交通沿线特别是铁路沿线一带。支边青壮年初到新疆各安置点，人地两生，思想波动大，甚至有人要求立即返籍。针对支边人员心理的变化，新疆各级政府不断加强思想政治教育，及时帮助解决生产生活中的困难，充分依靠和大胆使用随迁干部，以增强他们在边疆安家立业的信心。

第一节 分配安置

1959—1960 年间，江苏省共动员支边青壮年 120,570 人（不含家属）进疆。支边青年中男女人数大体相当，有生产经验的壮年占 20%，党团员比例、随迁家属的数量等都符合国家规定。他们被分配到新疆 8 个地州 40 个县、市的 500 多个厂、场、矿和公社等基层安置单位，其中农林水牧系统的占 80% 以上，体现了国家和自治区充实农业战线，增加粮食生产的意图。江苏青壮年70％以上分配在北疆地区，还有一部分在东疆，仅有极少数人被分配到南疆。

一、分配原则与安置形式

（一）分配原则的确定

　　按照中央精神，安置地区要根据发展生产、繁荣经济、维持治安的需要，同时考虑交通运输、生活资料供应等可能条件，进行全面规划。除工、矿企业外，到农村的，要先分配到国营农牧场，一是便于安置，二是可以增加劳动力，便于扩大经营范围，增加收入；要建立新场的，须分配到适宜地区，由点到面，尽可能接近原有居民点，由里向外，有依托地前进，以适当集中安置为主，建立社会主义全民所有制公社（国营农牧场），实行劳武结合，边生产，边建设，由小到大逐年发展；对集中安置确有困难，而又有其他迫切需求的，也可把一部分人采取小集中的方式，加入条件适合的原有社会主义集体所有制公社，单独经营核算。[①] 安置在国营农牧场的，其工资标准由各安置省、自治区按照当地国营农牧场现行的工资制执行。到工矿、交通、林业工作

---

① 《农垦部刘型副部长在全国动员青年参加边疆地区社会主义建设工作会议上的讲话稿》，1959年2月16日，江苏省档案馆藏，档案号：4008-001-0001。

的，其工资待遇按学徒或新工人工资标准执行。①

新疆维吾尔自治区对于支边青壮年的分配也是大致遵照这个原则进行的。1959 年，根据自治国民经济发展的需要，经与湖北、江苏、安徽三省协商，计划动员青年 220,000 人进疆。根据自治区党委的指示和各部门 1959 年生产事业计划对劳动力的需要，作出分配方案如下：工业交通基本建设部门 40,180 人，农业部门 44,200 人，商业部门 2,400 人，文教卫生部门 1,500 人，国家军政机关部门 450 人，新疆生产建设兵团 110,000 人，专区、自治州 20,500 人。另留 770 人作为机动未分配。

按照计划，这 220,000 支边青年中，1959 年上半年进疆的为 115,000 人（其中安徽 5,000 人，湖北 50,000 人，江苏 60,000 人），下半年进疆的为 105,000 人（其中湖北 60,000 人，安徽 45,000 人）。由于各省人员进疆时间不同，为了保证自治区国民经济计划，特别是钢、粮、棉、油料、牲畜五大指标的完成，本着保证重点，照顾一般的原则（对任务重，时间性较强的农业、工业和基本建设等部门首先予以满足，同时照顾到一般部门和地区的需要），上半年进疆人员分配给工业、农业、生产建设兵团、基本建设和交通等五个部门 104,150 人，占上半年进疆人数的 95.65%；下半年分配给该五个部门 90,480 人，占下半年进疆人员的 85% 左右。对各专区、自治州，特别是劳动力较少而任务又十分繁重的

---

① 《农垦部党组关于执行中央动员内地青年前往边疆地区参加社会主义建设的决定而召开的会议报告》，1959 年 3 月 27 日，载农垦部政策研究室、农垦部国营农业经济研究所、中国社会科学院农经所农场研究室编：《农垦工作文件资料选编》，农业出版社 1983 年版，第 343 页。

地方在劳动力分配时也作了适当照顾。①

　　1959 年 5 月，自治区召开党委扩大会议，为了确保钢、粮生产任务的完成和超额完成，加速发展铁路沿线的粮食生产，节约运输力量，对 1959 年进疆的 220,000 名支边青壮年的分配数字作了部门和地区的调整。主要是压缩自治区工交等部门和距离铁路沿线较远地区的原分配人数，增加了铁路沿线（昌吉、哈密、吐鲁番、鄯善、托克逊）地区从事粮食生产的人数。其主要原因有二：一是发展农业生产，二是避免因疆内运输线过长，增加运输力的紧张。同时，对各部门亟待培训和生产迫切需要的人员，特别是交通运输等所谓"先行"的部门所需要的人员给予了必要的照顾。调整后的分配数字如下：工业交通基本建设部门 28,075 人，农业部门 38,700 人，商业部门 1,900 人，文教卫生部门 1,300 人，国家军政机关 1,050 人，新疆生产建设兵团 110,000 人，专区（县）38,000 人（其中昌吉 23,000 人，哈密 7,000 人，伊犁 2,000 人，吐鲁番 2,000 人，鄯善 1,000 人，托克逊 1,000 人，巴音郭楞 1,000 人，博尔塔拉 1,000 人）。另留机动 975 人未分配。②

---

①　《新疆维吾尔自治区劳动调配委员会关于 1959 年关内各省支边青年的分配的通知》，1959 年 4 月 2 日，昌吉回族自治州档案馆藏，档案号：1-14-9。
②　《新疆维吾尔自治区劳动调配委员会关于调整 1959 年关内各省支边青年的分配的通知》，1959 年 5 月 29 日，昌吉回族自治州档案馆藏，档案号：1-14-9。

表 3-1-1：1959 年进疆支边青壮年分配计划对照表

（单位：人）

部门	原计划分配数	调整后分配数	最终分配数
工业交通基建	40,180	28,075	35,079
农业	44,200	38,700	102,825*
商业	2,400	1,900	1,634
文教卫生	1,500	1,300	443
军政机关	450	1,050	346
生产建设兵团	110,000	110,000	
专区、自治州	20,500	38,000	
机动人数	770	975	
合计	220,000	220,000	140,327

说明："最终分配数"一列中"农业"一栏数字为农林水牧系统总数字，含生产建设兵团和专区、自治县的数字。

资料来源：据《新疆维吾尔自治区劳动调配委员会关于1959年关内各省支边青年的分配的通知》（1959年4月2日）、《新疆维吾尔自治区劳动调配委员会关于调整1959年关内各省支边青年的分配的通知》（1959年5月29日）、《1959年接运安置支边青壮年的工作情况和1960年的工作意见——辛兰亭副主席在自治区接运安置支边青壮年工作会议上的报告（记录稿）》（1960年3月22日）等相关内容整理而成，昌吉回族自治州档案馆藏，档案号：1-14-9；新疆生产建设兵团档案馆藏，档案号：007-03-0080-3。

从表 3-1-1 可以看出，自治区各部门原分配人数从 88,760 人压缩到 71,025 人，减少了 17,705 人（其中工业交通基本建设、农业、商业和文教部门分别减少 12,105 人、5,500 人、500 人和 200 人，只有国家机关增加 600 人），专区（县）、自治州较原分配人数增加 17,500 人。在专区（县）的分配数中，取消了原分配给塔城、阿勒泰、库尔勒、喀什各 1,000 人，克孜勒苏 500 人，巴音郭楞减少分配 1,000 人。昌吉、哈密、吐鲁番、鄯善和托克逊分别增加 15,000 人、4,000 人、2,000 人、1,000 人和 1,000 人。
这样铁路沿线地区专区（县）、自治州增加 23,000 人，从原分配
的 11,000 人上升为 34,000 人，生产建设兵团则保持不变。

　　1959 年 7 月自治区党委书记处再次研究支边人员分配方案，
称"为了缓和自治区境内的交通运输紧张的状况，兹决定原计
划今年接运的支边青年二十二万人减至十四万人"[1]，而实际进
疆 140,327 人，随迁家属 13,802 人。进疆的支边青壮年是根据
自治区党委以农业为主，适当照顾工业及其他部门需要的原则
进行分配的，农林、水牧系统 102,825 人，占总人数的 73.28%
（生产建设兵团 28,804 人，占 20.32%；人民公社 48,396 人，占
34.48%）；工业交通基建部门 35,079 人，占 24.99%；商贸部门
1,634 人，占 1.16%；文教卫生部门 443 人，占 0.32%；国家机
关 346 人，占 0.25%。[2]

　　从最终的分配结果看，兵团分配人数大幅减少，商业、文教
卫生、军政机关本身分配人数本来就很少，在实际分配中又进行
了大幅压缩，但这是基本上符合自治区党委"以农业为主"的指
示精神的。因为 1959 年全国遭受空前严重的自然灾害，中央要
求把农业生产作为重中之重，这是顺应国家充实农业战线，增加
粮食生产的题中之义。同时，自治区还进一步明确了 1960 年的

---

[1]　《自治区党委批转自治区劳动调配委员会关于一九五九年安徽、湖北、江
　　苏省支援新疆社会主义建设的第二次分配调整方案的报告》，1959 年 7 月 9
　　日，安徽省档案馆藏，档案号：52-2-255。
[2]　《1959 年接运安置支边青壮年的工作情况和 1960 年的工作意见——辛兰亭
　　副主席在自治区接运安置支边青壮年工作会议上的报告（记录稿）》，1960
　　年 3 月 22 日，新疆生产建设兵团档案馆藏，档案号：007-03-0080-3。

分配原则，仍然是以农业为主，适当照顾工业和其他部门的需要。地区分布上，在农业上主要放在交通沿线，特别是铁路沿线；在工业上，根据需要进行分配并适当照顾运输、林业、基建等部门。

自治区将分配计划下达各系统后，各系统再进一步划分到专区（县）、自治州。以昌吉回族自治州为例，1959年自治区劳动调配委员会共分配支边青壮年31,000人，该州根据各县耕地、劳力等情况进行分配，其基本原则是：为加速铁路沿线经济建设，优先分配，先近后远；尽量分配到社办农场，既能巩固，又是全民所有制方向；准备好的地方多分，准备不好的少分或不分。① 从表3-1-2可以看出，昌吉回族自治州将计划又下达到其所辖的8个县和3个直属单位。县以下又将任务进一步分配到乡、公社、大队和生产小组。

表 3-1-2：1959年自治区分拨昌吉回族自治州支边青年分配表

（单位：人）

地区	三批总人数	第一批人数（江苏）	第二批人数（安徽）	第三批人数（江苏）
玛纳斯	4,100		1,900	2,200
呼图壁	5,000		3,000	2,000
昌吉	4,750		2,150	2,600
乌鲁木齐	1,500		600	900
米泉	5,000	1,000	2,300	1,700
阜康	3,100	600	1,000	1,500

---

① 《一九六〇年支边人员安置任务分配表》，1960年4月21日，昌吉回族自治州档案馆藏，档案号：1-1-153。

地区	三批总人数	第一批人数（江苏）	第二批人数（安徽）	第三批人数（江苏）
吉木萨尔	2,500	200	600	1,700
木垒	2,000	1,000		1,000
奇台	2,550	750		1,800
州工业	400	400		
州林业局	50	50		
州园艺局	50		50	
总计	31,000	4,000	11,600	15,400

资料来源：据《自治区五九年分拨我州关内支边青年分配表》（1959年7月17日）整理而成，昌吉回族自治州档案馆藏，档案号：1-14-9。

　　支边青壮年的分配工作，对新疆而言也是一项全新的工作。起初，自治区对如何分配也并没有统一的安排。分配人数的多寡，是由各单位根据各自生产发展的实际需要，及粮食、住房、工资等安置条件制定计划并上报，经自治区劳动调配委员会和自治区党委会议研究后决定。以自治区农垦厅为例，1959年11月该厅上报1960年计划，需要支边青年45,000人，但自治区劳动调配委员会的分配计划仅为7,500人。为此，自治区农垦厅于1960年2月提出，"为了解决农场春耕播种及水利建设劳力的需要，我们期望和要求在第一批支边进疆青壮年中至少调拨农垦系统一万五千人……南疆虽运距较远，但农场劳力极其缺乏……并请不要压缩南疆地区的劳力"[①]。1960年6月，自治

---

① 《自治区农垦厅关于1960年江苏省第一批7500名支边人员分配方案给自治区劳动调配委员会的报告》（笔者据文意自拟标题），1960年2月29日，新疆生产建设兵团档案馆藏，档案号：016-03-0223-10。

区农垦厅再次提出，按照今年开荒、播种等翻两番的生产需要，劳动力不足是个大问题，"为此我们再次报告你会，恳请在今年安徽、河南支边青壮年中增拨 8,000—15,000 人，以适应农业生产的需要。"①

类似的这种申报和审批分配计划，缺少合理的估算，是存在一些问题的。如有的部门和地区只强调了劳力需要，未很好顾及安置的可能性，造成工作被动，负担大，出现问题也解决不了。既不利于生产，也会影响对支边青年的巩固。自治区副主席辛兰亭在安置支边青壮年会议上的讲话中说："为了做好今后年份的计划分配工作，各用人部门必须根据自治区国民经济的长远计划，制定安置支边青壮年的长远规划，文教、卫生、商业等各部门也须相应做出安置支边青壮年的长期规划。"② 一般而言，比较成熟的安置条件应具备：一是生产、水和土地以及副业门路有较大的发展可能，大型生产工具和扩大再生产投资能够相应增加；二是安置人员后能保证在短期内增加新老人员收入，且支边人员收入不低于原籍；三是干部和群众能够尽快适应新环境，特别民族之间的团结问题能处理得较好。

---

① 《新疆维吾尔自治区农垦厅报送我厅 1961—1963 年安置支边青壮年初步规划（草案）》，1960 年 6 月 30 日，新疆生产建设兵团档案馆藏，档案号：016-03-0223-7。

② 《1959 年接运安置支边青壮年的工作情况和 1960 年的工作意见——辛兰亭副主席在自治区接运安置支边青壮年工作会议上的报告（记录稿）》，1960 年 3 月 22 日，新疆生产建设兵团档案馆藏，档案号：007-03-0080-3。

（二）安置形式的探讨

支边人员进疆后，各地基本上都按照有利于生产和团结，并适当考虑和照顾生活便利的原则进行安置。具体组织形式大概有三种：

一是集中分配。支边青年集中居住，编成小队，和所在生产队统一核算分配。这样的小队只是一个集体生活单位，除一起食宿外，没有固定的耕作区和生产资料，劳动由所在生产队的队长通过支边青年中的领队临时分派。

二是"插花"安置。支边青年分散居住，新老社员混合编队，实行统一核算分配，在劳动、生活上或与老社员一起，或者分组分社，视需要和可能变通处理。

三是单独建队。即成立公社农场，进行单独核算，由公社统负盈亏。场员实行工资制，根据其技术水平享受农工待遇。采用这种办法的只有托克逊一个县。该县将分配到3个公社的400多名劳力，组成了3个公社农场。从各生产队划出一定数量的耕地，抽调一部分耕畜农具，归农场使用。关于场员的工资，初步定为最低30元，最高50多元，一般为37元左右。

从各地的实践效果看，这三种组织形式各有利弊：

第一种形式符合支边青年集中居住的要求，有利于照顾他们的饮食起居习惯。特别是在少数民族比较集中的地区，这种要求更加迫切。但其缺点是生产、生活用具不好解决，对当地耕作情况不够熟悉，刚开始独立组织生产还会有困难。

第二种形式在生产上有现成的组织基础，生产资料容易解决，生活安置方便。如塔城地区有人认为这种安置形式"可以互相学习生产技术，便于解决生产资料的困难"。① 吐鲁番县火焰山公社实行分散安置，因新老社员语言不通，支边青壮年纷纷要求集中起来另行建队，成立独立的核算单位或包产单位。②

以上两种形式有一个共同的缺点：如果一个生产队接受的支边社员较多，或者该队原有人数较少，在实行统一核算分配的情况下，双方都会受到影响。特别是新社员觉得收入减少，而老社员老觉得生活水平下降。如在昌吉地区一些插花安置、混合食堂就出现支边青壮年觉得老社员人口多，劳力少，而青壮年人口少，差不多都是劳力，分红一样分，是老社员沾青壮年的光；老社员认为青壮年来了以后生活条件就不好了，新社员来多了、吃穷了。因而彼此怪怨，关系越来越紧张。③

第三种形式被中央农垦部移民局副局长徐力之称为"支边青壮年安置工作上的一个创举"，他认为社办农场的经济组织形式比生产大队的集体化程度高，具有投资少、发展快、收效大的优越性。④ 这种单独核算，由公社统负盈亏的办法的优点是：新老社员没有直接的经济矛盾，有利于民族团结，更能鼓励支边青年的生产建设积极性，生产、生活上的一些小困难也便于解决。但是这种形式前期投入较大，工资制办法和工资标准的制定等都处

---

① 会议秘书处编：《安置支边青壮年工作会议简报》第5期，1961年6月2日，农六师芳草湖总场档案室，目录号3，卷号72。
② 会议秘书处编：《安置支边青壮年工作会议简报》第6期，1961年6月4日，农六师芳草湖总场档案室，目录号3，卷号72。
③ 会议秘书处编：《安置支边青壮年工作会议简报》第5期，1961年6月2日，农六师芳草湖总场档案室，目录号3，卷号72。
④ 徐力之：《社办农场是人民公社安置支边青壮年的一种好形式》，《新疆日报》1960年7月13日。

于摸索阶段，还很不完善。

对此，自治区党委农村工作部工作组认为在安置初期第二、三两种形式比第一种形式的优点更多。在支边人员较少的公社，特别是汉族成员占多数的公社，采用第二种形式是比较适宜的。反之，则以采取第三种形式较好。[①] 但各地在实践中也有不同的看法，如昌吉回族自治州提出应以集中安置、单独经济核算为宜。因为集中安置生活方式一致，易于领导，支边干部和支边社员朝暮相处，思想情况好掌握易解决；单独进行经济核算，支边青壮年奔头大、劲头足，便于解决支边青壮年与当地社员因家属食粮供给而产生的经济矛盾，容易调动生产积极性；有利于发挥支边青壮年先进生产经验和创造精神，有利于技术革新和技术革命的开展。[②] 米泉县也同样认为集中安置比分散安置好，提出集中的形式可以是以公社集中，单另搞社办农场；也可以在一个生产大队，集中一个小队安置。这样既有利于搞好团结关系，也便于彼此生产经验的相互交流。[③] 吉木萨尔县城镇公社，根据支边青年热情高、干劲足、思想变化多的特点，尽量满足他们不愿过于分散的要求，采取了大分散、小集中的安置办法，把青壮年安置地区划分成为包产单位或社办农场等方式，明确生产任务，提出集体要求，充分地发挥了青壮年的劳动热情，劳动进度快、质

---

① 《自治区直属县和昌吉自治州等八个县支边青年安置情况的检查报告》，1960 年 10 月 11 日，新疆生产建设兵团档案馆藏，档案号：016-03-0223-7。
② 《关于昌吉县三工公社金星大队支边青壮年安置巩固工作的调查报告》，1961 年 5 月 28 日，昌吉回族自治州档案馆藏，档案号：2-7-1。
③ 《米泉县劳动调配委员会关于三年来支边青壮年及自流人员安置工作的总结》，1961 年 11 月 29 日，昌吉回族自治州档案馆藏，档案号：2-7-2。

量好，外流现象很少发生。① 呼图壁县卫星一场则认为采取集中安置，并抽调一部分老社员插入各中队"以老带新"为最佳。② 新疆生产建设兵团农八师有的干部认为在国营农场采取集中安置便于巩固，但组织性差，工效低；而分散安置纪律严，工效高，但容易引起新老职工不团结，影响巩固。③ 霍城、阜康等地有关同志认为，不论集中或分散安置，首先要看具体条件，安置在较穷的大队问题就多，支边青壮年的生活问题得不到应有解决，会增加大队的负担，故宜安置在条件较好的大队。阜康县天山公社中心大队九小队因住房少、缺水又没菜吃，生活困难较多，安置的 80 多名支边青壮年，跑了 30 多个，其余的人也思想不稳。④

从以上关于安置形式的探讨中可以看出，各地普遍比较认可集中安置的形式。自治区党委在上报中央农垦部移民局的报告中进一步阐明，计划分配工作必须分析具体时间、地点和条件等，安置宜集中不宜分散，其经验教训有二：一是在基层安置单位，主要是人民公社和农牧场不宜"插花"分散。"插花"安置在住房等物资方面的困难容易解决一些，但打乱原有建制后，支边青壮年会逐渐失去主人翁的感觉，生产积极性随之削弱，容易引起新老矛盾。二是在工矿企业以及文教、军政等机关团体中，支边

---

① 《昌吉州 1959 年接待安置工作情况和 1960 年安置工作的意见》，1960 年 4 月 2 日，昌吉回族自治州档案馆藏，档案号：1-2-63。
② 《呼图壁卫星一场支边工作及支边安置工作检查报告》，1960 年 6 月 25 日，呼图壁县档案馆藏，档案号：1-1-778。
③ 会议秘书处编：《安置支边青壮年工作会议简报》第 4 期，1961 年 6 月 1 日，农六师芳草湖总场档案室，目录号 3，卷号 72。
④ 会议秘书处编：《安置支边青壮年工作会议简报》第 6 期，1961 年 6 月 4 日，农六师芳草湖总场档案室，目录号 3，卷号 72。

青壮年的分配安置都比较分散，从移民角度看也不相宜。虽然各部门都急需劳动力"解渴"，但过于分散会产生许多问题：第一是迁、安双方难以对口，一个地区的支边青壮年被分配到多个地区和部门，一个单位往往又安置几省数县的支边青壮年，这样矛盾会不断增加，工作也难做；第二，基层安置单位过多，人数又分配不等，基层领导很难全面抓好安置工作，有关政策也不易深入贯彻；第三，有的部门和单位的经营和工作性质同贯彻安置移民政策有矛盾，如工交、基建等部门在用人上有一定的条件，职工家属不能过多安置，这就与安置支边青壮年家属的要求有矛盾，在贯彻政策上也往往引起新老职工之间因经济核算而产生的矛盾。特别是 1961 年新疆执行"调整、巩固、充实、提高"八字方针后，不断压缩基建战线，问题更加突出，有些部门感到因安置支边青壮年而背上了包袱。[1] 应当说，这份报告分析的更加深透，是在各地安置工作的实践中总结出来的，具有较强的参考价值和意义。

总而言之，采取什么样的安置形式，必须根据各地情况，以有利于支边青壮年扎根落户，有利于发挥他们的生产积极性为根本出发点。[2] 由于条件限制，新疆各地大都是采取"大分散、小集中"的办法，极少单独建队。如昌吉地区是将支边青年安置在一个公社或一个大队，集中分配的支边青年多则三四十人，少则

---

[1] 《新疆维吾尔自治区劳动调配委员会关于报送三年来安置支边青壮年工作总结的报告》，1962 年 3 月 15 日，江苏省档案馆藏，档案号：4008-002-0025。

[2] 《(社论) 把安置支边青壮年的工作做得更深更细》，《新疆日报》1960 年 7 月 13 日。

十余人左右，集中住宿，与当地社员在同一食堂吃饭。[①] 吉木萨尔县安置青壮年 4,051 名，分布在 6 个公社、18 个生产大队和 1 个农场。在安置方法上是以公社为分配单位，以小队为集中安置点。在条件允许的情况下，尽可能做到相对集中，最少都在两户以上，距离一般不超过半公里。绝大多数做到了同院居住，一起劳动，共同生活。[②]

二、安置人数与分布区域

1959 年 3 月，支援边疆和少数民族地区的运动正式开始，该计划原定于 1963 年全部完成。后因经济困难，1960 年 8 月起大规模的支边活动停止，1961 年一些省区仍有零星的转迁活动。1958—1960 年间，共迁移青壮年 93 万余人，随迁家属 43.8 万余人，加上退伍兵 6.8 万余人，家属 4.9 万余人，全国共迁移 148.5 万余人。1959—1960 年间各省区完成的迁移数字，见表 3-1-3。

表 3-1-3：1959—1961 年各省支援边疆建设计划数与完成数比对表

(单位：万人)

动员省	受援省	计划数	完成数	完成计划百分比	备注
河北	内蒙古	50 万			

① 邓如新：《支边青年在吉木萨尔》，载赵光鸣主编：《感谢支边》，新疆大学出版社 2003 年版，第 110 页。
② 《吉木萨尔县人民委员会 59、60 两年来安置青壮年的工作总结》，1961 年 2 月 3 日，昌吉回族自治州档案馆藏，档案号：2-7-2。

续表

动员省	受援省	计划数	完成数	完成计划百分比	备注
河南	青海	65万	8.3万	12.8%	
	甘肃	15万	10.42万	69.5%	
湖南	新疆	60万			湖南迁往云南2.19万
湖北	新疆	40万	9.85万	24.6%	
安徽	新疆	40万	3.26万	8.2%	
江苏	新疆	60万	12.13万	20.2%	
浙江	宁夏	30万	8.05万	26.8%	
山东	东北三省	80万	38.62万	48.3%	
广东	海南和南路	30万			
四川东部	四川西部	100万			
合计		570万	90.63万	15.9%	

说明:

1. 以上数字均为支边青壮年人数,不含家属。

2. 关于鄂、皖、苏三省支边青壮年人数,因统计渠道不同而略有差异。据新疆维吾尔自治区劳动调配委员会的统计数字为:江苏121,835人,湖北93,249人,安徽30,963人。

3. 山东迁移到东北三省总数为38.62万人。其中,去黑龙江省23万余人、吉林8.35万余人、辽宁7.27万余人。

资料来源:据《中央批转农垦部党组关于动员青年参加边疆建设工作情况和今后意见的报告》(1962年10月19日)相关内容整理而成,载农垦部政策研究室、农垦部国营农业经济研究所、中国社会科学院农经所农场研究室编:《农垦工作文件资料选编》,农业出版社1983年版,第569—570页。

从表3-1-3可以看出,除四川、广东两省的省内移民和河北支援内蒙古的劳动力尚未动员外,其余省份都实施了迁送工作。但从任务完成的情况看,各省之间很不平衡,如安徽省支援新疆仅完成8.2%,河南省支援青海仅完成12.8%;湖北、江苏、浙江三省完成20%左右。按中央计划五年完成的话,这个进度显

然没有预期的快；山东省青壮年迁移东北、河南青年迁移甘肃进
展最快，一方面这与两省的宣传动员工作有关，另一方面这可能
与山东民众长期以来就有"闯关东"的传统，而且与东北三省安
置条件相对比较完善有关。河南青年移居甘肃进展较快，可能与
有相对便利的运输条件和比较相近的生产生活习惯有关。

　　关于各地的支边人数，难以有非常精确的统计，江苏省亦是
如此。因为这项工作涉及面广量大，各个环节都会有变动，如宣
传动员中未批准人员擅自进疆，组织运送中有因病因伤滞留或返
籍，即便进疆之后也有非正常的减员，这些因素都会导致统计数
字有一定的误差。从表3-1-3看，中央公布的江苏省支边青年
的数字为12.13万余人，新疆维吾尔自治区劳动调配委员会的统
计数字为121,835人。来自江苏省支边委员会办公室的统计数字
为120,570人。但总的来看，各口径统计数字差异不大。为了便
于下文的进一步分析，本书拟采用江苏省支边委员会办公室的
数据。

表3-1-4：1959—1960年江苏省动员青壮年参加新疆社会主义建设情况统计表（1959年12月，1960年7月）

年份	地区	计划迁移数	完成人数					未婚青壮年			政治面貌			随迁干部			随迁家属
			合计	男	女	其中 青年	其中 壮年	合计	男	女	合计	党员	团员	合计	脱产	不脱产	
一九五九年	苏州专区	8,000	8,181	4,958	3,023	6,951	1,030	5,686	3,620	2,066	1,875	294	1,581	485	13	472	378
	扬州专区	10,000	10,095	5,998	4,097	8,443	1,652	5,222	3,107	2,115	2,530	561	1,969	601	22	579	532
	镇江专区	6,000	6,087	3,230	2,857	5,462	625	4,021	2,109	1,912	1,648	250	1,398	304	14	290	320
	南通专区	12,000	12,296	7,413	4,883	10,785	1,511	7,283	3,953	3,330	3,349	737	2,612	900	31	869	1,040
	徐州专区	8,000	8,143	4,655	3,488	6,939	1,204	3,667	1,843	1,824	2,022	527	1,495	554	18	536	463
	淮阴专区	8,000	8,026	5,570	2,456	6,763	1,263	2,565	2,080	485	2,371	758	1,613	707	15	692	550
	盐城专区	6,000	6,010	3,662	2,348	5,250	760	1,560	1,125	435	1,765	460	1,305	403	8	395	563
	南京市	2,000	2,060	1,329	731	1,906	154	1,637	1,083	554	358	49	309	25	6	19	63
	总计	60,000	60,898	36,815	23,883	52,499	8,199	31,641	18,920	12,721	15,918	3,636	12,282	3,979	127	3,852	3,909

续表

年份	地区	计划迁移数	完成人数			其中		未婚青壮年			政治面貌			随迁干部			随迁家属
			合计	男	女	青年	壮年	合计	男	女	合计	党员	团员	合计	脱产	不脱产	
一九六〇年	南通专区	34,500	34,559	18,410	16,149	22,916	11,643	15,361	8,003	7,358	2,245	796	1,449	1,082	1	1,081	7,207
	苏州专区	13,500	12,919	6,635	6,122	8,977	3,780	6,334	3,192	3,142	1,075	242	833	473	1	472	2,887
	扬州专区	12,000	12,082	6,067	6,015	8,778	3,304	7,111	3,593	3,518	952	308	644	338	7	331	2,638
	镇江专区		110														
	南京市		2	2		1	1	1	1		1		1				
	总计	60,000	59,672	31,114	28,286	40,672	18,728	28,807	14,789	14,018	4,273	1,346	2,927	1,893	9	1,884	
1959—1960年共计		120,000	120,570	67,929	52,169	93,171	26,927	60,448	33,709	26,739	20,191	4,982	15,209	5,872	136	5,736	16,641

说明：

1.1959年苏州有200人在未全面动员前已去新疆做学徒，后经新疆同意列入支边任务数，但缺少性别、政治面貌等统计，故总数为60,898，而各分项统计数字中均缺这200人。

2.1960年苏州专区原计划动员13,500人，后因该区昆山县省内移民任务重，经与新疆代表团协商，该县原计划800人未动员。

3.1960年苏州专区有162人、镇江专区有110人因零星进疆，政治面貌等统计，故总数为59,672，而各分项统计数字中均缺这272人。

4.1959年脱产干部127人中有地委级1人、县级24人、公社级102人。1960年脱产干部9人，均系公社级干部。

5.各分项统计中均不含随迁家属。

资料来源：本表系根据《动员青壮年参加新疆建设情况统计表》（1959年12月）、《江苏省1960年动员青壮年参加新疆建设情况统计表》（1960年7月）整理而成。江苏省档案馆藏，档案号：4008-001-0010、4008-001-0006。

下面，从以下几个方面对表 3-1-4 进行分析：

首先，来看江苏省支边青壮年的人员构成情况。1959—1960 年间，江苏省动员支边青壮年 120,570 人，圆满完成了年度进疆计划。

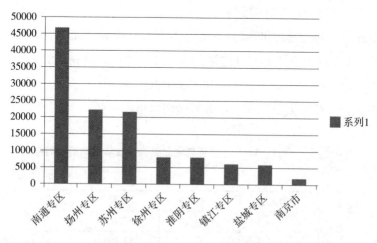

江苏省各专区、市支边人数统计图

资料来源：据表 3-1-4 中相关数字绘制而成。

从上图可以看出，南通专区动员人数最多，占总人数的 38.86%；扬州、苏州紧随其后，为 18.39% 和 17.50%；徐州、淮阴、镇江、盐城较少，分别为 6.75%、6.66%、5.14% 和 4.98%；南京最少，仅占 1.71%。这与江苏省既定政策即人口密度大的多分配，人口密度小的少分配；农村多分配，城市少分配；农村中平原多分配，山区、沿海少分配的原则是基本相吻合的。如南通、苏州、扬州三个专区属人多地少，平均每人田亩数为 1.397—1.616 亩不等（详见表 2-1-1，下同），故动员人数多。而徐州、淮阴、盐城三个专区平均每人田亩数为 2.146—2.729 亩不

等，属地多人少地区，且为了发展山区经济和加强海防，故动员
人数较少。南京市则属于大城市，国家的基本原则是不动员，所
以动员人数为最少。

其次，来看江苏省支边青壮年的政策规格情况。支边青壮
年中，男女人数大体相当，有生产经验的壮年占 20% 强，党团
员比例、随迁家属的数量等都基本符合江苏省制定的计划。表
3-1-5 是江苏省与同时期进疆的湖北青壮年的对比情况，从中不
难看出，两省中党团员比例和随迁干部数量大体相当，在男女比
例和青、壮年人员构成上江苏省做得要更好一些。

表 3-1-5：1959—1960 年江苏与湖北支边青壮年基本情况对照表

(单位：人)

省别	支边人数	人员构成	人数	所占百分比
江苏省	120,098*	男	67,929	56.56
		女	52,169	43.44
		青年	93,171	77.58
		壮年	26,927	22.42
		党员	4,982	4.15
		团员	15,209	12.66
		随迁干部	5,872	4.89
湖北省	94,421	男	64,450	68.26
		女	29,971	31.74
		青年	62,781	66.49
		壮年	31,640	33.51
		党员	4,067	4.31
		团员	9,337	9.89
		随迁干部	5,693	6.02

说明：

1. 据表 3-1-4 可知，江苏省 1959—1960 年间共动员支边青壮年 120,570 人，但苏州专区、镇江专区有 472 名青壮年零星进疆，缺少性别、政治面貌等方面的统计，故本表中采用的数字为 120,098 人，以便于分类计算。

2. 关于青年与壮年的年龄段的划分上，两省略有不同。湖北省把 16—25 岁或 16—30 岁的划为青年。而江苏省是把 17—30 岁的列为青年，31—45 岁列为壮年。

资料来源：本表系根据表 3-1-4 相关数字和《湖北省 1959 年上半年支边青壮年统计表》（1959 年）、《（1960 年）湖北省动员青年参加边疆建设情况统计表》（1960 年 8 月 29 日）相关数据整理计算而得，湖北省档案馆藏，档案号：SZ67-01-0739-001、SZ67-01-0739-002。

　　此外，1959 年江苏省进疆青壮年中工人、农民家庭出身的占 80%以上，其他出身的不足 20%；具有小学以上文化程度的 37,513 人（其中初中 4,607 人，高中 372 人，大学 18 人），占 61.60%，初识字和不识字的占 38.40%。[①] 1960 年进疆青壮年中，小学以上文化程度的 32,670 人（其中初中 1,534 人，高中、大学 143 人），占 54.75%，初识字和不识字的占 45.25%。[②] 不难看出，1959 年支边青壮年的文化程度要比 1960 年进疆青壮年受教育程度要略高。需要特别说明的是，南京市动员的 2,000 余名青壮年中，小学及以上学历占 93.23%，初中及以上占 40.91%，大学生 12 人。[③] 这说明城市青壮年受教育程度要远比农村的高。

[①] 《章维仁同志在省委第四次支边工作会议上的报告（记录稿）》，1960 年 2 月 18 日，江苏省档案馆藏，档案号：4008-001-0008。

[②] 此数字系根据《关于 1960 年支边动员迁送工作情况和今后工作意见的报告》（1960 年 7 月 12 日）相关内容计算而得，江苏省档案馆藏，档案号：4008-001-0010。

[③] 此数字系根据《南京市支边办公室动员青壮年参加新疆社会主义建设情况统计表》(1959 年 7 月 9 日) 相关数字计算而得，南京市档案馆藏，档案号：5016-1-1。

为了满足新疆对特殊技能人员的迫切需要，1959 年江苏省动员了有一定技术特长和专门业务知识的工业、手工业和服务性行业人才 845 人。1960 年选派铁、木、竹、瓦等工人和理发、缝纫等服务性行业人员 2,456 人，并为新疆培训各种技术及教学师资 2,416 人。

最后，来看 1959 年与 1960 年江苏省支边青壮年的人员构成的明显变化。

表 3-1-6：1959 年、1960 年江苏省支边青壮年基本情况对照表

年份	男	女	青年	壮年	已婚	未婚
1959 年	60.45%	39.55%	86.21%	13.79%	48.04%	51.96%
1960 年	52.14%	47.86%	68.16%	31.84%	51.72%	48.28%

年份	未婚男	未婚女	党员	团员	脱产干部	非脱产干部	随迁家属
1959 年	31.07%	20.89%	6.97%	20.17%	0.21%	6.32%	6.42%
1960 年	24.78%	23.49%	2.26%	4.91%	0.02%	3.16%	21.34%

资料来源：据表 3-1-4 相关数字计算而得。

从表 3-1-6 可以看出：

一是在男女比例上逐渐趋于相等。1959 年男女比大概为 6∶4，在全国已处于前列，而到 1960 年已大体相当，更属难能可贵。青壮年中已婚与未婚比例大体相当，1959 年未婚男、女尚有 10% 左右的差距，到 1960 年已基本相等，这与江苏省在审批中坚持多批准已婚青年，同时加强对妇女的思想发动，适当放宽对妇女的批准条件的工作导向有直接关系。

二是在青年与壮年的比例上，1959 年以青年占绝对优势，

到 1960 年壮年已接近 1/3。

三是党团员数量和随迁干部数量大幅减少。1959 年，鄂、皖、苏三省进疆的 14 万名支边青壮年中，党员占 4.2%，团员占 13.4%。[①] 而江苏省该年度支边青壮年的党、团员比例则为 6.97% 和 20.17%，明显要比三省平均数高 1/3 以上。1960 年，党、团员数量大幅减少，这主要是因为有少数地区党、团员动员太多，个别地方甚至党团员批准的人数多于群众的人数。因此，省委要求 1960 年动员工作中"不要无目的一般地提出'党员带头''干部带头'的口号，防止群众挤干部、党团员'带头支边'，造成僵局"[②]。

四是随迁家属比例明显提高。这是因为考虑到安置地区房屋修建等的实际困难，1959 年江苏省要求家属比例不超过 5%。而 1960 年经与新疆协商，家属比例增加到 20% 左右。

前文对支边青壮年的分配原则以及进疆的江苏支边青壮年人数及其构成进行了分析，那么，这十几万人又分配到那些地区工作呢？

支边人员的分配计划是由新疆提前制定的，但为了避免不必要的思想混乱，便于分配和交接，在支边人员在入疆之前都是高度保密的，只有当地的支边办公室和带队干部内部掌握。表 3-1-7 和表 3-1-8，分别是 1959 年和 1960 年江苏省青壮年分布情况表。

---

① 《1959 年接运安置支边青壮年的工作情况和 1960 年的工作意见——辛兰亭副主席在自治区接运安置支边青壮年工作会议上的报告（记录稿）》，1960 年 3 月 22 日，新疆生产建设兵团档案馆藏，档案号：007-03-0080-3。

② 《章维仁同志在省委第三次支边工作会议上的报告》，1959 年 7 月 14 日，江苏省档案馆藏，档案号：4008-001-0008。

表 3-1-7：1959 年江苏省支边青年动员与
安置情况对照表（1959 年 10 月）

	动员县市	动员人数	安置县市	安置人数	备注
南京市			乌鲁木齐市	1,207	商业厅226、卫生厅297、林业厅50、外贸局363、军区150、党委21、交际处100
			喀什	150	外贸局
			哈密	10	商贸厅
			阜康	372	天龙钢铁厂
			伊犁	194	轻工局
			乌苏	50	林业厅
			呼图壁	100	
	小计	2,083		2,083	
淮阴专区	灌云	986	乌鲁木齐市	818	煤管局
			哈密	168	
	沭阳	998	乌鲁木齐市	91	军区
			哈密	108	
			阜康	698	军区300 天池钢铁厂398
			呼图壁	101	畜牧厅
	宿迁	995	乌鲁木齐市	136	农垦厅
			呼图壁	403	
			昌吉	179	
			哈巴河	175	
			巴楚	26	
			伽师	27	
			鄯善	49	

	动员县市	动员人数	安置县市	安置人数	备注
淮阴专区	泗阳	1,044	乌鲁木齐市	858	交通厅
			喀什	58	
			昌吉	37	
			米泉	91	
	泗洪	993	乌鲁木齐市	497	交通厅
			焉耆	41	
			留武汉培训	50	
			呼图壁	405	畜牧厅
	淮阴市	755	乌鲁木齐	698	农业厅 422 交通厅 276
			尉犁	57	农业厅
	连（涟）水	998	吐鲁番	600	交通厅
			和靖（静）	298	巴音郭楞
			库尔勒	100	生产兵团
	淮安	1,168	乌鲁木齐市	25	生产兵团
			沙湾	202	
			石河子	261	
			尉犁	189	
			阜康	301	
			鄯善	190	
专区合计		7,937		7,937	
盐城专区	滨海	1,520	奇台	768	昌吉回族自治州
			昌吉	453	
			吉木莎（萨）尔	299	
	盐城	1,492	阜康	495	昌吉回族自治州
			木垒	997	
	阜宁	991	米泉	991	昌吉回族自治州

	动员县市	动员人数	安置县市	安置人数	备注
盐城专区	建湖	1,597	哈密	400	哈密专区
			伊吾	99	
			巴里坤	1,098	
	东台	405	吐鲁番	405	吐鲁番县
专区合计		6,005		6,005	
扬州专区	泰州	4,380*	巴里坤	1,435	哈密专区
			乌鲁木齐市	242	生产兵团
			石河子	1,059	
			鄯善	297	
			昌吉	630	
			奇台	1,017	
	泰兴	5,777	玛纳斯	188	生产兵团
			沙湾	480	
			焉耆	1,008	
			尉犁	161	
			库尔勒	405	
			富（福）海	977	
			石河子	117	
			精河	379	
			塔城	1,582	
			乌苏	480	
专区合计		10,157*		10,457	
苏州专区	江阴	2,094*	博乐	762	博乐蒙族（博尔塔拉蒙古）自治州
			温泉	216	
			精河	401	
			奇台	202	昌吉回族自治州
			米泉	91	
			乌鲁木齐市	322	粮食厅
	无锡	1,032	乌鲁木齐市	1,032	乌鲁木齐市

	动员县市	动员人数	安置县市	安置人数	备注
苏州专区	常熟	1,982	昌吉	1,475	昌吉回族自治州
			乌鲁木齐	507	农业厅
	太仓	523	乌鲁木齐市	66	农业厅
			昌吉	54	
			鄯善	200	
			精河	53	
			米泉	150	
	吴江	582	精河	40	农业厅
			玛纳斯	168	
			莎车	44	
			拜城	25	
			阿克苏	57	
			乌（鲁木齐）市	248	
	吴县	1,816	伊犁	91	农业厅
			吐鲁番	406	
			乌鲁木齐市	303	机械局
			和硕	387	巴音廓楞蒙族（郭楞蒙古）自治州
			焉耆	255	
			和靖（静）	374	
专区合计		8,029*		7,929	
常州专区	溧阳	807	乌鲁木齐市	203	交通厅
			沙湾	100	塔城专区
			尼勒克	504	伊犁自治州
	常州市	387	石河子	387	生产兵团
	丹阳	873	沙湾	873	塔城专区
	金坛	1,017	新源	451	伊犁（哈萨克）自治州
			伊犁	566	

续表

	动员县市	动员人数	安置县市	安置人数	备注
常州专区	武进	2,298	霍城	526	伊犁（哈萨克）自治州
			喀什	111	外贸局
			乌鲁木齐	838	煤管局416 商业厅422
			阜康	823	煤管局
	扬中	1,020	木垒	1,020	昌吉（回族）自治州
专区合计		6,402		6,402	
南通专区	海门	1,534	玛纳斯	1,534	昌吉（回族）自治州
	启东	1,508	昌吉	994	昌吉（回族）自治州
			呼图壁	514	
	如皋	3,000	阜康	1,469	昌吉（回族）自治州
			乌鲁木齐县	812	
			玛纳斯	719	
	海安	1,515	阜康	1,515	昌吉（回族）自治州
	如东	1,579	呼图壁	1,507	昌吉（回族）自治州
			吉木萨尔	72	
	南通	3,019	米泉	1,490	昌吉（回族）自治州
			吉木萨尔	1,529	
专区合计		12,155			
徐州专区	邳县	1,616	吐鲁番	1,003	吐鲁番县
			哈密	613	哈密专区
	睢宁	1,619	鄯善	1,003	鄯善
			哈密	616	哈密专区

续表

	动员县市	动员人数	安置县市	安置人数	备注
徐州专区	铜山	1,625	托克逊	1,016	托克逊县
			哈密	382	哈密专区
			伊吾	114	
			巴里坤	113	
	新沂	823	乌苏	823	塔城专区
	沛县	1,319	乌苏	200	塔城专区
			巴里坤	616	哈密专区
			库尔勒	90	农垦厅
			焉耆	113	
			伽师	61	
			喀什	20	
			新源	80	
			昌吉	89	
			巴楚	50	
	丰县	1,101	石河子	662	生产兵团
			焉耆	284	
			巴里坤	155	哈密专区
专区合计		8,103			
江苏省总计		60,871*		61,071	

说明：据计算，扬州专区泰州县安置人数应为"4,680人"而非"4,380人"，故扬州专区动员人数应为"10,457人"而非"10,157人"；苏州专区江阴县安置人数应为"1,994人"而非"2,094人"，故苏州专区的动员人数应为"7,929人"而非"8,029人"。因而1959年江苏省总动员人数应为"61,071人"而非"60,871人"。

资料来源：根据《江苏省支边青年安置地区与动员地区分布情况对照表》（1959年10月23日）整理而成，镇江市档案馆藏，档案号B21-3-377。

表 3-1-8：1960 年江苏省青壮年安置情况统计表
(1960 年 5 月 19 日)

接收单位	安置支边青壮年数			家属数	动员地区			
	小计	进疆数	留关内培训数		南通专区	苏州专区	扬州专区	南京
生产兵团	14,646	14,385	261	3,380	10,018	2,614	2,014	
水利厅	2,004	2,004		404	2,004			
哈密专区	3,968	3,968		767	1,993	1,975		
农垦厅	7,240	7,190	50	1,530	6,147	1,093		
铁路局	96	96			96			
吐鲁番	1,463	1,413	50	286	1,463			
昌吉自治州	7,749	7,749		1,623	4,652	1,322	1,775	
鄯善	1,519	1,498	21	289	1,024		495	
托克逊	1,499	1,499		302	1,499			
农业厅	772	772		146	772			
林业厅	199	199		47	199			
畜牧厅	3,315	3,315		763	1,652	1,663		
交通厅	2,574	2,494	80	562	1,982		592	
乌市	1,008	1,008		234	1,008			
纺管局	2,286	1,238	1,048	461		2,286		
文教部	502	502		106	502			
地质局	305	305		73	305			
轻工局	745	617	128	177	745			
天池钢铁厂	101	101		34	101			
天龙钢铁厂	114	114		22	114			

续表

接收单位	安置支边青壮年数			家属数	动员地区			
	小计	进疆数	留关内培训数		南通专区	苏州专区	扬州专区	南京
上海办事处	19		19		19			
煤管局	1,973	1,973		479			1,973	
（专）军区	990	990		228			990	
化工局	616	573	43	136			616	
冶金局	1,001	1,001		178			1,001	
外贸局	700	388	312	120			700	
电业局	399	399		69			399	
建委	813	734	79	173			813	
机械局	625	525	100	129			625	
区人委	85	85		11	5		76	4
0673 部队	46	46				46		
教育厅	115	115				115		
总计	59,487	57,296	2,191	12,729	34,533	12,881	12,069	4

说明：表中区人委 85 人中有 9 人乘客车进疆，0673 部队 46 人、教育厅 115 人均是乘客车进疆。

资料来源：据《新疆各单位接收江苏省支边人员数字统计表》整理而成，江苏省档案馆藏，档案号：4008-001-0010。

　　需要说明的是，表 3-1-7 中扬州专区泰州县安置到各地区人数相加总和应为"4,680 人"而非"4,380 人"，苏州专区江阴县安置到各地区人数相加总和应为"1,994 人"而非"2,094 人"。因而该表数字中 1959 年总迁入人数应为 61，071 人而非 60,871 人，与表 3-1-4 统计数据 60,898 人相差不大。表 3-1-8 中 1960 年安置人数为 59,487 人，与表 3-1-4 中 59,672 人也不完全一致。

这种数据的些许差距是因数字采集时间不同，在一定时间段内有个别人员增减的变化。表 3-1-4 中数字分别是 1959 年 12 月和 1960 年 7 月，而表 3-1-7 和表 3-1-8 分别是 1959 年 10 月和 1960 年 5 月，从这个层面上来推理，应当是表 3-1-4 的数字更准确一些。表 3-1-8 中 1960 年留在内地省份培训的就有 2,000余人，这些都是新疆提出的一些特殊需要。如驻新疆 0673 部队要建立高干招待所，招待国际友人和专家，需要有一定技术的服务人员，如招待员、厨师、摄影师、理发师、缝纫师、洗染工、修鞋工等，要求江苏省调配 45 人。再如新疆生产建设兵团、纺管局、轻工局和农业厅等单位，需要轻工业、手工业、缫丝工等技术工人。这些技术工人的要求条件也较高，如政治可靠，初中或高小文化程度，年龄 25—30 岁以下，有一定的业务工作基础等。①

表 3-1-7 和表 3-1-8 对动员地区、安置地区和安置部门有详细的统计，故在分析过程中仍以这两个表中的数字为准。

首先，从江苏省支边青壮年安置的工作部门来看。

通过对表 3-1-7 中相关数字进行分类计算，得出 1959 年各系统安置情况如下。

农林水牧系统：共计 52,519 人，占总人数的 86.00%。其中，兵团 11,623 人；昌吉回族自治州 18,946 人，伊犁哈萨克自治州 2,047 人，博尔塔拉蒙古自治州 1,379 人，巴音郭楞蒙古自治州

---

① 《江苏省动员青壮年参加新疆社会主义委员会关于为新疆有关单位选配服务人员、培训人员的通知》，1960 年 4 月 12 日，江苏省档案馆藏，档案号：4008-002-0012。

1,314 人，哈密专区 5,641 人，塔城专区 1,996 人，鄯善县 1,003
人，吐鲁番县 1,408 人，托克逊县 1,016 人，乌鲁木齐市 1,032 人；
农业厅 2,588 人，农垦厅 1,498 人，林业厅 200 人，粮食厅 322 人，
畜牧厅 506 人。

工业交通基建部门：共计 6,203 人，占总人数的 10.16%。其
中，天龙钢铁厂 372 人，天池钢铁厂 398 人，煤管局 2,225 人，
轻工局 194 人，交通厅 2,711 人，机械局 303 人。

商贸部门：共计 1,282 人，占总人数的 2.10%。其中，商贸
厅 658 人，外贸局 624 人。

文教卫生部门：卫生厅 297 人，仅占总人数的 0.48%。

军政机关：共计 770 人，占总人数的 1.26%。其中，军区
649 人，交际处 100 人，区党委 21 人。

通过表 3-1-8 相关数据计算，1960 年江苏省支边青壮年
分配到各系统总人数为：农林水牧系统 45,382 人，占总人数的
76.29%；工业交通基建部门 11,648 人，占总人数的 19.58%；商
贸部门 700 人，占总人数的 1.18%；文教卫生部门 617 人，占
1.04%；军政机关 1,140 人，占总人数的 1.91%。

表 3-1-9：1959—1960 年相关省份支边青壮年分配到
新疆各系统人数所占比例对照表

省份	农林水牧	工交基建	商贸	文教卫生	军政机关
江苏省（1959 年）	86.00%	10.16%	2.10%	0.48%	1.26%
江苏省（1960 年）	76.29%	19.58%	1.18%	1.04%	1.91%
江苏省（1959—1960 年）	81.21%	14.81%	1.64%	0.76%	1.58%

省份	农林水牧	工交基建	商贸	文教卫生	军政机关
鄂、皖、苏三省 （1959—1960 年）	82.18%	14.79%	1.10%	0.60%	1.33%

资料来源：据表 3-1-7、表 3-1-8 和《新疆维吾尔自治区劳动调配委员会关于报送三年来安置支边青壮年工作总结的报告》（1962 年 3 月 15 日）中相关数据计算而得，江苏省档案馆藏，档案号：4008-002-0025。

表 3-1-9 对 1959 年、1960 年、1959—1960 年江苏省青壮年分配到新疆各系统人数所占比例进行了统计，同时与 1959—1960 年间鄂、皖、苏三省进疆青壮年的分配情况进行对比。不难看出，分配到农林水牧系统的基本占 80% 以上，其次为工交基建部门，二者合计占 95% 以上，这种分配结果体现了自治区党委"以农业为主，适当照顾工业及其他部门需要"的原则。其他如商贸、文教卫生、军政机关所占比例极低。1959 年和 1960 年江苏省青壮年分配到农业系统的较多，1960 年分配到工交基建系统的人数明显增加，而 1959—1960 年间江苏省青壮年总体分配结果则与鄂、皖、苏三省在疆青壮年的总体分配结果几乎趋于一致。这说明新疆在总体分配中对这三省的分配方案是有所权衡，即达到大体相当的原则。

再从支边青壮年分布地域来看，以 1959 年为例，来自江苏省 7 个专区 39 个县和 1 个市的 6 万余名青壮年，被分配到新疆 8 个地州的 40 个县、市的 500 多个厂、场、矿和公社等基层安置单位。下面是各州县安置人数的统计：

东疆：11,096 人，占 18.2%。其中，哈密地区 7,666 人（哈密 2,297 人，鄯善 1,739 人，伊吾 213 人，巴里坤 3,417 人），吐鲁番地区 3,430 人（吐鲁番 2414 人，托克逊 1,016 人）。

北疆：45,534 人，占 74.6%。其中，昌吉回族自治州 26,407

人（阜康 5,673 人，呼图壁 3,030 人，昌吉 3,911 人，米泉 2,813
人，奇台 1,987 人，沙湾 1,655 人，吉木萨尔 1,900 人，木垒 2,017
人，乌鲁木齐县 812 人，玛纳斯 2,609 人），博尔塔拉蒙古自治
州 3,003 人（精河 873 人，博乐 762 人，温泉 216 人，哈巴河
175 人，福海 977 人），伊犁哈萨克自治州 5,547 人（塔城 1,582 人，
乌苏 1,553 人，新源 531 人，霍城 526 人，尼勒克 504 人，伊犁
851 人），另有乌鲁木齐市 8,091 人，石河子 2,486 人。

南疆:4,391 人，占 7.2%。其中，巴音郭楞蒙古自治州 3,762
人（和硕 387 人，尉犁 407 人，库尔勒 595 人，和静 672 人，焉
耆 1,701 人），阿克苏地区 82 人（拜城 25 人，阿克苏 57 人），
喀什地区 547 人（喀什 339 人，巴楚 76 人，伽师 88 人，莎车
44 人）。

此外，还有留在武汉培训 50 人。

以上可以清楚看出，江苏青壮年主要分布在北疆地区，还有
一部分在东疆，仅有少数人被分配到南疆。北疆地区又以昌吉回
族自治州分配人数最多，占总人数的 57.99%；分配到北疆较偏
远的博尔塔拉蒙古自治州和伊犁哈萨克自治州的占 18.78%，与
分配到乌鲁木齐市的人数大体相当（占 17.77%）。被分配到乌鲁
木齐市的也多是充实到农、牧、副生产战线，如无锡县的 1,033
名支边人员，被分配到人民公社、饲养场、园艺场等，为城市副
食品供应提供保障。[①] 南疆地区分配人数很少，分配到最南端的
喀什人数占南疆地区总人数的 14.54%，阿克苏地区仅占 1.87%。

---

① 《把青春献给祖国边疆建设事业，江苏支边青壮年千余名参加本市建设》，
《乌鲁木齐日报》1959 年 9 月 4 日。

巴音郭楞自治州在南疆中部地区，交通相对便利，分配人数也最多，占 85.68%。

1959 年江苏省支边青壮年主要分配到北疆和交通沿线特别是铁路沿线一带，以哈密专区、昌吉自治州和乌鲁木齐沿线一带人数为最多，江苏支边青壮年 70% 以上是分配在这三个地区的。现缺少 1960 年江苏省青壮年分配情况的详细资料，但据表 3-1-8 看，应当也是遵循上述原则进行分配的。支边青年分配在工业、交通和基建等单位的，多属老厂老单位，基底较厚。分配在农业上的，多属新建农场，但多数是 1958 年开始建设，初具生产规模，具备一定的生产生活基础。[①]

第二节　教育巩固

支边青年远离家乡，万里跋涉来到新疆，人地生疏，渺无人烟的大戈壁和一望无际的大草原与他们幻想中的图景相差甚远，很多人情绪低落，悲观失望，所有的美好憧憬瞬间消散。再加上生活条件、风俗习惯、工作对象的变化，更使一部分人身心不安，动摇不定，甚至有人要求立即返籍。针对支边人员的思想心理变化，新疆各地除不断加强思想政治教育，及时解决生产和生活中的具体问题外，还充分依靠和大胆使用随迁干部，鼓励支边

---

① 《〈新疆生产建设兵团〉对江苏、湖北、安徽三省支援新疆社会主义建设青年安置工作的简结报告》，1959 年 10 月 25 日，新疆生产建设兵团档案馆藏，档案号：004-05-0475-10。

青年树雄心、立大志，保持旺盛的干劲，坚定在边疆安家立业的信心。

一、民众体验与思想动态

（一）新疆各地对支边青壮年的接待与安顿

在支边青年进疆之前，自治区要求各地在做好各项物质准备工作的同时，并教育老职工和原有社员要充分认识到支边青壮年支援新疆建设的重大意义，克服干部怕背包袱、社员怕一时减少收入的观点，加强民族团结，从内心热烈欢迎支边青壮年的到来，积极帮助支边青壮年解决困难。昌吉回族自治州接到安置任务后，采用大会、小会、广播、黑板报、标语等形式，向各族人民群众宣传讲解内地青壮年支援边疆建设的重要意义，消除当地群众中某些错误的认识。[1]农垦厅要求各安置点做到"三齐""二热""一暖"，即住房准备齐、饭菜准备齐、生产工具准备齐。支边青壮年到来时，欢迎热情、接待热情，使他们感到集体的温暖。[2]

1959 年 7 月 3 日，首批江苏青壮年抵达哈密，新疆维吾尔自治区副主席扎克洛夫和哈密各族各界五千余人的热烈欢迎。哈

---

[1] 《关于召开支边青壮年安置接待工作座谈会议情况的报告》，1959 年 5 月 20 日，昌吉回族自治州档案馆藏，档案号：1-2-61。

[2] 《新疆维吾尔自治区农垦厅关于贯彻 1960 年接待安置支边青壮年工作会议的指示》，1960 年 4 月 2 日，新疆生产建设兵团档案馆藏，档案号：016-03-0223-1。

密县阿牙桥头搭起了彩楼，挂起了大幅的标语，彩旗迎风招展。江苏青壮年一下火车，少先队员们就献上一束束鲜花，哈密文工团的团员们翩翩起舞，一直陪送他们到欢迎大会会场。①

为了迎接支边青年，乌鲁木齐市商业局、建设局及各人民公社，进行了多日的准备工作，市郊各人民公社为他们安排了住房，准备了西瓜、甜瓜，还准备为他们宰杀猪、羊；市建设局为给支边青年洗尘，买了澡票、理发票，并抽出40余名职工，专门为他们打扫、整理宿舍。乌鲁木齐市接待站的同志们为了使支边青年吃到大米饭，连夜做了一百多桌饭菜。当载着无锡县支边青年的30多辆汽车到达时，乌鲁木齐市委副书记王志良和副市长霍振东亲临现场欢迎，与支边青年热烈握手。②

乌鲁木齐县各生产队普遍宰杀了牛羊，准备了大米饭迎接支边人员，有的生产队还派人到乌鲁木齐市采购新鲜蔬菜和瓜果。县委书记、县长以及公社负责同志亲自带领群众敲锣打鼓去六道湾检查站迎接支边青年，并带着馍馍、西瓜、哈密瓜等物品。在支边青壮年到达生产队时，老社员已准备好了饭菜，举行了欢迎大会和联欢晚会，以及放电影招待。③ 每一批支边青壮年到来，昌吉县都要组织干部群众敲锣打鼓夹道欢迎，有关单位提前到昌

---

① 白炎：《自治区社会主义建设又增加了一支生力军，江苏首批进疆青壮年到哈密，自治区副主席扎克洛夫和哈密各族各界五千多人热烈欢迎》，《新疆日报》1959年7月6日，第1版。

② 《把青春献给祖国边疆建设事业，江苏支边青壮年千余名参加本市建设》，《乌鲁木齐日报》1959年9月4日，第1版。

③ 《乌鲁木齐县人民委员会关于1959年我县对支边青壮年的安置和接待江苏省慰问团的综合报告》，1959年12月27日，昌吉回族自治州档案馆藏，档案号：2-4-19。

吉南山采集松枝，在安置地点搭建彩门，悬挂欢迎标语，举行盛大的欢迎大会。[①]

米泉县在支边人员到来之前，从县到公社，凡是青壮年所到的地方，到处都张灯结彩，扎彩楼、张贴标语、车马挂红，还发动干部写慰问信300余件。[②]木垒县街道两旁的墙壁上书写着"祖国最需要的地方就是青壮年最光荣的岗位""同志们，新疆广阔美丽的土地向你们招手，希望你们去开垦，把它变成美好的花园！""热烈欢迎到新疆参加建设的生力军！"等大幅标语。[③]玛纳斯县在支边人员来临之际，"老社员敲锣打鼓热情欢迎，杀猪宰羊殷勤招待，犹如办喜事一（般）热闹"。[④]博尔塔拉蒙古自治州同心大队的社员听说支边青壮年要来的消息后，全体社员个个欢天喜地，整个大队呈现出一派忙碌的气象。不论劳动、吃饭还是学习，人们都在说着支边青壮年的到来，有的说"半月的准备，可没落空"，有的说"来了人多力量大，好干活"。[⑤]

① 张汉真：《昌吉县接收安置支边青壮年概况》，载昌吉州政协党派社团学习文史委员会编：《昌吉州政协文史资料第33辑》（苏皖鄂青壮年支边在昌吉），新疆维吾尔自治区内部资料性出版物准印证（2010）年第53号，2010年版，第55页。

② 《米泉县关于支边青壮年安置工作的情况报告》，1959年11月4日，昌吉回族自治州档案馆藏，档案号：2-4-19。

③ 李岐山：《木垒县接待安置支边青壮年的回顾》，载《昌吉州政协文史资料第33辑》（苏皖鄂青壮年支边在昌吉），第153页。

④ 《玛纳斯县基本情况和进疆支边青壮年安置生产情况向江苏、湖北两省慰问团的介绍》，1959年11月20日，昌吉回族自治州档案馆藏，档案号：2-14-19。

⑤ 《关于（博尔塔拉蒙古自治州）同心大队安置支边青壮年的工作简报》，1959年10月27日，镇江市档案馆藏，档案号：B21-3-363。

在做好接待工作的同时，各基层安置单位还积极帮助解决支边青年生活和生产的基本需求。由于物资缺乏、交通运输不便等困难，兵团农垦系统尽最大努力做好欢迎、接待和安置等各项工作，力争使进疆的青壮年能够吃好、住好。很多农场利用工余时间或夜晚打土块修房子，清扫原有房屋，检修火墙，安装洋铁炉等。有的农场原来的工人自动搬到地窝子里去住，把房子让给新来的青年。农28团一个连数对准备结婚的老职工因此腾出了房子，推迟了婚期。① 呼图壁县红旗公社单板大队有两户新社员提出住房有些挤的困难时，老社员蒋正清毫不犹豫地把自己新盖的两幢房子腾出来让给他们住，自己一家九口人分住三处旧房子。② 玛纳斯县准备住房1,200余间，北五岔公社在支边青年到来之前，老社员停止了几天生产，专门为进疆人员新砌或整修了宿舍460多间，准备了660多张席子和足以够用的筷碗以及必需的生产工具。当地社员还帮助支边青壮年架炉子、烧炕取暖，介绍保暖的方法，帮助糊窗户、墙门缝等。③

同时，不少地方还组织座谈，开展慰问活动。如五一农场老社员考虑到新社员缺乏基本的生活用品，就集体购买菜盆、水壶等用红漆写上字送给支边青年，以表达自己的心意。有些农场的

---

① 《新疆生产建设兵团一九五九年安置教育支边青壮年工作的简结》，1962年5月16日，江苏省档案馆藏，档案号：4008-002-0016。
② 《（呼图壁县）一年来支边接待安置工作简结》，1960年，呼图壁县档案馆藏，档案号：8-1-266。
③ 《玛纳斯县基本情况和进疆支边青壮年安置生产情况向江苏、湖北两省慰问团的介绍》，1959年11月20日，昌吉回族自治州档案馆藏，档案号：2-14-19。

职工还拿出被子、衣服、鸡蛋等送给支边青年的家属。① 奇台县各族人民主动捐献 3,000 多元，用于添置各种生产生活用具，并捐赠棉衣 4,000 多件，小猪 70 头，鸡 750 只给支边人员。② 农六师对带家属的青年基本达到了每家一个单房，在生活习惯上也作了尽量照顾，如大米集中分给来自湖北、江苏新来的社员吃，并购置了洗澡洗脚用具。③ 玛纳斯县一般都吸收了新社员参加食堂管理，设法提高饭菜质量，在菜肴口味方面也尽量照顾新社员的要求，如新社员不爱吃辣椒，那就少放些或专做一些不放辣椒的菜肴，新社员早饭爱吃稀饭，食堂就专做些稀饭。总之，只要能解决的要求，社队领导和老社员都尽量满足。④

　　可以看出，新疆各基层单位都很重视对支边青年的安置工作，各族人民也非常欢迎他们的到来。但是，由于物质条件的限制，新疆的生活条件尤其是住房问题十分严峻。安置到新建农场的职工多是住在地窝子，安排到人民公社的相对好一些，有一定数量的住房，但房间数量很有限，住宿条件很差。以昌吉县三工公社金星大队为例，该县安置支边青年 283 人，实有房间仅为59 间，平均每间房要住约 5 人，单身社员集体宿舍住人会更多，

---

① 《江苏、湖北、安徽进疆青壮年在农垦系统的情况介绍》，1959 年 11 月 1 日，新疆生产建设兵团档案馆藏，档案号：016-01-0181-9。

② 《关于慰问支援新疆社会主义建设青壮年的工作报告（初稿）》，(1959 年 12 月)，镇江市档案馆藏，档案号：B21-1-18。

③ 《献给湖北、江苏慰问团》，1959 年 10 月，昌吉回族自治州档案馆藏，档案号：2-4-19。

④ 《玛纳斯县基本情况和进疆支边青壮年安置生产情况向江苏、湖北两省慰问团的介绍》，1959 年 11 月 20 日，昌吉回族自治州档案馆藏，档案号：2-14-19。

这些生活上的困难直接影响到对支边青年的巩固工作。

（二）支边青年对新疆的感知与思想动态

尽管青壮年都是抱着满腔的政治热情和劳动热情来参加边疆建设，各基层安置单位对支边青壮年的安置工作尽了最大努力，但由于新疆地理环境特殊，物质条件有限，因此，支边青年普遍感到很难适应。有的青年在入疆前充满信心，但看到戈壁荒滩，人烟稀少的情况以后，思想立即动摇，有的为了要求高额工资而想转到别处工作，也有的不愿干农业生产而要求去工厂。靖江县支边青年周和锁，来疆时只有 16 岁，尽管他进疆前作好了吃苦的准备，可车一停下来，一下子就傻眼了：一望无际的戈壁滩，长满了高大的梭梭草、红柳树，零下二十几摄氏度的低温把人冻得瑟瑟发抖。支边青年的情绪顿时一落千丈，都不愿下车。女青年甚至大哭起来。[1] 有少数人后悔，埋怨想家，有当一天和尚撞一天钟的打算。男同志晚上偷偷哭，女同志干脆在白天放声大哭，思想波动很大。[2] 江阴县云亭公社支边青年到安置点后乱了两天，基本上停工，还有嚎哭之声，他们当时的思想处于无法挽救的状态。[3] 扬州支边青壮年反映，他们最初有"四不"和"三怕"，即：一是生活不习惯；二是生产不熟悉；三是说话听不懂；四是心

---

① 张元梅：《半个世纪的支边情怀——新湖农场三位老人扎根边疆花絮》，《兵团日报》2009 年 11 月 7 日。

② 《关于慰问支援新疆社会主义建设青壮年的工作报告（初稿）》（1959 年 12月），镇江市档案馆藏，档案号：B21-1-18。

③ 《江苏江阴云亭公社青壮年支边总的基本情况汇报》，1959 年 10 月 26 日，镇江市档案馆藏，档案号：B21-3-363。

里不舒服。"三怕"即怕没水洗澡脏死人，怕没有马桶、脚盆难死人，天气太冷要冻死人。很多地方水无一点、树无一棵、房无一间，不少妇女见到这种"秋鸟不下，兽铤亡群"的景象便流泪不肯下车。[①] 新疆生产建设兵团对支边青壮年的思想摸底情况与扬州支边青年的思想动态大概相同，一是新疆荒凉寒冷，与少数民族同志语言不通，有恐惧的思想情绪和缺乏建设的信心；二是害怕亲戚邻居不在一块工作；三是少数不愿搞农业；四是离家万里，回家不易，害怕婚姻问题无法解决。[②] 支边青壮年的思想顾虑主要为以下三种：

（1）工作分配有意见。有些有一定技术的木匠、瓦匠、铁匠、理发员等，未能按原有特长和技术分配工作，大多被分配到农业上去了，因而有意见，要求按技术重新分配工作。如丹阳县东门居委会徐某某写信给父亲说："不听老人言，吃苦在眼前，现在是千里条条（迢迢），回不得家乡，见不得爸娘。只希望来学技术，不瞭（料）来到这地方，荒无人烟，同志们眼泪向（像）江水一样流下，生活过不来，有什么办法呢。"其父亲见信哭了两天，说干部骗他们。[③] 农八师 30 团 14 连罗某某说自己是被骗来的，"说新疆如何地好，来了可以进工厂，没有想到来农场，

---

① 《中共扬州地委批转郁文纲同志"关于参加省慰问团赴新疆慰问支边青壮年的情况报告"》，1960 年 3 月 14 日，扬州市档案馆藏，档案号：B1-2-167。

② 《新疆生产建设兵团一九五九年安置教育支边青壮年工作的简结》（1960年），江苏省档案馆藏，档案号：4008-002-0016。

③ 《丹阳县支边委员会办公室关于青壮年进疆后的工作情况汇报》，1959 年 10 月 13 日，镇江市档案馆藏，档案号：B21-3-361。

场是一个场，还是一个戈壁农场"。[①] 还有一些地方安置工作时没有把夫妻工作分配在一起，据丹阳县反映就有三对。其中有一对因夫妻工作生活不在一起，双方哭哭啼啼。

（2）生活不习惯。不习惯吃冷的和半生不熟的食品，不喜欢吃面食。缺少碗、筷等基本生活用具，如有人说一个面盆要既要做面盆、菜盆，又要用做洗脸、洗脚。用水受限制，缺少澡盆，特别是妇女感到不方便。睡觉没有床，棉衣太单薄。兵团莫索湾二场的江苏支边青年表示，初来时感到一切都不习惯，吃不惯馍馍，住不惯土房、窑洞、地窝子，喝不惯含泥土味的泥水，过不惯既严格又紧张的部队生活。

（3）生产不习惯。劳动时间长，工作任务重，用不惯连听也没听说过的坎土曼等沉重的工具，有的反映一把镰刀比原先要重2/3。

总的来看，大部分人经过短暂的动摇之后都稳定下来了。乌鲁木齐县柴窝堡林场叶春田说："新疆领导这样关心和照顾我们，如有不安心，就对不起党和人民了。"园艺场刘玉祥说："我们在家也是劳动，到新疆也是劳动，正因为这里人少我们才来的，我们一定要将戈壁变成良田，将新疆变成花园一样。"[②] 丹阳县东门居委会矫小青写信给父亲说："现在分配在东风公社，一切很好，按照我的身体来说，应分配在工业上比较合适，但

---

① 《农八师三十团农场支边青壮年安置工作总结》（1960 年），农八师石河子市档案馆藏，档案号：001-002-0647。

② 《乌鲁木齐县人民委员会关于 1959 年我县对支边青壮年的安置和接待江苏省慰问团工作的综合报告》，1959 年 12 月 27 日，昌吉回族自治州档案馆藏，档案号：2-4-19。

作为一个青年来说，应该服从党和政府的分配，请父亲告诉亲戚和左右邻居，在这里很好，他并嘱咐父亲说，有些青年思想不正确，可能说些不好听的鬼话，应该帮助他们家属不要听鬼话。"① 还有的说，"我们是安心扎根，永做新疆人，活是新疆人，死是新疆魂""我们在新疆落户的意志比钢强，我们的生产干劲冲云霄，新老社员的团结比铁牢，我们要把第二故乡建成为祖国大花园"。②

据昌吉回族自治州重点检查排队的情况看，大体可分为三类：第一类，思想稳定，安于农村生产建设的约占 50%；第二类思想基本稳定，有三年制思想（劳动三年就回家）的约占 30%；第三类，不安于农业生产，闹情绪，要求另行安置，或返回原籍，待机逃离的约占 20%。③ 昌吉县有极少数人思想很不稳定，他们主要是社会医生、教员、小商人、手工业者、木匠、泥匠、铁匠、理发师等，这些人在家乡公社是拿工资的，到新疆后未得到安排，一时难以接受。如榆树沟前进大队的教员张某某、医生郭某某、六工公社轧花厂工人徐某某等劳动不积极。徐某某在常熟轧花厂每月工资 30 元，当初动员他来疆时说仍然当工人，因此其妻子也积极报名进疆。来疆后未得到相应安排，妻子骂他，

① 《丹阳县支边委员会办公室关于青壮年进疆后的工作情况汇报》，1959 年 10 月 13 日，镇江市档案馆藏，档案号：B21-3-361。
② 《关于慰问支援新疆社会主义建设青壮年的工作报告（初稿）》（1959 年 12 月），镇江市档案馆藏，档案号：B21-1-18。
③ 《关于支边青壮年安置巩固情况的报告》，1960 年 5 月 30 日，昌吉回族自治州档案馆藏，档案号：1-1-186。

劳动所得也全部被妻子收走，连抽香烟的零用钱也没有。[①]

　　呼图壁县安置支边青壮年6,763名，其中有18%的青壮年思想动荡不安。全县已经开小差的有512人，占支边总人数的8%。这些人虽是少数，但问题相当严重，一小部分人劳动不积极，推推动动，不推不动。有的东打听，西打听，到处了解哪个工厂要用人，工资多少，路途多远，待机准备逃离，因而直接影响生产。正繁户三小队安徽支边青壮年已逃离20人，准备逃跑的3人，思想动摇不定的9人，比较安心生产的仅有8人。这些人思想不稳定的人员中，有一部分是知识青年，没有经过体力劳动的锻炼，思想上轻视劳动，只愿当干部，想做脑力劳动工作。其次是什工和临时工，轻农思想严重，只想到工矿企业当工人。还有少数转业军人，希望生活要过得好些，工资多些，名誉高些，劳动少出些。再次是年轻姑娘，因远离父母，经常想家，或是小孩留在关内，心系两处，情绪不定。在客观上，还有一部分生产队孤立的抓生产，忽视政治思想教育，致使少数支边青壮年思想问题长期得不到解决，也造成一部分人思想不稳。还有一些工矿企业私招乱挖支边青壮年，如石河子天山农场，用汽车在公路上等待准备逃离的支边青壮年。还有些社队在生活安置和新老社员的关系也存在一些问题，也引起了一部分人的不满。[②]

[①]　《昌吉自治州西路慰问工作组对昌吉县支边青壮年慰问工作小结》（笔者据文意自拟标题），1959年11月15日，昌吉回族自治州档案馆藏，档案号：2-14-19。

[②]　《昌吉州党委支边青壮年安置工作检查组对呼图壁县青壮年安置工作情况的汇报》（笔者据文意自拟标题），1960年1月21日，昌吉回族自治州档案馆藏，档案号：1-2-61。

从金坛、丹阳、武进三县支边青年来信中反映的情况来看，绝大部分人思想稳定，来信说好的约 85%，思想情绪略有波动 10%，思想波动较大、叫苦让家里寄钱去要回来的约占 5%。扬中县巩固的约占 80%，思想动荡的约 20%。思想动荡的人员原来多是技术工人、城市服务性行业人员、教师、城市贫民和个别青年学生。更具体讲大概有三种情况：生活在城市中没吃过苦的人；家庭生活比较富裕、娇生惯养的；原来在家工作比较好，到新疆后不如意的。如扬中县有人写信回来骂干部是骗子，把我们这些青年骗到这里，丢到井底爬不上来了。[①] 这部分人主要表现在挑剔工作、争工资待遇以及选择工作地区等方面的问题最多，而真正想回去的是极少数人。

相对于分配到农业系统的支边青壮年而言，分配到工业战线上的则普遍反映较好，他们反映有三好：新疆党委和干部照顾好；物产资源丰富前途好；生活过得好，吃饭不要粮票，牛肉羊肉吃不够。[②] 各种技术工人的思想反映是：新疆生活好，油、肉多，挣钱多。[③] 可以看出，工业战线上的支边青年物质生活条件相对优越，他们的满意度也就比较高。

丹阳县对初到新疆的支边青壮年思想情况的分析为：干部比群众好，农村比城市好，壮年比青年好，男比女好，夫妻比单身

---

① 《（镇江专区）关于支边人员思想动态情况》（1959 年），镇江市档案馆藏，档案号：B21-1-18。

② 《（镇江专区）关于支边人员思想动态情况》（1959 年），镇江市档案馆藏，档案号：B21-1-18。

③ 《（新疆建设兵团农八师）关于江苏、湖北支边青壮年安置工作的总结》，1960 年 8 月 31 日，农八师石河子市档案馆藏，档案号：001-001-0271。

好。[①] 这个结论非常正确，也具有普遍性的特点。因此，如何使支边青壮年真正"安下心，扎下根"就显得尤为重要了。

二、巩固措施与慰问活动

（一）新疆维吾尔自治区的巩固手段

支边青壮年到达基层安置单位后，思乡观念一时还很难克服，扎根的思想还需要经过巩固的过程。在这个过程中，思想上仍会发生这样那样的变化。做好安置巩固工作，既要抓思想教育，又要切实解决好他们生产和生活中的困难，要善于通过并依靠支边青壮年中的干部开展工作，力争做到"政治上关怀他们，生产上帮助他们，生活上照顾他们，感情上体贴他们"[②]。唯有如此，才能调动他们的积极性，增强为边疆建设服务的热情。具体来讲，新疆是通过以下措施来教育和巩固支边青壮年的：

（1）加强组织领导，健全工作机构。安置巩固支边青壮年是一项重大的政治任务，任务大、时间长、涉及面广，必须加强组织领导。自治区党委确定党委书记吕剑人专门负责这一工作，自治区劳动调配委员会办公室也由调配支边青壮年的临时部门列为

① 《丹阳县支边委员会办公室关于青壮年进疆后的工作情况汇报》，1959 年 10 月 13 日，镇江市档案馆藏，档案号：B21-3-361。
② 《关于支边青壮年安置巩固情况的报告》，1960 年 5 月 30 日，昌吉回族自治州档案馆藏，档案号：1-1-186。

正式办事机构。^①自治区党委多次做出指示，要求凡是安置支边青壮年的地区和单位的党组织都要有一个书记分工管理这项工作，并且要调配专管干部，相应地成立劳动调配委员会或劳动调配办公室。各级领导机关必须建立由主要领导人参加的巡回检查和慰问工作制度，经常检查青壮年的安置情况，每年要在工作关键时期集中几次，及时发现解决问题，总结推广经验。在方法上采取现场观摩、评比竞赛等方式，要善于抓两头带中间，注意克服薄弱环节，解决主要问题。各安置地区和单位，要组织召开支边青壮年代表座谈会，听取他们的意见和要求，以检查、总结和改进青壮年的安置巩固工作。^②

（2）加强思想教育，提振民众信心。对支边青壮年的思想教育，一方面要进行一般的宣传教育，如新中国成立以来自治区的建设成就，本部门、本单位的建设情况和发展远景，本地民族风俗习惯、民族政策和民族团结教育等。新疆建设兵团由安置单位领导讲述部队从战斗到生产，人不解甲，马不卸鞍，白手起家，艰辛创业的光荣传统，并给他们介绍一些建设边疆的模范先进人物。农二十团农场四队在老职工中开展了"人人讲农场发展史，人人讲农场发展远景"的活动，对支边青年教育极深。支边青年韩德奎听老职工讲"当年挖苏兴滩大渠没有水喝，用湿土含

---

① 《新疆维吾尔自治区劳动调配委员会关于 1960 年接运支边青壮年工作会议的报告》，1960 年 4 月 15 日，新疆生产建设兵团档案馆藏，档案号：016-03-0223-1。

② 辛兰亭：《关于自治区支边青壮年安置工作的报告——在 1960 年 7 月自治区支边青壮年安置工作会议上》，1960 年 7 月 2 日，新疆生产建设兵团档案馆藏，档案号：007-03-0080-4。

嘴里解渴"的事迹后感动地说："我一定要安心工作，学习老同志克服困难的精神。"①另一方面，还要针对支边青壮年的具体思想问题，采取欢迎会、座谈会、上大课、个别交心谈心、提倡思想互助等，帮助他们克服重工轻农等问题，特别要以党团员为骨干，通过党团组织进行广泛的政治思想教育。召开这些会议的目的，在于对他们进行"四了解"，即每个人进疆的动机、家庭及其生活状况、入疆后的感想和他们的要求，以便掌握其思想状况，为开展思想工作做准备。②农垦厅要求干部做到"七知""五员"。其中，"七知"即知姓名、知性情、知心情、知历史、知表现、知困难、知籍贯。"五员"即宣传员、指挥员、生产员、技术员、福利员。根据不同的时期制定不同的教育内容，目的在于解决"二关""一途"，即苦与甜的关系，工业与农业的关系，农业是否有前途？农四师共青团农场的经验是开好"三个会"：一是全体进疆青年大会，举行联欢、慰劳，介绍建场经过、生产计划与发展远景，追述老战士、老职工披荆斩棘、艰苦奋斗的动人事例，激发青年人旺盛的劳动热情；二是召开随迁干部、党团员、积极分子会议，通过听取支边青年的反映和要求，组织核心力量，把思想教育工作深入到每个支边青年的心目中去；三是召开由领导干部、老少家属参加的新老战友座谈会，问寒暖、拉家常，使青年人处处有亲人，进场如同到了家。与此同时，还组织支边青年到老场去参观、访问，通过看真人真事，不断巩固教育

---

① 《新疆生产建设兵团一九五九年安置教育支边青壮年工作的简结》（1960年），江苏省档案馆藏，档案号：4008-002-0016。
② 《新疆生产建设兵团一九五九年安置教育支边青壮年工作的简结》（1960年），江苏省档案馆藏，档案号：4008-002-0016。

成效。① 兵团机运处组织开展"一经、二解、三包、四不、五做到"活动，即一经常向支部汇报思想情况；二解决同志的思想问题和解决生活上的问题；三包思想、包学习、包后进群众；四不想家、不闹个人问题、不违犯纪律制度、不在学习中打瞌睡；五做到安心建设边疆、做到努力学习、做到团结互助、做到遵制度讲卫生、做到克服困难，以改变部分青年生活闲散，自由散漫的习气。② 兵团农一师政治部专门安排一名副主任负责支边工作，宣传部定期刊出支边工作简报，师里办的报纸也开辟了支边工作专栏。同时，还分别召开支边青壮年中的复员军人、党团员、班长以上的干部、老年家属座谈会，了解他们的思想情况和基本要求，耐心地进行教育。③

　　各安置单位在教育方法上，着重抓两头带中间，多进行正面教育。兵团各安置单位在支边青壮年中抓典型，立标兵，展开学、比、赶、帮运动，不到半年时间里，培养的积极分子占新工人的1/4以上。同时根据青壮年上进心和荣誉感强的特点，掌握"气可鼓而不可泄"的原则，对他们采用多表扬少批评的办法，调动他们的积极性。农二十一团四队在秋收拾花阶段，青年们开始工效低，党支书不批评，而是把他们学会了双手拾花的优点在广播上大力宣扬。如左振国第一天拾60多斤，第二天比

---

① 顾洪章、于廷栋：《共青团农场安置和教育支边青年的几点经验》，《新疆日报》1959年10月28日。
② 《〈新疆军区生产建设兵团机运处〉关于接待安置支边青年工作的简结报告》，1960年6月28日，新疆生产建设兵团档案馆藏，档案号：006-01-0404-6。
③ 会议秘书处编：《安置支边青壮年工作会议简报》第4期，1961年6月1日，农六师芳草湖总场档案室，目录号3，卷号72。

第一天多拾了 1 斤，广播说提高 1 斤也是进步，以后还要提高。在党支部的鼓励下，左振国拾花工效天天提高，达到每天拾花一百六七十斤，最后一天拾了 403 斤，当上了拾花能手。①

在做好支边青壮年教育工作的同时，还要切实解决好基层干部的思想认识问题。要教育基层干部认识到做好安置青壮年工作的重大意义，彻底克服歧视排外情绪和各种不正确的思想认识。同时，还要教育基层干部懂得安置工作不但不会影响生产，反而有利于生产的发展，使他们放下包袱，纠正只孤立抓生产，忽视安置工作的倾向。此外，还必须教育他们认识到安置巩固工作的长期性和艰巨性，纠正简单粗暴、强迫命令做法，改进工作作风。② 具体讲，就是要做到"三同""一及""四反"，即同吃、同住、同劳动的作风，发现问题能及时解决，反对工作粗心大意，反对粗暴行事，反对简单急躁情绪，反对违法乱纪的工作作风。③

（3）发扬互助合作精神，切实解决支边青年生产生活困难。支边青壮年因初创家业，生产、生活上的困难较多，很难一下子完全解决。而生活问题又是他们的切身需要，解决不好，就会影响思想情绪。因此，自治区要求各安置单位必须深入了解支边青壮年的实际困难，能解决的立即解决，暂时不能解决的，要做好

① 《新疆生产建设兵团一九五九年安置教育支边青壮年工作的简结》（1960年），江苏省档案馆藏，档案号：4008-002-0016。

② 辛兰亭：《关于自治区支边青壮年安置工作的报告——在 1960 年 7 月自治区支边青壮年安置工作会议上》，1960 年 7 月 2 日，新疆生产建设兵团档案馆藏，档案号：007-03-0080-4。

③ 《新疆维吾尔自治区农垦厅关于贯彻 1960 年接待安置支边青壮年工作会议的指示》，1960 年 4 月 2 日，新疆生产建设兵团档案馆藏，档案号：016-03-0223-1。

解释，不要随便许愿。在伙食方面，本着有啥吃啥，吃饱、吃好、吃的卫生的原则进行调剂，并适当照顾各地青年生活习惯。住房问题，新建农场困难较大，要逐步解决，但必须按户安置，避免三四家或公婆儿媳同居一室的情况。为切实解决青年们初到时在穿的、铺的、盖的等方面的困难，在安置单位力所能及的情况下给予解决一部分外，各单位还开展互助活动，老社员捐赠了大批的物资和现金。根据青年们刚离开家乡，乡土乡亲观念比较浓厚的特点，在工作分配和生产安排上也给支边青年必要的、适当的照顾。基本的做法是：先集中后分散，靠近不离远。对夫妻双方干同一工种的编在一个班(组)里，使他们双方能互相照料。即使不是同一个工种，也从团聚方便的角度去分配工作。干活先轻后重，按体格和个人要求适当调整，并且在初来时，还特意为他们制定了较老工人低的劳动定额标准，多给他们提供一些完成任务的方便条件。[①] 木垒河县园艺场在劳动调配上采取"四调四不调"的做法照顾支边青壮年，即：调近不调远，调轻不调重，调强不调弱，调男不调女。乌苏县东风公社马场湖大队在生活上帮助支边青壮年搞家庭副业、喂猪、养鸡，供销社分到队里的东西，也是首先满足支边青壮年的需要。[②]

由于大部分支边青年进疆时携带的衣物很少，进疆后大都从事开荒造田，兴修水利等工作，衣服磨损大。加之新疆布票供应

---

① 《1959 年接运安置支边青壮年的工作情况和 1960 年的工作意见——辛兰亭副主席在自治区接运安置支边青壮年工作会议上的报告（记录稿）》，1960 年 3 月 22 日，新疆生产建设兵团档案馆藏，档案号：007-03-0080-3。

② 会议秘书处编：《安置支边青壮年工作会议简报》第 4 期，1961 年 6 月 1 日，农六师芳草湖总场档案室，目录号 3，卷号 72。

标准低，为了保证支边人员安全过冬，自治区决定除支边人员定量的布票供应外，再拨出60万米支边专用布票和15万市斤棉花集中使用。该项布票和棉花专为添置或修补过冬衣服、被子之用，以保证不冻坏人为目的，绝不准挪用补助其他人员和挪做其他用途。自治区还特别规定布票和棉花不准平均分配，对过冬有困难的支边人员采取"缺面补面，缺里补里，缺补丁补补丁，缺棉花补棉花，不缺坚决不补"的原则进行补助，集中解决过冬有可能挨冻的人员，有余时再补助一般困难人员。这次补助布票和棉花为专用票，使用期至1961年12月31日止，过期作废。①这在中国农业生产连续两年受到重大自然灾害，全国居民用布标准大为压缩的情况下，挤出一大笔布匹和棉花补助支边人员，也很不容易。

新疆维吾尔自治区1959—1961年间拨发支边青壮年生活困难补助费5,827,941元，下拨修建住房的木料35,000立方米，冬夏服布票近百万米，仅1961年就下拨棉花16万市斤。②昌吉回族自治州考虑到支边青壮年在新疆安家落户以及熟悉当地农活和生产工具也需要一个过程，在支边青壮年每月所得劳动报酬的基础上再给予10%—15%的生活补贴，时间为半年。③玛纳斯县

---

① 《新疆维吾尔自治区劳动调配委员会、新疆维吾尔自治区商业厅关于支边青壮年过冬临时补助布票棉花分配方案和使用办法的联合通知》，1961年10月，新疆生产建设兵团档案馆藏，档案号：016-03-0225-12。
② 《新疆维吾尔自治区劳动调配委员会关于报送三年来支边青壮年安置巩固工作的报告》，1962年8月4日，江苏省档案馆藏，档案号：4008-002-0025。
③ 《关于支边青壮年劳动报酬之外暂予补贴问题》，1959年11月27日，昌吉回族自治州档案馆藏，档案号：1-2-61。

220

北五岔公社红星大队第五生产队长吕思瑞，当支边人员生病时，他亲自赶上车送去看病。支边社员喜欢吃大米，就指示食堂做两锅饭，给支边青年吃大米，给当地社员吃黄米等，使支边人员备受感动。昌吉县三工公社春光大队有 5 名支边人员因不慎将衣被全部烧掉，该队当即发动群众捐款 300 多元，帮助解决了布票，并为他们做好了棉衣和被褥等。[①] 农四师共青团农场养猪场二队副指导员李元有怕支边青年夜里冻着，亲自去给他们盖被子；队长贺志洪听说有支边青年张吾迎光着脚下田劳动，就把自己的鞋子送给他们穿。[②] 这些日常生活上的关怀，深深地打动着支边青壮年，也使他们在当地牢牢地扎下了根。

　　（4）大胆使用和依靠随迁干部，做好支边青年的巩固工作。支边青年初到新疆，在没有同安置单位建立感情之前，思想状况是不好抓的。俗话说，"土不亲人亲"，青年们都听从随迁干部的话，也愿意向他们反映问题，"随迁干部一句是能顶上当地干部说十句的"。[③] 随迁干部中有许多人曾与支边青壮年朝夕相处，他们最熟悉支边青壮年的具体情况，在支边青壮年中也有一定的威信。他们是进疆人员中的骨干，是协助做好生产，安定进疆人员情绪，教育和鼓励进疆青壮年积极参加生产的重要力量。因此，各地对随迁干部一般都按照原职原级安置外，并且根据需

① 《关于支边青壮年安置巩固情况的报告》，1960 年 5 月 30 日，昌吉回族自治州档案馆藏，档案号：1-1-186。

② 顾洪章、于廷栋：《共青团农场安置和教育支边青年的几点经验》，《新疆日报》1959 年 10 月 28 日。

③ 《1959 年接运安置支边青壮年的工作情况和 1960 年的工作意见——辛兰亭副主席在自治区接运安置支边青壮年工作会议上的报告（记录稿）》，1960 年 3 月 22 日，新疆生产建设兵团档案馆藏，档案号：007-03-0080-3。

要和可能，有的还作了适当提拔。新疆生产建设兵团对随迁干部参考原来职务基本上全部安排了干部工作，一般仍保持原来的职务。原来作队长的，仍当生产队的队长或者副队长，原任党支部书记的，改任生产队政治指导员或副指导员，区、县干部均以同级职务安置了各级领导工作。对不属调干的非脱产干部，来时担任青年队伍中排长、分队长、班、组长的，大部分也仍以原职使用。青年学生一般都作了培养和分配了业务工作。1959 年，根据工农业发展的需要，对初中以上文化程度的，由兵团干部部统一挑选培训，送到石河子政治干校、农学院、卫生学校培养深造的有 278 人；小学和部分初中程度的，由动员省选送到上海、天津、北京、东北、西安等地工厂学习纺织、毛纺、制糖、帆布等培训的有 623 人；各单位送入红专学校、训练班和工厂学开拖拉机、汽车驾驶、修理工等的人数更多。部分有一定专业技能和特长的，分配了会计、统计、文书、保管、打字、事务长等业务工作。[①] 兵团农四师共青团农场对有干部关系和有党、团组织介绍信的，大胆使用；对表现积极，又有工作能力的，大胆提拔。对随迁干部进行安排以后，凡是有关支边青年的工作，都通过他们去做；讨论有关支边青年的问题，也尽量采纳他们提出的意见与做法，同时在新老职工中间，处处为他们树立威信，使他们很快受到群众的爱戴。[②]

---

① 《〈新疆生产建设兵团〉对江苏、湖北、安徽三省支援新疆社会主义建设青年安置工作的简结报告》，1959 年 10 月 25 日，新疆生产建设兵团档案馆藏，档案号：004-05-0475-10。
② 顾洪章、于廷栋：《共青团农场安置和教育支边青年的几点经验》，《新疆日报》1959 年 10 月 28 日。

1960 年 5 月，昌吉回族自治州为了顺应支边青壮年大量增加的新趋势，决定从农村选拔 700 名支边青壮年充实到工矿、企事业机关的工人和干部队伍。抽调人员必须政治可靠，年龄 30 岁以下，具有高小以上文化程度，在生产劳动中表现较好等条件，其中共产党员、共青团员必须占 50% 以上。为了避免影响正常的生产、工作秩序，选拔工作是通过抽调的方法进行，不在群众中公开宣传。[①] 同年 11 月，根据中央、自治区党委关于加强农业生产战线指示的精神，昌吉回族自治州党委决定"凡是未调来的一律不调，已调来的不予退回，由州分配工作"[②]。虽然从农村青壮年中选拔工人和干部的举措未能很好实施，但也从一定程度上说明了新疆对支边干部的选拔和使用是非常重视的。

从各地安置支边青壮年的工作来看，善于通过并依靠支边青壮年中的干部进行工作，是做好安置巩固工作的重要经验。但 1959 年对支边青壮年的随迁干部的分配和安置工作有些混乱现象，有的到了尾亚就离开了支边青壮年的队伍到自治区报到，也有些未到基层安置单位就被主管部门抽调走了，给基层安置工作造成一些困难。为此，自治区明确提出，支边青壮年中随迁干部的分配统由自治区驻支援省代表团根据具体情况决定，各安置单位的接人干部不得中途改变代表团的决定；随迁干部不分级别，一律随同支边青壮年到达基层安置单位，同原带领的支边青壮年

---

① 《关于从农村抽调支边青壮年充实工矿企事业机关的工人和干部队伍的通知》，1960 年 5 月 15 日，昌吉回族自治州档案馆藏，档案号：1-1-186。

② 《关于不再从农村抽调支边青壮年充实工矿企事业机关的工人和干部队伍的通知》（笔者据文意自拟标题），1960 年 11 月 2 日，昌吉回族自治州档案馆藏，档案号：1-1-153。

一起工作和劳动，待支边青壮年基本巩固后，如有必要再另行调动。① 这样做大大有利于支边青壮年的巩固工作。

（二）江苏省的慰问活动

为进一步巩固支边青壮年在新疆安心扎根的思想，鼓舞他们的生产干劲，同时为了总结支边工作经验，江苏省委组织了代表团慰问支边青壮年。慰问团共 192 人，江苏省副省长管文蔚任团长，省、地、市、县代表和代表团工作人员 69 人，文工团 123 人。该团于 1959 年 10 月 20 日开始进疆，12 月 21 日慰问工作全部结束。

为了体现家乡亲人对支边青壮年的关心，以安定和鼓舞在疆人员的生产积极性，江苏省要求各地有重点地发动支边青壮年家属给支边青壮年写一封信，报告他们在家生产、生活情况，鼓励他们的家人在疆安心工作，搞好生产。还特别要求事先要对家属进行教育，防止信中内容起副作用。在支边任务比较集中的地区，并以公社、大队、青联、妇联等团体名义写信，以示慰问。②

江苏省的慰问活动是根据自治区党委的指示，与湖北省慰问团采取混合编组、分头慰问的形式，同时对江苏、湖北两省的青壮年进行慰问。整个慰问活动分三个阶段进行：第一阶段与湖北

① 《新疆维吾尔自治区党委批转自治区劳动调配委员会"关于支边青壮年中随迁干部安置问题的请示报告"》，1960 年 5 月 25 日，昌吉回族自治州档案馆藏，档案号：1-2-55。

② 《关于去疆慰问支边人员有关事项的补充通知》，1959 年 10 月 11 日，镇江市档案馆藏，档案号：B21-3-370。

省慰问团混合编成七个分团，分别在昌吉、伊犁、博尔塔拉、巴音郭楞等自治州以及喀什、阿克苏、库尔勒、塔城、阿勒泰等专区所属各县进行慰问。从11月3日开始，到26日以后陆续结束；第二阶段集中在乌鲁木齐市进行慰问，从11月28日开始，到12月6日结束；第三阶段在哈密专区和吐鲁番、鄯善两个直属县进行慰问，从12月13日开始，同月21日全部结束。

慰问活动一般是采取慰问大会、座谈会、个别访问、有线广播等方式结合进行。据不完全统计，江苏省先后召开慰问大会222次，慰问支边青年102,299人，其中江苏支边青年58,221人，占江苏省支边青壮年的95%以上。举行座谈会318次，参加座谈的支边青壮年5,971人，老职工和老社员727人。被访问的支边青壮年12,086人，老职工和老社员660人。举行广播大会3次。在慰问大会后，举行慰问演出，并邀请当地干部、老职工、老社员和各族人民参加。此外，还举行了一些招待演出，共演出331场，有观众280,698人，其中支边青壮年101,334人次。[1] 慰问团提出的行动口号是："哪里有亲人，就到哪里慰问，争取和每一个支边青壮年见面。"[2] 他们坐爬犁、乘马车，翻山涉水到支边青壮年所在的生产单位去。每到一个地方不休息就上妆出演，常常一天演两三场。有时为了多演几出戏，他们常常一人在同一戏中充当两个甚至三个角色。有时刚到一个地方，便立即搜集当地支边青壮年的模范事迹改编成小曲演唱。苏、鄂两省演出楚剧、

---

[1] 《关于慰问支援新疆社会主义建设青壮年工作的报告》，1959年12月31日，江苏省档案馆藏，档案号：4008-002-0007。

[2] 《江苏、湖北慰问团深入天山南北慰问亲人，支边青壮年受到亲切慰问干劲倍增》，《新疆日报》1959年11月28日。

锡剧、汉剧、淮剧、扬剧、京剧、杂技、歌舞等精彩节目演出
500 多场。^① 1959 年 11 月 12 日，江苏、湖北慰问支边青壮年代
表团在额敏县及国营农场塔额总场进行露天慰问演出时，大雪纷
飞，寒气袭人，慰问团演员仍然热情不减，坚持冒雪演出，支边
青年李延才旋即作诗一首，以示感激之情。

赞雪地慰问演出
李延才
观众皮衣紧裹，演员曼舞轻歌；
寒气侵骨人心暖，大地一片腾欢。
亲人慰问心长，那管冰地雪天；
恰似梅花腊月开，顽强精神可赞。^②

很多青壮年看到慰问团就流下了兴奋感激的热泪，他们说
"看着您们就跟见到我们的爸爸妈妈一样"。青壮年见到慰问团的
任何成员，他们都称"亲人"。吉木萨尔县三台公社三大队支边
青壮年邱仁方，听说慰问团前来慰问，一轱辘从炕上爬起来，左
鞋穿在右脚上，跑出来迎接慰问团，一句话也说不出，只是抓着
代表的手往自己房里拉。^③ 这表达了支边青年见到家乡亲人的亲
切之情。

---

① 《江苏、湖北慰问支边青壮年代表团经过月余辛勤跋涉，完满结束南北疆
　　慰问活动》，《新疆日报》1959 年 12 月 10 日。

② 李延才：《赞雪地慰问演出》，《新疆日报》1959 年 11 月 28 日。

③ 《江苏、湖北慰问支边青壮年代表团活动情况简要总结》，1959 年 12 月 10
　　日，昌吉回族自治州档案馆藏，档案号：2-4-19。

通过慰问活动，大大增强了青壮年支援边疆建设的光荣感，鼓舞了他们的干劲，坚定了他们在边疆扎根、开花、结果的思想。自治区党委书记吕剑人坦言："如果没有他们（指慰问团）进行广泛深入的动员教育工作，只靠我们来做好安置工作是有困难的。"[①] 慰问团走到哪里，哪里就出现报喜献礼的热潮。有些单位的献礼台上出现了超额400%，甚至1,000%的惊人成绩，他们豪迈地喊着："英雄儿女在边疆，青春烈火烧大荒，戈壁变成幸福地，一颗红心献给党。"[②] 代表团在慰问中收到青壮年的决心书、保证书5,000多件，表达了他们的雄心壮志。在伊犁地区的一批青壮年集体作诗道：

> 瑞雪轻飘，天山在欢笑；亲人来到了，人人喜上眉梢；一片诚心写纸上，向党把决心表；为了边疆各族人民，何惧艰苦辛劳；我们热爱家乡，更爱祖国边疆的富饶；我们永远跟着党，一颗红心永不动摇；我们誓与各族人民一道，飞跃再飞跃。[③]

通过慰问活动，进一步鼓舞了支边青壮年的干劲，提高了劳动效率，如工建十一团九连十二班董相柱小组五个人即完成了

① 《自治区党委吕剑人书记在自治区1960年接待安置支边青年工作会议上的讲话（记录稿未经本人审阅）》，1960年3月25日，新疆生产建设兵团档案馆藏，档案号：007-03-0080-3。

② 诸葛慎：《我们要进一步做好支边工作——在欢送湖北、江苏慰问支边青壮年代表团大会上的告别词》，《新疆日报》1959年12月11日。

③ 《(社论)向湖北、江苏两省慰问团致谢》，《新疆日报》1959年12月11日。

68.3 方土，平均每人每天由 4.25 方提高到 13.6 方。[1] 有的支边青年一天积肥 5,000 斤，有的矿工一天砸矿石 4.3 吨，有的超过生产定额 3—5 倍，最高的达到 10 倍。[2]

在慰问活动结束之际，江苏省副省长、慰问团团长管文蔚也作诗两首寄语支边青壮年。

寄支边青壮年

管文蔚

（一）

万里度阴山，支边莫等闲。

一身献祖国，不愧英雄汉。

（二）

峨峨天山下，英雄处处歌。

良田满戈壁，沙漠多成河；

荒地年年少，新城日日多。

千秋万古业，壮志莫蹉跎。[3]

这两首诗赞扬了支边青年在边疆开发建设中的贡献，并勉励他们立下雄心壮志，再创佳绩。江苏省委、人委也鼓励支边青壮年"立大志、鼓大劲、流大汗，艰苦奋斗"，把新疆建设成为美

① 《阜康县人民委员会关于江苏、湖北慰问支边青壮年代表团活动情况的报告》，1959 年 11 月 20 日，昌吉回族自治州档案馆藏，档案号：2-4-19。
② 《千里来慰亲，鼓午（舞）英雄心——江苏湖北两省慰问支边青壮年代表团在新疆》，《新疆画报》1960 年第 1 期。
③ 管文蔚：《寄支边青壮年》，《新疆日报》1959 年 12 月 9 日。

丽幸福的乐园。①

　　支边人员还纷纷向当地党政领导及慰问团表示决心、送喜报和保证书及感谢信，还把他们平时荣获的劳动能手证、光荣榜以及各种奖状交给慰问团，让他们带回家乡的公社、生产队、家庭报喜，并保证在新疆党政的领导下安心扎根，积极工作，超额完成各项建设工作。和什图拉盖矿区的支边青壮年也作了一首诗歌，赠送给慰问团，以示他们建疆立业的决心：

　　　　春风杨度正门关，志在边疆是好汉，争向亲人献厚礼，誓要新疆赛江南。

　　　　江东子弟满天山，面向边疆不等闲，劳动竞赛迎亲人，边疆不成死不还。②

　　江苏省组织的慰问活动，不仅鼓舞了支边青壮年的干劲，还有助于全面了解他们生产、工作、生活情况，探索和总结了支边工作经验，对更进一步做好安置工作起到了促进作用。同时，也为湖北、江苏等地更好地做好动员和组织支边工作，以及自治区各地更好地安置、组织支边青壮年生产、生活等一系列工作创造了良好的条件。

_____

① 《中共江苏省委、江苏省人委给江苏支边青壮年的慰问信》，《新疆日报》1959年11月1日。
② 《中共扬州地委批转郁文纲同志"关于参加省慰问团赴新疆慰问支边青壮年的情况报告"》，1960年3月14日，扬州市档案馆藏，档案号：B1-2-167。

第四章 江苏青壮年家属陆续接迁入疆

接迁支边青壮年家属进疆，使他们与亲人团聚，是促进生产和巩固支边成果的一项具有重要政治意义的工作。然而，虽然多数家属迫切希望与亲人相见，但让他们彻底搬家，远离三亲六故，他们的思想状况又是复杂而嬗变的。1961 年，在全国面临严重自然灾害的情况下，国家毅然作出了迁移支边青壮年家属的决定，迁移省与安置省做了大量准备工作，中央有关部门也给予了大力支持，但实际接迁人数仅占计划数的 20% 左右。因此，国家也随之调整了接迁家属的方式，由国家统一组织的大规模集体接迁变为对口县市零星接迁，分批进疆。1963—1965 年间，接迁家属任务完成相对较好，江苏省进疆人数占计划数的 50% 左右。造成接迁效果不良的原因，除了家属的思想顾虑外，还有接家卡片登记不准确和接迁干部的工作作风问题。

第一节　接迁家属的起因与接迁对象的选择

由于边疆地区安置条件有限，国家对随迁支边青壮年家属进疆人数一般控制得较紧。但由于思恋亲人和分居两地的诸多困难，使青壮年及其家属容易产生思想波动，不利于进疆人员的思想巩固工作，这是接迁家属的直接原因。接迁的对象以支边青壮年的直系亲属为主，其他亲属如确系依靠支边青壮年生活的，根据具体情况个别处理，也可一并接迁。

一、接迁家属的缘由

1959—1960 年间，江苏省共动员 12 万多名青壮年进疆，他们约计有家属 14 万余人，除已随支边人员一起进疆和 1959—1960 年间零星进疆的 1 万多人外，绝大部分都仍留在江苏。[①]其中，除少数因有子女未进疆或其他原因不打算进疆外，需要进疆的占支边青年的 70%左右，这些人员大都是受随行家属比例的限制而留在江苏的，他们进疆的要求很迫切。特别是 1959 年支边人员的家属，经常到县、公社吵闹，要求迁送进疆。这些人员中，有一部分是进疆青壮年的配偶，大部分是小孩和少数老人。其中不少老人和小孩因原籍家中无人，要靠亲友抚养，他们长期未能进疆，群众议论较多。还有的青壮年因留下老小时间太长，当地人民公社在生活供应上亦有一定的困难。据新疆驻江苏工作组的调查，淮阴专区 1959 年上半年进疆 8,000 人中，已婚男女有 5,809 人，双方同去的 1,954 人，一方去的有 3,855 人，占已婚男女总人数的 66.36%。这些家属一般都有劳动能力，但因有两三个孩子而未去。为了避免支边青年及其家属思想波动和减轻公社供应困难，淮阴专区希望能够尽早考虑支边青壮年家属

---

① 《关于迁送支边人员家属进疆与动员支边自返人员返疆的工作部署意见的报告》，1961 年 8 月，江苏省档案馆藏，档案号：4008-001-0012。

进疆。① 在家属中还发生了一些严重的问题，如有个别女方留下的已改嫁，男方在家的要重娶，影响很不好。已进疆的支边人员要求家属团聚的愿望也很迫切，不少人写信到原籍政府要求迁送，并有少数人员因这个问题未获解决而倒流回来。家属进疆问题如不很好解决，不仅不利于进疆人员的思想巩固，而且对以后的动员工作也有很大阻碍。②

与支边家属强烈要求进疆愿望不匹配的是，由于新疆住房条件的限制，对随迁家属的人数一般都控制得很紧。无论是人民公社、兵团，还是农牧、工交系统，都面临一个共同的难题——住房问题，以及随着人口增加而带来的物资供应困难，如衣被、生活用具等。③ 1959 年进疆家属仅占支边人员的 5%—10%，支边人员的意见比较多，均希望家属能早去新疆。④ 为此，江苏省委建议新疆党委加强对这一工作的关心与领导，从组织上布置各接收单位，尽早把家属接去。新疆维吾尔自治区党委表示："关于支边青年家属的问题，从安置巩固工作出发，我们很希望进得越快越好。但限于目前自治区的运力和安置力量的关系（主要是缺乏房屋，没有力量帮助这样多的人一时建筑很多住宅），当年或

① 《江苏省今后支边任务的安排和家属去新疆的意见》（笔者据文意自拟标题），1959 年 6 月 22 日，新疆生产建设兵团档案馆藏，档案号：016-03-0223-4。
② 《江苏省支边办公室函复农垦部移民局关于征求意见的函》（笔者据文意自拟标题），1960 年 3 月 16 日，江苏省档案馆藏，档案号：4008-002-0011。
③ 会议秘书处编：《安置支边青壮年工作会议简报》第 4 期，1961 年 6 月 1 日，农六师芳草湖总场档案室，目录号 3，卷号 72。
④ 《关于当前支边工作简况和今后工作意见》，1959 年 5 月 30 日，江苏省档案馆藏，档案号：4008-001-0004。

安置后的第一年进家属多了有困难"①。可见，当时江苏与新疆就如何接迁家属的问题尚未达成一致意见。此时，睢宁等县写信询问支边青壮年家属要求去疆应如何处理，江苏省的意见是：凡符合支边条件的家属坚决要求去疆者，可以同意其前往，但应作为支边青壮年处理，发给路费和棉衣等物品，由各市、县支边委员会直接介绍其至新疆维吾尔自治区劳动调配委员会。在介绍时各市、县应进行登记，并作为支边的任务。不符合支边条件的家属在取得支边青壮年所在单位同意后，可以批准，去新疆所需路费一律由家属自筹。各市县支边办公室可出具证明，并请火车站按照优待移民的规定给予接待。②

从各地的情况来看，许多青年都要求把家属接去，移出地区也希望能够早迁，但有些条件较差的安置单位，则要求推迟接迁家属的时间。根据以往的经验，晚接对巩固工作不利，而早接有的安置单位又确实有困难。为此，1960 年 1 月农垦部指出，安置地区要加强生产建设，积极创造条件，解决住房和口粮问题，一般争取在安置后的第二年开始迁移家属（即 1959 年外迁青年的家属从 1961 年开始迁移），先少后多，逐年接去。凡符合动员对象的家属，都可作为外迁青壮年的任务。对安置在工矿、交通、林业、财贸和基本建设等部门的青壮年，其接迁家属的经费

---

① 《新疆自治区党委关于 1960 年接迁支边青壮年家属工作给农垦部、江苏省、湖北省、安徽省和湖南省的函》（笔者据文意自拟标题），1960 年 2 月 16 日，湖北省档案馆藏，档案号：SZ1-02-0681-027。

② 《江苏省动员青壮年参加新疆社会主义建设委员会办公室关于支边青壮年家属要求去疆问题的通知》，1960 年 1 月 27 日，江苏省档案馆藏，档案号：4008-001-0009。

由相关企业开支，安置在国营农牧场和人民公社的，由中央移民经费开支。开支项目为车船费、途中伙食和医药补助费等。[①]

同进，新疆也认识到接迁家属对于巩固支边青壮年的重要性，时任自治区副主席辛兰亭表示："不管有多少困难，要克服，一定要接。青壮年进疆的时候，就讲过，过两三年把他们的家属接来，讲了就要兑现，我们不能只要劳动力，不要家属。"[②]但由于支边青年家属人数多，各安置单位的条件不同，工作和地区分布牵涉面又很广，特别是涉及运输力量的统一组织与安排。在家属何时进疆、怎样进疆问题上，新疆认为必须有计划、有步骤、有组织、有领导地进行，并结合中央精神提出了接迁家属工作的基本原则：

1. 第一年进疆的支边青年的家属，第二年原则上不接。各安置单位在这一年里有计划的修建房屋，为接家属做好准备。但支边青年家属中符合支边条件的，则由动员省尽可能地批准他（她）们提前进疆。

2. 虽然是第一年进疆的支边青年，如果安置单位有条件在第二年全部或部分的接迁支边青年的家属，则应该积极进行接迁工作，但必须先报所属主管部门，由主管部门转报自

---

① 《农垦部党组关于1959年动员青年参加边疆建设工作情况和1960年计划数字的报告》，1960年1月18日，载农垦部政策研究室、农垦部国营农业经济研究所、中国社会科学院农经所农场研究室编：《农垦工作文件资料选编》，农业出版社1983年版，第376页。

② 《辛兰亭副主席在1961年安置支边青壮年工作会议上的总结发言》（1961年6月），江苏省档案馆藏，档案号：4008-002-0020。

治区劳动调配委员会统一安排，同动员省联系，正式介绍前去。凡不经自治区劳动调配委员会同意者，各动员省可以拒绝受理，运输上亦不予安排，可以在支边经费报销的费用也不予报销。

3.支边青年家属进疆的车船费、途中伙食费、途中医药费等三项由国家开支。安置在国营农牧场和人民公社的从支边经费报销，自治区劳动调配委员会核拨；安置在其他部门的由各该单位解决。①

可以看出，新疆维吾尔自治区在接迁家属问题上，遵循了中央的基本精神，同时又放宽了接迁条件，即只要符合支边青年条件的都可以尽快接迁进疆。

1960年7月27日，自治区党委会议研究决定："凡有条件的单位（如生产兵团）可在今年下半年随同进疆支边青壮年接进一批以前进疆支边青壮年家属。"根据这个精神，各安置部门和单位，如果住、食、取暖设备等能够准备或已准备的，就必须积极准备接迁1959年进疆支边青壮年的家属，原则是量力而为，能安置多少接多少。接运的办法是：安徽支边青壮年的家属即随进疆的安徽支边青壮年列车一同进疆；江苏、湖北支边青壮年的家属，由各主管部门和单位组织一定数量的得力干部前去组织接

① 《新疆维吾尔自治区劳动调配委员会关于征求接迁支边青年家属问题的意见的通知》，1960年4月19日，新疆生产建设兵团档案馆藏，档案号：016-03-0223-3。

运，乘客车进疆。① 由此，新疆官方组织的接迁家属的活动正式开始，但这些接迁规模较小，人数也很少。

1961 年 3 月 22 日，在广州召开的中央工作会议通过《农村人民公社工作条例（草案）》，共 10 章 60 条，故简称《农业六十条（草案）》。该条例是党中央调整农村政策、纠正人民公社化过程中极左倾向错误的重要文件。"农业六十条"对于纠正社、队规模过大，纠正平均主义，反对"一大二公""共产风""浮夸风"等一系列问题都有重要意义。但草案仍肯定了供给制，要求供给与工资"三七开"，并强调要继续办好公共食堂。《农业六十条（草案）》虽然通过，但它并不符合农村的实际。从刘少奇、朱德、邓小平、陈云、彭真等中央负责同志在湖南、河北、四川、上海、北京等地的调查发现，在人民公社化运动中一度被看作具有"共产主义萌芽"性质的公共食堂和供给制，却被人民群众认为是弊端和缺点最大、最多。在大量调研的基础上，1961年 5 月 21 日至 6 月 12 日，中央在北京召开会议，对"农业六十条"内容进行了重大修正，形成了《农村人民公社工作条例（修正草案）》，其最主要的内容是取消供给制和解散公共食堂。关于公共食堂问题，"农业六十条"修正草案第三十六条规定"在生产队办不办食堂，完全由社员讨论决定""社员的口粮，不论办

---

① 《新疆维吾尔自治区劳动调配委员会关于今年下半年接支边青壮年家属的通知》，1960 年 8 月 12 日，新疆生产建设兵团档案馆藏，档案号：016-03-0223-3。

不办食堂，都应该分配到户，由社员自己支配。"[1] 对于供给制问题，取消了社员分配中供给部分和工资部分"三七开"的规定，改为社员一切收入按劳动工分进行分配。[2]

"农业六十条"修正草案的实施，取消了供给制，实行多劳多得的政策，对支边青壮年也产生了很大影响。留在原籍的支边青壮年家属中有一部分户，由于部分青壮年调往边疆，剩下的家属劳动力一般较弱，劳动所得比过去有所减少，因而生产生活上有一些困难。尤其是那些家庭主要劳动力或者唯一的劳动力在新疆的户，困难就更大一些。以南通县新华公社为例，生活水平相当和高于当地社员的占49%，低于当地社员的占51%。这个公社一般社员困难户，只占总户数的17.9%，而支边家属困难户却占总数的35.3%。由于支边家属的口粮实行以人定量，超产粮和多劳多得粮所占比重不大，因而他们虽然劳动力较少，但口粮与一般社员并没有多少差别。他们的主要困难表现在拖欠生产队的口粮和柴草款，缺少日用零钱和家庭副业资金，个别户穿衣也有困难。[3] 公共食堂撤销之后，支边青壮年要自行烧饭，但又没有基本的生活用具，困难很多，也影响到生产。加之，他们在新疆衣服的拆洗缝补也无人照管，这些都直接影响到他们思想的巩固。因此，江苏省调查组认为：应在一二年内，分期分批地把留

---

[1]　《农村人民公社工作条例（修正草案）》，1961年6月15日，载中共中央文献研究室编：《建国以来重要文献选编》（第14册），中央文献出版社1997年版，第401页。

[2]　罗平汉：《1961年的全党农村调查与"农业六十条"的制定》，《当代中国史研究》2007年第1期。

[3]　《关于江苏省迁移家属和对返籍人员处理工作的调查报告》，1961年10月15日，江苏省档案馆藏，档案号：4008-002-0022。

在原籍的支边青壮年家属接到安置地区，不宜再拖。① 由此，接迁家属工作已成刻不容缓之势，中央有关部门及相关省区积极筹划接迁支边青壮年家属的工作。

二、接迁对象与范围

遵照中央精神，从 1961 年起要有计划有步骤地、分期分批地将江苏省已进疆青年的家属妥善迁移到安置地区。1961 年 3 月 23 日，新疆维吾尔自治区民政厅副厅长谭永华、江苏省民政厅副厅长郑重白在南京就 1961 年接迁支边青壮年家属工作进行了协商，中央农垦部移民局副局长徐力之参与指导协商，双方达成了一致意见。

关于接迁家属的对象，指支边青壮年的直系亲属，即：父、母、配偶（包括未婚爱人）、子女以及必须依靠支边青壮年抚养生活的 15 岁以下的弟妹。其他亲属如确系依靠支边青壮年生活的，根据具体情况个别处理，也可以一并接迁。所有进疆的家属都必须是本人和支边青壮年双方自愿。对于家属中的老、弱、病、残等，长途旅行有困难的，可以暂时不接迁。生病的可待病愈后进疆，一般的还可乘客车分散进疆。除集中接迁的以外，对零星要求进疆的家属，在取得安置单位同意后，由新疆安置单位与江苏有关县直接联系接迁。进疆家属中符合支边青壮年条件

---

① 《关于江苏省支边青壮年家属动员对象问题的调查研究》，1961 年 10 月 18 日，江苏省档案馆藏，档案号：4008-002-0022。

的，一律算作支边任务。① 接迁的范围是安置在农村人民公社、
农牧场的家属，凡是符合"愿接愿来"双方自愿原则的都可以接
迁，安置在城镇、机关、厂矿、企业、学校的支边青壮年的家属
暂不接迁。② 其主要原因是公交基建单位接迁家属问题矛盾较多，
比如，一住房问题，新老职工均感严重缺乏；二工矿学徒工多，
工资少，家属来了生活难以维持；三城市正在压缩人口，家属来
了不易安置；四新老职工在接家问题上还存在矛盾。因此，这些
部门原则上要缓接、迟接一步。③

　　江苏省要求各地在动员时，必须分别情况，掌握重点，对配
偶、未成年的子女、独生子女的父母和必须依靠支边人员为生的
未成年弟妹，作为重点动员对象。因为这些人是非去不可的，他
们是互相依赖的生活关系，必须团聚，不能长时间分开。对于江
苏还有子女可依靠的父母和已成年不需要依靠进疆父母生活的子
女等，可做一般动员，坚持自觉自愿，愿去的则去，不愿去的则
留，不要勉强。已成年的弟妹和哥嫂、伯叔等，均不算直系亲
属，不在动员范围之内。④ 1961 年 8 月 23 日，江苏省政法办公
室副主任兼民政厅党组书记刘毓标在省青壮年家属进疆工作会议
上强调，凡是 1959 年支边青壮年家属中应该去而又可以去的和

---

① 《新疆维吾尔自治区、江苏省关于协商 1961 年接迁支边青壮年家属工作的
　　纪要》，1961 年 3 月 23 日，江苏省档案馆藏，档案号：4008-001-0011。
② 《昌吉回族自治州人民委员会关于接迁支边青壮年家属的紧急通知》，1963
　　年 9 月 2 日，昌吉回族自治州档案馆藏，档案号：32-2-40。
③ 《辛兰亭副主席在 1961 年安置支边青壮年工作会议上的总结发言》，1961
　　年 6 月，江苏省档案馆藏，档案号：4008-002-0020。
④ 《关于迁送支边人员家属进疆与动员支边自返人员返疆的工作部署意见的
　　报告》（1961 年 8 月），江苏省档案馆藏，档案号：4008-001-0012。

可去可不去中而愿意去的直系家属要全部动员去；自返人员中可以去的也要全部动员去。1960年支边青壮年家属本不在动员范围之内，但如果他们坚决要求去，而又知道支边青壮年的下落，并且知道青壮年有接迁家属要求的也可以去。但外流人员的家属不在动员范围之内。①

从上可以看出，江苏同新疆签订的接迁家属协议，是从直系亲属和抚养关系角度出发的，其基本精神是正确的。江苏省为使基层干部在工作中更便于掌握，又把家属分为两大类：一类是留在原籍无依靠，非去不可的直系亲属，列为主要动员对象；一类是另有子女依靠，可去可不去的家属，作为一般对象，要求去就批准，不要求去的也不动员。这样分清主次，在实际工作中起到了指导作用。

但据农垦部移民局工作组在江苏的调查发现，对于家属范围的规定，仍有值得商榷的地方。第一，对依靠支边青壮年抚养的弟妹限制在十五岁以下，不易执行。十六七岁的弟妹还没成人，十八九岁的虽然刚刚成人，但都没有独立生活的能力，全家迁走，只把他们留下，就会发生拆散家庭的问题，容易动摇家属进疆的决心，不利于对身在边疆的支边青壮年的巩固。第二，没有区别支边青壮年是否与父母、子女分居，容易把另有人赡养的父母和独立生活的子女作为迁移对象。如果把这些人列为对象，势必牵连到与其同居的直系亲属，也会发生因亲连亲，越连越多的问题。

---

① 《刘毓标同志在省动员支边青壮年家属进疆工作会议上的总结发言（记录稿）》，1961年8月23日，江苏省档案馆藏，档案号：4008-001-0012。

　　为此，移民局工作组提出，划分迁移家属的范围，必须从农村家庭组成的现状和党的政策为依据。农村家庭比人民公社化以前有了很大变化，大家庭少了，小家庭多了，五世同堂、六世同居的情况更是少见，代之而起的则是由夫妻和未成年子女组成的，以赡养和抚养为依存的小家庭单位。已婚的兄弟和子女，大多数都各立门户分居了，但也有少数保持大家庭的生活单位，以上这些情况应当是确定支边家属动员对象的基本依据。其次，还要按照党的政策办事。中央曾指示：最近几年暂停迁移，为了稳定农村人口，不宜再有大的流动。新疆维吾尔自治区党委也提出要适当控制进人，所以家属动员对象一般又应当控制得紧一些。

　　依上所述，支边青壮年家属动员的原则应当是从有利于生产，有利于支边青壮年在边疆的巩固出发，以赡养和抚养关系为主，适当照顾家庭成员之间的经济生活关系，动员对象可具体规定为：

　　1. 支边人员的配偶；

　　2. 主要依靠支边人员赡养的父母，未成年或将成年不能独立生活的子女、弟妹，以及其他家属；

　　3. 原在一个家庭生活，虽不依靠支边青壮年为生，但迫切要求迁移的父母、子女。①

支边青壮年家庭中不依靠本人赡养和抚养的其他成员或已分

---

① 《关于江苏省迁移家属和对返籍人员处理工作的调查报告》，1961 年 10 月
　　15 日，江苏省档案馆藏，档案号：4008-002-0022。

居了的直系亲属，一般不宜作为动员对象，对有特殊经济、感情上的联系，又迫切要求迁移的，则可根据实际情况处理。

移民局调查组在南通、徐州地区的调查材料，较好地印证了这三条是能够反映各地实际的。如南通专区如皋县1961年9月迁移的765名支边家属中，需要支边人员赡养的父母243人、配偶126人、子女222人，共计589人，占总人数的76.99%；未成年的弟妹141人，占18.43%；因感情深厚坚决要求去的哥嫂等仅有35人，占4.58%。

按照移民局确定的接迁家属的对象范围，实际需要迁移的家属要比过去估计的数字要少得多。江苏省1959—1960年迁移到新疆的支边青壮年共12万多人，随迁家属1.6万余人。据江苏省各地的典型材料，留原籍的家属与支边青壮年的比例，大体是1:1，约有13万人。其中，有迁移意愿比较迫切的家属，只占30%左右，为3.9万余人。

鉴于迁移入疆的家属人数不多，同时各安置地区接家属的准备工作进度有快有慢，支边青壮年及家属对迁往边疆的诉求也不一致。移民局调查组认为迁移支边家属可以办得灵活一些，可根据家属人数多寡，分别采取三种办法组织进疆：

1. 家属人数在五千人以上的，以省、自治区为单位统一组织动员，专门列车迁送；

2. 五千人以下至几百人的，以安置系统或专、县为单位与对口地区直接挂钩，采取包车厢或搭乘普通客车的办法运送；

3. 家属自行去安置区。①

从家属越接越少的趋势来看，第二种办法是接迁家属的主要形式。应该说，农垦部移民局的调查比较客观地反映了家属动员对象中存在的问题，明确了家属动员对象的原则和组织进疆的办法，成为随后各地接迁支边青壮年家属的基本准则。

从 1958 年冬到 1961 年，自治区共安置支边青壮年 25 万余人。为了使他们亲人团聚，安心于边疆建设，自治区党委、人委从 1961 年起有组织地接迁支边家属。因 1962 年起国家实行精简下放政策，安置在乌鲁木齐、伊宁和喀什等城市工矿企业的支边青壮年，由于压缩人口一直没有允许接迁家属。但是安置在城市的青壮年大多数也迫切要求接迁家属，有少数亲属已自行来疆，动员省也认为只接迁农村而不接城市的，动员工作也不易开展。支边青壮年进疆时，中央曾确定三年之内给他们接来家属，因此，虽然城市人口仍然要严格控制，但是支边青壮年的接家问题，应该予以特殊照顾。为此，接迁工作小组建议：城市支边青壮年的爱人、不能独立生活的子女以及依靠支边青年赡养的父母，1965 年可以允许接迁。② 从 1965 年接迁的情况看，人民公社和国营农牧场接迁 8,000 余人，直系家属不到 60%，支边青壮年的爱人和子女只占 16%。据各地反映的情况，人民公社和国营农牧场（不包括兵团）的支边青壮年家属已经基本上接完了。

---

① 《关于江苏省迁移家属和对返籍人员处理工作的调查报告》，1961 年 10 月 15 日，江苏省档案馆藏，档案号：4008-002-0022。

② 《关于 1964 年接迁支边青壮年家属的工作报告及 1965 年接迁工作的意见》（1964 年 9 月），江苏省档案馆藏，档案号：4008-001-0015。

自治区人委指示各地从 1965 年开始先小城镇后大城市，陆续接迁。新疆生产兵团也从 1966 年开始组织接迁支边青壮年家属。[①]但其后由于"文化大革命"爆发，城市和兵团支边家属的接迁工作基本停滞。1967 年 11 月，石河子八一糖厂江苏支边青年封某某曾写信说自己 1959 年进疆，一直没有接迁家属的机会，且该厂也始终没有一个接家。这也印证了当时没有组织接迁分配到兵团人员的家属。

第二节　接迁工作的方法与步骤

支边青壮年家属的接迁工作有集体接迁和零星接迁两种方式，但都要经过动员组织、审核批准、物资供应、生活资料处理和相关经费的开支与核销这几个阶段。

一、调查摸底与动员组织工作

要做好家属动员工作，首先要做好调查摸底和思想教育工作。新疆各安置点的厂、社及所在地的州、专区要对每个支边人员填写卡片或编造名册，在此基础上对留在原籍的支边人员家属进行摸底调查，分清老人、小孩及符合支边条件青壮年的人数，

---

① 《新疆维吾尔自治区民政厅关于"一九六五年接迁支边青壮年家属工作报告及对今后接迁工作意见"的报告》，1965 年 8 月 6 日，江苏省档案馆藏，档案号：4008-001-0016。

周密地组织排队，做到地区对口，人数对头，保证不发生错乱现象。1961 年的接迁工作是新疆将家属卡片分批送到江苏省，然后由动员地区按照卡片进行动员，无卡片但经动员地区查对确知支边青壮年所在单位的，也可根据具体情况予以接送。[①] 1963—1965 年的接迁工作，是由新疆抽调各县市组成接迁工作小组，到江苏省相关县市，进行对口接迁。

在动员方法上，各地紧密结合当地的农业生产，充分发动群众，根据不同对象，实行不同的动员策略。

对自返人员的动员。1959 年冬 1960 年春，已有支边青年陆续返籍，且呈不断增加的趋势。支边自返人员对家属动员工作有很大影响，为了有利于动员支边人员家属进疆，必须首先做好动员支边自返人员的返疆工作。但由于工作时间和铁路运输条件的限制，不能采取分开进行的办法。因此，江苏省采取动员自返人员和支边青壮年家属统一布置，穿插进行，同车进疆的办法。动员自返人员工作先行一步，同时做好家属摸底工作。在动员家属的同时，加强自返人员的思想工作，这不仅不影响家属动员，而且互相推动，起很大的促进作用。[②] 南通专区对自返人员比较集中的社、队广泛开展宣传动员，掀起支边的热烈气氛，树立支边的光荣感。同时对支边自返人员，采取集中座谈、上门访问、个别谈心等方式，加强对他们进行爱国爱疆的教育，并说明新疆是

---

① 《新疆维吾尔自治区、江苏省关于协商 1961 年接迁支边青壮年家属工作的纪要》，1961 年 3 月 23 日，江苏省档案馆藏，档案号：4008-001-0011。

② 《关于迁送支边人员家属进疆与动员支边自返人员返疆的工作部署意见的报告》（1961 年 8 月），江苏省档案馆藏，档案号：4008-001-0012。

欢迎他们回去的，进而打消他们的顾虑和误解。①

对支边家属的动员。采取由上而下，由党内而党外，由干部到动员对象，以至利用有关群众进行教育工作。对应该去的青壮年家属着重说明党和政府对他们的关怀和家庭团聚的好处，明确支边青壮年在新疆巩固扎根，直系亲属必须进疆团聚。在动员之前各地都召开了公社和大、小队干部会议，说明接迁家属的意义，交代政策，明确动员范围和具体做法。在干部认识提高的基础上，对动员对象和有关群众进行广泛深入的宣传动员工作。②根据江苏省如皋县和湖北省的经验，对家属的动员工作应以个别动员为主，不能先开座谈会，在个别动员达到一定成熟阶段时，再辅以小型座谈会。要充分利用动员对象中的积极分子进行个别动员，由这一个带动那一个，由这一批带动那一批。③ 1964年接迁任务大，分布面广，加之新疆接迁干部少，语言不通等情况，江苏各地还抽调了一定数量的干部自始至终密切配合。在接迁任务大的南通、滨海、新沂、如皋等县都有一位副县长主管接迁工作。④为了提高工作效率，在动员时还采取了普遍动员与掌握重点相结合的做法。有些家属或自返人员不仅有思想问题，还

---

① 《中共南通地委批转南通专区支边委员会"关于动员自返人员返疆和遣送支边人员家属进疆的意见"的指示》，1961 年 7 月 19 日，南通市档案馆藏，档案号：D222-111-0010-0071。

② 《中共江苏省民政厅党组报告》，1961 年 12 月 7 日，江苏省档案馆藏，档案号：4008-001-0011。

③ 《刘毓标同志在省动员支边青壮年家属进疆工作会议上的总结发言（记录稿）》，1961 年 8 月 23 日，江苏省档案馆藏，档案号：4008-001-0012。

④ 《江苏省 1964 年接迁支边青壮年家属工作总结》，1964 年 7 月 12 日，江苏省档案馆藏，档案号：4008-001-0015。

存在一些实际困难，能解决的就应尽可能帮助解决，不能解决的予以耐心说服，不随便许愿；干部动员与群众动员相结合，有的人干部不易说服，就选择有关亲友帮助动员；动员教育与群众动员相结合，在动员的同时应抓紧做好巩固工作，成熟一批，巩固一批。特别在进行家属动员的同时，要抓紧动员成熟的自返人员的思想巩固工作。

对生产大队、生产队干部则是要加强整体观念教育，提高干部的思想觉悟，消除他们舍不得迁出劳力的思想，使他们认识到发给自返人员选民证、分配工作、分自留地等，使自返人员长期落户的做法都是错误的，让他们树立克服困难的决心。[1]

二、接迁办法与审核批准手续

本着便于安置与运送的精神，根据 1961 年新疆维吾尔自治区与江苏省签订的接迁家属协议，动员地区以迁出县为单位，将批准接迁的家属，尽可能按照不同的安置地区编为队或组，成批动员，集中运送。户口、油粮关系以户为单位办理，党团、行政和工资关系自带。省（区）内公路、水运等由当地自行组织，铁路运输由两省区的铁路局和支边主管部门报请铁道部和农垦部统一安排。途中饮食供应和医疗，报请农垦部安排。同时，新疆维吾尔自治区在动员和迁送期间派工作组在江苏省协助工作。[2]

---

[1]　《关于迁送支边人员家属进疆与动员支边自返人员返疆的工作部署意见的报告》（1961 年 8 月），江苏省档案馆藏，档案号：4008-001-0012。

[2]　《新疆维吾尔自治区、江苏省关于协商 1961 年接迁支边青壮年家属工作的纪要》，1961 年 3 月 23 日，江苏省档案馆藏，档案号：4008-001-0011。

为了便于新疆接收，1961 年江苏省支边家属是按照支边人员的安置地区或单位，按户以 10 人左右编成"对口"小组。再根据列车编挂大小车厢数，分别编成中队，大车厢 60 人左右，小车厢 45 人左右。每列车选大队长、副大队长各 1 人，助理员 3 人。每个车厢选拔中队长 1 人，副中队长 2 人，每小组选正副小组长各 1 人，中队和小组均有 1 名女队长、女组长，以便于工作。每列车还配备 3 名护送干部，2 名医务人员。每列车还成立指挥部，由护送干部负责人、列车长、新疆接迁负责人和大队长共同组成。[1] 这些做法都与接迁支边青壮年大体相同。但 1961 年统一接迁家属的效果并不理想，如新疆原计划接迁湖北支边家属 3 万人，江苏 2.5 万—3 万人、安徽 0.5 万人，而实际上仅从湖北、江苏两省接进 1.2 万余人，进疆人数与预期人数有很大差距，同时还存在很多问题。[2] 因此，新疆提出随后的接迁工作应遵循"成熟一批，接迁一批"的办法进行。

从 1963 年起，家属接迁工作由统一接迁改为县与县对口零星接迁的办法。调整后的接迁工作仍由自治区统一组织，由各县或安置单位派接迁干部，以动员县为单位组织接迁工作小组，实行对口接迁。自治区负责和动员省联系协商有关接迁工作中的重大问题，供应接迁经费、物资、组织中转站等组织领导工作。家属的审查、接运、管理、安置等工作由各安置单位或各

---

① 《关于迁送支边人员家属进疆与动员支边自返人员返疆的工作部署意见的报告》（1961 年 8 月），江苏省档案馆藏，档案号：4008-001-0012。

② 《新疆维吾尔自治区劳动调配委员会关于报送三年来安置支边青壮年工作总结的报告》，1962 年 3 月 15 日，江苏省档案馆藏，档案号：4008-002-0025。

县接迁工作组负责。动员工作完成后，各公社按接迁支边人员家属的对象范围，进行逐个审查核对，并征得家属同意后报县、市批准。① 1964—1965 年的接迁办法和审批程序，与 1963 年基本相同。

三、物资供应与生活资料处理

在物资供应方面。各地均按要求对符合支边青壮年条件的发放了被服，对不符合支边青壮年的家属发放了棉布和棉花。由于1961 年粮食供应量很低，江苏省要求各地商业部门尽量供应瓜菜代替粮食，并要保证他们吃得好、吃得卫生。江苏省委还指定南通、浦口、徐州设立三个供应站，保证支边家属饭饱茶足。支边家属在县集中以前的粮食全部自带，由公社、大队或本人自行负责，标准按大小口平均每人每天 1 斤成品粮计算，包干使用。徐州、浦口两铁路供应站，按农垦部规定每人每天供应 1 斤粮。为了便于掌握供应，分为每天两餐，每餐半斤。1961 年至新疆沿途均有供应站供应熟食。为了防止途中误点误膳，每人发给干粮 3 斤，由各县、市统一制发。② 后由于河南省自然灾害严重，郑州、三门峡西两个供应站难于供应餐食，故江苏省决定支边人

① 《江苏省民政厅关于今年接迁支边人员家属进疆工作的函》，1963 年 9 月 7 日，江苏省档案馆藏，档案号：4008-002-0029。
② 《江苏省支边办公室、江苏省粮食厅关于迁送支边青壮年家属的粮油供应问题的通知》，1961 年 8 月 27 日，江苏省档案馆藏，档案号：4008-002-0021。

员家属每人增加干粮 1 斤。[①] 有些县还自筹经费把旅途所带的干粮加工成饼干。淮阴专区为每户照顾了 2 斤酒，每人 1 包糖、2 包烟和 1 块肥皂。淮安县还准备了月饼以便在旅途过中秋节。徐州接待站在饭菜方面，还尽量给南通、盐城两专区的家属准备大米饭，以照顾他们的生活习惯。[②]

在生活资料处理方面。由于新疆物资缺乏，江苏各地要求进疆的家属，凡能携带的被服、炊具和个人所有的小型农具、工具及日用家具等尽量带走。[③] 对于大件物品、易碎物品以及家属房前屋后的树木、竹林、果树等个人财产，均由家属自行处理。但有的人要价过高而难于出售，以致影响了集中时间，有的甚至因处理不了而未起程。还有些群众认为，进疆家属的财产为非卖不可而压级压价。因此，大部分社、队都组织了评议小组，帮助他们公平合理地处理财产，保证两不吃亏，支边青壮年也能按时起程。[④] 家属在动身以前，还需将其所得工分全部算清，在扣除借欠以后仍有结余的，按当地分值折付现金。一时难以付清的，暂付给欠条，日后补寄。对于个别工分扣除借欠后仍不足的，由当

---

① 《江苏省粮食厅、江苏省支边办公室关于迁送人员家属进疆沿途伙食供应问题的补充通知》，1961 年 9 月 11 日，江苏省档案馆藏，档案号：4008-002-0021。

② 《接迁江苏支边青壮年家属工作总结》，1961 年 10 月 2 日，江苏省档案馆藏，档案号：4008-002-0022。

③ 《中共南通地委批转南通专区支边委员会关于动员自返人员返疆和迁送支边人员家属进疆的指示的意见》，1961 年 7 月 15 日，南通市档案馆藏，档案号：D222-111-0010-0071。

④ 《（1963 年）江苏省接迁支边家属工作总结报告》，1963 年 12 月 3 日，江苏省档案馆藏，档案号：4008-001-0014。

地政府设法解决。①与此同时，支边家属还要办理户口、粮油和党组织关系等的转接手续。

为了确保农业生产安全，新疆要求接待支边青壮年家属的有关单位必须把植物检疫工作列为接待组织工作中必不可少的内容，并与该地政府和检疫部门大力开展有关植物检疫的宣传教育工作，说服支边家属不要任意携带属于检疫对象的物品。②江苏省各级政府按照要求，对支边家属的衣物、行李等实施了检疫消毒。

根据支边卫生工作经验，结合家属的特点，江苏省提出凡患有严重慢性病和传染病的，应待其治愈后前往，以免途中发生意外和交叉感染。对已确定迁送的家属服用痢疾噬菌体，对小孩要接种白喉、百日咳疫苗。③1961年进疆的支边家属，还配备有护送的医务人员，其数量是按家属人数的2‰左右选调。这些医务人员主要是协助做好途中的卫生、保健和疾病的诊疗工作，其所携带的药品器材，是根据季节多发病、传染病（主要是疟疾、痢疾、伤寒、食物中毒、肠胃炎、和感冒等）与长途行进和家属

---

① 《自治区接迁支边青壮年家属工作安排意见（草稿）》（江苏组），1963年10月10日，江苏省档案馆藏，档案号：4008-002-0029。

② 《新疆维吾尔自治区农业厅、新疆维吾尔自治区民政厅关于对进疆支边青壮年家属进行植物检疫工作的通知》，1964年6月20日，江苏省档案馆藏，档案号：4008-002-0035。

③ 《江苏省动员青壮年参加新疆社会主义建设委员会办公室、江苏省卫生厅关于迁送1959年支边人员家属卫生工作的联合通知》，1961年8月19日，江苏省档案馆藏，档案号：4008-002-0022。

老小占一半以上的特点置备的。[①]

四、经费开支范围与基本标准

接迁支边青壮年家属的经费涉及车船费、伙食费、被服费、住宿费、医疗费、消毒费和设站费等。1961年家属接迁工作主要是由政府组织统一进疆的，经费开支由动员省和安置省分列预算，由中央核报，其开支范围与标准如下：

1. 车船费：公社到县的车船费、行李托运费和由县市到新疆盐湖站的轮船、汽车、火车以及行李运费等一律凭票列报。其中，迁送支边人员家属乘坐车船的，由县市支边办公室出具移民证明，享受半价优待。零星乘火车的，只报销硬席座位票，不开支卧铺票。

2. 途中伙食费：由公社到县、市的在途伙食费和在县市候车船期间的伙食，每人每天0.4元，不足一天的按餐计算，但整个过程不得超过三天。出县市境后，在途伙食由沿途供应站负责免费供应熟食，每天二餐，每人每餐0.2元。由带队干部出具"就膳证明"，供应站凭"就膳证明"按规定结报。

3. 被服补助费：根据农垦部、商业部的规定，凡支边人员家属，不论大小口，每人补助平纹布5市尺、絮棉3斤，由动员地区发给实物。家属中符合支边青年条件者，按支边青年标准，每人发给棉衣一套、棉帽一顶、棉鞋一双、棉被一条，共用

---

① 《关于对遣送1959年支边人员家属卫生工作的意见》，（1961年8月），江苏省档案馆藏，档案号：4008-001-0012。

布 60 市尺，絮棉 10 市斤（按当地供应的絮棉质量供应）。各地可以县社为单位，分别不同尺码，在规定耗用棉布、棉絮定额内统一加工，一律不发代金。如统一加工有困难，可采取发给实物，由各用户自行缝制，但应向进疆家属说明边疆寒冷的实际情况，要求严格按照国家照顾的棉布、棉花定量缝制，防止移作它（他）用。①

4. 途中医药补助费：集体迁送的支边人员家属，按每人 0.2 元包干使用。自返的支边人员和零星迁送的支边人员家属，一般不开支。

5. 宣传费：集体迁送支边人员家属的县市，按每人 0.1 元包干报销。零星迁送的不开支。

6. 消毒费：集体迁送支边人员家属进行衣服、行李等实施消毒的费用，按每人 0.3 元范围内开支。零星迁送的不开支。

7. 供应站费用：设站公什费、宣传费等，每站全期控制在 15—20 元范围内；供应的伙食费每人每餐按 0.2 元开支。炊事员按供应人数每 50 人雇用 1 名，工资按实列报；接收病员的费用，包括伙食费和住院费等，据实列报，病愈后进疆或转回原籍的火车费不再开支。由车站介绍免费乘车，如乘其他车船费用，凭票报销。

8. 购置费：组织集体迁送的如乘篷车必须购办的一部分芦

---

① 《江苏省动员青壮年参加新疆社会主义建设委员会办公室、江苏省商业厅关于迁送支边人员家属进疆有关物资供应的联合通知》，1961 年 8 月 18 日，江苏省档案馆藏，档案号：4008-002-0021。

席，应从严掌握，按实列报，其他一律不得开支购置费用。[①]

1961年8月23日，在江苏省动员青壮年家属进疆工作会议上，民政厅党组书记刘毓标就伙食标准问题进一步作了说明，进疆人员从县集中到铁路车站期间的伙食费，平均每人每天0.5元，各供应站按每天两餐，每餐0.25元计算。由于各地副食品价格有高有低，在县集中时稍低一些，每天0.44元，供应站每顿0.28元。进疆人员每人发给途中干粮3斤，每斤0.25元，列入支边经费报销。干粮以县为单位统一加工。[②]

江苏省迁移入疆家属的被服补助，是按照农垦部与商业部的规定执行的。但据农垦部移民局1961年10月在江苏的实地调查与当地干部反映，这样进行补助极不合理，既浪费了布匹和棉花，又未能切实保证需要。这主要是因为：

1.劳力多，生活好，符合支边青壮年条件多的户，补助的布匹、棉花也多，用之有余；劳力少，收入不多，符合支边青壮年条件少的户，补助的布匹、棉花也少，尤其是没有劳动力的户就更少。即使一户之内，由于符合支边青壮年条件所发均为成衣，也无法调剂使用。这就造成虽然补助量不少，但也有保证不了需要的现象。

2.支边青壮年条件放宽，补助范围扩大。中央北戴河会议规定支边青壮年必须"身体强健，家务拖累不大"，但是江苏在确定支边家属过程中，单纯从年龄出发，只要是年龄在15岁至45

---

① 《关于组织遣送支边人员家属进疆和处理自返的支边人员返疆经费开支问题的通知》，1961年8月9日，江苏省档案馆藏，档案号：4008-001-0012。
② 《刘毓标同志在省动员支边青壮年家属进疆工作会议上的总结发言（记录稿）》，1961年8月23日，江苏省档案馆藏，档案号：4008-001-0012。

岁的，不问身体条件如何，有无劳动能力和家务拖累，一律都算作支边青壮年。有的人常年有病，有的妇女带几个小孩，基本不能参加劳动，有些十四五岁的小孩，只能参加轻微劳动，都全部算作支边青壮年，发给了全套被服。这就无形中放宽了符合支边青壮年的范围，增加了补助量。1961年迁送的8,400余人中，符合支边青壮年条件的家属约占50%以上，其中至少有10%的人是不符合条件的。

3.符合支边青壮年条件家属的被服，是由政府统一制作的。公社干部说：这个办法只有大集体，没有小自由，又不能机动调剂，也照顾不到群众对花色式样的要求。衣服只有大、中、小号之分，不能完全适合每个人的身材。有的小青年穿小号衣服还大，裤腿挽到膝盖，鞋子更不合脚。老年人穿上制服也很不习惯，制作的棉鞋、棉帽也过于单薄。

为此，移民局调查组指出，支边家属迁往新疆，给予适当的被服补助是必须的，但在棉花、布匹供应紧张的情况下，应当根据既能保证支边家属最低限度御寒需要，又严格节约用布、用棉的原则，采取缺啥补啥，添新补旧的办法。这就是：

1.农垦部会同商业部与各有关省依据各地实际情况，定出上、中、下三类户的比例，及各类户每人的补助标准。各省根据迁移家属任务数，按三类户比例及其补助标准编造经费与物资调拨计划。

2.为了照顾各地区群众生活水平的差别，在中央拨给的指标内，省可根据各专、县的不同情况，对各类户比例及其补助标准进行适当的调整，以力求接近实际。

3. 在迁移家属中，采取领导掌握与群众评议相结合的办法，逐户评定补助等级，按标准进行补助。

4. 布、棉发到户，由群众自行缝制。为了保暖适用，可根据安置地区气候情况，向家属提出被服棉絮的厚度要求。[①]

据徐州专区铜山县郑集公社的调查，该公社有支边家属112户384人。其中，上等户占20%，每人需补助布10尺，棉花3斤；中等户占55%，每人需补助布15尺，棉花4斤；下等户占25%，每人补助布21尺，棉花6斤。按原规定办法补助（符合条件的也按50%计算），共需布12,480尺，棉花2,496斤；按后一种办法共需布5,956尺、棉花1,652斤，分别占前者的48%与60%。[②] 这就说明分三类户的补助办法与原规定相比，不仅能保证家属被服的基本需要，而且能够节省大量的布和棉花。

应当说，农垦部移民局的分析不无道理，但接迁家属工作面广量大，把支边青壮年家属分三类的办法不易操作，所以最终并未采取这个方案。但从1963年起，接迁支边家属由大批集体接迁，逐步变为小规模分批进疆，其经费核算方式发生了重大变化，从原来的动员省和安置省共同分列核报，调整为单独由新疆负责经费、物资的管理使用并编造预、决算，不再给各动员省拨款。其各项开支也略有变化：

---

① 《关于江苏省迁移家属和对返籍人员处理工作的调查报告》，1961年10月15日，江苏省档案馆藏，档案号：4008-002-0022。

② 《关于铜山县郑集公社支边家属被服补助的调查》（1961年10月），江苏省档案馆藏，档案号：4008-002-0022。

　　车船费：仍为实报实销。乘火车的，限于硬席；乘轮船的，限于普通舱。

　　途中伙食费：兰州以东每人每天1元，兰州以西每人每天1.2元。该标准较1961年要高，主要是由于1963年是小批或零星迁移，需在途中购买饮食，其价格一般较原支边供应站要高些，故补助标准也随之适当提高。①

　　医疗费：从原籍到乌鲁木齐每人0.3元，由乌鲁木齐到安置单位每人0.2元。在此标准内掌握开支，实报实销。

　　住宿费：接迁途中需要住宿的，按普通房间实报实销，但被、褥租赁费不能报销。

　　被服问题：除哈密专区、鄯善、吐鲁番县依据接迁人数下拨指标就地制发外，其他地区一律在乌鲁木齐制发。棉被统一制发成品，棉衣可采取自愿原则，愿意要棉衣的发给棉衣，不愿要棉衣的，按标准发给棉布、棉花。供应标准为：16岁以上到45岁，符合支边条件的家属每人供应棉衣一套，用布32尺，棉花5市斤；棉被一床，用布26市尺，棉花6市斤。16岁以下45岁以上不符合支边条件的家属，每人供应棉布5尺，棉花2市斤。但中央要求，对家属中符合支边青壮年条件的供应范围要严格控制。

　　此外，为了解决家属生活困难，国家还下拨了安置补助费，其补助标准为：家属中属于人民公社的，每人发放安置补助费70元；属于国营农牧场的，每人发放补助费10元。安置补助费主

① 《中华人民共和国农垦部、中华人民共和国财政部、中华人民共和国商业部、中华全国供销合作总社关于接迁支边青壮年家属问题的批复》，1963年10月4日，江苏省档案馆藏，档案号：4008-002-0029。

要用于解决住房、购置生活必需品和本人使用的小型生产工具等。该项经费由自治区劳动调配委员会根据各地实际接迁人数，按标准将款拨发到县，由各县直接掌握发放。①

1964—1965 年家属接迁工作也多是以小批接迁的办法，由新疆委派接迁人员到接迁地区，其经费开支范围与标准仍沿袭 1963 年的相关规定执行。

除了以上由政府组织的大批集中接迁和小规模分批进疆而外，还有些支边青壮年个别家属要求自行进疆。对于这部分零星进疆的人员，中央、自治区也有相关的规定。1962 年，中央对个别坚决要求自行前往安置地区的支边青壮年家属，同意由国家开支车船费和途中伙食补助费，车船费实报实销。乘坐火车时，由县以上人民委员会开具证明，连同户口迁移证，购买减价车票乘车。途中伙食补助费每人每天 1 元，由本人掌握。凡未经移出地区县以上政府办理手续而自行迁到安置地区的家属，车船费等由本人处理，国家亦不再补发。② 个别地方上火车前如需在途中住旅社，可以根据实际情况开支住宿费，但每人每宿不得超过 0.8 元。去乌鲁木齐以东的，车船费、途中伙食补助费，发至安置单位；去乌鲁木齐以西和南疆的发至乌鲁木齐，并由县出具证明信，新疆维吾尔自治区劳动调配委员会再

---

① 《新疆维吾尔自治区劳动调配委员会关于今年统一接迁支边青壮年家属经费物资使用办法的通知》，1963 年 10 月 10 日，江苏省档案馆藏，档案号：4008-002-0029。
② 《中华人民共和国农垦部"关于对个别的支边青壮年家属迁往安置地区如何解决途中车旅费不足的请示"的批复》，1962 年 5 月 5 日，江苏省档案馆藏，档案号：4008-002-0026。

发至安置单位。①

对于零星进疆的支边青壮年家属虽有上述规定，但还不够完善，特别是报销的时限不很明确。因此，1961年、1962年进疆的家属，还有在1965年才报销路费的现象，时间相隔太长，手续不全，查核无据，漏洞不少。为此，新疆对零星进疆家属费用核销问题提出如下意见：

1. 安置在人民公社、国营农牧场的支边青壮年的家属进疆路费，由国家按规定标准报销。安置在公交基建及其他部门者，其家属路费由本单位根据具体情况酌情给予全部或部分补助。

2. 报销路费的家属限于支边青壮年的直系家属。作为支边家属进疆的人，他们再接家属，不能报销路费。

3. 报销范围与标准：交通运输费——火车只限普通硬席，轮船三等舱位，汽车普通客运。行李每人不得超过40公斤。途中食、宿费——途中伙食补助费每人每天0.7元（13岁以下小孩减半），住宿费在烤火期（11月至次年3月），每人每宿补助0.4元，其他月份0.2元。途中医疗补助费按实际情况酌情解决。②

按照规定，1959年、1960年由农垦部统一组织接迁从江苏、

① 《关于不再动员支边自返人员返疆和支边人员家属进疆问题的通知》，1962年6月6日，江苏省档案馆藏，档案号：4008-002-0026。
② 《新疆维吾尔自治区民政厅关于支边青壮年零星接迁家属路费报销问题的补充通知》，1965年1月11日，江苏省档案馆藏，档案号：4008-002-0039。

安徽、湖北三省进疆，安置在公社和地方国营农牧场的支边青壮年的家属，在 3—5 年内全部接完。但由于种种原因，少数人的家属没有按时接来，规定期限也一再延展。在接迁家属路费报销终止以后，为敦促少数人接迁家属，扎根边疆，自治区革委会于1972 年专门下发文件，规定未接家的支边青壮年可以继续从社会救济费中报销接家路费。其后又过 10 年，支边青壮年接家问题已基本全部解决。1983 年 4 月，自治区正式决定停止报销接迁支边家属的车旅费。①

除了以上集中进疆和零星接迁入疆的家属之外，还有一批厂矿企业等单位的支边青壮年的家属，未经原动员省、县批准自行来疆。这部分人全系自行流入，未带粮、油、户口等关系及原籍介绍函件，口粮供应、入户等问题难以解决，自治区也提出了相应的意见：

> 凡支边青壮年的直系家属未经动员省县以上支边委员会批准自行来新，又未携带户、粮关系的，来新后由各安置单位去函原籍县以上支边委员会索要户口及油、粮关系。如经多次索要、长期不寄，其生活实难解决者，可由各安置单位直接与公安机关联系，重新申报户口，并去函原籍，注销原来户粮关系。其家属工作问题，由安置单位根据实际情况自行解决。
>
> 凡支边青壮年的非直系亲属自行来新后，户粮关系各安

---

① 《关于停止报销支边青壮年接迁家属车旅费的通知》，1983 年 4 月 12 日，昌吉回族自治州档案馆藏，档案号：46-2-53。

置单位无法解决时，均按自流人员处理。各安置单位可与自流人员收容站联系遣送回原籍或与支边青壮年本人一起下放农村参加农业生产。[①]

可见，新疆在安置自流家属工作中，对直系亲属还是给予了一定的照顾。

综而言之，集体接迁组织周密，但花费要多一些。零星接迁相对灵活，花费也相对要低。应该说二者各有利弊，就米泉县对支边家属的安置经验来看，统一组织接迁比零星接迁要好，具体表现在：家属情况比较清楚，便于掌握；户口、油粮关系统一转接，免于麻烦；统一接迁专车专用，带的家具多，以免增加生活用品供应上的困难；统一接迁路上老人、小孩便于照顾，以免发生危险。[②]

第三节　接迁家属的数量与成效分析

按照新疆维吾尔自治区和江苏省的估算，进疆的支边家属应占进疆支边青壮年的50%—70%。然而，无论从新疆接迁苏、鄂、皖三省支边家属的总体情况来看，还是仅从江苏一省来考

---

① 《新疆维吾尔自治区劳动调配委员会关于支边青壮年家属自行来疆后户口及工作等问题处理的通知》，1962年3月23日，江苏省档案馆藏，档案号：4008-002-0025。

② 《米泉县劳动调配委员会关于三年来支边青壮年及自流人员安置工作的总结》，1961年11月29日，昌吉回族自治州档案馆藏，档案号：2-7-2。

察，实际接迁的家属仅占支边青壮年人数的 20% 左右。接迁效果不良的原因，既有家属的重重思想顾虑，亦有接迁干部的工作方法和工作作风的问题。

一、进疆家属的数量

（一）对接迁家属人数的估算

1960 年 8 月 10 日，中央决定暂停大规模的移民支边活动后，新疆就展开对 1959—1960 年支边青壮年中需要进疆家属的人数展开摸底工作。江苏省就家属如何进疆问题致函新疆维吾尔自治区劳动调配委员会，"你区打算二（两）年来家属全部一次接收，还是分二年进行。明年准备接收多少人，采取什么方法接运，何时开始较宜？"[①] 此时，双方对接迁家属工作并没有明确的认识。一个月后，新疆维吾尔自治区劳动调配委员会复函，"两年支边青年的家属分两年基本接光。即 61 年接 59 年的，62 年接 60 年的。61 年准备接 59 年家属估计八万人左右，由中央农垦部统一安排组织，支边列车接运，辅以个别小部分的零星接运，预计四月开始。"[②] 可以看出，此时新疆对家属接迁工作已有一个具体的计划。笔者在这份电报上发现有批注为："新疆的接迁家属办

---

① 《请见告接运支边青壮年家属进疆工作意见的函》，1960 年 11 月 9 日，江苏省档案馆藏，档案号：4008-002-0011。

② 《新疆维吾尔自治区劳动调配委员会就支边青壮年家属接迁问题致江苏省支边办公室的电报》（笔者据文意自拟标题），1960 年 12 月 3 日，江苏省档案馆藏，档案号：4008-002-0011。

法，与我们打算有出入，是否要打几份送省委和政法口负责同志
一阅，请郑厅长核示。"这说明江苏省对新疆的接迁计划是有异
议的。

1960年初，农垦部移民局要求各地就支边青壮年家属的情
况进行摸底。同年3月，江苏省上报移民局称"据我们初步了解，
两年来我省支边人员留在原籍的家属，一般要占到支边人员的
100%—120%，其中除少数因有子女未进疆或其他原因不打算进
疆外，需要进疆的要占到支边人员的70%左右。这些人员都是
受随行家属比例的限制而留在江苏的，他们要求进疆很迫切，特
别是59年支边人员的家属"①。按照这一调查估算，江苏省支边
青壮年的家属为12万—15万，需要进疆的约为8万—10万人。

1960年12月，新疆也对支边青壮年的家属情况进行了摸底。
1959年和1960年两年中已随支边青壮年一起进疆的家属占5%，
支边青年自己已接来与自动进疆的家属占5%，不打算来疆的
占15%—20%。除此以外，有70%的支边青壮年的家属要进疆。
据对已接迁的单位调查，这些家属的总数，比支边青壮年多出一
倍半左右。由此，新疆测算全区1961年和1962年应接家属数分
别为18万人和12万人。② 按照江苏省和新疆维吾尔自治区的估
算，接迁家属的人数均占家属总人数的70%左右，但这个数字
有些偏大，因为1959年随迁家属数控制在5%左右，到1960年

---

① 《江苏省支边办公室函复农垦部移民局关于征求意见的函》（笔者据文意自
拟标题），1960年3月16日，江苏省档案馆藏，档案号：4008-002-0011。
② 《中共昌吉州委批转州劳动调配委员会"关于接迁支边青壮年家属工作的
请示报告"》，1960年12月12日，昌吉回族自治州档案馆藏，档案号：1-1-
186。

进疆的青壮年随迁家属数已增至 20%左右。

　　1961 年 4 月，江苏省民政厅又进行了调查，在 1959、1960 两年，江苏省支援新疆建设的青壮年共有 120,570 人，已随支边人员进疆的家属有 16,640 人，留在原籍的家属尚有 130,230 人。其中，打算进疆的为 72,855 人，占打算进疆总人数的 55.94%；不打算进疆的 57,375 人，占 44.01%。1959 年支边人员家属中打算进疆的 43,200 人，占该年度支边总人数的 70.94%。[①] 此次的调查显示，家属中打算进疆的人数仅占 50%强，较原推算的 70%要少得多。该调查中 1959 年进疆比例达 70%，是因为该年度随迁家属人数控制很紧，仅占 5%，所以该年度进疆家属数较 1960 年要多是正常的。

　　1961 年 10 月，农垦部移民局在江苏省的调查显示，留在原籍的家属与支边青壮年的比例，大体是 1∶1。据湖北省的典型调查也显示，支边青壮年与留乡家属之比约为 1∶1。[②] 这样看来，江苏支边青年有家属 13 万人左右，而有意要迁移边疆的家属，又只占 30%左右，约为 3.9 万人。[③] 该数据较江苏省民政厅的数字又有大幅下降，那么，到底哪个数字更准确呢？且看下文。

① 《江苏省民政厅党组关于 1961 年迁送支边人员家属进疆工作的请示报告》，1961 年 4 月 18 日，江苏省档案馆藏，档案号：4008-001-0011。

② 《湖北省同意省支边委员会"关于 1961 年迁送支边青壮年家属到新疆的报告"》，1960 年 12 月 26 日，湖北省档案馆藏，档案号：SZ67-02-0908-002。

③ 《关于江苏省迁移家属和对返籍人员处理工作的调查报告》，1961 年 10 月 15 日，江苏省档案馆藏，档案号：4008-002-0022。

（二）江苏省进疆家属实数

按照新疆维吾尔自治区党委最初的设想，两年内接完家属，1961年计划接江苏青壮年家属8万人。但由于安置条件的限制，1961年接迁1959年进疆支边人员家属数调整为2万—2.5万人。此次接迁由农垦部统一组织安排，支边列车运送。

按照新疆的接迁计划，江苏省民政厅确定1961年动员家属人数为24,200人，其计算方法为1959年支边人员家属中打算进疆人数43,200人的55.94%。具体分配情况为：南通专区8,500人，徐州专区5,700人，盐城专区4,300人，淮阴专区5,700人。之所以这样分配，是因为徐州、淮阴、盐城三地区只有1959年有支边任务，可一次全部动员迁送，且动员工作亦较方便。南通地区虽然1959年、1960年两年均有支边任务，动员工作中存在交叉的矛盾，但因该地区人数最多，这样做既可减少支边人员倒流，又可减轻该地区支边人员家属工作的压力。[1] 支边青年家属迁送时间，从9月上旬开始，每隔一天开行一列车，每列车约1,500人，9月下旬结束。[2]

受"大跃进"和人民公社化运动的影响，国家的生产建设和人民生活陷入了严重困难。1962年，中央相继召开了七千人大会、"西楼会议"和"五月会议"，对国民经济进行有序的调整，

---

[1] 《江苏省民政厅党组关于1961年迁送支边人员家属进疆工作的请示报告》，1961年4月18日，江苏省档案馆藏，档案号：4008-001-0011。

[2] 《新疆维吾尔自治区、江苏省关于协商1961年接迁支边青壮年家属工作的纪要》，1961年3月23日，江苏省档案馆藏，档案号：4008-001-0011。

"大规模的精简职工，减少城镇人口的工作进入高潮"。① 国家无暇顾及支边青壮年家属进疆的问题，农垦部也作出指示，"秋收以前，一般不动员支边人员家属进疆"②。故 1962 年没有组织集体接迁支边青壮年家属进疆。

1963—1965 年间，国家调整了支边青壮年家属的接迁方式，由国家统一组织接迁，变为"采取贯彻双方自愿，成熟一批，接迁一批，统一掌握，零星接迁"③ 的办法。这主要是因为 1961 年迁安双方花费巨大人力、物力，但接迁效果并不尽如人意。

首先，来看新疆接迁苏、鄂、皖等省支边家属的情况，见表 4-3-1。

表 4-3-1：苏、鄂、皖等省支边青壮年家属进疆人数统计表

（单位：人）

年份	任务数	完成数	占任务百分比	其中				
				江苏	湖北	安徽	河南	山东东明
1961	57,500	10,438	18.15%	7,952	2,486			
1963	12,146	6,183	50.91%	3,586	220	447	1,930	
1964	15,000	13,638	90.92%	8,380	1,602	1,080	1,990	586
1965	15,000	8,722	58.15%	4,590	666	1,461	1,286	719
合计	99,646	38,981	39.11%	24,508	4,974	2,988	5,206	1,305

① 罗平汉：《国民经济调整时期的职工精简》，《史学月刊》2007 年第 7 期。
② 《关于不再动员支边自返人员返疆和支边人员家属进疆问题的通知》，1962 年 6 月 6 日，江苏省档案馆藏，档案号：4008-002-0026。
③ 《新疆维吾尔自治区劳动调配委员会关于报送三年来安置支边青壮年工作总结的报告》，1962 年 3 月 15 日，江苏省档案馆藏，档案号：4008-002-0025。

说明：

1.1961 年江苏计划动员 25,000—30,000 人，笔者取其平均数 27,500 人；湖北计划动员 30,000 人；安徽计划动员 5,000 人，未查到其完成数，故 1961 年数字中均不含安徽省人数。据新疆维吾尔自治区的资料，1961 年湖北、江苏两省共进疆支边家属 12,000 余人，据笔者查阅的资料统计为 10,438 人。

2.1963 年原档案完成数为 6,222 人，但相关省人数之和为 6,183 人。为便于计算分析，笔者取 1963 年完成数为 6,183 人。

资料来源：《新疆维吾尔自治区劳动调配委员会关于报送三年来安置支边青壮年工作总结的报告》(1962 年 3 月 15 日)、《关于 1963 年接迁支边青壮年家属的工作总结》(1964 年 1 月 20 日)、《关于 1964 年接迁支边青壮年家属的工作报告及 1965 年接迁工作的意见》(1964 年 9 月)、《新疆维吾尔自治区民政厅关于 "一九六五年接迁支边青壮年家属工作报告及对今后接迁工作意见" 的报告》(1965 年 8 月 6 日)，江苏省档案馆藏，档案号：4008-001-0025、4008-001-0014、4008-001-0015、4008-001-0016。《(湖北省)动员迁送支边青壮年家属进疆工作总结》(1961 年 10 月 29 日)，湖北省档案馆藏，档案号：SZ67-2-947。

从表 4-3-1 可以看出，1961 年完成数最差，不足任务数的 20%，这也直接导致接迁支边家属组织形式发生变化。1963 年和 1965 年完成 50% 左右。1964 年完成最好，达到 90%。1961 年、1963—1965 年平均完成数虽然占其任务数的 40% 左右，但其总完成人数 38,981 人仅占苏、鄂、皖三省进疆支边青壮年 246,047 人[1]的 15.84%，尚不足 20%。从该表还可看出，进疆支边家属中，江苏省占 62.87%。如若去除河南省和山东东明县，江苏省则可占 75.48%，与其他省份相比，江苏占绝对多数，这也说明江苏省在接迁家属的工作相对而言是比较成功的。

下表是对江苏省相关年份支边人员家属进疆任务数、完成数

---

[1] 《新疆维吾尔自治区劳动调配委员会关于报送三年来安置支边青壮年工作总结的报告》，1962 年 3 月 15 日，江苏省档案馆藏，档案号：4008-002-0025。

及人员构成等的统计。

表4-3-2：江苏省迁送支边青壮年家属进疆人数统计表

（单位：人）

年份	任务数	完成数	占任务百分比	其中				
				男	女	14岁以下	15—50岁	51岁以上
1961	22,500	7,952	35.34%			2,838	4,213	901
1963	5,151	3,878	75.29%	1,906	1,972	1,199	1,905	774
1964	8,600	8,271	96.17%	4,366	3,905	2,420	3,294	2,557
1965	11,828	4,726	39.96%	2,343	2,383	1,245	2,625	856
合计	48,079	24,827	51.64%			7,702	12,037	5,088

说明：

1.1961年原计划任务数为20,000—25,000人，笔者取二者平均数22,500人。因数据来源不同，该数字与表4-3-1略有不同。

2.支边青壮年年龄范围问题。按照中央规定是17—45岁，在1959年和1960年都是遵照执行的。但在1960年具体执行中对15—16岁和46—50岁要求支边而且又能够劳动的，也都准许进疆了。这是从具体人来考虑的，因为有的16岁的体力不一定比20多岁的劳力差。[1] 故在支边家属年龄段的划分上，1961年和1965年为14岁以下、15—50岁、51岁以上，1963和1964年为15岁以下、16—45岁、46岁以上。为了便于对比计算，笔者将其合并列出。年龄段的划分上稍有不同，但不影响分析结果，因为其关键在于是否符合支边年的条件。

3.表4-3-1中"江苏"省一栏中数字与表4-3-2略有不同，因数据来自新疆维吾尔自治区和江苏省两个统计口径。总体看，相差不大。为便于分析，本表采用江苏省统计数字。

资料来源：据《中共江苏省民政厅党组报告》（1961年12月7日）、《（1963年）江苏省接迁支边家属工作总结报告》（1963年12月3日）、《江苏省1964年接迁支边青壮年家属工作总结》（1964年7月12日）、《（江苏省）一九六五年接迁支边家属工作情况总结》（1965年5月22日）等资料整理而成，江苏省档案馆藏，档案号：4008-001-0011、4008-001-0014、4008-001-0015、4008-001-0016。

---

[1] 《刘毓标同志在省动员支边青壮年家属进疆工作会议上的总结发言（记录稿)》，1961年8月23日，江苏省档案馆藏，档案号：4008-001-0012。

从表4-3-2可以看出，1961—1965年（除1962年）间，接迁支边青壮年家属的计划均未完成，总的完成率仅为50%强。即以进疆的家属来说，还有一些是不符合规定的，如有一些是支边青年家属的家属，还有个别干部因政策界限掌握不清而接入"一些精减下放劳动的干部与社会上尚未就业的知识青年、城市闲散人员"①等等。1961年国家组织接迁支边家属工作，江苏和新疆也投用很大的人力物力，但接迁效果并不好，仅完成任务数的35.34%。1963年、1964年完成情况较好，尤以1964年完成最好，达到96.17%。这主要因为淮阴专区、徐州专区受灾严重，进疆人数大大超过计划人数，详见表4-3-3。1965年完成数不足40%，其主要原因是"人民公社和国营农牧场（不包括兵团）的支边青年家属已经基本上接完了"。②再从支边青年家属的男女比例看，二者大体相当。支边家属中符合支边青壮年条件的与不符合条件的也是基本相等的。最后，从这四年进疆人数来看，总计为2.4万余人，仅占江苏省支边青壮年总人数的20%。该数字与国家农垦部移民局的推算数字3.9万人比较相近。移民局还提出：接迁家属的计划要自下而上摸底，经过地区对口，求得落实。大体可以分两步走：首先应根据在边疆的支边青壮年的要求和安置准备情况来定。因此，接家属的计划要先从安置地区产生，经与移出地区协商后，作为初步计划数字。但是能迁多少

---

① 《（1963年）江苏省接迁支边家属工作总结报告》，1963年12月3日，江苏省档案馆藏，档案号：4008-001-0014。

② 《新疆维吾尔自治区民政厅关于"一九六五年接迁支边青壮年家属工作报告及对今后接迁工作意见"的报告》，1965年8月6日，江苏省档案馆藏，档案号：4008-001-0016。

最终又必须取决于家属的自愿程度。因此，动员地区又需根据初步计划，采取普遍号召，个别动员的方法，发动家属报名，并在此基础上落实计划。[1] 应该说，该计划具有较强的针对性，准确性也自然会提高，这也是 1963 年、1964 年江苏省动员家属工作完成较好的原因之一。

表 4-3-3：1964 年江苏省各专区接迁支边青壮年家属人数统计表

（单位：人）

地区	卡片数	任务数	完成数	完成数占任务数百分比
合计	13,065	8,600	8,271	96.17%
扬州专区	2,798	1,854	2,147	115.80%
徐州专区	2,750	1,802	2,484	137.84%
淮阴专区	1,048	680	1,095	161.03%
苏州专区	853	551	251	45.55%
盐城专区	653	412	369	89.56%
镇江专区	504	337	273	81.01%
南通专区	4,423	2,963	1,651	55.72%

资料来源：《江苏省 1964 年接迁支边青壮年家属工作总结》（1964 年 7 月 12 日），江苏省档案馆藏，档案号：4008-001-0015。

通过表 4-3-1 与表 4-3-2 对比可以发现，江苏省青壮年家属接迁情况与新疆维吾尔自治区接迁苏、鄂、皖等省基本情况的总

---

[1] 《关于江苏省迁移家属和对返籍人员处理工作的调查报告》，1961 年 10 月 15 日，江苏省档案馆藏，档案号：4008-002-0022。

趋势是相符的，即 1961 年完成最差，1964 年完成最好，而江苏省接迁任务完成的好坏则直接影响到新疆维吾尔自治区的整体接迁水平。

从 1958 年冬至 1961 年，新疆共安置支边青壮年 25 万余人，其中安置在人民公社和国营农场的 10 万余人，安置在兵团的将近 10 万人，安置在城市工矿企业单位的有 4 万余人。[1] 1961—1965 年间，有组织地接迁了四次支边青壮年家属，但接迁的主要是人民公社和国营农场的支边青壮年的家属，兵团和城市工矿企业的都未组织接迁。根据前文可以计算，安置在人民公社和国营农场的占总人数的 40％左右。如按照这一比例，那么江苏省有 4.8 万余人安置在人民公社和国营农场。这一数字与表 4-3-1 和表 4-3-2 的任务数大体相当，那也就意味着已进疆家属占应进疆家属的 40％—50％左右。这其中还包括数额不定的一些非直系亲属。仅以 1964 年接迁的 1.3 万余人来看，不属于接迁范围的就占 21.98％。[2]

由此不难看出，无论从新疆维吾尔自治区总体接迁支边家属的情况来看，还是以江苏省为个案进行考察，接迁家属的效果并不很理想。造成这种现象的发生，是由多重因素互相作用的结果。

---

[1] 《新疆维吾尔自治区民政厅关于"一九六五年接迁支边青壮年家属工作报告及对今后接迁工作意见"的报告》，1965 年 8 月 6 日，江苏省档案馆藏，档案号：4008-001-0016。

[2] 《关于 1964 年接迁支边青壮年家属的工作报告及 1965 年接迁工作的意见》（1964 年 9 月），江苏省档案馆藏，档案号：4008-001-0015。

二、接迁家属效果不良的原因

从接迁家属的总体情况来看：丰收区接来的少，歉收区接来的多；原籍还有依靠的来得少，原籍无依靠、无牵挂的来得多；也有些人故土难离，不愿意放弃职业，舍不得处理财产，或与已进疆的夫妻、婆媳关系不好；等等。在有的地区，返籍支边青壮年散布的夸大言论，也起了一些反作用。[①] 下面，从三个方面来进行分析：

（一）接家卡片不准确

新疆部分安置县有的接迁登记卡片写得模糊不清，有的卡片有支边人员姓名，没有被接家属姓名，有的有姓无名，有的音同字不同。有的仅有县名没有社、队详细信息，而找不到人，如太仓县要接11户17人，其中有7户12人在全县各公社都找不到。[②]还有个别地方完全忽视自愿原则，不是认真摸底调查，而是翻出以往登记的内容照册代填，卡片没有和支边青壮年本人见面。还有的地方登记工作做得很粗糙，审查不细致，对于接迁的范围、原则以及支边青壮年本人应如何根据自己的情况选择接迁对象等，交代不清楚。登记以后，发动支边青壮年写信给家属，协助做动员工作，达到双方自愿也很不够。很多家属因为长时间没有接到新疆的亲人来信，忽然有人来接感到很突然。有的老人不

① 《关于1963年接迁支边青壮年家属的工作总结》，1964年1月20日，江苏省档案馆藏，档案号：4008-001-0014。

② 《(1963年)江苏省接迁支边家属工作总结报告》，1963年12月3日，江苏省档案馆藏，档案号：4008-001-0014。

相信来接迁的人，把卡片给他们看，他们说不是儿子的亲笔信，不愿意去新疆。① 因此，卡片的质量不高，准确性差。以江苏南通县为例，原登记接迁 1,552 人，实际进疆只有 454 人。其余的 1,098 人，有些不是直系亲属，不能接；有些虽是父母，但原籍儿孙满堂，生活富裕而不愿来；有的则是多年互不通信，家庭情况起了很大变化，甚至找不到人或者已死亡；还有少数支边青年登记以后，马上写信阻挡家属进疆。如木垒县上游公社四大队和社办农场的青壮年不愿登记接家，说什么自己在新疆受罪，再不能把家属接来受罪。② 还有个别支边青壮年一面填写卡片要求接家属，但一面又向其家属写信说"你们千万不要来，不久我回来"③，这部分人约占15%，其他地区类似的情况还不少。苏北、皖北、豫东一些灾区，虽然接迁任务完成较好，但其中很多是卡片以外的人，而且有些不是直系亲属。④ 此外，还有部分安置地区基层干部敷衍应付，将 1964 年已接迁的家属卡片，又寄来要求再接，仅吴县就有 14 人。还有个别的支边青壮年把未成熟的未婚妻也填卡片要求接，这部分人占 2%左右。昌吉回族自治州个别县业务部门的干部认为"中心工作忙，插不进手去搞"接家登记，有的采取简单粗糙的办法，"愿接的登记，不愿接的就算

① 《关于 1963 年接迁支边青壮年家属的工作总结》，1964 年 1 月 20 日，江苏省档案馆藏，档案号：4008-001-0014。
② 《木垒哈萨克自治县人民委员会关于支边青壮年安置与巩固工作情况的报告》，1961 年 5 月 26 日，昌吉回族自治州档案馆藏，档案号：2-7-2。
③ 《一九六五年接迁支边家属工作情况总结》，1965 年 5 月 22 日，江苏省档案馆藏，档案号：4008-001-0016。
④ 《关于 1964 年接迁支边青壮年家属的工作报告及 1965 年接迁工作的意见》（1964 年 9 月），江苏省档案馆藏，档案号：4008-001-0015。

了"。还有部分干部认为支边人员的家属，有老有小，接来后将增加队里的经济负担和麻烦。如呼图壁县包家店公社安置支边青壮年 1,926 名，登记接家的支边青壮年只有 120 名，还不到总数的 10%。①

（二）家属的思想顾虑

虽然多数家属迫切希望与亲人团聚，但要彻底搬家，远离三亲六故，他们还是有很大的顾虑，加上部分自返人员有意夸大困难，更增加了他们进疆的顾虑。支边家属中反映出来的具体思想，大体有如下几种：

一是怕天气寒冷，生活不习惯。如有人说"新疆气候特别冷，稍不注意就冻掉鼻子和耳朵"。② 有的家属听了个别自返人员造谣说新疆没大米吃，没水洗衣服，就连吃水都要按计划，每人每天 12 两。③ 还有的人怕受当地人欺凌，怕无家具什物使用。一些支边人员写信反映，刚到新疆生活比较好，每月有 2 斤大米，平时多食面粉。1960 年以后没有大米供应，面粉也很少。加上气候寒冷，生活不习惯。而家乡情况较好，自从贯彻中央六十条后，权力下放到生产队。不论在生产上，还是社员生活上，都有

---

① 《州委批转州劳调委"关于支边青壮年接迁家属和检查支边青壮年过冬准备工作的报告"》，1961 年 1 月 26 日，昌吉回族自治州档案馆藏，档案号：1-1-262。

② 《一九六五年接迁支边家属工作情况总结》，1965 年 5 月 22 日，江苏省档案馆藏，档案号：4008-001-0016。

③ 《（1963 年）江苏省接迁支边家属工作总结报告》，1963 年 12 月 3 日，江苏省档案馆藏，档案号：4008-001-0014。

了很大好转。因此，许多人表示不愿让家属进疆。[①]

　　二是故土难离，舍不得房屋家产。不同的对象有不同的顾虑，老年人顾虑死后无棺材，枯骨不能与祖宗同茔，鳏寡老人顾虑死后夫妻枯骨不得合葬，青壮年原来夫妻关系不好的怕仍不和好，万里之隔，来去不得等等。[②]再则支边青壮年家属是老小多，舍不得房屋家产和自留地里的庄稼。

　　三是家乡生活有依靠，不愿去新疆。有些青壮年登记接父母，但原籍有儿女，生活有人抚养。有的生活较好，尚有亲戚照顾，本人又有劳动能力。与之相反的是一些家属反映支边青壮年工资收入少，每月40元左右，仅够勉强维持他们自己的生活。即使有愿意去的家属，也顾虑去了之后生活无法维持。如新疆八一纺织厂女工蒋桂香的父亲蒋兆玉说："我是愿意到我女儿那里去的，主要是我女儿工资低，我和小女儿去了，生活不下去。"[③]

　　四是确有实际困难，或因夫妻关系、婆媳关系不和而不愿去。如启东县有非去不可家属88户205人，而实际进疆的仅22户47人，确有各种实际困难而不能进疆的有66户158人，占非去不可总人数的77.07%。其中，因夫妻不和坚决不去的20户56人，婆媳不和的1户4人，妻子已改嫁的2户2人，年老体

---

① 《溧阳县人民委员会民政科关于支边青壮年家属和自返人员的情况汇报》（1962年），镇江市档案馆藏，档案号：B21-3-446。

② 《江苏省南通专员公署民政科关于动员1959年支边青壮年家属进疆工作总结报告》，1961年7月15日，南通市档案馆藏，档案号：D222-111-0010-0076。

③ 《（镇江市）报送支边青壮年家属和自返人员情况的调查报告》，1962年5月25日，镇江市档案馆藏，档案号：C28-2-76。

弱不能进疆的 14 户 25 人，有病的 7 户 21 人，亲人已不在新疆的 1 户 4 人，单小孩在家无人携带的 3 户 5 人，在押的 1 户 2 人。[①]

五是灾荒、农业收益情况对支边家属也有直接影响。1963年江苏省铜山、新沂、沛县等超额完成了任务，如乌苏县应接沛县支边家属 70 人，而实际接 181 人；巴里坤县应接沛县支边家属 284 人，而实际接 382 人。其主要原因是徐、淮两区遭受严重自然灾害，遇到了一些暂时困难，要求去新疆的人就多些。除徐、淮地区外，其他各地均全面丰收，劳动分值高，工业品奖励多，口粮标准高，因而这些地区的家属大都不愿远离家乡。[②]

六是信息不对称，影响了家属的进疆热情。一些本来愿意入疆的家属，或有卡片动员成熟的家属，由于不断接到支边青壮年的来信来电，劝阻他们千万不要进疆。这些来信夸大了新疆如何艰苦，如家属几户人住在一个房子，甚至说湖北家属已经跑光了等。然而，有些自返人员回原籍后却非常后悔，因为当地公社虽给他们安排生产劳动，但只给吃基本口粮，不能参加收益分配，因此觉得不如回到新疆去。但是在新疆的支边青壮年，不断给省民政厅和江苏省委写信，反映新疆某些安置单位对支边青壮年生活困难不予照顾，有些干部排斥甚或随意打骂群众，对支边青壮年另眼看待，以及请假探亲不给批准等。[③] 湖北鄂城市广山

---

① 《江苏省南通专员公署民政科关于动员 1959 年支边青壮年家属进疆工作总结报告》，1961 年 7 月 15 日，南通市档案馆藏，档案号：D222-111-0010-0076。

② 《（1963 年）江苏省接迁支边家属工作总结报告》，1963 年 12 月 3 日，江苏省档案馆藏，档案号：4008-001-0014。

③ 《（1961 年）接迁江苏支边青壮年家属工作总结》，1961 年 10 月 2 日，江苏省档案馆藏，档案号：4008-002-0022。

公社李某某给爱人写信说："千万不要来，我正在请假，批不准，我要找机会逃跑。"① 这种情况各地都有发生，削减了家属进疆的愿望。

（三）接迁干部工作方法和工作作风问题

安置地区干部在接迁支边家属过程中，既有工作作风的问题，同时也存在着掌握和执行政策不当的问题。

一是新疆对接迁工作缺乏周密的组织和安排，管理混乱无序。接迁工作开始前，要在乌鲁木齐集中开会，大部分接迁干部听了报告，有些人未听报告，分团开会时到处找不到人。各小组名单宣布后，组长组员互不认识，组长找不到组员，组员找不到组长。例如到如皋县的接迁工作组共有 26 名干部，临上车前只找到 6 人。加上名单宣布后，不少人要求更换小组，民政厅不通过分团擅自变更，临上车前名单仍变动着，造成一些县任务小而接迁干部多，任务大而接迁干部少，有的工作组原来几个人变得最后只剩一个人。泗洪县工作组副组长提前于 1965 年 3 月 12 日就从乌鲁木齐出发回山东探亲，探亲后赶到湖北分团，得知分配到江苏，又于 4 月初赶到徐州专署民政处。由于他本人不知分配到何处，经专署民政处介绍到铜山县工作，工作了一个多星期，经铜山工作组长从名单上查出，他是泗洪县工作组长，最后不得不于 4 月 8 日赶到泗洪县工作。② 这种组织管理上的混乱，直接

---

① 《湖北省黄冈专区支边办公室关于迁送支边青壮年家属工作情况与问题的报告》，湖北省档案馆藏，档案号：SZ67-2-947。
② 《一九六五年接迁支边家属工作情况总结》，1965 年 5 月 22 日，江苏省档案馆藏，档案号：4008-001-0016。

影响到接迁家属工作的有序开展。

二是有不少干部以接迁家属为名，实则是探家为主或借机游山玩水。如去湖北的 113 名接迁干部，80%的人有探亲要求，有的还携带爱人子女，荣归故里。吴县工作组工作尚未开展，有的人就去上海游玩，工作开始后也是张三来李四去，实际工作只有半月，原计划接 200 多人，最后只接了 50 多人。接迁工组组长（支边干部）一直住在自己家中，事事依靠当地民政部门，自己不做具体工作，动员家属也是三言两语地走过场。[①]还有个别干部带领几百名家属进疆，借口家属劳累，需要休息，实际上是他们要回家探亲，中转站已经办好转车手续，也坚决不走。[②]

三是有的干部不按政策办事，甚至还把一些不应接和根本不是家属的也接来了。1963 年派出的 283 名接迁干部中，社队不脱产的干部占半数，其中有些是工人、社员，有的还是文盲。由于出发前政策学习和教育不够，有的到动员地区连接迁范围都弄不准确，不能坚持原则。年老体衰、长年患病和临产孕妇等，这些不应接迁的也接来了。[③] 少数干部工作不够深入，如呼图壁县应到太仓县接 17 人、吴江县接 37 人，结果一个未接到。吐鲁番应到东台、如皋县各接 20 人，结果只接了一个小

---

① 《江苏省 1964 年接迁支边青壮年家属工作总结》，1964 年 7 月 12 日，江苏省档案馆藏，档案号：4008-001-0015。

② 《关于 1964 年接迁支边青壮年家属的工作报告及 1965 年接迁工作的意见》（1964 年 9 月），江苏省档案馆藏，档案号：4008-001-0015。

③ 《关于 1963 年接迁支边青壮年家属的工作总结》，1964 年 1 月 20 日，江苏省档案馆藏，档案号：4008-001-0014。

孩。^①1964 年接迁的 1.3 万多名家属中，有 2,997 人不属于接迁范围，这些人多是支边青壮年的非直系亲属和哥嫂、姑表等等，还有一些和支边青壮年毫无牵连的其他人员的家属，以及所谓的"新支边"人员。按规定城市不能接迁家属，但乌鲁木齐接了 60 余户 120 多人，给安置工作带来了不少困难。^②问题最突出的是江苏省沙洲县接迁组，他们接迁的 79 人中有 48 人是旁系亲属，还有的与支边青壮年毫无关系。他们都不属于接迁范围，而是要求到新疆找工作，接迁干部高某某信口开河乱许愿，说你们去新疆都可以安排工作，教员可按调干处理。这些人来了以后，很难安置，只好送回原籍，既浪费了国家资财，又造成工作上的被动。^③

四是某些地方有追求任务凑人数的做法，对既定政策的执行有偏差现象。如海安县花庄公社周有群（30 岁），其二弟周有明一家在疆，接家属中动员了周有群及其三弟周有旺（20 岁）、妹妹周有云（11 岁）一起进疆。根据规定，他们根本不属动员范围。如皋县磨头公社 2 户 5 人，对方地址不明，特别是家属朱美英已再三申述对其丈夫情况不明，不能前往，而基层干部却坚决动员她去，结果到浦口后返回。启东县合作公社支边人员杨金宝（20 岁）1960 年进疆，在一面店挑水。其父母在启东（只有 45 岁），

① 《（1963 年）江苏省接迁支边家属工作总结报告》，1963 年 12 月 3 日，江苏省档案馆藏，档案号：4008-001-0014。
② 《关于 1964 年接迁支边青壮年家属的工作报告及 1965 年接迁工作的意见》（1964 年 9 月），江苏省档案馆藏，档案号：4008-001-0015。
③ 《新疆维吾尔自治区民政厅关于"一九六五年接迁支边青壮年家属工作报告及对今后接迁工作意见"的报告》，1965 年 8 月 6 日，江苏省档案馆藏，档案号：4008-001-0016。

属于全劳力，家中还有 3 个孩子，大的只有 17 岁。根据情况也不属重点动员范围，但大队干部三番五次地上门动员，结果情面难却，就答允了进疆。[1]

由此可见，接迁支边支边青壮年家属效果不良的原因是多方面的。这与民众的思想认识和客观条件都有直接的关系。

---

[1] 《江苏省南通专员公署民政科关于动员 1959 年支边青壮年家属进疆工作总结报告》，1961 年 7 月 15 日，南通市档案馆藏，档案号：D222-111-0010-0076。

第五章　返苏人员进退维艰的窘境

支边青壮年进疆之后，就陆续有逃离和返籍的现象。尤其是国家精简下放政策贯彻执行后，各地返籍人数迅速增加。较其他省份，江苏省的安置巩固工作做得较好，但也有 3 万余人返籍。支边人员返籍的原因很复杂，既有主观上的因素，又有客观上的困难，但基层干部和群众的歧视、排挤应为最主要的原因之一。返籍人员特别是全家返籍人员回乡后，生产生活上面临多重困难。江苏和新疆两省区，对支边返籍人员进行了动员重返和原地安置两种处理方式。从结果上看，动员重返效果很差，绝大多数支边青壮年不愿重返新疆。

第一节　返籍人员的规模

返籍支边青壮年包括自返人员和精简下放的遣返人员两部分，江苏省先后有 3 万余人返籍，占支边青壮年的 20% 左右。返籍人员由零星的暗跑到整批明跑，由向城市工厂跳转到向原籍逃跑，基层干部对逃离人员也由管到不管，甚至不再愿意去管。

一、返籍人员数量

关于支边青壮年的巩固情况，各地不一。从 1959 年开始就有逃离现象，1960 年继续有所发展。特别是 1961—1962 年以来，逃离和返籍人数呈持续增长的趋势。

首先，从全国的情况来看，新疆和云南巩固下来的占 90% 左右，吉林、黑龙江、广东三省也巩固下来 80%。辽宁、甘肃等省巩固情况不好，有半数以上返回原籍。宁夏回族自治区跑掉 8 万多人，占 80% 以上。青海省逃离和返回原籍的 9,300 余人，占 95%。据不完全统计，各省、区返籍的支边人员已达 40 余万人，占迁移总人数的 30% 左右。[①] 1962 年，到甘肃、青海、宁夏三省区的 25 万支边人员，仅剩下 9 万余人。[②]

其次，从新疆的情况来看（主要是苏、鄂和皖三省的支边青壮年），虽然总体状况较好，但逃离和返籍现象也不断发生。1959 年冬新疆有些地区和单位就连续发生了青壮年逃离的现象，但未引起足够重视，1960 年入春以后继续增加。据自治区劳动调配委员会工作组在昌吉地区的调查：阜康县 1959 年安置的 2,957 人已跑掉 400 多人，占安置人数的 13%；玛纳斯县安置 4,591 人跑掉 1,000 人左右，占 21.7%；米泉县安置 4,254 人跑

[①] 《中央批转农垦部党组关于动员青年参加边疆建设工作情况和今后意见的报告》，1962 年 10 月 19 日，载农垦部政策研究室、农垦部国营农业经济研究所、中国社会科学院农经所农场研究室编：《农垦工作文件资料选编》，农业出版社 1983 年版，第 570 页。

[②] "当代中国"丛书编辑部编辑：《当代中国的劳动力管理》，中国社会科学出版社 1990 年版，第 101 页。

掉 766 人，占 19%；木垒县安置 2,023 人，仅两个公社和一个大队就跑掉 406 人，占 20%。个别公社和生产队的情况更为严重，如玛纳斯县红旗公社广西大队 1959 年安置 316 人，逃离了 146 人，占 46.6%；米泉县东风公社大破城大队安置 71 人跑掉 34 人，占 49%。有些单位还发生了闹事、殴打干部、罢工等事件。这些现象不仅在支边青壮年中引起很大波动，而且在当地群众中也造成了一些不良影响，对后续的安置巩固工作也造成了一定的困难。[1] 昌吉县三工公社金星大队 1959 年安置支边青年 283 人，一年半的时间里逃离 94 人。从大队留下的 137 名支边青壮年的排队情况来看，安心农业劳动，出勤多、劳动好的 32 人，占 23.3%；出勤不够经常，劳动不积极，思想表现看大势的 54 人，占 39.4%；不出勤，搞自留地、搞副业，挣现金积累路费，打算秋后回家的 40 人，占 29.2%；当时就要走的 11 人，占 8.1%。[2] 这一情况严重影响到大队的生产。呼图壁县安置 10,537 人，到 1961 年 6 月已外流 1,235 人。其中 1960 年进疆的外流更多，如和庄大队外流 125 人中，1960 年进疆的外流 97 人，占外流总人数的 89%。[3] 哈密地区安置 12,017 人，到 1962 年 12 月返回原

---

[1]　辛兰亭：《关于自治区支边青壮年安置工作的报告——在 1960 年 7 月自治区支边青壮年安置工作会议上》，1960 年 7 月 2 日，新疆生产建设兵团档案馆藏，档案号：007-03-0080-4。

[2]　《关于昌吉县三工公社金星大队支边青壮年安置巩固工作的调查报告》，1961 年 5 月 28 日，昌吉回族自治州档案馆藏，档案号：2-7-1。

[3]　《（呼图壁县）关于支边人员的有关问题的报告》，1961 年 6 月 8 日，呼图壁县档案馆藏，档案号：8-2-310。

籍的有 4,597 人，约占总人数的 40%。[①]

相对于人民公社和国营农场，安置在生产兵团的青壮年，巩固的就比较好。[②] 如兵团农七师 1959 年安置江苏、湖北支边青壮年 4,982 人，分配到 15 个单位，一个未跑；农垦厅头屯河农场 1959 年安置 311 人，百分百巩固。[③] 新疆维吾尔自治区副主席辛兰亭指出，巩固和稳定下来的支边青壮年一般占 80% 以上。

1961 年 5 月，新疆召开安置支边青壮年工作会议，其中心议题就是研究支边青壮年的返籍问题。下表是有关单位报送的自返人员的统计数字。

表 5-1-1：新疆有关单位自返人数统计表

（单位：人）

单位	安置人数	逃离人数	所占百分比
哈密专区	10,000	2,000	20%
阜康县	3,583	546	12.4%
呼图壁县	10,537	1244	11.0%
吐鲁番火焰山公社	49	31	63.0%
兵团农五师		114	11.6%
农垦厅五一农场	801	78	9.7%

---

① 哈密地区民政处编：《哈密地区民政志（1976—1990）》，内部资料 1999 年版，第 203 页。

② 《新疆自治区党委关于做好农村支边青壮年、精简下放职工和自流人员巩固工作的紧急指示》，1962 年 10 月 16 日，昌吉回族自治州档案馆藏，档案号：1-2-115。

③ 辛兰亭：《关于自治区支边青壮年安置工作的报告——在 1960 年 7 月自治区支边青壮年安置工作会议上》，1960 年 7 月 2 日，新疆生产建设兵团档案馆藏，档案号：007-03-0080-4。

单位	安置人数	逃离人数	所占百分比
乌鲁木齐铁路局	5,365	556	16.5%
乌鲁木齐铁路局 哈密成品厂	197	115	58.0%
阿勒泰专区	1,317		1.14%
塔城县	576		0
裕民县	398		0.75%
托里县	265		0
霍城县	2,561		0.54%
奇台县	7,905		7.38%
哈密县	4,045		24.92%
伊吾县	601		6.99%
和静县巴音公社	119	92	77.44%
和静县上游公社	189	13	6.88%
和静县先行公社	118	0	0
和硕县	1,364	158	11.67%
军区	2,090	3	1.43%
农一师	5,271	5	0.95%
农五师	2,735	115	4.2%
农十师	4,800	12	0.25%
兵团机运处	2,831	16	0.92%
农业厅试验场	322	21	6.52%
畜牧厅米泉猪场	847	204	24.81%
八一农学院	548	84	15.32%
邮电局	496	26	5.24%
纺织局	1,243	144	11.58%
轻工局	1,096	26	2.37%
地质局	1,048	78	7.44%
交通厅	6,951	434	7.24%
武警总队	243	1	0.41%
伊宁县	1,565	51	3.33%

单位	安置人数	逃离人数	所占百分比
农七师三管处	4,372	60	1.37%
工一师材料总场	2,241	195	8.70%
农七师三总场	488	0	0
工二师十一团	4,790	32	6.38%
煤管局	6,762	623	9.21%
化工局	802	3	0.04%
十月厂	407	12	2.95%
冶金局	6,057	256	4.22%

资料来源：据《安置支边青壮年工作会议简报》第 2 期（1961 年 5 月 30 日）、第 4 期（1961 年 6 月 1 日）、第 5 期（1961 年 6 月 2 日）相关数据整理而得，农六师芳草湖总场档案室，目录号 3，卷号 72。

　　需要说明的是，该表为不完全统计数字，有的单位因未报而没有列入。且这些数字也并不完全准确，因为当时大会秘书处在简报中也提及，"这两天简报上发表的统计数字，发现有不正确、不真实或者口径不一致的现象。如玛纳斯县把农牧系统安置在玛纳斯各场的支边青壮年算在安置数内，但外逃数只计算了本县的，这样就降低了外逃的比重；有的或者由于情况掌握得不真实、不全面，统计支边青年的外逃人数和实际外逃的原始人数相比要少等等"。① 虽然表 5-1-1 中数字可能会有一定的误差，即对自返人数的统计上可能是整体偏少。但也不难看出，安置在国营农场和人民公社的自返人员要多，而安置在兵团和厂矿企业的则要少得多。随江苏省慰问团到新疆参加慰问活动的郁文纲也指

----

① 会议秘书处编：《安置支边青壮年工作会议简报》第 4 期，1961 年 6 月 1 日，农六师芳草湖总场档案室，目录号 3，卷号 72。

出，"在建设兵团的支边青壮年表现最好最突出"①。

最后，来看江苏省青壮年在新疆安置巩固的情况。1959—1960年间，江苏省共动员支边青壮年120,570人进疆，他们绝大部分已安家落户，但有部分人员陆续返籍。尤其是"精兵简政"以后，返籍人员日益增多。到1962年10月，返籍人员有3万人左右，占总人数的20%左右。在这3万人中，全家返籍的占返籍总数的70%以上。②南通专区先后动员53,890人进疆（含家属7,023人），到1961年7月支边人员先后返籍的有6,647人（其中海安约3,000人、如皋670人、如东1,000人、南通1,198人、海门56人、启东700人、南通市23人），占支边总人数的12.33%，还有部分地区的支边人员仍在不断返乡。③苏州专区动员20,876名青壮年到新疆，到1962年11月返籍人员已达8,293人（江阴1,286人、无锡432人、沙洲1,804人、常熟1,352人、太仓741人、吴县1,873人、吴江805人），占支边总人数的39.73%，且返籍现象陆续增加，越返越多。其中不少是全家返籍的，如江阴县全家返籍的就有396户899人。个别严重的地区，绝大部分支边人员已经返回原籍。常熟县珍门公社动员的183名支边青壮年中，已经返回原籍的有140人，加上出嫁或者投靠在

---

① 《中共扬州地委批转郁文纲同志"关于参加省慰问团赴新疆慰问支边青壮年的情况报告"》，1960年3月14日，扬州市档案馆藏，档案号：B1-2-167。

② 《关于我省支边返籍人员情况和请求拨给安置经费及物资的报告》，1962年10月17日，江苏省档案馆藏，档案号：4008-002-0026。

③ 《中共南通地委批转南通专区支边委员会"关于动员支边自返人员返疆和迁送支边人员家属进疆的意见"的指示》，1961年7月15日，南通市档案馆藏，档案号：D222-111-0010-0071。

外地亲友家里的返籍人员，返回率达到 90% 左右。该县梅李公社在乌鲁木齐县水西沟园艺场的 108 名支边人员，除有 19 名仍留在那里外，其余全部回乡。江阴县马镇公社共支边 110 户 176 人，已返籍的有 77 户 135 人。苏州专区返籍人员中，属于自返的 7,066 人，组织上动员"下放"的 1,227 人。[1] 由此可见，各地区返籍人数有很大差异。即使苏州专区扣除精简下放人员，其自返率也明显较南通专区要高得多。

总的看来，支边青壮年中巩固和稳定下来的占 80% 左右，这种情况是正常、合乎规律的。因为支边青壮年从内地迁到新疆，生活由不习惯到习惯，生产由不熟悉到完全熟悉，还需要一个相当长的过程，要求在一年半载就完全巩固下来是不切合实际的。至于江苏省最终有多少人自返，很难有一个准确的数字，笔者估计最终自返人员应达到 30% 左右。因为有的人是逃离转行或跳厂，有的则是返回原籍或投奔亲属。再则，以上数字多是 1962 年左右的数字，在随后的几年里，应当仍有人陆续返籍，如到 1965 年 7 月，昌吉县返乡不归的支边青壮年有 5,404 人，占总数的 67.2%；留下的只有 2,638 人，占 32.8%。[2] 还有的人是返回原籍后又再次回到新疆，如 1963 年 1 月至 12 月底呼图壁县返籍的 215 人中，春天回去秋天又返回的为 68 人，这部分人

① 《江苏省苏州专员公署民政处关于支边返籍人员的情况报告》，1962 年 11 月 6 日，苏州市档案馆藏，档案号：H27-1-13。

② 张汉真：《昌吉县接收安置支边青壮年概况》，载昌吉州政协党派社团学习文史委员会编：《昌吉州政协文史资料第 33 辑》（苏皖鄂青壮年支边在昌吉），新疆维吾尔自治区内部资料性出版物准印证（2010）年第 53 号，2010 年版，第 58 页。

主要是来自安徽和苏北受灾地区。^① 因此，这些数字都是在不断变动的。

二、返籍呈现的特点

支边自返人员的思想情况和自返原因比较复杂，但随着时间的推移，其自返现象也呈现出一定的规律和特点。

昌吉回族自治州安置支边青壮年 4.7 万余人，其中有江苏省青壮年 3.4 万余人。该州青壮年"过去是零星的暗跑，现在是整批的明跑；以往是落后的人跑，如今是积极分子，乃至党团员、干部也跑；从前是向城市、厂矿跑，现在是回老家。"^② 由于发生严重的逃离情况，引起不少人心神不定，不愿意接家属，不积极参加劳动。就连以往很少逃离的交通、机械、铁路、煤管等部门，也都反映有逃离的现象，有的还很严重，如煤管局哈密矿务局安置的 400 余支边青壮年几乎跑光了。^③ 这样大批的劳力外逃，又波动着一些人也在准备逃跑。

新疆维吾尔自治区的总体情况是，支边青壮年逃离过去多发生在严冬，春暖花开之时。因为第一是天气温暖，行动方便；第二是春季农事活动刚开始，劳动工分没有开始计算。1960 年以

---

① 《呼图壁县劳动调配委员会关于上报六三年三类人员工作总结由》，1964 年 2 月 28 日，呼图壁县档案馆藏，档案号：8-2-479。

② 《关于认真做好支边青壮年安置巩固工作的指示》，1961 年 7 月 5 日，昌吉回族自治州档案馆藏，档案号：1-1-262。

③ 《新疆维吾尔自治区劳动调配委员会关于积极采取措施制止目前部分地区支边青壮年逃跑的通知》，1961 年 4 月 28 日，新疆生产建设兵团档案馆藏，档案号：016-03-0224-6。

后是秋季也有人逃离，而且由过去有支边干部劝阻到有的干部带头跑，由黑夜偷偷跑到白天公开的跑，由个别地跑到成群地跑，由在自治区范围内跳厂到返回原籍。其中，复员军人和原来的城市居民跑得较多。[1] 有的公社大队在支边青壮年初到时，确实大张旗鼓干了一阵，以后慢慢就凉下来，把人安排到小队、小组就很少抓了，甚至有的对这项工作已经感到厌烦。公社一级特别是大队以下各级领导，"不少是从管到不管，现在甚至不愿管了"。[2] 还有部分干部认为支边青壮年事情多，麻烦不少。[3] 基层干部的这种倦怠态度直接挫伤了支边青壮年的积极性。与之相反的是，兵团的支边青壮年安置巩固较好，基本上达到安置一个，巩固一个，劳力增加，生产跃进的良好局面。兵团单位的共同点是各级领导重视政治思想工作，同时又认真解决最基本的生活困难。因此，支边青壮年能够心情舒畅地积极劳动。[4]

　　江苏省青壮年在 1961 年春季以前，多是单身青年零星地返回；1961 年春季以后，多是携家带眷成批地返回。[5] 这与迁移和

---

① 《新疆维吾尔自治区劳动调配委员会关于积极采取措施制止目前部分地区支边青壮年逃跑的通知》，1961 年 4 月 28 日，新疆生产建设兵团档案馆藏，档案号：016-03-0224-6。

② 会议秘书处编：《安置支边青壮年工作会议简报》第 4 期，1961 年 6 月 1 日，农六师芳草湖总场档案室，目录号 3，卷号 72。

③ 《自治区党委吕剑人书记在自治区支边青壮年安置工作会议上的讲话（记录稿，未经本人审阅）》，1961 年 6 月 7 日，江苏省档案馆藏，档案号：4008-002-0020。

④ 会议秘书处编：《安置支边青壮年工作会议简报》第 4 期，1961 年 6 月 1 日，农六师芳草湖总场档案室，目录号 3，卷号 72。

⑤ 《关于江苏省迁移家属和对返籍人员处理工作的调查报告》，1961 年 10 月 15 日，江苏省档案馆藏，档案号：4008-002-0022。

安置地区工作上的缺点有很大关系，但私有观念和乡土观念的深刻影响，也是普遍性的基本原因之一。据南通地区调查的情况来看，安置在北疆回来的多，南疆回来的少；安排在公社回来的多，兵团回来的少；分散安排回来的多，集体安排回来的少；分配在农业回来的多，工矿企业回来的少；安排在交通便利的地区回来的多，偏僻地区回来的少。[1] 应该说，南通地区的分析是比较全面而准确的。北疆部分地区如阿勒泰等地气候极其寒冷，江南人很难一下子完全适应；南疆地区分配的支边人员本来就很少，加之南疆气候条件较北疆要好一些。人民公社和国营农场的安置条件有限，思想教育工作也跟不上，故返籍人员较多；而生产建设兵团安置条件虽然也很艰苦，但能够耐心地对支边青壮年进行思想教育，积极解决他们的生活困难，因此返籍人员要少很多。分散安排的因人地生疏，生活困难较多，短时期内难以融入当地生产生活；集中安排的没有语言、民族等隔阂，生产、生活上的困难也便于解决。分配到农业上的多从事修渠、垦荒等相对沉重的工作，而且工资不高，很多城镇人口无法承受如此大的工作量。特别是 1960 年后粮食供应紧张，新老社员的矛盾增多；安排到工矿企业的则各方面都要好得多。交通便利地区更便于跳转流动，如昌吉、哈密等地返籍人员明显较其他地区要多。此外，从动员地区与安置地区生活条件对比来看，动员地区生活条件好的，支边青壮年跑的就多；反之，安置地区生活条件各方

---

[1]　《中共南通地委批转南通专区支边委员会"关于动员支边自返人员返疆和迁送支边人员家属进疆的意见"的指示》，1961 年 7 月 15 日，南通市档案馆藏，档案号：D222-111-0010-0071。

面等比较好的地区、单位，跑得就少。如江苏省海安县要富庶一些，跑得就多。[①]

第二节　支边青壮年返籍的多重因素

支边青壮年自返的原因很复杂，既有主观因素，也有客观上的困难。在较短时间内安置大量人员，新疆维吾尔自治区党委认为是缺乏经验特别是缺少充分的物质准备。由于连续三年的自然灾害，关内自流人员大量进入新疆，人口增加过猛，群众口粮标准比过去降低，有些公社、农场发不出工资，有的住房没有得到很好解决，生活确实有困难；有些人未带家属，长期分居两地，思乡心切，特别是农村公共食堂停办，他们的困难就更大；以往的安置工作中还侵占了当地群众的经济利益，没有完全补偿，引起老社员的不满；新疆还历经印度入侵，边民外逃等事件，有不少支边青壮年家属来信催促返籍。因此，有些支边青壮年思想不安，坚决要求回家。[②]此外，有些基层安置单位对支边青壮年的安置巩固工作认识不足，甚至有卸"包袱"和排外的思想，以致违背自治区党委、人委不准遣返支边青壮年的规定，有擅自动员、批准、甚至强迫遣送支边青壮年回籍的做法。

[①]　会议秘书处编：《安置支边青壮年工作会议简报》第 5 期，1961 年 6 月 2 日，农六师芳草湖总场档案室，目录号 3，卷号 72。

[②]　《新疆维吾尔自治区劳动调配委员会关于支边青壮年安置巩固工作情况的复函》，1962 年 10 月 10 日，江苏省档案馆藏，档案号：4008-002-0025。

一、支边人员自身因素及其家属的影响

（一）支边青壮年自身因素

一是生活不习惯，思恋家乡。江苏支边青壮年中不少人认为新疆气候干寒，水土不服。吃的小杂粮，住的地窝子，生活困苦。加上人地生疏，风俗习惯不同。因此，他们思想动摇，陆续要求返籍。溧城镇支边青壮年起初全部分配在石油公司、机关和工厂工作，在吃的方面平时以面粉为主，每月还有 2 斤大米。1961 年 4 月，其中一部分人被下放到中苏边界霍城参加农业生产。由于城镇人口不会种田，离家又远，气温经常在零下 30—40 摄氏度，吃的全是杂粮，面粉也很少，大米根本没有。因此，在思想上起了极大的变化。支边青年徐某某公开说："这里太苦，我们要回去。"火焰山公社高潮大队社员支边青年和某某说："这个地方好，什么都没有，江苏什么都有，我们还是回去。"还有些青壮年未离开过父母，离家时间久了想家思想严重。本人和家属都希望住在一起，但一时又不可能，因之双方思念情绪日渐深切。在新疆的要请假回家探亲，在原籍的也想尽一切办法动员他们回去。如五星公社沙依卡农场社员支边青壮年许某某说，"不能叫我们夫妇，儿女活活分离"，又如该场社员印某某的哥哥来信慌称，"父亲死了，要他回家"。① 有的支边家属希望能将儿女早点调回来工作，有的甚至哭闹，如镇江市铁路南居委会支边人

_____

① 《江苏省苏州专员公署民政处关于支边返籍人员的情况报告》，1962 年 11 月 6 日，苏州市档案馆藏，档案号：H27-1-13。

员朱某某的母亲和吴某某的母亲终日发呆思女，见人谈到她们儿女的事就哭，有时一闲下来想想也哭。[1]

除此而外，还有部分支边青壮年确系不适应新疆的环境气候，入疆以后经常生病，已患上肺炎、肺结核等病，不能参加劳动，生病期间也无人照应，生活没有保障，坚决要求回家。如新疆水利厅工程处江苏支边青壮年中有一部分人患有慢性肺结核、心脏病等，而且由于饮食不卫生，体内普遍有蛔虫、钩虫，有 1 人吃药打下蛔虫、钩虫 120 余条，140 人打下 16,000 余条。这些人水土不服，身体消瘦，加上医疗条件差，有一些人病故。[2]

二是怕婚姻问题无法解决。支边青壮年中有 30% 左右的未婚男女，未婚男女中男性比女性多，进疆后达到结婚年龄的女性大部分结婚了。女同志的结婚对象大部分是支边青壮年中的男同志，一小部分与新疆的干部或群众结婚了。因之，尚有一部分男同志的婚姻问题无法解决，要求回家找对象。如园艺场拖拉机队拖拉机手于某某说："拖拉机队支边有不少一部分支边青壮年同志的婚姻问题无法解决，青年全是光杆子，找不到老婆怎么办？"[3] 分配到绥定羊场的湖北支边青年说："上级号召我们安心、扎根、开花、结果。我们能安下心，就是扎不下根，没有老婆，

---

[1] 《〈镇江市〉报送支边青壮年家属和自返人员情况的调查报告》，1962 年 5 月 25 日，镇江市档案馆藏，档案号：C28-2-76。

[2] 《新疆水利厅工程处关于支边青壮年工作总结》，1961 年 5 月 25 日，农六师芳草湖总场档案室，目录号 3，卷号 72。

[3] 《江苏省苏州专员公署民政处关于支边返籍人员的情况报告》，1962 年 11 月 6 日，苏州市档案馆藏，档案号：H27-1-13。

如何开花结果?"①

三是想学技术不愿干农业。有些支边青壮年愿到工厂不愿去农村,如被分配到农业战线上的则表示不满,这部分人主要是一些市民、学生、转业干部和复员军人。② 有些人想当干部或学习技术。如昌吉综合电机厂下设砖厂赵某某说,"来新疆的目的是为了学技术,干泥巴活回去也一样干,何止在这儿? 因而提出坚决要回去。"③ 一些城市服务员或小工业者如修电筒、补雨伞的人,有的要求干原来的工作,有的嫌工资低,不愿干农业。④

此外,有部分县的支边青壮年中有闹小宗派、不团结的现象。如吐鲁番县的支边青壮年来自江苏的 4 个专区 5 个县,他们的生活习惯大致相同,但个性相距甚远,苏南人个性较软,徐、淮有不少人个性较强。如皋、东台、海安等县的支边青壮年对邳县的支边青年印象较差,不愿和他们相处。如园艺场第 4 大队副支边青壮年薛某某说:"我要回去的原因较多,但我和邳县同志相处不来也是一个原因之一,他们连一个普通工人都可随便骂人。"⑤

---

① 《(湖北)省支边委员会办公室巴方廷副主任在支边会议上的发言》,1960年 4 月 6 日,湖北省档案馆藏,档案号: SZ67-01-0742-007。

② 《关于召开支边青壮年安置接待工作座谈会议情况的报告》,1959 年 5 月20 日,昌吉回族自治州档案馆藏,档案号: 1-2-61。

③ 《(昌吉综合电机厂)支边青年情况调查报告》,1960 年 10 月 8 日,昌吉回族自治州档案馆藏,档案号: 149-1-26。

④ 《江苏、湖北、安徽进疆青壮年在农垦系统的情况介绍》,1959 年 11 月 1 日,新疆生产建设兵团档案馆藏,档案号: 016-01-0181-9。

⑤ 《吐鲁番县人民委员会办公室关于支边青壮年返籍情况的调查报告》,1961年 4 月 10 日,农六师芳草湖总场档案室藏,目录号 3,卷号 72。

（二）家属来信动员返乡

支边青壮年家乡的亲友来信动员回家，也是其返乡的原因之一。新疆水利厅工程处安置支边青壮年 4,524 人，其中湖北麻城支边青壮年队屡次被评为"红旗中队"。自 1960 年以来，家乡经常来信要他们回家。据统计，有 123 人家中来信，其中有 29 人家中有亲属 37 人去世，有 25 人家中父母年老、妻子儿女有病、无人料理家务等，有 8 人家中找了未婚妻要他们回家结婚，有些公社甚至还发来证明。因而，造成他们思想波动很大，有 50% 以上的支边青年不安心工作。① 湖北天门县一些支边青壮年家属写信说："你快回来吧，社干部说了，回来保证有工作做，并且还能担任原职务。"② 阿克苏地方国营农牧场也陆续收到常熟县支边青壮年珍门公社家中来信十余封，内容大都是"最近（1960 年）3 月 25 日进新疆的全部回家了，政府号召他回家，我们珍门公社的也全部回来了，一个也没留"等语。

实际上，新疆并没有通知支边青壮年返原籍参加生产，常熟县也未号召他们返回原籍。阿克苏红旗坡农场农田一队的一些支边青壮年在新疆安家落户的思想本不稳固，家信中关于政府号召返回原籍的消息相互传播后，思想更加不安，埋怨领导为何不告诉他们回家的消息。虽经领导一再解释，但还有部分人员思想不

---

① 《新疆水利厅工程处关于支边青壮年工作总结》，1961 年 5 月 25 日，农六师芳草湖总场档案室，目录号 3，卷号 72。

② 《〈新疆自治区煤管局哈密矿务局〉为呈请局党委发函要回逃回湖北天门县之支边青壮年由》，1960 年 11 月 22 日，湖北省档案馆藏，档案号：SZ67-2-944。

通，仍旧变卖衣物准备路费。有的还把中午吃的馒头省下来，饿肚子或找其他野菜代替，准备返籍途中吃食之用。有很大一部分人生产情绪低落，已放弃自留地的生产。①

还有个别家属为了使子女或丈夫返回原籍，编造种种谎言，甚至说家中父母已死等，来迫使支边青壮年返乡。②溧阳县溧阳镇支边青壮年王某、王某某二人均系独子，家中父母多次去信，父母骗儿子因病卧床不起，盼儿子眼睛快要盼瞎等，这使他们思想波动很大。王某母亲还专门邮寄 100 元让儿子返籍，让他回乡结婚等，并说支边人员家中可报户口、油粮关系，并能安排工作等。③

支边青壮年自返的旅费绝大部分是变卖衣物，昌吉回族自治州三工公社金星大队有 68 名支边青壮年卖掉棉衣 64 件、棉大衣 12 件，棉衣服 14 套，棉被 51 条，箱子 43 只，铁锹 43 把，其余鞋帽、盆缸等 120 多件，其中一部分出售给当地社员，一部分出售给自由市场。④

（三）原籍公社大队的接纳与安置

人民公社化以前，江苏省农业人口 3,543 万人，农村劳动力

---

① 《新疆维吾尔自治区阿克苏专员公署关于询问支边青壮年家属情况的函》，（1961 年），江苏省档案馆藏，档案号：4008-002-0020。

② 《（呼图壁县）为报送 1961 年支边安置工作总结由》，1962 年 1 月 2 日，呼图壁县档案馆藏，档案号：8-2-310。

③ 《（溧阳县）关于召开支边自返人员青壮年座谈会情况汇报》，1962 年 4 月 4 日，镇江市档案馆藏，档案号：B21-3-446。

④ 《关于昌吉县三工公社金星大队支边青壮年安置巩固工作的调查报告》，1961 年 5 月 28 日，昌吉回族自治州档案馆藏，档案号：2-7-1。

1,600 万人，占农业人口的 45%。人民公社化以后，江苏省农村劳动力减少约 15%—20%，按平均 17% 计算，全省减少 280 万人左右。支援边疆 12 万余人，占 0.8%。1960 年农村实有劳动力 1,320 万左右，占农业人口的 37%，参加农业生产的劳动力大量减少。随着农业 "八字宪法"[①] 的全面贯彻，用工量愈来愈多，这就使得农村劳动力显得十分紧张。1958 年全省平均每个劳动力负担耕地面积 8.2 亩，到 1960 年每个劳动力负担耕地面积达到 13—15 亩，全省农田用工量增加 50% 左右。[②]

在农业战线劳动力普遍紧张的情况下，一些公社和大队对返籍的支边青壮年持欢迎的态度，没户口的给落下户口，没党团关系的恢复了党团关系，分配了工作，甚至有的还寄来证明，鼓动支边青壮年返回，这也是造成逃离返籍特别是连锁逃离返籍的主要原因。[③] 呼图壁县单板大队社员黄某某，自返回乡后任启东县大兴公社八大队管理员。有的请假探亲回去当地安排了工作，如江苏如东县红光大队作业站副站长李某某是 1960 年 3 月返原籍探亲，后被安排到该县□交公社 11 大队任大队长，他还写信让

---

① "八字宪法"即有水（水利）、肥（肥料）、土（深耕、改良土壤）、种（改良种子）、密（密植）、保（植物保护、防治病虫害）、工（改良工具）、管（田间管理）的农业。

② 《本部（中共江苏省委员会农村工作部）关于农村劳动力情况调查》，1960年 7 月 1 日，江苏省档案馆藏，档案号：3040-003-0279。

③ 《新疆维吾尔自治区劳动调配委员会关于积极采取措施制止目前部分地区支边青壮年逃跑的通知》，1961 年 4 月 28 日，新疆生产建设兵团档案馆藏，档案号：016-03-0224-6。

其他支边社员返回原籍。[①] 兵团基工处砖瓦厂在 1960 年 6 月前一个未跑，以后有 2 人跑回湖北，原籍来信说公社大队给他们安置了工作，如何如何好，接着跑了 19 个。[②] 南通县新生公社、海安县某大队干部给支边青壮年来信和证明让他们回去，不但吃饭等问题能够解决，并能给予安置原有工作。[③] 湖北有个别公社、大队对逃离回原籍的支边青壮年采取欢迎、安置的态度，造成哈密后窑煤矿安置的 83 名支边青壮年中，跑回去了 80 个。[④] 兵团水利工程二团与丰县民政科函商将部分家乡还留有亲属，家中人多劳力少，本人身体弱，不适宜新疆气候，再三要求返乡的支边青壮年进行减员，丰县民政科则表示"如下放回原籍，增加我们劳力，我们是欢迎的。"[⑤] 这都造成了安置巩固工作上的被动。

（四）听信谣言和传闻

在家属写信动员支边青壮年回乡的同时，还有一些人到处散布谣言。如江苏 1961 年 6 月回去，湖北 8 月回去，安徽的已经有人到乌鲁木齐将人接回去了。呼图壁县长胜大队医生对支边人

---

① 《（呼图壁县）关于支边人员的有关问题的报告》，1961 年 6 月 8 日，呼图壁县档案馆藏，档案号：8-2-310。

② 会议秘书处编：《安置支边青壮年工作会议简报》第 6 期，1961 年 6 月 4 日，农六师芳草湖总场档案室，目录号 3，卷号 72。

③ 《米泉县劳动调配委员会关于三年来支边青壮年及自流人员安置工作的总结》，1961 年 11 月 29 日，昌吉回族自治州档案馆藏，档案号：2-7-2。

④ 会议秘书处编：《安置支边青壮年工作会议简报》第 5 期，1961 年 6 月 2 日，农六师芳草湖总场档案室，目录号 3，卷号 72。

⑤ 《丰县人民委员会民政科关于新疆生产建设兵团水利工程二团二工区函商59 年支边人员下放回原籍参加生产情况的报告》，1962 年 5 月 7 日，江苏省档案馆藏，档案号：4008-002-0026。

员说："你们怎么不回去，报纸上已登了，你们江苏六月回去。"
和庄三队、四队也有类似的传说。①"文化大革命"期间，有的
人怕火车断了回不去，就连夜逃跑，芳草湖一场有一个小队一晚
上就跑了5户。②

　　此外，还有个别支边青壮年作风不良，调皮捣蛋，偷摸成
性，他们怕在整风整社中受批判斗争，所以变卖家产，外流返
籍。③也有些人犯了错误怕受处分，如昌吉县三工公社金星大
队4小队江苏南通支边青壮年徐某某偷了供销社两袋肥田粉，
还偷了大队仓库的大米、大肉、棉布等，骗取供销社26米棉布
等，怕受处分而逃跑了。④还有部分支边青壮年担任基层干部
与个别社员有过贪污盗窃、投机倒把等行为，因害怕社教运动
中过不去关而自流返籍。⑤呼图壁县先锋大队和庄三小队部分
支边人员有从众的心理，他们认为别人都已经走了，自己留下
来也不好。⑥

---

①　《呼图壁县商业局关于支边人员讨论马书记报告情况的专题报告》，1961年
　　5月11日，呼图壁县档案馆藏，档案号：1-2-450。
②　访谈丁立法，农六师芳草湖农场，2014年7月23日。丁当时是宿迁县城
　　头乡以家属身份接迁入疆的，分配到呼图壁县芳草湖一场。
③　《（呼图壁县）关于支边人员的有关问题的报告》，1961年6月8日，呼图
　　壁县档案馆藏，档案号：8-2-310。
④　《关于昌吉县三工公社金星大队支边青壮年安置巩固工作的调查报告》，
　　1961年5月28日，昌吉回族自治州档案馆藏，档案号：2-7-1。
⑤　《呼图壁县劳动调配委员会关于上报六三年三类人员工作总结由》，1964年
　　2月28日，呼图壁县档案馆藏，档案号：8-2-479。
⑥　《呼图壁县商业局关于支边人员讨论马书记报告情况的专题报告》，1961年
　　5月11日，呼图壁县档案馆藏，档案号：1-2-450。

二、国家精简下放政策的影响

伴随着"大跃进"和人民公社化运动，中国又遭受前所未有的三年自然灾害。严重的灾害直接导致粮食产量不断下降，其中 1959 年为 1,700 亿公斤，1960 年为 1,435 亿公斤，1961 年为 1,475 亿公斤。[①] 而当时中国正处于截然相反的两种境地，一方面是重工业持续跃进、职工队伍骤然大增及对粮食的大量需求；另一方面则是农业的严重灾害与减产，轻工业的停滞不前，粮食供应短缺，出现了大量非正常死亡人员。[②] 面对这种严峻的形势，国家采取了一系列措施积极应对，如加紧粮食调运流通，实行票证供应制度，压缩口粮供应标准，提倡"瓜菜代"等。1960 年 9 月，中央提出了"调整、巩固、充实、提高"八字方针，恢复与发展国民经济。1961 年，中央提出让"大跃进"以来进城当工人的农民回乡参加农业生产，由此拉开了精简城市人口的序幕。1962 年 5 月，中央批转了《中央财经小组关于讨论一九六二年调整计划的报告》，明确了精简下放的职工和下乡城镇人口的安置办法，"凡是能够下农村的，就要安排他们到农村中去。从哪儿来的就回到哪儿去。能够回家的让他们回家；能够投靠亲戚朋友的让他们找亲戚朋友；不能回家、又没有亲戚朋友可以投靠的，应该妥善地安排到他们能够去的人民公社

---

① ［美］彭尼·凯恩：《中国的大饥荒（1959—1961）——对人口和社会的影响》，郑文鑫等译，中国社会科学出版社 1993 年版，第 68 页。

② 陈建兰：《1961—1963 年中国城镇人口精简浅析》，《兰州学刊》2006 年第 6 期。

的各个生产队中去"①。

遵照中央、国务院"精兵简政"的指示精神，新疆也大力精简职工和减少城镇人口。新疆压缩城镇人口和精简职工的基本原则是：凡原籍在新疆农村的，一律遣返原籍农村参加生产。原籍在关内的，除京、津、沪、辽四大城市和重灾区的以外，如本人要求回家，应予批准送回原籍；对不能回家或不愿回家的，应统一安置在新疆，其主要去向是，现有的国营农牧场和生产兵团军垦农场，机关农场或新办农场。② 精简的对象主要是企、事业单位的职工，国家行政机关工作人员亦酌情适当地精简。③ 到1962 年7 月，新疆已经精简职工 13.6 万人，减少城镇人口 17.4万人，减少吃商品粮人口 13.8 万人。④ 到 1963 年初，安置在新疆农村人民公社的 56 万人中，已有 17 万人返回关内。其中支边青壮年、自流人员走了 1/3 以上，精减下放职工走了 1/2 以上。⑤

吐鲁番县火焰山公社反映："有部分支边青壮年重工轻农，中央十二大政策公布后，各单位大批下放干部、工人支援农业，

---

① 《中央财经小组关于讨论一九六二年调整计划的报告》，1962 年 4 月 30 日，载中共中央文献研究室编：《建国以来重要文献选编》（第 15 册），中央文献出版社 1997 年版，第 454 页。

② 《新疆自治区党委、人委关于一九六二年精简职工若干问题的规定》，1962年 5 月 22 日，昌吉回族自治州档案馆藏，档案号：1-2-115。

③ 《自治区党委批转自治区精简五人小组关于精减职工、压缩城市人口的安排意见》，1962 年 1 月 30 日，昌吉回族自治州档案馆藏，档案号：1-2-115。

④ 《新疆自治区党委、自治区人委关于进一步精简职工和减少城镇人口的决定》，1962 年 9 月 21 日，昌吉回族自治州档案馆藏，档案号：1-2-115。

⑤ 《新疆自治区党委、人委批转自治区人委政法办公室、劳动调配委员会"关于安置巩固支边青壮年、精减下放职工、自流人员工作会议的报告"》，1963 年 2 月 12 日，昌吉回族自治州档案馆藏，档案号：1-2-139。

认为到工业上的希望不多，不如返原籍种田。"[1] 1962 年初，新疆商业局和建筑公司屡次发送电报或函到盐城县民政科，称为了精简机构，要下放这些国营企业单位的职工去参加农业生产。但这些人不同意，要求回原籍家乡参加农业生产，询问动员县是否同意他们返籍。但当时盐城县并未接到相关指示，对该问题不知如何处理。[2] 兵团机运处根据中央保粮保钢的指示精神，提出把从本单位其他部门精减下来的人员，自减自用充实到农业生产上去，原则上不外调。要求汽二营精减劳力 119 人，汽三营精减 200 人（含干部 19 人），东路各站精减 111 人。[3] 昌吉回族自治州一些单位只要开一个会，研究出精简下放名单，用一张红纸贴出来，几天之内就要把下放人员全家送到农村去，连家中的鸡也来不及处理就装在麻袋一同拉走，下个月这个人在单位就没有名字、没有工资了。[4]

据新疆农垦厅的调查，不少单位在精减职工时，大量处理支边青壮年返回原籍。有的公开动员遣返，有的以批准请假探亲之名遣返；有的成批遣返，有的逐个遣返等。在遣返支边青壮年

① 《吐鲁番县人民委员会办公室关于支边青壮年返籍情况的调查报告》，1961 年 4 月 10 日，农六师芳草湖总场档案室藏，目录号 3，卷号 72。

② 《盐城县人民委员会民政科关于是否同意新疆相关单位精简下放支边青壮年返籍的请示》（笔者据文意自拟标题），1962 年 5 月 16 日，江苏省档案馆藏，档案号：4008-001-0009。

③ 《中国人民解放军新疆军区生产建设兵团司令部机运处关于对各单位精简人员的安排通知》，1960 年 10 月 5 日，新疆生产建设兵团档案馆藏，档案号：006-01-0404-11。

④ 怡然：《全家三代踏上支边路》，载昌吉州政协党派社团学习文史委员会编：《昌吉州政协文史资料第 33 辑》（苏皖鄂青壮年支边在昌吉），新疆维吾尔自治区内部资料性出版物准印证（2010）年第 53 号，2010 年版，第 15 页。

时，有的单位没有发给或没有发够返回原籍的车旅费和粮票，使他们在途中困难重重，有的因缺钱少粮，在盐湖上不去火车，把东西变卖一空，政治影响极坏。据初步统计，全疆地方国营农场自 1959 年以来共安置支边青壮年 23,000 人，到 1961 年 10 月已遣返或跑回原籍的有 6,900 人，占安置总数的 30%，有少数农场达 50% 以上。针对这一情况，农垦厅提出：

  1. 各有支边青壮年的单位，一律不得遣返原籍，对于一些要求回原籍的支边青壮年，应深入地广泛地进行教育……教育他们安心边疆建设，以场为家，解决他们存在的实际困难。对于个别支边青壮年，确因家庭有实际困难，本人又不宜在边疆长期劳动的，须有原籍县以上民政部门同意回原籍的证明，方可批准返回原籍。

  2. 支边青壮年家属，不论职工在城镇或在农场，不论是否够八年或三级技工，一律不动员其家属遣返。但应积极组织支边青壮年家属从事家庭副业或手工业劳动，或参加本单位的副业生产。

  3. 在精减职工期间对于支边青壮年暂停请假探亲，以防止少数单位借请假之名变相遣返。①

  为了进一步精简职工，自治区党委常委会议决定：精减人员，自治区内安置不了或本人要求回关内的，可以允许或动员其

---

① 《（新疆维吾尔自治区农垦厅）不得遣返支边青壮年回原籍的通知》，1961 年 10 月 4 日，新疆生产建设兵团档案馆藏，档案号：016-03-0231-5。

返回关内农村；支边青壮年，除个别坚决要求回原籍、留在新疆家庭有困难者外，一般应尽量留在自治区内安置；从关内自流来新的人员，除家在四大城市或重灾区的以外，一般均应遣返内地。① 随后，自治区党委、人委再次提出，"对于1958年以来，由公社、生产队集体转入国营农牧场的人员，凡是有条件转回到公社、生产队的，都应转回去；对于从农村招收的农工，除支边青壮年外，可以动员和批准其一部或大部返乡生产"。② 但是，对于厂矿企业、事业、国家机关、人民团体的支边青壮年职工家属，不论是否符合动员返乡条件，一律不动员返回原籍农村。③ 由此可见，自治区在精简下放中，对支边青壮年及其家属是不允许遣返原籍的。

但是，有一些单位为了减轻企业负担，减少领导麻烦，公开动员支边人员返籍。阿克苏专区红旗农场和伊吾盐池农场等单位的领导对支边人员讲："你们在这里不安心，现在精兵简政是个好机会，如果你们要回去，我们可以批准，并且发给路费。你们光荣来，光荣去。"因此，红旗农场一下子就有四五十人集体"下放"回家。农场还专门请客吃饭，招待看戏，开欢送会等等。④

① 《自治区党委常委会议纪要》，1962年6月13日，昌吉回族自治州档案馆藏，档案号：1-2-115。
② 《新疆自治区党委、自治区人委关于进一步精简职工和减少城镇人口的决定》，1962年9月11日，昌吉回族自治州档案馆藏，档案号：1-2-115。
③ 《新疆维吾尔自治区人民委员会对机关事务管理局关于是否动员支边青年家属返原籍问题的请示报告的批复》，1962年9月14日，新疆生产建设兵团档案馆藏，档案号：016-03-0231-4。
④ 《江苏省苏州专员公署民政处关于支边返籍人员的情况报告》，1962年11月6日，苏州市档案馆藏，档案号：H27-1-13。

呼图壁芳草湖农场大海子水库总场水工二大队在精简工作中，对支边青壮年的处理是一部分调塔城和南疆，一部分留下修干渠。留下的这部分人准备采取三种办法处理：一是由本人申请长假，领导批准其返籍；二是由队上保送返籍，保送回去的主要是那些没劳力、生活困难的人；三是由本人申请短假，名为探家，假期45 天。本人到家不愿回来，只要寄来当地政府信件，队上即给办转户口粮食关系。该大队有 63 人（安徽阜阳、青阳 37 人，江苏南通 7 人、湖北麻城 19 人）就是以请短假的方式处理的，路费自备，大队给每人发 45 斤粮票。1962 年 9 月，自治区人委杨和亭副主席到过该大队，曾当面指示大队书记何某某，不准处理支边青壮年回家。但是，杨副主席走后，大队就改变了处理方式，公开动员支边青壮年返籍。[①] 苏州支边青壮年金有生一家三口，决心在新疆生根立足，利用工余时间开垦了 6 亩荒地，种上了粮食和其他经济作物，仅种子就花了 20 多元，但农场硬要动员他们返籍回乡。金要求等自留地种的东西收获了再回也未同意，最后干部还把他的工具拿走了，所以意见颇大。[②]

虽然自治区党委、人委曾一再指示不准随意遣返支边青壮年返籍，但各地迫于政治、经济压力仍通过不同形式不断遣返，造成 1962 年大批支边青壮年集中返籍。

---

① 《新疆维吾尔自治区劳动调配委员会关于呼图壁芳草湖农场大海子水库水工二大队擅自处理支边青壮年返籍的通报》，1962 年 11 月 14 日，江苏省档案馆藏，档案号：4008-002-0025。

② 《江苏省苏州专员公署民政处关于支边返籍人员的情况报告》，1962 年 11 月 6 日，苏州市档案馆藏，档案号：H27-1-13。

三、新疆安置巩固中的诸多问题

（一）政治思想教育不够

有些安置单位对支边青壮年的安置巩固工作重视不够，认为安置工作在支边青壮年刚来时抓一抓，有房子住，吃饭有食堂，劳动有安排，就可以一劳永逸。因此，在进行了一阵热情的接待之后，长期细致的政治思想教育和日常的巩固工作没有跟上，导致大批青壮年返籍。从客观上讲，各生产小队长搞生产更有一套，但不善于做政治思想工作。加上支边青壮年在生产生活上的所有问题都要找队长，队长看到支边青壮年找得多，就产生了厌烦情绪，不主动去接近他们，不及时给他们解决实际问题和思想问题。[1] 如吐鲁番有的国营农场因没有抓好政治思想工作，发生了逃离闹事现象，有的人甚至公开要求转到条件较差的人民公社。[2] 再如吐鲁番园艺场、五一农场均属固定工资高，生活条件好的单位，兵团八师 23 团是自治区机械化条件、物质条件最优越的农场之一，但这些单位的支边青壮年逃跑的比例都不小。相反，有些经济条件并不好，但思想工作做得好的单位，巩固情况却很好。如农一师安置 5,000 多人，只跑了 5 人。[3] 这就说明经

---

[1] 《关于昌吉县三工公社金星大队支边青壮年安置巩固工作的调查报告》，1961 年 5 月 28 日，昌吉回族自治州档案馆藏，档案号：2-7-1。

[2] 《新疆维吾尔自治区劳动调配委员会关于 1960 年接运安置支边青壮年工作会议的报告》，1960 年 4 月 15 日，新疆生产建设兵团档案馆藏，档案号：016-03-0223-1。

[3] 《辛兰亭副主席在 1961 年安置支边青壮年工作会议上的总结发言》（1961 年 6 月），江苏省档案馆藏，档案号：4008-002-0020。

济条件对安置巩固工作有一定的影响，但不是决定性的因素。

　　还有的单位对新老社员、新老职工的团结缺乏耐心教育，以致存在的一些思想问题长期不能得到解决。对青壮年在生产生活上的问题，不能一视同仁，而是另眼看待，存在着"六不公平"，即粮食定量标准不公平、打饭不公、派活不公、记分不公、生产工具分配不公、借钱不公；对部分青壮年的缺点，不是采取积极帮助的态度，而是冷嘲热讽，甚至把一切问题都归咎于支边青壮年；对于某些青壮年的不健康思想和个别逃离的现象，不是耐心说服教育，而是采取"愿则留，不愿则去""迟走不如早走"的排斥态度。[①]

　　农村整风整社以后，基层干部中的强迫命令作风和违法乱纪行为有所改观，但又产生了另一种偏向，有些干部对支边青壮年不敢管或者不愿管，对支边青壮年的思想情况，不进行深入了解和耐心教育。对老社员的某些排外情绪，也是采取放任不管的态度，不积极进行教育。他们常强调说"支边青年动机不纯""有思想问题"，但却很少反过来检查自己究竟做了多少思想教育工作。[②]

　　（二）实际困难未能很好解决

　　"千方百计的帮助支边青壮年安家立业，住房和日常生活用

---

① 辛兰亭：《关于自治区支边青壮年安置工作的报告——在1960年7月自治区支边青壮年安置工作会议上》，1960年7月2日，新疆生产建设兵团档案馆藏，档案号：007-03-0080-4。

② 《辛兰亭副主席在1961年安置支边青壮年工作会议上的总结发言》，1961年6月，江苏省档案馆藏，档案号：4008-002-0020。

具的彻底解决是个关键"。[1] 支边青壮年初到新疆安家，实际生活中面临许多困难得不到及时解决。如吃饭问题、居住问题、工资问题、衣着用具问题等。有的公社长期不发工资，许多青壮年脱不下棉衣，换不上季，生了病没钱治疗，连理发、零用、寄信都有困难。这些问题许多是应该并且完全可以解决的，但是有些单位没有及时解决，甚至有的把国家拨给的安置费和物资扣住不发，故意为难青壮年。对一些需要逐步解决的问题，也没有很好进行解释说服。[2] 生产生活中的实际困难长期得不到解决，就加重了民众的返乡情绪。

饮食问题。不少地方由于没有认真掌握粮食标准和计划用粮，造成先松后紧，先细后粗。加上没有认真贯彻粗粮细作，粮菜混吃的原则，有的地方饭多菜少，或是菜多饭少，没有很好地调剂。有一些支边青壮年吃了不舒服，不习惯，意见纷纷。受自然灾害的影响，1963 年 1—3 月份，呼图壁县有的公社生产队每月平均口粮 9—16 斤，并实行工分粮和基本粮，工分粮 60%，基本粮 40%，加上每个劳动日工分少，很多青壮年认为在疆无前途而返籍。[3]

居住问题。木垒县很多支边青年常年不能定居，经常流动搬

① 《新疆维吾尔自治区劳动调配委员会关于积极采取措施制止目前部分地区支边青壮年逃跑的通知》，1961 年 4 月 28 日，新疆生产建设兵团档案馆藏，档案号：016-03-0224-6。
② 辛兰亭：《关于自治区支边青壮年安置工作的报告——在 1960 年 7 月自治区支边青壮年安置工作会议上》，1960 年 7 月 2 日，新疆生产建设兵团档案馆藏，档案号：007-03-0080-4。
③ 《呼图壁县劳动调配委员会关于上报六三年三类人员工作总结由》，1964 年 2 月 28 日，呼图壁县档案馆藏，档案号：8-2-479。

家，必需的生活用具长期得不到解决。[①] 分配到木垒县的部分支边青壮年被安置在上游公社戈壁滩上，帐篷内既无毡席，又无麦草，只能在土地上过夜。[②] 有的地方虽有房屋，但多是未婚男女混居住一室，或几户夫妻住在一间屋内。呼图壁县红旗公社8个小队中，未婚青年男女住在一屋的就有2个队；全县19个生产队，有7个小队两三对夫妻住在一间。由于没有解决好住房问题，产生了一些不良的后果。[③] 阜康县天山公社支边青壮年进疆2年仍有几对夫妇合住一间和男女混居的现象。有的青壮年想买老社员的房子，但因没钱买不起。有部分当地社员怕支边青壮年把房子住去，偷偷拆掉，仅东风公社一大队当地社员拆掉的旧房子就有50余间。[④] 以上问题的存在，个别社队认为是生活小事，不去积极解决，在群众中造成不良影响。

工资待遇问题。新疆八一纺织厂女工金义琴说："新疆地区生活水平高，工资收入少，每月只有42元左右，仅伙食费就要一大半，同时工资又不全发给个人，只给伙食费，其余由组织保

---

① 《木垒哈萨克自治县关于支边青壮年安置与巩固工作情况的报告》，1961年5月26日，昌吉回族自治州档案馆藏，档案号：2-7-2。

② 《新疆自治区党委批转自治区劳动调配委员会关于木垒县支边青壮年安置工作的检查报告》，1960年6月3日，昌吉回族自治州档案馆藏，档案号：1-2-56。

③ 《昌吉州党委支边青壮年安置工作检查组对呼图壁县青壮年安置工作情况的汇报》（笔者据文意自拟标题），1960年1月21日，昌吉回族自治州档案馆藏，档案号：1-2-61。

④ 《州委批转州劳调委关于奇台等四县为支边青壮年修建住房情况的报告》，1961年10月9日，昌吉回族自治州档案馆藏，档案号：1-1-262。

存。"① 分配到企业的支边青壮年大多数是学徒工，每月工资 30
元，吃饭就要 25 元，家里来信要钱，也没有办法。个别地方还
因为口粮标准调低而发生逃跑事件，如哈密铁路段口粮从每月
55 斤调低到 44 斤，因此有 76 名工人逃离，其中大多数是支边
青壮年。②

　　衣着用具问题。呼图壁县单板大队修渠的支边青壮年中，
40% 的人不是手冻坏就是脚冻坏；青年干渠三营 500 多名支边
青壮年没有毡筒、毡袜和手套，有的穿球鞋、单鞋上工。相反，在
营部挤压 200 多双手套、200 多双毡袜不下发。有的宿舍到寒冬
腊月还没有生火，如红旗公社的 8 个生产小队，有 7 个队没有生
火。共青团大队三小队，5 户支边青壮年只有 1 户生火，2 户没
有炉子。没有生火的原因，一方面是支边青壮年不习惯，但主要
是个别生产队没有认真及时解决烧柴和取暖设施。日常用具如
锅、碗、瓢、勺等都极其缺乏，玛纳斯县北五岔公社东风三大
队五小队大部分人员缺少生活用具，有的做饭没锅，和面没盆，
打水没桶；有的支边人员用一个面盆洗脸、洗脚、洗衣服、和
面、打水、盖锅、喂猪，确实如有的人所讲，吃饭没锅，睡觉没
窝。③ 衣物短缺也导致很多人换季换不下来，昌吉回族自治州三
工公社金星大队王国贵等 11 人，脱了棉衣就没有单衣可换等问

---

① 《(镇江市) 报送支边青壮年家属和自返人员情况的调查报告》，1962 年 5
　　月 25 日，镇江市档案馆藏，档案号：C28-2-76。

② 会议秘书处编：《安置支边青壮年工作会议简报》第 5 期，1961 年 6 月 2 日，
　　农六师芳草湖总场档案室，目录号 3，卷号 72。

③ 《关于玛纳斯县几年来民政事业费和支边、精减自流人员各项费用和物资
　　的使用管理情况的调查报告》，1963 年 1 月 10 日，昌吉回族自治州档案馆
　　藏，档案号：1-1-335。

题长期得不到解决。[①] 由于商品奇缺，在木垒县修建龙王庙大坝的女青年无法买到草纸，例假来了只能用破布或烂棉絮衬垫。[②]

此外，有的支边青壮年生病后也不到及时治疗。因为生产队害怕用钱，采取拖的办法，使病情进一步恶化。加之，没有给病人精神上安慰，生活上的照顾，造成支边青壮年思想动摇。如魏户三小队支边青壮年龚某某肺结核病很严重，由于无钱治疗，说宁愿死到路上，也不死在新疆，加之房东又催其搬家等，使其周围的支边青壮年都很不满意。共青团大队七小队有的支边青壮年因无钱治病，将毡袜卖了看病，三小队有人将棉衣卖了看病。更严重的是，支边青壮年当中因公受伤者，大队不愿出钱治疗，让本人负担医药费，在工分上还不给予照顾。如共青团大队一名支边青壮年，因公将胳膊摔坏，大队不承担医药费，使他产生了自杀的念头。[③]

（三）政策执行中的偏差

为了解决支边青壮年安家困难的问题，国家、自治区拨给支边青壮年生产、生活补助费用以及补偿侵占老社员的经费和布

---

① 《关于昌吉县三工公社金星大队支边青壮年安置巩固工作的调查报告》，1961 年 5 月 28 日，昌吉回族自治州档案馆藏，档案号：2-7-1。

② 周金鼎口述，文珍整理：《在昌吉支边的历程》，载昌吉州政协党派社团学习文史委员会编：《昌吉州政协文史资料第 33 辑》（苏皖鄂青壮年支边在昌吉），新疆维吾尔自治区内部资料性出版物准印证（2010）年第 53 号，2010 年版，第 184 页。

③ 《昌吉州党委支边青壮年安置工作检查组对呼图壁县青壮年安置工作情况的汇报》（笔者据文意自拟标题），1960 年 1 月 21 日，昌吉回族自治州档案馆藏，档案号：1-2-61。

票，并有明确的使用规定，但有的地方没有认真分配和使用，甚至乱挪乱支，具体表现在：

一是严重的拖延积压，使用方法不当。玛纳斯县 1961 年上半年度的社救费、优抚费，昌吉回族自治州在 3 月份就已分拨各县，县里在 4 月份分配了指标，但没有及时拨款，一直拖到 12 月份才拨款到公社。北五岔公社拨款到大队已近年底，大队到小队，小队到具体人，已经是第二年的 2 月份了。1961 年下半年度的社救费、优抚费压至 12 月份才下达到公社，补助的布票、棉花、衣物等，也有层层拖压的现象。1960 年支边青壮年过冬生活补助费，已拖欠三年之久。在发放补助款和补助物资上，还存在层层下拨不求实效的做法，有的队以干部的恩赐代替了党和政府的关怀。如北五岔公社各大队在发放社救费和优抚费时，既没有宣传教育，也没有民主评议，补助对象只是少数干部研究确定，因此就出现了应补的没补，不应补的补了，应少补的多补了，补了的也不认为是政府的关怀，而感到是应该得的，甚至产生争多论少的不团结现象，从而就没有达到发放救济款和救济物资的目的。[1] 有的生产队为了使补助费使用得当，采取专门发放实物的办法，购置皮衣、毡毯等。但由于物资缺乏，一时供应不上，有的领到了，有的还未领到，青壮年对基层干部的意见很多。[2] 有些地区未能很好地组织物资供应，干脆以现金的形式发

[1] 《关于玛纳斯县几年来民政事业费和支边、精减自流人员各项费用和物资的使用管理情况的调查报告》，1963 年 1 月 10 日，昌吉回族自治州档案馆藏，档案号：1-1-335。
[2] 《木垒哈萨克自治县关于支边青壮年安置与巩固工作情况的报告》，1961 年 5 月 26 日，昌吉回族自治州档案馆藏，档案号：2-7-2。

放，而这正好充当了逃离人员的路费。[①]

二是没有贯彻专款专用、专物专用的原则。有的地区未认真贯彻执行"困难大的多补助，困难小的少补助，无困难或虽有而可以克服的不补助"的原则，而采取平均分配和发现金的简单办法，如昌吉地区在补助费使用办法上就有公社统一使用、公社大队两级掌握使用和现金全部发大队掌握使用等三种做法。阜康县天池公社确定20%按困难程度进行补助外，80%按支边人数平均分配。根据伊犁自治州、吐鲁番县、克拉玛依市的有关报告和昌吉县的重点检查来看，也存在一些问题。如吐鲁番县葡萄公社、霍城县东风公社五大队对支边青壮年进疆时公社、大队给他们购买和发放的碗、筷、线毯等物所支也要从这笔费用内扣除，精河县上游公社准备用这笔费用购买种子，昌吉县除决定留2万元在县上修建疗养院外，昌吉城镇公社还将1960年给支边青壮年制作棉大衣所超支的200元也在此款中扣除。[②]玛纳斯包家店公社保林大队有的小队用此款作了棺材，红旗公社用此款购买拖拉机、修建机耕队的房子。北五岔公社莫索湾农场支边青年共补助6万余元，其中3万余元被挪用发了工资；城镇公社新合大队将1960年的社救费和优抚费挪作办公经费。补助的布票、棉花、衣服等物也有类似情况，北五岔公社红星二小队把原本补给支边

---

① 《新疆维吾尔自治区劳动调配委员会关于积极采取措施制止目前部分地区支边青壮年逃跑的通知》，1961年4月28日，新疆生产建设兵团档案馆藏，档案号：016-03-0224-6。

② 《新疆维吾尔自治区劳动调配委员会关于支边人员生活困难临时补助费发放使用情况的初步检查的报告》，1961年3月10日，新疆生产建设兵团档案馆藏，档案号：016-03-0225-1。

人员的布票，不管当地和支边人员，每人 2 米平均分配；红星和东风等大队把补助给支边人员的汗衫作为生产奖励奖给社员，影响了换季真正有困难的支边人员。

　　三是对安置巩固工作的各项政策贯彻不够。如 1960 年支边青壮年棉大衣发放工作，自治区党委和昌吉回族自治州党委都有明确指示，要求有专人负责，及时发放，并确定缝制的棉大衣标准为：棉布 8.7 米，棉絮 3 斤，代金 22 元。而昌吉县三工公社金星大队没有派专人负责，72 个支边青壮年只缝制了 11 件，其余的都直接发给现金和棉布，并且都没有按照标准发放，布票 8.7 米只发了 5 米，扣发 3.7 米；现金 22 元，实发 8.52 元，扣发 13.48 元。还有个别的支边青壮年现金、布票都没有发。[①] 呼图壁县单板大队在棉大衣经费的发放上，少数人每人发 6.70 元，大部分人一分没发，而是将截留的 3,300 元存在大队部，准备用在其他方面。个别干部认为严冬已过大半，春节一过，天气就转暖了，因此不去积极解决。[②] 再如自治区党委作过明确指示："对支边青壮年一切问题我们都应该全包下来，而且必须全包下来。不仅对生活上有困难的需要帮助解决，患病的、伤残的、死亡的，都要帮助医疗、安葬和给予必要的救济抚恤，而且对有思想问题，有严重错误以至犯罪分子，也都由我们来进行教育和改造。这是我们不能推卸的责任。"这一条"包下来"的方针，有

---

① 《关于昌吉县三工公社金星大队支边青壮年安置巩固工作的调查报告》，1961 年 5 月 28 日，昌吉回族自治州档案馆藏，档案号：2-7-1。

② 《昌吉州党委支边青壮年安置工作检查组对呼图壁县青壮年安置工作情况的汇报》（笔者据文意自拟标题），1960 年 1 月 21 日，昌吉回族自治州档案馆藏，档案号：1-2-61。

些地区和单位贯彻执行不彻底，对支边青壮年在生活上的困难问题、疾病、伤残问题，不是积极地采取措施帮助解决，而是采取"推出了事"的态度，有的甚至不经批准随便遣返原籍；对因公负伤残废的，没有按照自治区有关规定执行；对某些青壮年不安心边疆建设的思想，不是耐心教育，而是抱着"谢天谢地，都跑了，省得麻烦"的态度；有的单位不愿要支边青壮年，愿意要自流人员，奇台第一猪场给县委正式写过报告，要自流人员，不要支边青壮年，对支边青壮年在生产生活上"一视同仁"的原则贯彻不够。[①]

产生这些问题原因一方面是由于各州县对各项事业费和物资的使用管理没有加强检查督促，有些地区领导和业务部门对各项专款适用范围、原则、方法贯彻执行的不坚决。另一方面是在县、社民政部门没有指定专人管理和建立必要的结账报销制度，形成各项专款专物在使用管理上的混乱现象，有的专款特别是专用布票、棉花、棉大衣等，大部分无账可查，无据可对。

（四）基层干部的歧视排挤

"支边青壮年、精减下放职工和自流人员一度逃跑外流，其根本原因，是基层干部的排挤、歧视所致"。[②] 很多地区打骂、尅扣口粮和生活上歧视新社员的现象非常严重，少给粮或不给粮

---

① 《辛兰亭副主席在 1961 年安置支边青壮年工作会议上的总结发言》（1961年 6 月），江苏省档案馆藏，档案号：4008-002-0020。

② 《新疆维吾尔自治区人民委员会批转伊犁自治州人民委员会关于自治区支边青壮年、精简下放职工和自流人员安置巩固工作会议精神贯彻执行情况的简报》，1963 年 3 月 11 日，昌吉回族自治州档案馆藏，档案号：2-4-42。

的地区很普遍。有的支边下放人员，到农村已经两三年，但煮饭仍然无锅，洗脸做饭、端水都是用脸盆，所住房屋不仅窄小，而且缺门少窗，不能御寒。

少数干部强迫命令，对支边青壮年耐心教育少，指责惩罚多，认为"三句好话不如一马棒"，有些单位对不出勤的青壮年一律不给饭吃，并且把这当作好的经验来推广。有的青壮年生了病，就被认为是"思想问题"，不给照顾，不予休息，甚至发生了打骂支边青壮年的现象。[1] 一些不习惯当地生活的支边青壮年偷偷往老家跑，农场领导不是解决实际困难，做细致的思想工作，而是派民兵骑马晚上巡逻看守，把人抓回。[2] 农八师安七场一连指导员对支边群众讲："调皮就是捣蛋，要关三天""一些人爱装病，有病也要到地里坐着""每人割麦五亩，达不到定额不准吃饭"。[3] 有些基层干部和群众认为支边青壮年到疆是因为关内人多地少，没有饭吃而来的，如说"支边青年来了，粮食不够吃，收入减少了""过去不吃杂粮，现在害得吃杂粮了""过去吃拉条子，现在定量吃稀饭"等等。同时，将少数发生赌博、偷盗、两性关系及其他错误、缺点的人，一概都认为是支边青壮年不好，"调皮捣蛋，不好管，不吃苦，不好好劳动"，以致产生了

[1] 辛兰亭：《关于自治区支边青壮年安置工作的报告——在1960年7月自治区支边青壮年安置工作会议上》，1960年7月2日，新疆生产建设兵团档案馆藏，档案号：007-03-0080-4。
[2] 怡然：《全家三代踏上支边路》，载昌吉州政协党派社团学习文史委员会编：《昌吉州政协文史资料第33辑》（苏皖鄂青壮年支边在昌吉），新疆维吾尔自治区内部资料性出版物准印证（2010）年第53号，2010年版，第12页。
[3] 《（新疆建设兵团农八师）关于江苏、湖北支边青壮年安置工作的总结》，1960年8月31日，农八师石河子市档案馆藏，档案号：001-001-0271。

严重的排外情绪，甚至抱着挤走、撵走的态度。[①] 吐鲁番县火焰山公社前进生产队小队长支边青年吴某某强买社员衣服，强借社员布票 30 米，人民币 200 余元。[②]

　　五一农场支边青壮年每月工资 40 多元，有的 60—70 元，口粮 40 斤，每月看 5—6 次电影，生活条件不错，但跑了 69 人，请长短假走了 47 人。请假的不打算再来，批假的也知道，彼此心照不宣。他们不愿待下去，不是农场生活不好，而是对干部领导作风有意见。[③] 昌吉县三工公社金星大队二小队长王某某将食堂管理员支边青壮年高某挤了，换上自己的岳父当管理员。当他去叫支边社员出勤，个别支边青壮年闹情绪，他不用教育的方法，而以简单生硬的态度，对支边青壮年说："不干就不干，你们支边青壮年不到新疆来，我们新疆以前也一样吃饭种地，现在有的是劳动力，你们不干有甘肃人来干。"他还说："支边青壮年没有自流人员好领导，欢迎自流人员，不欢迎支边青壮年。"四小队、五小队队长均有把支边青壮年赶出去，房子收回去安置自流人员的做法，这都增添了支边青壮年的思想顾虑。六个生产小队长平时都很少走进支边青壮年的住房去看望，一小队、二小队、六小队的队长，都是几个月不进支边青壮年的住房。[④] 从甘

---

① 《关于支边青壮年安置巩固情况的报告》，1960 年 5 月 30 日，昌吉回族自治州档案馆藏，档案号：1-1-186。

② 《吐鲁番县人民委员会办公室关于支边青壮年返籍情况的调查报告》，1961 年 4 月 10 日，农六师芳草湖总场档案室藏，目录号 3，卷号 72。

③ 会议秘书处编：《安置支边青壮年工作会议简报》第 6 期，1961 年 6 月 4 日，农六师芳草湖总场档案室，目录号 3，卷号 72。

④ 《关于昌吉县三工公社金星大队支边青壮年安置巩固工作的调查报告》，1961 年 5 月 28 日，昌吉回族自治州档案馆藏，档案号：2-7-1。

肃、山东、河南、青海等地受灾严重地区流往新疆的自留人员，以甘肃为最多，他们一到来就对劳动抓得很紧，生活上很勤俭，会过日子。短时间内就和当地社员的关系搞得很融洽，大、小队的干部也认为这些人听话，劳动好，会安排生活，这也是基层干部喜欢自流人员的一个主要原因。[1]

在这些事件中尤以木垒哈萨克自治县的问题最典型，自治区党委认为"木垒县的县和公社党委的官僚主义达到令人不能容忍的程度"。1959年木垒县安置了江苏省滨海、扬中两县支边青壮年2,023人，其中党员148名、团员337名，复员军人、退伍军人228名，分别安置在东风、上游、红旗三个公社和县园艺场、加工厂等5个单位。到1960年4月，外逃的已达185人（此系各公社党委书记在县委扩大会议的汇报数字，实际远不止此数，据该县陈县长向工作组介绍情况时谈，有400人左右，约占全县支边青壮年数的20%）。外流的最主要原因是安置地区部分基层干部对支边青壮年采取了歧视、排斥的态度。认为支边青壮年"调皮捣蛋，不好领导""有也可，没有也可"，对青壮年不是耐心地说服教育，关怀体贴，而是采取管制，随意处罚的现象极为严重。

据不完全统计，青壮年中有19人被打23次，训斥谩骂现象也时有发生，动不动便是"那里来的那里去"。只要不劳动不问青红皂白，一律不给饭吃，饿肚子成了基层干部用来"教育"青壮年的"法宝"，如东风公社一大队三中队支边青年秦某某因爱

---

① 《吉木萨尔县天山公社民政工作调查报告》，1961年11月28日，昌吉回族自治州档案馆藏，档案号：2-7-2。

人生孩子，请假一天半从工地回队照料，即被中队团委陈某某处罚七天不给饭吃。他爱人和大孩子节省点稀汤给他吃，被陈知道后减少他爱人的口粮。上游公社为了防止支边青壮年外跑，采取数月不发工资，对存了些钱的人采取搜腰包、实行强迫储蓄的办法，致使一些人将钱到处埋藏。有的干部把一些起床迟的青壮年的衣服、鞋子放在工地上，逼着他们在冰天雪地里到工地上去穿。① 还有的基层干部认为支边人员唠叨，产生厌烦情绪并说：现在有的是自流人员，走一个增十个，这些人听话好领导。上游公社李副社长对青年说："你们要悄悄地走，不要影响大了，如让别人知道要犯错误。"②

由于干部在思想上存在着错误的认识，因而对于青壮年外逃不加劝阻，个别干部甚至公开嚷着让青壮年走。上游公社二大队支书吴某某说，"一人发五个馍，快点走"。东风公社组长王某某指着青壮年说："你们要走早点走，走的迟了麦子种下去还没人收。"③

针对上述情况，自治区党委要求凡是有支边青壮年的地区和单位的党组织，都要有一个书记分管这项工作，并且要有一个较长期的工作规划，不应该当作一个临时性的任务去完成；必须经

① 《新疆自治区党委批转自治区劳动调配委员会关于木垒县支边青壮年安置工作的检查报告》，1960年6月3日，昌吉回族自治州档案馆藏，档案号：1-2-56。
② 《木垒哈萨克自治县人民委员会关于支边青壮年安置与巩固工作情况的报告》，1961年5月26日，昌吉回族自治州档案馆藏，档案号：2-7-2。
③ 《新疆自治区党委批转自治区劳动调配委员会关于木垒县支边青壮年安置工作的检查报告》，1960年6月3日，昌吉回族自治州档案馆藏，档案号：1-2-56。

常检查支边青壮年安置的情况，及时发现问题，解决问题，不要使问题堆积；从 1960 年开始县和公社每年至少要召开两次支边青壮年的代表座谈会，听取他们的意见和要求，专区、自治州和自治区每年召开一次支边青壮年代表会议，检查总结和改进支边青壮年的安置巩固工作。

1961 年 5 月，自治区召开了安置支边青壮年工作会议，集中讨论了支边青壮年安置巩固工作中的问题，并提出了相应的对策和建议。这次会议之后，基层干部的认识有所提高，但并没有完全解决思想问题，基层干部排斥、歧视支边青壮年的现象仍时有发生。

吉木萨尔县三台三大队青壮年因临产去大队借钱，大队文书说："你们劳动不积极，生孩子怎么这样积极，没有钱不会不养孩子？"引起很多青壮年不满。还有些大队，当个别青壮年不好好劳动时，食堂就无故不给饭吃，企图以这种办法来教育青壮年。结果适得其反，越来越多的人不参加劳动，他们说："看干部还有个啥□本事，不过就是不给饭吃而已。你们越是不给吃，我就越是睡下不干。"[1] 木垒县要求红旗公社红旗四大队给支边青壮年修建住房，全大队仅建了 22 间，其中 11 间给自流人员住了。借房住的青壮年，房主又再三要收回房子。六小队支边青壮年张家富的房子没有门，房内滴水成冰，燃料缺乏，铺盖单薄，冻得不能入眠，他要求队长做个门，队上有木料有木匠，就是不做。商业部门优先供应支边青壮年一批提水桶，除生产队长简某某买

---

[1] 《吉木萨尔县人民委员会 59、60 两年来安置青壮年的工作总结》，1961 年 2 月 3 日，昌吉回族自治州档案馆藏，档案号：2-7-2。

了一个外，其余支边青壮年都没买到，全部给了当地社员和自流人员。县上拨给支边青壮年的夏衣补助布票，有两个小队全发给了自流人员。一些生产队还给予不少便利条件，帮助支边青年逃走。红旗公社四大队一队朱队长背着大秤沿门收买青壮年的洋芋，并声明谁走时可以在食堂秤给15—20斤白面，烙饼作路粮。八队黄某某临走时向袁支书要求带点干粮，袁支书慨然允诺，不但称给白面，还主动发给清油。九队杨队长对支边青年说："你们乘现在天气还暖和快走吧！"[①] 伊宁县火箭公社前进大队支边青壮年刘某某，因想多割一些麦子，回去晚了就不给饭吃，因此和队长顶了嘴，没有出工，又被扣了两个月的口粮，结果逼得刘外出讨饭吃。对待新老社员不一视同仁的现象更为普遍，如分自留地，老社员是近地、好地，新社员是远地、薄地；分自留羊，老社员是肥羊、母羊、绵羊，新社员是瘦羊、公羊、山羊。如玛纳斯五岔公社红星大队，把好羊给老社员分完后，才给新社员分羊，该队6名支边青壮年，只有1人分了1只母羊（还顶了2只山羊），其余5户均没分到1只好羊。记工分时，同样的劳动，老社员工分多，新社员工分少。[②] 有的地方在生产上轻的农活不让支边青壮年干，而是让他们去干修水库修水渠等重活。[③] 有的支边妇女在产假期间被降低了口粮标准，干部说躺在床上消耗少

---

① 《关于木垒县上游、红旗公社支边青壮年安置工作的调查报告》，1962年1月20日，昌吉回族自治州档案馆藏，档案号：1-2-121。

② 《新疆维吾尔自治区人民委员会关于迅速制止排斥、歧视打骂支边青壮年、精减下放职工和自流人员的通报》，1963年4月1日，昌吉回族自治州档案馆藏，档案号：2-4-42。

③ 《呼图壁卫星一场支边工作及支边安置工作检查报告》，1960年6月25日，呼图壁县档案馆藏，档案号：1-1-778。

了，这是"按劳取酬"。^① 有的职工病了起不了床，连队领导一看上工人数不够，就带着卫生员拿着体温表挨房查铺，看到有人在被窝里，就吼着递给体温表插到嘴里查体温。如果体温在 38 摄氏度以上可以准假休息，如果达不到一律不准休息。不去干活就派人用抬耙把病人抬到工地上去，放在零下二三十摄氏度的工地上冻着，还不给饭吃，理由是有病怎么还能吃饭，严重伤害了支边人员的身心和感情。^②

对支边青壮年外流后又重新返回的，有个别安置单位不是抱着欢迎的态度，更不是热情接待妥善安置，而是说户口注销、口粮未留，一律不能安置等语，如呼图壁县红星公社和庄大队周某某外流返回就是如此。^③ 有些队的领导对重返者不理不睬，有的以口粮已核实，余粮已卖完为理由，不给供应口粮。^④

此外，有的地方对支边干部一直没有很好地安置。如玛纳斯红旗公社三个大队有江苏支边大队级干部 16 人，已安置 3 人，准备安置 3 人，余下 10 人无处安置，主要是支边青壮年中大队

① 《辛兰亭副主席在 1961 年安置支边青壮年工作会议上的总结发言》（1961 年 6 月），江苏省档案馆藏，档案号：4008-002-0020。

② 李洪喜：《二十万江苏儿女支边进疆五十年——记江苏支边青年进疆五十年》，载新疆兵团农六师五家渠市军垦博物馆：《戈壁红柳——江苏泰州支青扎根边关 50 周年纪实》，新疆维吾尔自治区内部资料准印证（2010）年第 16 号，2009 年版，第 184 页。

③ 《（呼图壁县）1961 年支边安置工作总结（初稿）》，1962 年 1 月 2 日，呼图壁县档案馆藏，档案号：8-2-310。

④ 《关于木垒县上游、红旗公社支边青壮年安置工作的调查报告》，1962 年 1 月 20 日，昌吉回族自治州档案馆藏，档案号：1-2-121。

级干部多，公社大队安插不下。^① 这不但影响了他们的思想情绪，更不能发挥他们的带头作用。

笔者在查阅档案中发现，在 1961 年召开的安置支边青壮年会议材料上，有当时参会人员随笔记下的几句话：

> 你为什么不参加劳动？东跑西串的
>
> 我病了！
>
> 不看！回去，这样忙还看病。
>
> 支边青年：支边来新疆，不久回家乡。老说新疆好，为啥回家乡。
>
> 个别干部：盲流人员好搜，地富反坏右好领导，支边青年最唠叨！

这就反映出当时有些基层干部对支边青壮年确实存在着厌烦和畏难的情绪，工作作风简单急躁，态度生硬。可见，支边青壮年大量倒流，同基层领导的态度作风有很大的关系。

（五）当地社员的排外情绪

由于生活习惯不同，加之自然灾害造成的粮食供应日益紧张，使新老社员产生隔阂，有些老社员甚至有明显的排外情绪。有的新老社员互相尊重不够，说话不注意，如新社员说"老社员

---

① 《新疆自治区党委、人委批转自治区人委政法办公室、劳动调配委员会"关于安置巩固支边青壮年、精减下放职工、自流人员工作会议的报告"》，1963 年 2 月 12 日，昌吉回族自治州档案馆藏，档案号：1-2-139。

不讲卫生，鞋子穿到底一次都不洗"。老社员说新社员吃了他们的粮食，造成现在粗粮吃得多。又说，既然关内好，你们来这干啥等。[①] 有些当地群众把自然灾害带来的暂时困难，也归咎于支边青壮年，说"江苏人带来了稀饭""你们来了粮食也定量了，肉也吃不上了"等等。[②] 有的地方在风俗习惯上过分强调，如不准支边青壮年自己去打井水。[③] 有的地区和单位社员怕收入减少，对支边青壮年嘲讽打击，有的说支边青壮年"吃饭一个顶三个，做活三个顶一个"。[④]

有的地方在口粮分配上和农活分工上也对支边青壮年另眼看待。木垒县较为普遍的说法是"青壮年是江苏人多地少没饭吃饿来的""青壮年未来之前，我们吃刀把子（指白面大馍馍，笔者注）、拉条子，现在连馍馍也吃不上了"。吃饭时给青壮年吃稀的，给老社员吃稠的。干活时给老社员轻活，给青壮年重活。支边青壮年在水库劳动时每人每月口粮 60 斤，完工后降为平均每月 17 斤。虽然新老社员定量标准大体一样，但老社员家中有副业可以补充，青壮年则一无所有。个别地方如东风公社三中队三

---

① 《新疆自治区党委、人委批转自治区人委政法办公室、劳动调配委员会"关于安置巩固支边青壮年、精减下放职工、自流人员工作会议的报告"》，1963 年 2 月 12 日，昌吉回族自治州档案馆藏，档案号：1-2-139。

② 《辛兰亭副主席在 1961 年安置支边青壮年工作会议上的总结发言》，1961年 6 月，江苏省档案馆藏，档案号：4008-002-0020。

③ 《乌鲁木齐县人民委员会关于 1959 年我县对支边青壮年的安置和接待江苏省慰问团工作的综合报告》，1959 年 12 月 27 日，昌吉回族自治州档案馆藏，档案号：2-4-19。

④ 《新疆维吾尔自治区劳动调配委员会关于 1960 年接运支边青壮年工作会议的报告》，1960 年 4 月 15 日，新疆生产建设兵团档案馆藏，档案号：016-03-0223-1。

组老社员普遍为每人每月 36—38 斤，而青壮年则为 30—32 斤，只有一人是 38 斤。[①] 吉木萨尔县如三台二大队红旗小队有不成文的规定：不准青壮年进食堂，当地社员可以随便出入；生产工具不齐全人家，回江苏去取；不许青壮年唱歌，要唱就得回江苏去唱；吃饭时，辣椒尽量多放，使青壮年少吃。[②] 昌吉县三工公社二小队社员谢某某等对支边青壮年说，其他队里的支边青壮年跑了很多，我们队里为啥不跑？支边青壮年来疆后，我们钱少分了，粮食少吃了，苜蓿也吃开了。个别青壮年有偷偷摸摸的现象，当地群众就不分青红皂白地把支边青壮年都说成是"贼娃子"。[③] 呼图壁红星公社先锋队社员白某某对支边青壮年朱某某说："你们什么时候走，走时我出钱，出馍馍。"[④]

另一方面，有部分支边青壮年也确实存在一些问题，如提出过高要求、不服从工作分配、带头闹事、不参加劳动等，致使当地社员对他们越来越疏远。有个别支边青壮年认为自己是支边的，我有困难有事，你们就得解决。如卫星公社合心大队六小队安徽支边青壮年杨某某进疆五年来，每年都要求补助棉衣和钱款。该队社员反映，一个人劳动连一个人都养活不了，这都是政

---

① 《新疆自治区党委批转自治区劳动调配委员会关于木垒县支边青壮年安置工作的检查报告》，1960 年 6 月 3 日，昌吉回族自治州档案馆藏，档案号：1-2-56。

② 《吉木萨尔县人民委员会 59、60 两年来安置青壮年的工作总结》，1961 年 2 月 3 日，昌吉回族自治州档案馆藏，档案号：2-7-2。

③ 《关于昌吉县三工公社金星大队支边青壮年安置巩固工作的调查报告》，1961 年 5 月 28 日，昌吉回族自治州档案馆藏，档案号：2-7-1。

④ 会议秘书处编：《安置支边青壮年工作会议简报》第 5 期，1961 年 6 月 2 日，农六师芳草湖总场档案室，目录号 3，卷号 72。

府惯下的。[①] 米泉县有的支边青壮年也存在严重的依赖思想，认为自己是国家接来的，住房、穿衣等都要国家来解决。甚至有些人对当时的形势认识不足，认为"我们有困难，为什么不给我们解决"等等。[②] 分配到奇台县跃进公社新户梁三队的支边青年刘某某，因食堂没有馏热馍馍而大动干戈，找油、劈柴、架火、切馍，来个油炸馍馍。不料把馍馍炸焦了，用笊篱捞出倒掉重炸。食堂的炊事员、管理员一甩手全跑了，边跑边说："闹，闹，闹，看你们能闹到什么程度。"这一闹使各队支边人员能吃上热馍了，但却在丢掉了支边"光荣"二字，支边人员在当地干群中的威信大失。[③] 阜康县天池人民公社安置安徽省凤台县支边青壮年 380人。这批人的一个共同主导思想是"愿意到工业上去，而不愿在农业上"。加上当地准备工作较差，炕上铺的席、毡子等脱销无处购买，生活上又不习惯，从零星逃离发展至集体逃跑。留下的人向领导提出三个条件：

1. 送我们到工业上去；

2. 每月给我们发 40 元工资；

3. 不达到要求我们就送我们返回原籍等。

---

① 《呼图壁县劳动调配委员会关于上报六三年三类人员工作总结由》，1964 年 2 月 28 日，呼图壁县档案馆藏，档案号：8-2-479。

② 《米泉县劳动调配委员会关于三年来支边青壮年及自流人员安置工作的总结》，1961 年 11 月 29 日，昌吉回族自治州档案馆藏，档案号：2-7-2。

③ 陆云飞：《从海安到奇台的支边经历》，载昌吉州政协党派社团学习文史委员会编：《昌吉州政协文史资料第 33 辑》（苏皖鄂青壮年支边在昌吉），新疆维吾尔自治区内部资料性出版物准印证（2010）年第 53 号，2010 年版，第 266 页。

在条件未被满足之前，这些人不但终日不参加劳动，还借故闹事。普遍发生的事件是吃瓜不过秤，不给钱，成群结队在瓜地任意乱摘，开口骂人，动手打人。在食堂吃饭时有意滋事，不吃饭皮，浪费粮食等现象。有的人愿意参加劳动，可是他们却受到另外一些人的讽刺和打击，更为严重的是打这些参加劳动的人。如星光大队六生产队古某某曾将4个参加劳动的社员用"不和大家一条心"的借口，在晚上集体打了一顿，不让这些人参加劳动。又如猛进大队将参加劳动者的胶鞋，乘该员外出劳动之际给撕成条子抛掉，把裤子藏起来不给等行为。支边青壮年的这些行为，使当地老社员的感情逐渐疏远了，有的老社员讲："我们把爷爷请到家了，每天不干活还管吃管喝。"[1] 农八师工程处的社员认为支边青壮年组织纪律性较差，违法乱纪现象较为严重。还有一部分支边青壮年有小偷小摸的现象，一般多是偷馍头吃，偷菜票、饭票之类。[2] 农六师有部分社员认为支边青壮年有自由散漫、纪律松懈的习气，有部分青年工作挑肥拣瘦，愿搞工业，不愿搞农业等现象。[3] 可见，一些支边青壮年的不良习气也是当地社员排外的原因之一。

---

[1] 《关于阜康县天池人民公社支边青壮年闹事经过及处理报告的批示》，1959年9月19日，昌吉回族自治州档案馆藏，档案号：1-2-61。

[2] 《（农八师工程处）支边青年调查报告》（1960年），农八师石河子市档案馆藏，档案号：001-002-0647。

[3] 《献给湖北、江苏慰问团》（1959年10月），昌吉回族自治州档案馆藏，档案号：2-4-19。

第三节　返籍人员的处理与安置

妥善地把返籍人员巩固安置好，不仅是切实解决好这部分人的实际问题，而且也是维护党和政府的政治影响，巩固支边成果的一个极为重要的问题。江苏、新疆两省区对返籍人员采取了动员重返和原籍安置两种处理方式，从实施情况来看，动员重返效果很差，而原籍安置中也存在种种问题。

一、两省区对返籍青壮年的基本处理意见

有支边任务的各省份都普遍存在支边青壮年返籍的现象，一般的都是由零星逃离到集体返籍。对返籍青年，河南、浙江等省积极进行了动员重返工作，取得了显著效果，各接收地区也有这种要求。农垦部也认为，为了支援边疆建设，促进青年在边疆安家立业的决心和有利于后续的动员工作，所有返回原籍的青年，除个别身患重病和家务拖累太大的人员外，原则上应一律动员他们重返安置地区。①

随着返籍人数的不断增多，江苏省与新疆维吾尔自治区也开始讨论动员重返工作。江苏省认为，移出去就是新疆人了，应当积极动员回去；新疆认为，安置工作做得不够，人跑了，不接回

---

① 《中央农村工作部、国务院农林办公室转发农垦部党组"关于1959年动员青年参加边疆建设工作情况和1960年计划数字的报告"》，1960年2月2日，江苏省档案馆藏，档案号：4008-002-0015。

来不利于支边青壮年的巩固，也有负于移出省的大力支援。经两省、区协商，确定了把返籍的支边青壮年重新动员返疆的方针。因此，江苏省对返籍人员安排了临时工作，落临时户口，吃基本口粮，不参加超产粮的分配，不划给自留地，不给油，不供应日用品，不当干部，不当选代表。[①] 江苏省还把重返工作与动员青壮年家属工作同时进行，纳入总的迁移计划。按照如皋县的执行情况，预计全省可以动员回疆一半。但没过几天，农垦部党组给各省发送电报，建议返籍人员"暂不动员"，江苏省的动返工作也随之紧急停止。江苏省表示，暂不动员实际上是把他们"悬"了起来。希望农垦部尽快明确，以便统筹安排。究竟应当怎么办？

据农垦部移民局工作组同江苏省所主管该项工作的干部座谈研究，提出三种意见：

第一，全部动员回去。理由有三：（1）新疆巩固程度在90%以上，留在安置地区的还是大多数，把返籍青壮年动员回去，可以稳定在疆人员情绪，有利于巩固工作，也有利于边疆地区的建设。（2）很多家属听信谣传，对新疆的情况有些错觉，返籍人员不回去，容易动摇他们进疆的决心，影响全家团聚，甚至会扯在疆青壮年的后腿。（3）有些人全家迁移，财产已经处理，自留地等已按现有社员作了分配，他们回去，在生活上不好安排，也会给社队增加麻烦。

第二，全部安置下来。理由同样有三：（1）支边青壮年跋山涉水跑了回来，搞得相当狼狈。如果再动员回去，"强扭的瓜不

---

① 《关于江苏省迁移家属和对返籍人员处理工作的调查报告》，1961年10月15日，江苏省档案馆藏，档案号：4008-002-0022。

甜"，重返后消极怠工，影响别人情绪，也没什么好处。（2）安置下来，可以避免流来流去，符合中央关于稳定农村人口的指示精神，也有利于调动他们的生产积极性。（3）有一部分无依靠的青壮年家属，不愿去新疆，生活上也有不少困难，把他们安置下来，可使全家团聚，搞好生活。

第三，不搞一刀切。从有利于巩固支边人员，有利于生产出发，分清情况，区别对待。既要考虑到安置单位的巩固工作和生产需要，也要照顾到返籍人员的家庭关系，本人自愿程度和存在的实际困难。动员重返安置地区的，一般要掌握三个条件：（1）安置单位确实需要，又有安置能力。（2）本人身体健康，能够适应安置地区的气候条件。（3）家庭没有什么拖累，经过宣传动员，本人自愿，家属也通，而且能够一起进疆。据南通县新华、五总公社和铜山县黄集公社的调查，符合上述条件，青壮年也要求回去的占返籍总数的25％左右。生活条件好的地区比例要小些，生活条件差的地区比例还要大些。经与社队干部研究，不宜动员重返的，大体有以下几种类型：一是确不适应安置地区气候条件，进疆两年病不离身的。二是无依靠的家属，坚决不离故土，或因年高多病不能进疆，而生活又有困难，必须青壮年在家照顾的。三是人口多，劳力少，又无亲友可帮助，在安置地区无法维持生活的。四是曾经受严重打击，怕回去触景伤情，或因犯错误受到处分，实在不愿再回去的。五是工矿企业下放到农业的。六是夫妻有一方坚决不去，回去确会造成夫妻关系不和的等等。其中，有些人原来就不符合中央规定的条件。把符合动员条件的动员回去，既有利于巩固，又有利于生产。把不适合回去的安置下来，虽然安置上有些困难，但却能团结他们，调动生产积极性。归根结底，对生产是有好处的。①

应当说，"不搞一刀切"的做法是符合实际的，对农垦部关于青壮年返籍问题的处理上也起到了一定的作用。1962年4月，新疆向农垦部提出《关于少数支边青壮年要求返籍问题的处理意见的报告》，主要意见有三：

　　一、对支边青壮年中由于思想认识不够，而到处流窜，不服安置，不愿从事生产劳动的，仍应由各安置单位负责，认真做好政治思想教育工作，耐心说服，使他们从事生产，坚决不得批准返籍。

　　二、对父母年老，坚决不愿来新疆，家庭无人赡养，而本人坚决要求回原籍的青壮年，或本人在新疆收入不高，家庭拖累大，家属不愿来新，居住两地，生活确有困难，本人坚决要求回原籍参加生产的，应由原籍县支边委员会了解确实，经原籍省支边委员会批准出具证明，即可让其回乡长期参加生产。

　　三、对一些长期患慢性病经当地长久治疗未好，而医生证实确因气候关系回原籍易于恢复健康，本人及家属坚决要求回乡，应同意遣送回乡，并请当地政府按社会救济处理，以利病情痊愈和早日恢复健康投入生产。②

---

① 《关于江苏省迁移家属和对返籍人员处理工作的调查报告》，1961年10月15日，江苏省档案馆藏，档案号：4008-002-0022。
② 《新疆自治区劳动调配委员会"关于少数支边青壮年要求返籍问题的处理意见的报告"》，1962年4月3日，江苏省档案馆藏，档案号：4008-002-0025。

同月，农垦部转发了该《报告》，认为新疆提出的"对少数确实无法把家属接去、家庭又有很大拖累，本人坚决回原籍的支边青壮年，以及长期患有慢性病，不能适应新疆气候条件的支边人员，可根据实际情况，迁送回原籍"①的意见是适宜的，并由迁安双方协商解决。

随着精简下放工作的持续推进，农垦部对自返人员的处理上又作出了新的规定："为了适应目前形势，对于支边自返人员，决定不再动员返疆，有关地区对他们生产生活应与其他社员同样安排，不得歧视，使他们在原籍重新安排落户，积极从事生产，如自返人员中与安置单位尚有未了事宜的，原籍县可直接与新疆安置单位联系解决。对久假不归不愿返疆的支边人员，亦按支边自返人员处理。今后支边经费一律不得报销自返人员和请假人员的返疆路费。"②

江苏省支边青壮年大量回流，特别是全家返回的安置工作困难很大，有关社队无法解决，加之农垦部又要求不再动员自返人员返疆，使得江苏省的安置工作很被动。1962年8月，江苏省民政厅向新疆维吾尔自治区劳动调配委员会提出：支边人员一般不予遣返，如本人要求返回，应进行劝阻。精简下放的支边人员，亦应就地安置；对少数确实无法把家属接去、家庭又有很大拖累、本人又坚决要求回籍的支边人员，同意遣返；患慢性病不

---

① 《中华人民共和国农垦部转发新疆"关于少数支边青壮年要求返籍问题的处理意见的报告"》，1962年4月13日，江苏省档案馆藏，档案号：4008-002-0025。

② 《关于不再动员支边自返人员返疆和支边人员家属进疆问题的通知》（1962年5月），江苏省档案馆藏，档案号：4008-002-0026。

能适应新疆气候，可以个别遣返，但应事先经安置单位和原籍县市协商同意再行遣返；遣返时，原地要办理户口和粮油关系转移手续，有党、团关系的应办理转移手续。[①] 新疆维吾尔自治区劳动调配委员会随之作出回应，要求"各地对已安置在农村人民公社和地方国营农牧场的支边青壮年，必须切实做好巩固工作，不得轻易遣返。机关、厂矿、企业精减下来的支边青壮年，亦应根据自治区精减小组和生产兵团司令部'关于在兵团军垦农场安置一万名精减职工若干问题的联合通知'的精神，由各专、州精简办公室与当地农业师联系，妥善安置在新疆参加农业生产"。[②]

虽然江苏省与新疆自治区就返回原籍的支边青壮年问题达成了一定的共识，但农垦部认为：各移出地区对这些人大部分已作了安置，而且返籍人员绝大部分不愿再回安置地区，重新动员有很大困难。因此，仍应根据中央批转农垦部党组的报告精神，对返籍支边人员，除家属还留在边疆地区外，原则上不再动员他们重返安置地区。新疆表示同意农垦部的意见，同时提出："返籍支边青壮年中，没有家属在新疆的为数更多，要重新安排这样一大批人的生产、生活，是存在不少具体问题的。因此，如果你们在对他们的安置方面，感到有所不便，我们仍准备把他们接回新疆。"[③]

---

① 《江苏省民政厅关于支边人员返回情况和遣返意见》，1962年8月23日，江苏省档案馆藏，档案号：4008-002-0022。

② 《新疆维吾尔自治区人民委员会转发江苏省民政厅关于"支边人员返回情况和遣返意见"的通知》，1962年9月19日，江苏省档案馆藏，档案号：4008-002-0025。

③ 《关于返籍支边青壮年重返新疆和接迁家属问题的函》，1962年12月30日，江苏省档案馆藏，档案号：4008-002-0029。

新疆方面虽然表示出较主动的态度，但江苏省对此并不积极，表示要按照农垦部的意见执行，即"除家属还留在边疆地区者外，原则上不再动员他们重返安置地区"①。因为江苏省虽有为数不少的支边青壮年返回原籍，在安置工作上也遇到有不少困难，但经各方努力，加之农垦部又下拨了一笔安置补助经费，使得这些返籍支边青壮年已经基本上安置下来了。最重要的是，返籍人员也不愿再重返新疆。故江苏省也不再过分强求他们返疆。

为了贯彻执行党的八届十中全会精神，进一步贯彻执行发展国民经济以农业为基础的方针，大力巩固和发展人民公社的集体经济，争取农牧业大丰收，新疆维吾尔自治区党委要求各地必须发挥好支边青壮年、精简下放职工和自流人员在自治区经济建设中的积极作用，切实把他们巩固下来，坚决制止任意遣返的现象发生。对于支边青壮年，一律不能批准遣返关内。凡是已经返回关内的，应设法争取他们回来；凡是由原籍又返新疆的，不论是怎样离开，都应热情欢迎和安置，不得歧视。为了稳定已安置人员的情绪，对要求请假去关内探亲的特别是支边青壮年应耐心说服，一般暂不批准，对于个别患有慢性病又确实不适应新疆水土、气候的或原籍拖累很大，非回去不可的，经征得原籍县人民委员会同意后，安置地区的县人民委员会方可批准（农场须经团以上机关批准）并协助其返回原籍。②

---

① 《江苏省支边办公室关于返籍支边青壮年不再动员返疆和接迁家属的复函》，1963 年 1 月 24 日，江苏省档案馆藏，档案号：4008-002-0029。

② 《新疆自治区党委、人委批转自治区人委政法办公室、劳动调配委员会"关于安置巩固支边青壮年、精减下放职工、自流人员工作会议的报告"》，1963 年 2 月 12 日，昌吉回族自治州档案馆藏，档案号：1-2-139。

新疆方面坚决制止任意遣返，江苏方面也不再强制动员重返，使得随后的几年里对支边青壮年返籍情况的处理是相对稳定的，因此，后期的争议矛盾也相对较少。

二、新疆对返疆和在疆青壮年的安置与巩固

1959—1962 年间，自治区给安置在农村的 10 万多支边青壮年拨发生活困难补助费 960 余万元，特殊补助棉布 160 多万米，棉花 37 万多斤，并下拨了修建房屋的木料，另由商业部专门供应许多日用品，各地群众也捐赠了很多物资，腾出住房，帮助他们安家落户。虽然新疆在物质方面做了很多工作，但是对长期安家落户的支边青壮年来说，由于时间短，家属不在一起，又赶上农村出现了暂时困难，有些地方粮食减产，生活上遇到的困难确实是存在的。[①] 新疆维吾尔自治区党委也充分认识到安置巩固好支边青壮年是一件长期的、细致的和复杂的工作。因此，新疆要求各地逐步从组织上、教育上进行调整，从物质上进行必要的补助，对有特殊困难必须返籍的，也积极与动员省协商给予妥善解决，着重做好以下几方面工作。

一是做好思想政治工作。加强思想政治教育，不断提高安置人员和当地群众的思想觉悟，这是加强团结和做好巩固工作的基本关键。一方面，对于已经安置人员，经常进行光荣感和责任心的教育，坚定他们长期建设边疆的决心；进行形势教育和艰苦奋

---

① 《新疆维吾尔自治区劳动调配委员会关于支边青壮年安置巩固工作情况的复函》，1962 年 10 月 10 日，江苏省档案馆藏，档案号：4008-002-0025。

斗、自力更生的革命传统教育，使他们坚定信心，战胜初创家业
的暂时困难；教育他们尊重风俗习惯和民族政策，同心协力，发展
生产。另一方面，对于当地干部和群众，教育他们坚决克服狭隘的
地方观念和民族主义情绪，发扬团结友爱的精神，积极帮助安置
人员战胜困难，搞好团结。特别要教育基层干部认识到安置巩固
支边、下放、自流人员的重要作用和意义，积极做好安置巩固工
作。① 教育的方法，是坚持正面教育，树标兵，抓典型，坚决防止
和克服简单粗暴以及一味批评指责的做法，更不能采用轻率的批判
斗争办法来解决群众的思想问题。尉犁县水利队原来职工思想混
乱，生活很困难，社员抱着"过一天，算一天"的态度，95%以上
的职工发生过偷盗行为，当地干部通过职工大会、小组会、地头
会、生活检讨会以及总结评比会等措施，大抓思想政治教育，与
职工同吃、同住、同劳动，从而改变了原来的政治和生产面貌。②

　　二是切实解决已安置人员生产生活中的实际困难。保证支边
青壮年有饭吃、有衣穿、有房住，在劳动分配、生活待遇等方面
要和当地老社员一视同仁，不得有任何歧视；按照当地老社员的
标准分配口粮、自留地和卖给自养畜，不得克扣。③ 自治区拨给

---

① 《新疆维吾尔自治区人民委员会关于迅速制止排斥、歧视打骂支边青壮年、
　精减下放职工和自流人员的通报》，1963 年 4 月 1 日，昌吉回族自治州档
　案馆藏，档案号：2-4-42。
② 《新疆维吾尔自治区人民委员会转发"尉犁县水利队支边、下放、自流人
　员安置巩固工作情况"》，1964 年 5 月 15 日，昌吉回族自治州档案馆藏，
　档案号：2-4-97。
③ 《新疆自治区党委关于做好农村支边青壮年、精减下放职工和自流人员巩
　固工作的紧急指示》，1962 年 10 月 16 日，昌吉回族自治州档案馆藏，档
　案号：1-2-115。

各地的补助款和棉布、棉花等，首要解决的是过冬衣服、被褥等困难和病、老、残、弱人员生活上的困难。在经费和物资的使用上，应本着困难多的多补助，困难少的少补助，没有困难的不补助的原则，不得扣留、挪用和平均分配。同时，还要重视解决他们的住房问题，"支边青年没有一个固定的房子，就等于没有家，自己会感到他还不是当地人。因此，解决住房问题是目前最迫切的问题"。[1] 公社大队在农闲时间，组织劳动力帮助支边青壮年修建房屋。工款由支边、下放、自流人员自己负担，逐年偿还；支边青壮年的木料款，由国家从清退、困难补助和安置费内解决，下放、自流人员的木料款由本人负担，房屋产权均归个人所有。[2] 对一时建不起房子的，要劝说当地群众中房屋较多的人，租借一些房子给他们住。房子破了的，要及时修缮，尽可能做到每户至少有一间房子住。而解决困难的根本办法，是努力发展生产，增加收入。因此，必须教育他们积极参加集体生产，巩固和发展集体经济，并在搞好集体生产的前提下，鼓励和帮助他们搞好家庭副业生产。要留给他们与当地社员同样标准的自留地，并帮助他们饲养家禽家畜和进行其他家庭副业生产，增加收入。国家发放农业贷款时，对安置人员较多，生产困难较大的队、社，应予适当照顾。

---

① 《辛兰亭副主席在 1961 年安置支边青壮年工作会议上的总结发言》（1961年 6 月），江苏省档案馆藏，档案号：4008-002-0020。

② 《新疆维吾尔自治区人民委员会批转自治区人民委员会政法办公室和劳动调配委员会工作组"关于调查支边、下放和自流人员安置巩固工作中几个问题的报告"》，1963 年 2 月 21 日，昌吉回族自治州档案馆藏，档案号：2-4-42。

自治区党委提出，对于支边青壮年的一切问题都应该全部包下来，而且必须包下来。关于"包下来"的问题，各地代表在安置工作会议上有不同的观点，十月厂代表认为"包下来"适于农村人民公社，对城市工矿区不太适合，因为城市压缩人口、编制、经费，开支等问题都无法解决。铁路局代表认为对支边青壮年全"包下来"矛盾很多，同国务院的某些规定有矛盾，如学徒病假期间支付60—70%的工资，这样，其基本生活就无法维持，很难"包下来"。天龙钢铁厂代表说，把支边青壮年全包下来，对老职工是不公平的，如老职工要8年以上工龄才接家，路费还不报销；支边青壮年接迁家则不受工龄限制，费用国家承担。因此要"包下来"，首要的问题是解决新老职工之间的矛盾，要包只能按劳保条例包。各地代表比较一致的意见是：包支边青壮年本人，问题不大，家属包不下来。[①] 由此可以看出，"包下来"在执行中是很难的。

三是正确处理安置"三类人员"中侵占当地群众的经济利益问题。自1959年以来，在农村人民公社（包括国营和地方农牧场内的集体所有制单位）安置支边青壮年、精简下放职工和自流人员的过程中，有些地方侵占了当地群众的一些经济利益，应该正确地进行处理和清退。退赔的范围和办法是：属于个人侵占的，包括调剂借用的粮食、蔬菜、肉食、衣服被褥、生活用具、小农具、房屋和修建房屋所用的工费和材料，或因购置上述物品和治疗疾病由社队垫支的款项等，都由个人负责退赔，有原物的

---

① 会议秘书处编：《安置支边青壮年工作会议简报》第6期，1961年6月4日，农六师芳草湖总场档案室，目录号3，卷号72。

退还原物，原物损坏了的折价赔偿。如本人确实无力退赔的，可用退赔专款补助一部分或全部。如安置者本人已返回原籍的，可将其劳动报酬、遗留的财物、自留地上所种作物的收入折价偿还，不足部分在退赔专款中偿还。至于安置人员借用当地社员的房屋，如果一时退还困难的，可以说服房主继续借用或租用；公社大队给修建的住房，可以合理折价，由个人逐年偿还，房屋归己；属于支边青壮年、精简下放职工和自流人员为主单独建立生产队而占用别的生产队的耕畜、农具、车辆等，应当合理折价，由占用的生产队的积累中偿还，一次偿还不了的，可以分期偿还；如果分期偿还仍有困难的，可由退赔专款补助解决。如果挤占的是公社的财物，可合理折价，待生产搞好以后分期归还；属于当地群众基于互助友爱、自愿赠送的物品，欢迎支边青壮年的开支，实行伙食供给制时期的伙食费等，都不应列入清退范围。①

四是做好精减调整工作。生产兵团和地方国营农牧场要从发展生产出发，妥善安排既有劳动力，坚决制止任意遣返的现象发生，对已经返回关内的青壮年应尽量争取他们回来，对精减下来的职工，再不准送回关内，一律就地安置。② 自治区精减下放的汉族职工，一般应采取集中安置的办法，安置在国营农牧场，不

---

① 《新疆自治区党委、人委批转自治区人委政法办公室、劳动调配委员会"关于安置巩固支边青壮年、精简下放职工、自流人员工作会议的报告"》，1963年2月12日，昌吉回族自治州档案馆藏，档案号：1-2-139。
② 《新疆维吾尔自治区劳动调配委员会关于安置巩固支边青壮年、精简下放职工、自流人员工作会议情况的报告》，1962年12月13日，江苏省档案馆藏，档案号：4008-002-0025。

要把无依无靠没有劳动能力的人，下放农村安置；过去精减下放安置在公社的，如果没有什么问题的就不再变动，如果问题较多，由安置地区与精减单位联系重新处理。各地在巩固工作中，如因安置人数过多，生产门路不足，存在问题确实无法解决的，可在社、县和专、州范围内进行调整。

五是妥善处理返籍的支边青壮年。如当地政府同意、本人愿意来新疆的，应该欢迎，当地政府不同意，本人也坚决不愿来的则不再动员。对已回原籍的支边青壮年自己又返回新疆的，原安置地区和单位必须热情欢迎，不得歧视或置之不理。如因各种原因不便回原单位者，可另选适当地方安置。

六是进一步加强对安置巩固工作的领导。各安置人员较多的县和专区、自治州应确定一位领导干部负责这项工作，并吸收有关方面的负责人参加，组成领导小组，定期讨论，研究安置巩固工作，经常督促检查，及时解决问题，总结交流经验。安置人员较多的基层单位和部门，也要指定专人管理该项工作。同时，要在安置人员中培养干部和积极分子，通过他们去开展巩固工作。加强请示报告制度，关于安置巩固方面的重大问题，一定要请示报告，不得自作主张，以保证中央和自治区有关指示的贯彻执行。[①] 对于支边青壮年中的干部，不仅不能减少，而且必须逐渐增加，凡是已经减少了的地方，要安排好支边青壮年干部的工

---

① 《新疆自治区党委、人委批转自治区人委政法办公室、劳动调配委员会"关于安置巩固支边青壮年、精减下放职工、自流人员工作会议的报告"》，1963 年 2 月 12 日，昌吉回族自治州档案馆藏，档案号：1-2-139。

作，并发挥他们的作用。①

此外，对个别违法乱纪和官僚主义严重而屡教不改的干部给予处理，以帮助安置单位改进工作和调动广大群众的生产积极性。对那些任意吊打支边、下放、自流人员的干部，进行严格的批评教育，情节严重的，给予纪律处分或依法惩办，以严肃法纪，教育本人和群众，挽回不良的政治影响。

三、江苏省对返籍人员的处置措施

（一）返籍人员回乡后面临的困难

江苏省自返的 3 万余名支边青壮年中，全家返籍的占 70% 以上。据江阴县 30 个公社调查统计：支边返籍的 691 人中，全家返籍的就有 557 人，占返籍总数的 80.6%；金坛县支边返籍的 387 人中，全家返籍的 290 人，占 74.9%。② 这些全家支边返籍人员由于进疆支边时已将原籍的住房、用具处理光了，回来时又把在新疆新筹置的用具丢光。因而，他们回来后是"一无所有"，在生产生活上存在严重困难。

首先，是住房问题。全家返籍的人员基本上原籍已无住房，回来以后，既无钱，又无料，难以盖房。有的房子虽没有卖，但

---

① 《新疆自治区党委关于做好农村支边青壮年、精简下放职工和自流人员巩固工作的紧急指示》，1962 年 10 月 16 日，昌吉回族自治州档案馆藏，档案号：1-2-115。

② 《关于我省支边返籍人员情况和请求拨给安置经费及物资的报告》，1962 年 10 月 17 日，江苏省档案馆藏，档案号：4008-002-0026。

由于无人管理，缺乏维修，大部分已经倒坍损坏，不能再住。而社队的住房原来就紧，虽然采取了一些措施，但因所需的房屋多，仍不能解决住房问题。因而，他们只得挤借在亲邻家，合住、搭铺或住到猪舍、车篷内"打游击"，甚至流离失所。泰州市塘湾公社吉某某回乡后无处安身，只得这家住一天，那家住一宿。仅苏州专区返籍人员中就有876户1,830人没有房屋住，共缺房1,183间。

其次，是返籍人员中大部分缺少炊具、用具、小农具等"三具"。因为这些用具途中携带不便，又易破损。因此，来去大都不带，有的低价变卖了，有的抵账了。滨海县东海公社刘某某全家4人支边，1962年被精简回来，发的两个月生产补助费连扣还欠款都不够，还把自留地的洋芋、棉衣、锅碗等用具全部抵账，回来时两手空空，而这些用具都是基本生产生活所必需的东西。

再次，是缺衣缺被等现象比较普遍。支边自返人员大部分没有衣被，有的人在新疆把衣被变卖作为路费，有的人因怕当地领导不批准他们回来，就把衣被丢在新疆；也有的在旅途中蒙受损失，以致回来后大部分是钱物两空。泰州市娄庄公社殷某某一家4人回来时，在托克逊县遭遇洪水，行李、钱、粮全都损失掉了，其后是由迁送站一站一站地送回来的，他们到家时已形似乞丐。加之新疆有的单位不按照规定发给精简人员路费、生产补助费等，因此，他们回来都是变卖衣被作路费的，到家后行囊已空。如常熟县珍门公社章某某夫妇孩子3人，只有一件棉衣、一条棉胎。另一户潘某某，全家4口同睡一床，合盖一条破被子。吴江县有114户433名返籍人员缺棉衣、棉裤500件（条），缺棉被 100 条。该县庙港公社繁荣大队王某某，全家 5 人只有半条破棉胎。①

最后，是缺粮、缺钱。有不少人因为回来时间较短，劳动工分少，分不到口粮柴草，生活困难。江阴县马镇公社有 5 户 16 人没有吃的，只能向社队暂借来维持生活。吴江县平望公社有 8 人因生活问题而外流，松陵镇也有一小部分返籍人员靠投机贩卖和偷摸度日。吴县亦有 10 名支边人员返籍后外流到浙江等地过流浪生活。铜山县返籍支边青年在 1961 年冬到 1962 年春每人每天只安排 6 两口粮，一个月吃 18 斤；一般社员有自留地，还有超产粮，平均每人每月能吃上 30 多斤，比返籍人员多一倍左右。② 1961 年吴江县返籍人员返回之初"根本没有固定的口粮，只能向镇上要一天给一天口粮，日子比新疆更难过"。③

从返籍的人员来看，凡是个别支边，有家可归，又是自己跑回来的，回来后生产生活都是没有问题的，这些人一般也没有什么意见。凡是全家支边，全家返籍，或者是动员"下放"回来的，回来后生产生活上的问题较多，这些人意见就很大。④ 常熟珍门

---

① 《江苏省苏州专员公署民政处关于支边返籍人员的情况报告》，1962 年 11 月 6 日，苏州市档案馆藏，档案号：H27-1-13。

② 《关于江苏省迁移家属和对返籍人员处理工作的调查报告》，1961 年 10 月 15 日，江苏省档案馆藏，档案号：4008-002-0022。

③ 李曼口述，文远整理：《苦乐相伴的支边历程》，载昌吉州政协党派社团学习文史委员会编：《昌吉州政协文史资料第 33 辑》（苏皖鄂青壮年支边在昌吉），新疆维吾尔自治区内部资料性出版物准印证（2010）年第 53 号，2010 年版，第 394 页。

④ 《关于我省支边返籍人员情况和请求拨给安置经费及物资的报告》，1962 年 10 月 17 日，江苏省档案馆藏，档案号：4008-002-0026。

公社从阿克苏专区红旗农场下放的 31 名支边人员，回来时集体哭诉说："我们响应号召，光荣支边，现在动员我们回来，两手空空，今后怎么生活？"他们要求政府帮助安家，解决困难。该社王某某讲："当时社队动员我们全家支边，把东西都贱价卖光了。现在回来，比火烧还枯，连个瓦瓦罐罐也没有了，只怪我自己认识不好。"基层干部对此也很有意见，他们讲："支边时横动员、竖动员，千辛万苦。现在回来了，生产上、生活上有问题，又要帮助安置，真是劳民伤财，白吃辛苦。"① 由此可见，支边青壮年的返籍引起了一系列问题，如若解决不好，将会影响到人心和社会的稳定。

（二）江苏省的应对措施

1.动员返疆

据新疆工作组对湖北省自返人员的摸底了解，他们对重返顾虑很多，有"五怕"，即：怕回去受处分、怕难为情不好见人、怕扣工资、怕扣工龄再当新职工、怕打击报复等。同时，还有"五个要求"：要求解决路费、要求解决棉衣、要求一家人在一起、要求干原来工作、要求不回原基层单位。② 这说明返籍人员对重返是有很多顾虑的。

江苏省返籍青壮年的动员重返工作，也面临同样的难题。

---

① 《江苏省苏州专员公署民政处关于支边返籍人员的情况报告》，1962 年 11 月 6 日，苏州市档案馆藏，档案号：H27-1-13。

② 《新疆维吾尔自治区接迁支边青壮年家属工作组刘厅长在江苏迁送支边家属会议上的发言》（1961 年 8 月），江苏省档案馆藏，档案号：4008-001-0012。

1961 年 6 月，如皋县揭开了江苏省动员重返工作的序幕。起初该县采取个别动员的方法，各社都有顶牛现象。但县里的态度很坚决，公社为了按期完成任务就发动群众采取"软挤"的办法。何庄等公社返籍人员较多，动员工作劲头也大。该社一大队抽调153 名骨干，组成 13 个小组对付 7 个返籍人员，平均 21.5 人包1 个人，轮流动员，且随时随地都有人问："你什么时候走""他们下地生产就有人抢工具"，并说："你快走了，别干了，回去准备准备吧！"这就造成非走不可的气氛，使得返籍人员感到惶惑不安。全社返回 64 人，除 3 个病人、1 个临产孕妇和 1 个躲起来暂时没走外，其余 59 人全部动员回疆。张某某因病回家疗养，妻子不放心也回来看望，张的母亲和两个小孩生活很困难，本人也需要妻子照看，结果张暂时留下，妻子一个人被动员走了。其他公社的动员方法，也是大同小异。大部分返籍青壮年感到自己成了"黑人"，有些勉为其难地走了，有的受生活所迫进行偷窃，有的为了躲避动员到处流窜。全县返回的 714 人，动员回疆的332 人，将近一半。由此，江苏省有关部门推算，若按如皋县的执行情况，可以动员回疆一半，遂将这项工作连同动员家属一起纳入总的迁移计划。1962 年，江苏各地由于实行了三年大包干耕作制度，有些农村劳动力并不缺乏的大队和生产队，拒绝接受安排支边自返人员。他们要求政府按回乡人数，由国家另行安排口粮或抵冲大队的统购粮之后才愿意接受。因此，在支边自返人员生产、生活的安排上就产生了新矛盾。①

---

① 《关于目前处理去疆自返人员生产生活中的几个具体问题的请示报告》，1962 年 4 月 20 日，江苏省档案馆藏，档案号：4008-001-0009。

根据如皋县的典型调查，江苏省推算将有一半左右，即1.5万余人要重新返疆。但实际上，重返的人数要比预期的少得多。1961年，江苏省重返支边青壮年的为837人。[①] 1963—1965年间，动员重返的对象仅为"家属还留在边疆地区者"，故动员重返的人数更少。1963年、1965年湖北、安徽、江苏、河南四省和山东省东明县经过多方努力，动员重返新疆的支边青壮年数的总人数分别为746人[②]和556人[③]，这就说明大多数支边青壮年是不愿意回疆的。

江苏、新疆两省区决定把返籍青壮年动员回去是基于兄弟省份的相互支持和安置工作中难以解决的困难，这是可以理解的。但是，他们从巩固在疆人员和兄弟省的关系方面考虑的多，而对返籍人员逃离的原因和他们的具体困难想的少。结果，返籍青壮年大多吃不消。这部分人落荒而归，一贫如洗，到家以后又不能和一般社员享受同等待遇，生活上的困难有增无减。有的公社不但不给予应有的关怀，反而千方百计地往回逼，致使返籍青壮年和其家属十分痛心，极大伤害了他们的感情，就连很多基层干部在内心里也对他们深表同情。[④] 这就是大多数支边青壮年坚决不

①《中共江苏省民政厅党组报告》，1961年12月7日，江苏省档案馆藏，档案号：4008-001-0011。

②《关于1963年接迁支边青壮年家属的工作总结》，1964年1月20日，江苏省档案馆藏，档案号：4008-001-0014。

③《新疆维吾尔自治区民政厅关于"一九六五年接迁支边青壮年家属工作报告及对今后接迁工作意见"的报告》，1965年8月6日，江苏省档案馆藏，档案号：4008-001-0016。

④《关于江苏省迁移家属和对返籍人员处理工作的调查报告》，1961年10月15日，江苏省档案馆藏，档案号：4008-002-0022。

愿重返新疆的最主要原因。

2.就地安置

江苏省支边返籍人员 3 万人左右，其中属精简下放的 16,200 余人，支边自返的 13,800 余人。其中，全家返籍的占总数的 70% 以上，为 21,000 人。为了妥善地安置支边返籍人员，江苏省报请农垦部核拨人民币 2,344,260 元，棉布 208,800 尺，棉花 34,740 斤，木材 4,900 立方米，以解决部分住房、生产、生活用具和棉衣、被等问题。各项费用和物资需求计算过程如下：

一、住房问题：全家返籍的 21,000 人，以 3 人一间屋算，需建屋 7,000 间。每间土墙砖基盖瓦房屋（没有草盖屋）造价 288 元（木材 0.7 立方米，84 元；砖 1000 块，50 元；瓦 400 块，48 元；芦席 13 张，19.5 元；铁钉 5 公斤，6 元；工资中技工 15 个工作日，22.5 元；土杂工 80 个工作日，48 元；运杂费 10 元），共需 2,016,000 元。除砖瓦等材料由地方自行解决外，每间屋以 0.7 立方米木材计，需 4,900 立方米木材。

二、炊具、小农具、家具等：平均每人 10 元，全家返籍的 21,000 人，计 210,000 元。

三、棉衣补助：以每件棉衣需布 7.5 尺计（里子用旧衣），棉花 1 斤，布每尺 0.4 元，棉花每斤 1 元计，每件棉衣需 4 元。自返人员中 90% 缺棉衣，计 12,420 人，每人补助一件棉衣需 12,420 件，精简人员中有 10% 缺棉衣，计 1,620 人，需棉衣 1,620 件。以上合计需棉衣 14,040 件，计人民币 56,160 元，棉布 105,300 尺，棉花 14,040 斤。

四、棉被补助：以每条需布 25 尺，棉花 5 斤，人民币 15 元计，主要解决自返人员 90% 缺棉被，计有 4,140 户，4,140 条，需人民币 62,100 元，棉布 103,500，棉花 20,700 斤。

　　至于一些患病的支边返籍人员的医药费问题，尚未计算在内。①

　　为解决返籍人员生产生活中的困难，农垦部从移民经费中划拨给江苏省安置补助经费 70 万元。江苏省又将经费分拨各地，其中南通专区 25 万元，苏州专区 11 万元，徐州专区 8 万元，淮阴专区 8 万元，盐城专区 6.5 万元，扬州专区 9 万元，镇江专区 2.3 万元，常州市 0.2 万元，共计 70 万元。各专区分配方案如下：

　　南通专区：25 万元

　　海安 7 万元，如皋 6 万元，如东 6 万元，南通 4 万元，海门 1 万元，启东 1 万元

　　苏州专区：11 万元

　　江阴 1.8 万元，沙洲 2 万元，常熟 1.8 万元，太仓 0.9 万元，吴江 1.3 万元，无锡 1.2 万元，吴县 2 万元

　　徐州专区：8 万元

　　丰县 0.5 万元，沛县 1.1 万元，铜山 1.1 万元，睢宁 1.4 万元，邳县 2.5 万元，新沂 0.8 万元，东海 0.3 万元，干榆 0.3 万元

　　淮阴专区②：8 万元（专区少分 0.32 万元）

　　淮阴 0.85 万元，涟水 2 万元，灌云 1 万元，沭阳 1 万元，泗阳 1 万元，宿迁 0.8 万元，灌南 0.2 万元，淮安 0.03 万元

　　盐城专区：6.5 万元（专区控制 0.5 万元）

① 《关于我省支边返籍人员情况和请求拨给安置经费及物资的报告》，1962 年 10 月 17 日，江苏省档案馆藏，档案号：4008-002-0026。
② 按照淮阴专区各县所列数字计算应为 7.2 万元，而非 8 万元。

滨海 1.5 万元，阜宁 1.5 万元，建湖 0.7 万元，盐城 1.6 万元，东台 0.7 万元

镇江专署：2.3 万元

武进 0.8 万元，扬中 0.9 万元，溧阳 0.12 万元，金坛 0.28 万元，丹阳 0.2 万元

常州市：0.2 万元

此项经费专门用于全家进疆而又全部返回，家中一无所有的人员，主要解决住房、生产和生活用具等方面的困难，不得移作他用。对其他支边返籍人员在生活上确实有困难的，可作为一般社会救济给予补助。补助救济支边人员所需棉布、棉花和修房用的木材，可在省下拨的救济布、棉、木材中解决。[①]

各专区返籍支边青壮年中，尤以苏州专区和南通专区人数最多。据不完全统计，到 1961 年 7 月，南通专区支边人员先后返籍的有 6,647 人（其中海安约 3,000 人、如皋 670 人、如东 1,000 人、南通 1,198 人、海门 56 人、启东 700 人、南通市 23 人），占支边总人数的 12.33%。[②] 到 1962 年 11 月，苏州专区返籍人员已达 8,293 人（江阴 1,286 人、无锡 432 人、沙洲 1,804 人、常熟 1,352 人、太仓 741 人、吴县 1,873 人、吴江 805 人），占支边总人数的 39.73%。[③] 从各专区经费的分配上看，南通专区最

---

①　《江苏省人民委员会关于分发支边返籍人员安置经费的通知》，1963 年 1 月9 日，江苏省档案馆藏，档案号：4008-002-0032。

②　《中共南通地委批转南通专区支边委员会"关于动员自返人员返疆和迁送支边人员家属进疆的意见"的指示》，1961 年 7 月 15 日，南通市档案馆藏，档案号：D222-111-0010-0071。

③　《江苏省苏州专员公署民政处关于支边返籍人员的情况报告》，1962 年 11月 6 日，苏州市档案馆藏，档案号：H27-1-13。

多，而较之自返人数更多的苏州专区则比其少一半以上，这就说明南通专区全家返回的人员相对要多。

虽然江苏省及时给各地分拨了安置经费，但实际使用情况并不容乐观。据南通专区各县报告：由于支边返籍人员分布面广、情况复杂，加上安置材料供应困难，因而发放工作较迟缓。专区1963年2月份下拨经费后，大多数县到下半年才开始使用，有的县在同年11月省里核拨了一批木材、毛竹后才使用。因此，到1963年底省里将安置经费冻结后，尚有部分困难的支边返籍人员未能安置，住房、生产工具、生活用具等尚未得到解决，支边返籍人员纷纷来信、来访，要求国家支持钱、物等帮助安置。据1964年初各县统计：全区尚有680户1,666人需要补助经费74,600元，木材350米，毛竹3,000支。为此，南通专区报请省民政厅核准将结余款解冻继续使用，并请有关部门拨给专项木材和毛竹等，以便安置，使返籍人员安心搞好生产。①

苏州专区也存在类似的情况，各县利用此项经费做了不少工作，帮助一批支边返籍人员解决了生产生活上的部分困难，安定了他们的生产情绪，挽回了一些不良政治影响。但有些地方用得还不好，个别县甚至分文未用，还有相当一部分支边人员的实际困难并没有解决。②

---

① 《江苏省南通专员公署民政处关于上报支边返籍人员安置经费决算和解决冻结余款、拨给安置材料的报告》，1964年5月29日，江苏省档案馆藏，档案号：4008-002-0038。

② 《江苏省苏州专员公署财政局、江苏省苏州专员公署民政处关于下达支边返籍人员安置经费控制数的通知》，1964年6月27日，江苏省档案馆藏，档案号：4008-002-0038。

　　因此，江苏省委同意将此项安置经费的余款结转到 1964 年继续使用，并要求各地认真摸底排队，对支边返籍人员在住房、生产和生活用具等方面的困难，按照政策规定，尽可能帮助解决，所需经费控制在结余款范围内开支。所需木材、毛竹、棉花等物资，与省有关物资部门联系统一安排解决。经过这些调整，较好地解决了农村全家返籍支边青壮年生产生活上的暂时困难。

第六章　江苏支边青壮年在疆生产生活实态

50多年前，支边青壮年浩浩荡荡出关，穿越沉寂的戈壁、大漠与荒山，像棋子一样散布在新疆的角角落落。他们在物质贫乏、精神困顿的艰苦条件下，凭着一腔热血，浑身干劲，在戈壁荒滩上开荒、挖渠、筑路、开矿……多年之后，新疆大地渐渐焕发了生机活力，广阔无垠的绿洲村落、拔地而起的新型团场和新兴城市遮蔽了昔日的荒凉与空寂，遮蔽了支边者半个世纪以来所走过的艰辛与磨难。在此，以支边青壮年的口述资料为主，辅以报刊资料，力图展现他们生产生活的实态，并就他们目前的生存现状和相关的一些诉求进行简要阐述。

第一节　劳动生产

支边青壮年虚心学习当地生产技术，在工作中发扬不怕吃苦、任劳任怨的精神，与老社员一样积极投入各项生产建设。在生产中，他们开展劳动竞赛，勇于向老社员挑战，在各项建设中发挥了模范带头作用。

一、田间耕作

支边青壮年来到新疆，开始新的生活，一切都要重新摸索学习。比如，在干农活时牛犁地、马拉磨、手撒种、大水浇地等，在老家是连做梦也都没见过。在犁地套牛时，那些令人望而生畏的大牛，顶着又粗又壮的角，瞪着大眼睛，哞哞地叫，吓得让人不敢上前。犁地时，牛不听话，拉上犁头满地乱跑，犁下的地，深一铧、浅一铧，东一拐、西一歪，当地群众笑称"像长虫吃了雀儿"[1]。支边青年的经过认真学习，逐步掌握了劳动技巧，慢慢地各种农活都会干了。

在农业生产方面，农忙季节要犁地、锄草、割麦、掰玉米、收豌豆、打苜蓿、挖甜菜、打场等，农闲季节割苇子、上山拉煤。冬天地里活干不成了，就开始修水库。"当地（指新疆）的镰刀比我们老家的要大3倍，弯度也特别大，我们使不惯。尽管小心翼翼地割，但不是割破了手，就是割伤了脚，有劲使不上，累得满头大汗还割不出地。"[2] 后来不得不请当地社员到田间给大家做示范，经过半个月的实践，女同志每人每天可收割1.2亩，最多达到2.3亩。男同志平均每人每天收割2亩，最多

[1] 顾祖顺、徐登臣：《阔别江南远赴塞北》，载赵光鸣主编：《感谢支边》，新疆大学出版社2003年版，第159页。

[2] 卜志聪口述、梅润生整理：《先苦后甜忆支边》，载昌吉州政协党派社团学习文史委员会编：《昌吉州政协文史资料第33辑》（苏皖鄂青壮年支边在昌吉），新疆维吾尔自治区内部资料性出版物准印证（2010）年第53号，2010年版，第144页。

的达到 4.1 亩。①

兵团农七师下八户农场百名割麦能手会师大会中的代表，大部分是支边青壮年。他们平均日收割 5 亩以上，有 40 人日收割 6 亩以上，6 人日收割 10 亩以上。鄯善县玉望坎管理区八大队的 110 名支边青壮年，与当地老社员仅仅苦战了 20 天就改变了大队生产落后的面貌，一跃而成为公社的红旗大队。他们当中的女支边青年崔世林初学割麦子，不会用大镰刀，第一天才收割 7 分地，经过刻苦学习，第二天就达到 2.7 亩，超过了一般男社员的效率。在挑麦捆时，她的一个肩膀磨肿了，大队干部叫她去休息，她说："这个肩膀坏了，还有那个肩膀在，没关系！"在她的带动下，全部支边青壮年半夜下地除草，获得了当地干部和社员的好评，他们说："支边青壮年真是一支老虎队，什么困难都能克服掉，真正不愧是毛主席派来支援我们新疆的好儿女。"②

米泉县万家渠大队支边青壮年陈松陆、红光大队高丰等创造了日收割 4 亩水稻的最高纪录，使该队提前 15 天完成秋收任务。齐心大队女青年盛美芳等，为了提前完成任务，早上 3 点钟起床，晚上 9 点到 10 点才收工。她们怕早上起不来，把自鸣钟抱在怀里，深深地感动和鼓舞了当地社员。碱梁大队当地社员马士云说："支边青年生产干劲大，早晚加班跑在前边，上水库他们

---

①　许秀黄口述、文珍整理：《我用青春践誓愿》，载《昌吉州政协文史资料第33 辑》（苏皖鄂青壮年支边在新疆），第 358 页。

②　辛兰亭：《树雄心，立大志，发愤图强建设伟大祖国的边疆——在支援新疆社会主义建设青壮年积极分子大会上的报告》，《新疆日报》1960 年 10 月28 日。

不回嘴，我们应该好好向他们学习。"①

呼图壁县红旗公社联丰大队江苏启东县的支边青壮年，总是站在生产的前列，干部指到那里，他们就干到那里，从不避重就轻，那里最需要、最艰苦，他们就要求到那里去。② 该县跃进公社72名支边青壮年组建了一个野战连，每天劳动14—16个小时，每天工效达3亩。分配到红星一场的167名江苏支边青壮年，夏收时用不习惯大镰刀，起初每人每天只能收割7分地的麦子，以后每人每天达到1亩多，徐文平红星组每天平均工效2.5亩。红星公社共青团大队九小队30余名江苏支边青壮年每天吃饭在田头，工效达3亩。③ 红旗公社支边青年陈生在新疆学会了使用双轮双铧犁，创造了日犁地25亩地的新纪录。女青年黄瑞芳刚开始每天只能打埂子十来丈，经过学习后，一天可以完成40多丈，赶上了男社员。④

巴里坤县大和公社二大队支边青壮年，为了向自治区支边青壮年积极分子大会献礼，提出了"两天的任务一天完成，两人的工作一人担负"的口号，支边青年孟兰芳在秋收中第一天割小麦3.5亩（定额为2.5亩），第二天上升到5亩，第三天连割带捆共收割了6.9亩，不断创造新纪录。女班长孟光兰带领12个组员，

① 《米泉县劳动调配委员会关于三年来支边青壮年及自流人员安置工作的总结》，1961年11月29日，昌吉回族自治州档案馆藏，档案号：2-7-2。
② 关承麟：《扎根落户，亲如一家，呼图壁县红旗公社联丰大队新老社员新密团结搞生产》，《新疆日报》1960年7月13日。
③ 《(呼图壁县)一年来支边接待安置工作简结》，(1960年)，呼图壁县档案馆藏，档案号：8-1-266。
④ 关承麟：《扎根落户，亲如一家，呼图壁县红旗公社联丰大队新老社员亲密团结搞生产》，《新疆日报》1960年7月13日。

三天半挑完了 250 亩地的麦捆，超过定额一倍以上。[①] 农二师二十五团共青团员王凤图、王克华一天收割苞谷 37.5 亩，完成定额的 539%；十一队阎义怀青年小组创造了每人平均日收割苞谷 35.85 亩的纪录。[②]

阿克苏胜利四场一生产队的共青团员于银根，在夏收时创造了日收割倒伏小麦 3.06 亩、收割油菜 6.8 亩、割苜蓿 6.5 亩和日打田埂 360 米的纪录，成为进疆青年中的一面红旗。鄯善县东风人民公社马场大队的江苏支边青年，到队第二天就纷纷要求下地干活，他们听从大队分配，参加了拾棉花、收高粱、积肥、晒瓜干、挖菜窖等劳动。女共产党员李月琴学习了双手拾花后，日拾花量由原来的 50 斤猛升到 166 斤。[③] 农八师安二场七连江苏妇女班的 15 名支边青年，在 25 天的秋收竞赛中，平均每人拾花 67.73 斤，最高一天平均每人达 147 斤。季春芳平均每天拾花 104 斤，最高一次达 228 斤。[④]

霍城县火箭公社和东风公社支边青壮年们，听说自治区要召开支边青壮年积极分子大会的消息后十分振奋，他们决心以多种冬麦和收好秋庄稼的实际行动向大会献礼。妇女队长刘望森带领

---

① 俞大昆：《大河公社二大队支边青壮年力争秋收高工效》，《新疆日报》1960年10月11日。

② 《兵团各农场支边青壮年鼓足干劲，大战三秋》，《新疆日报》1960年10月11日。

③ 王明信、阿克苏记者组、梁发：《青春的花朵盛开在祖国边疆，支边青年在生产建设中大显身手》，《新疆日报》1959年11月1日。

④ 《农八师安二场七连支边青壮年材料》（1960年），农八师石河子市档案馆藏，档案号：001-002-0647。

11 名姑娘两天平整土地 400 亩，提高工效一倍半。① 莫索湾二场江苏支边青年张福生在历年的浇水工作中从不跑水，因此连里经常在他浇过水的地里开现场会。在收割麦子时，由于连队劳力不够，他主动向领导提出浇水人员三天三夜不下班，解决了一时劳动力不足的困难。② 江苏省如皋县支边青年周书义特别提到他"绑上扁担去开荒"的经历，因为他当时只有 16 岁，个头又矮，大队安排去开荒，首要任务是洗盐碱。因新疆土地干涸，地里又有很多老鼠洞，大水漫灌到鼠洞，人一不小心就掉下去，然后从出水口冲出来。于是，他就摸索出一套经验，在荒地洗盐碱的时候在腰上绑上一根扁担，这样就不用担心被冲到鼠洞去了。③

二、兴修水利

当时新疆修大坝没有机械工具，全靠手抬肩挑运土。工地上实行军事化管理，早上 6 点紧急集合哨一吹，就必须从地窝子钻出来排队上工，晚上 22 点左右才能收工，每天晚上只能休息六七个小时。工地上还经常组织打擂台、"放卫星"，营与营、连与连进行劳动竞赛，比拉运土石方量，这时每天只能睡四五个小

① 张治邦：《种好冬麦，迎接大会，火箭、东风公社支边青年献厚礼》，《新疆日报》1959 年 9 月 23 日。
② 《（新疆生产建设兵团）莫（索）湾二场江苏支边青壮年情况汇报材料》，（1959 年），农八师石河子市档案馆藏，档案号：118-002-0056。
③ 访谈周书义，新疆乌鲁木齐，2014 年 12 月 24 日。周当时是如皋县南洋乡支边青年，最初被分配到兵团石河子合成氨厂，后多次调换工作。

时，劳动强度特别大。[①] 在水库工地上，要用爬犁装上石头在冰上走，走慢了重得很，还完不成任务，走快了因为惯性常常打着脚后跟，弯着腰拉爬犁子上坡，经常跪倒在地，膝盖被磕烂是常有的事。[②]

江苏支边青年黄祥章是年仅17岁的高小毕业生，他到水库磨破了手脚也不作声，亦不叫苦，相反千方百计提高工效，别人每人每天1.5米的土方，他却能完成2.5米的土方任务。[③] 在袁家湖水库工地上，有一个由10名支边女青年组成的突击班，创造了每人每天挖土28立方、运土11.5立方的高纪录，被命名为"标兵班"。木垒自治县龙王庙水库工地支边青年卢正礼创造了日砌片石40立方的高纪录，成为全区水利工地上的砌石能手。在他的帮助下，全区工地的砌石工效普遍超过定额一倍以上。[④] 昌吉共青团农场的安徽青年喊出了"拿出千斤汗，誓夺土万方，斩断三屯河，引水灌农场"的口号，个个情绪高涨，有时天不亮就

① 徐成初口述、梅润生整理：《支边岁月回眸》，载昌吉州政协党派社团学习文史委员会编：《昌吉州政协文史资料第33辑》（苏皖鄂青壮年支边在昌吉），新疆维吾尔自治区内部资料性出版物准印证（2010）年第53号，2010年版，第25页。

② 张宝珍口述、李洪喜采录：《修达坂河水库的艰辛》，见新疆兵团农六师五家渠市军垦博物馆：《戈壁红柳——江苏泰州支青扎根边关50周年纪实》，新疆维吾尔自治区内部资料准印证（2010）年第16号，2009年版，第108页。

③ 《玛纳斯县基本情况和进疆支边青壮年安置生产情况向江苏湖北两省慰问团的介绍》，1959年11月20日，昌吉回族自治州档案馆藏，档案号：2-14-19。

④ 辛兰亭：《树雄心，立大志，发愤图强建设伟大祖国的边疆——在支援新疆社会主义建设青壮年积极分子大会上的报告》，《新疆日报》1960年10月28日。

上工地，晚上还要偷着去突击，他们每次抬土都是两筐或三筐，甚至有时抬上四筐（300—450斤），结果全队80余人创造平均日填土9.84立方的纪录，为定额1.5立方的656%。[1]

呼图壁县修建青年干渠的支边青年苦战在零下20摄氏度长达20公里的水利工地上，工效由最初的1.8立方上升到5.5立方。特别是支边青年王美杰一天就挖戈壁土21.1方、沙土27.7方。青年渠工地八营四连的支边青壮年在红旗手比武中，苦战12小时，每人工效达14.21立方，其中张泉生、冒万贤二人达到18立方以上。[2]呼图壁县红星公社水利工地评出的78名红旗手中，有68名是支边青壮年，他们每人每天平均挖土3—4立方，最高者达19立方，许多支边青壮年已超过老社员的工效。[3]米泉县万家梁青壮年和当地社员组织了"黄继光"突击队，突破开渠定额2.1倍。特别是支边青年周恒益，不惧严寒，穿单衣挖土，日挖土达16立方，成为挖土的标兵。[4]奇台县红旗公社永丰大队第三生产队江苏盐城支边青年徐书德，在修渠工地上干到晚上10点才休息，日拾鹅卵石7立方米，创全分队最高纪录。挖渠20多天里，平均工效3.48立方米，最高达到

① 《江苏、湖北、安徽进疆青壮年在农垦系统的情况介绍》，1959年11月1日，新疆生产建设兵团档案馆藏，档案号：016-01-0181-9。

② 《（呼图壁县）一年来支边接待安置工作简结》（1960年），呼图壁县档案馆藏，档案号：8-1-266。

③ 《昌吉州党委支边青壮年安置工作检查组对呼图壁县青壮年安置工作情况的汇报》（笔者据文意自拟标题），1960年1月21日，昌吉回族自治州档案馆藏，档案号：1-2-61。

④ 《米泉县劳动调配委员会关于三年来支边青壮年及自流人员安置工作的总结》，1961年11月29日，昌吉回族自治州档案馆藏，档案号：2-7-2。

5.9 立方米，名列第一。跃进公社集中大队江苏支边青年聂顺成、聂鹤成、肖都宝、徐志勇、徐阿毛，创日挖砂 12 立方米的新纪录，经常保持 10 立方米以上，这 5 人被当地社员称为"五虎将"。① 扬州专区支边青年夏兰英带领全班 12 名妇女，平均每天工效为 8.5 立方，她每天完成 11 立方，指挥部送她"穆桂英班"的光荣称号。巴里坤县奎素公社夏志英在水利工地上和年轻小伙子一起，创造了平均每人每日挖土、运土 21.2 立方的纪录，当地社员用"干活一阵风，赛过穆桂英"来形容这位年仅 20 岁的支边青年。有人问夏志英为什么干劲那么大，她说："咱们是来支援边疆建设的，建设边疆还能没有困难？要干就要干出个样儿来！"②

兵团机运处青年农场杨楚清坚持早上班晚下班，每趟拉运鹅卵石 175 公斤，是一般劳力一倍以上。幸福农场杨兰廷修渠中挖填土方首创 35 立方，开展打擂比武时最高工效达 50 多立方。③ 工一师三团支边青年马友益班在挖土方中，由过去一个台班最多能挖 40 立方，增加到一个台班挖 70 多方，马友益本人还创造了日挖 12 立方的纪录，实现了以一顶二。④ 农二师解放三场基建

---

① 卢家和：《奇台县接迁安置支边青壮年记事》，载昌吉州政协党派社团学习文史委员会编：《昌吉州政协文史资料第33辑》（苏皖鄂青壮年支边在昌吉），新疆维吾尔自治区内部资料性出版物准印证（2010）年第53号，2010年版，第245页。

② 于世忠：《生龙活虎夏志英》，《新疆日报》1960年10月21日。

③ 《（新疆）生产建设兵团机运处关于支边青壮年工作简结》，1960年12月27日，新疆生产建设兵团档案馆藏，档案号：006-01-0406-5。

④ 韩金权：《大搞突击，提高工效，工一师三团三支队支边青壮年开展献礼活动》，《新疆日报》1959年9月23日。

七队挖土从 4—5 立方上升到 11.23 立方；田欣山小组挖排水渠平均每个工挖土 292 立方，完成定额的 738.5%。[1] 当支边青年得到慰问团前来慰问的消息后，普遍开展了"夺高产、放卫星、迎亲人"的劳动竞赛。阜康县天池公社东明湖水库工地上的支边青年提出"起五更，带黄昏，抓晴天、抢雨天，毛毛小雪不算事，妇女要赛男子汉，不完成任务不收兵"的口号。米泉县和平渠的支边青年提出"热气冲化万丈雪，雄心能融千尺冰，修好和平渠，向党和亲人献礼"的口号，提前 10 天完成了土方任务。农二师第一管理处的支边青年提出"以辉煌的成就向亲人献礼"，完成各项生产定额的 146.5%。其中，完成定额 200% 的 45 个班 374 人，完成定额 400%—1000% 的有 15 人。[2]

在米泉县井冈山人民公社齐心大队三小队，有四个被称为"铁姑娘"的支边青年——盛美芳、陈巧莲、丁吉、周筱玲，她们都是从江苏南通来的，年龄只有十七八岁。新疆的一月是最冷的季节，塔桥湾水库工地上更是如此。对于刚从南方来的人来说，零下一二十摄氏度的严寒确实难熬。但她们为了劳动方便，都只穿了一件单薄的棉衣。起初她们用筐子挑土，每担七八十斤，挑了一上午，肩压红肿了，稍微碰一下就比马咬还痛。下午她们就改用车子推，在距离为一公里左右的工地上，一般民工一天只能推 40 多次，而她们却跑了 50 多趟。在为期一个多月修建

---

① 《中共扬州地委批转郁文纲同志"关于参加省慰问团赴新疆慰问支边青壮年的情况报告"》，1960 年 3 月 14 日，扬州市档案馆藏，档案号：B1-2-167。

② 《关于慰问支援新疆社会主义建设青壮年的工作报告（初稿）》（1959 年 12 月），镇江市档案馆藏，档案号：B21-1-18。

水库的工地上，她们从来没有一天缺过勤，干起活来总是上前不落后。不少老社员和干部为之感动，马祥明队长说："我真是佩服她们。"团支书郭宝德还为她们写了一首快板。

> 江苏支边四姑娘，
> 干起活来精神强，
> 风雪不算啥，
> 脚肿也无妨，
> 困难的任务走在前，
> 这样的姑娘真是好，真是好！

在兴修水库工程中，盛美芳和陈巧莲被评为米泉县妇女标兵、模范社员，丁吉受到水管站表扬。秋收工作中，她们为了加快进度，决定凌晨三点就起床。盛美芳当夜一直没有睡好觉，把一个小钟抱在怀里，旁边放一盒火柴，时而划一根火柴看看。刚到三点，他们就起床了。创造了每人收割水稻2.1亩的高纪录。而一般女社员每天只能收割0.8亩左右，男劳力也只能收割1.5亩左右。一年多里，盛美芳得到县、社4次奖励，陈巧莲获得3次奖励，丁吉、周筱玲也各获得社里1次奖励。[1]

此外，支边青壮年在积肥活动中也表现积极。农十团三连共青团员程荣华在零下30摄氏度的严寒气候下，用爬犁积肥，每

---

[1]　田玉棉：《把青春献给边疆农村——访井冈山人民公社齐心大队的四个江苏支边"铁姑娘"》，《新疆日报》1960年10月17日。

日拉肥料 15,000 斤，完成定额 280%。[1] 吉木萨尔县支边青壮年共积肥 266.45 亿斤，占全县总积肥量的 40% 强。国天公社新峰大队的青壮年为了保证积肥质量，五更起床，摸黑上路，提着筐子找好肥，不少当地社员默默起敬。东方红二大队一位老妈妈这样说："党教育出来的这些小伙子多钻劲。"[2] 分配到新疆第二公路工程队的支边青年，常常是太阳尚未露面就推着手推车，扛着铁锹、十字镐等劳动工具上班了，晚上星月当空才听到下班的哨子声。在寒风刺骨的冬天，十字镐举过头顶挖下去，一镐一个白点，火花四溅，虎口震开口子，手腕震得生疼麻木，还在继续干。[3]

安徽支边青年马力中所创作诗歌《三面红旗迎风飘》，展示了支边青壮年在疆生产工作的情景：

三面红旗迎风扬

马力中

家住安徽在亳县

自动报名来支边

---

① 辛兰亭：《树雄心，立大志，发愤图强建设伟大祖国的边疆——在支援新疆社会主义建设青壮年积极分子大会上的报告》，《新疆日报》1960 年 10 月 28 日。

② 《吉木萨尔县人民委员会 59、60 两年来安置青壮年的工作总结》，1961 年 2 月 3 日，昌吉回族自治州档案馆藏，档案号：2-7-2。

③ 庄名芳口述、吴铭整理：《三代筑路工人的经历》，载昌吉州政协党派社团学习文史委员会编：《昌吉州政协文史资料第 33 辑》（苏皖鄂青壮年支边在昌吉），新疆维吾尔自治区内部资料性出版物准印证（2010）年第 53 号，2010 年版，第 43 页。

进疆后分到米泉县
井冈山公社当社员

从安徽到新疆
休息两三天理应当
刚刚休息过一天
就要求下地把活干

九月里，稻子黄
人人下田割稻忙
十天包工八百亩
提前三天就割完

割完稻子又挖渠
人人干劲冲破天
两天任务一天完
每人平均八方三

全社人人都称赞
竞赛条件比一番
割稻挖渠都优胜
两面红旗送门前

公社党委做决议
命名青年突击队

赠给一面大红旗
鼓励继续向前进[①]

支边青壮年在各个生产战线上积极劳动，加快了春耕秋收的进度，修筑了大量水利工程，缓解了多年来新疆劳动力不足的困难。他们在生产中学会了使用新疆万能工具坎土曼[②]的方法，积累了很多知识和经验。

他们从每天劳动 4 小时到 6 小时，从 6 小时到 8 小时，从 8 小时到 10 小时，甚至更多。从早晨不出勤到出勤，从出勤迟、散工早到早出晚归，这对从未干过农活的青年来说，确实是严峻的考验。但他们不畏严寒，干劲十足，精神百倍，发挥了苦干、实干、巧干的精神，在自治区各项建设事业中都取得显著的成绩，涌现出许多模范人物，还有的光荣地加入了共产党和共青团。

巴里坤自治县 6,200 名支边青壮年中，有 1 人是全国三八红旗手，有 3 人出席了自治区群英会，有 29 人出席了专区群英会，有 32 人出席了县群英会。公社一级的模范 230 人，大队一级的模范 394 人，五好社员 512 人，五好干部 160 人。[③] 呼图壁县红

[①] 马力中：《三面红旗迎风扬》，《新疆日报》1959 年 10 月 28 日。

[②] 坎土曼：新疆维吾尔族的一种铁制农具，由铁匠专门打制，坚硬锋利，有锄地、挖土等用途。一般由木柄和铁头两部分构成。木柄长约 100—120 厘米，铁头呈盾形，大小不等，大的长约 30 厘米，宽约 25 厘米，重约 3—3.5 公斤；小的长约 25 厘米，宽约 20 厘米，重约 2—2.5 公斤。

[③] 辛兰亭：《树雄心，立大志，发愤图强建设伟大祖国的边疆——在支援新疆社会主义建设青壮年积极分子大会上的报告》，《新疆日报》1960 年 10 月 28 日，第 2 版。

星公社评选的 78 名红旗手中，就有支边青壮年 68 名，占总数的85%。[①] 正因为青壮年在建设边疆中的优异表现，呼图壁卫星三场在支边青壮年中提拔了 3 名党团员担任正副生产队长，选拔了16 名同志担任正副小队长，还选拔了一批具有一定文化程度的青壮年担任会计、统计、保管等工作。县上举办的农垦干部培训班的 240 多名学员中，其中 220 多名是支边青壮年，他们分别培养拖拉机驾驶、农田水利、会计、统计等方面的专业人才。[②]

　　巴音郭楞蒙古自治州 2,416 名支边青壮年中，被评为先进排、班（组）的有 53 个，先进个人 135 名。巴伦开矿区的 120 名支边青壮年，提出"那里艰苦，到那里去，愈艰苦，愈光荣"的口号，12 人入了团，有 2 个模范排，31 人获得了物质奖励。呼图壁县卫星公社在水利工程上被评为五红旗突击手的 28 人中，支边人员就有 23 人。呼图壁牛奶场沭阳支边青年王美杰在水渠工地上创造了 27 立方土的最高纪录，被邀请出席自治区庆祝建国十周年典礼。

　　1959 年到兵团的 4.2 万余名青壮年中，约有 1.4 万人分别荣获红色青年积极分子、突击手、红旗手、生产能手、五好职工、五好党团员等光荣称号。上述先进人物中有："月月红"的四团农场三连六班，修筑兰新铁路一上阵就超过男工工效的建工十三团六连妇女排，日日高工效的建工"十六英班"（第 16 班 16 位女同志的名字最后一个字都是"英"字）。在水利战线上夺得红

① 《关于支边青壮年安置巩固情况的报告》，1960 年 5 月 30 日，昌吉回族自治州档案馆藏，档案号：1-1-186。

② 《江苏、湖北、安徽进疆青壮年在农垦系统的情况介绍》，1959 年 11 月 1 日，新疆生产建设兵团档案馆藏，档案号：016-01-0181-9。

旗、保住红旗，被命名为李秀兰"花木兰班"和陈茂珍"穆桂英班"。"江南红旗塞外不卷"（湖北农业劳模、1959 年兵团先进生产者）的田汉文，"赛六班"好班长毛冬生和丁玉芳；年老心不老，70 余岁照料 29 个儿童的保育员高寿云；勤学苦练，三个月会使"铁牛"的新拖拉机手吕学论等。[①] 此外，还有驰名全疆的标兵"八姐妹突击队"（她们的平均年龄是 17 岁，最大的一个 21 岁，最小的 3 个才 15 岁），农业标兵钱青娣、夏志英，工业标兵常云山等，都是江苏的支边青年。[②]

第二节　日常生活

在物质资源极度稀缺的 20 世纪 60 年代，支边青壮年在疆的生活条件也异常艰苦。他们住的是土块房或地窝子，喝的是涝坝水，日常生活用品多靠公社和当地社员捐助。对初到新疆的支边青年来说，这里的一切都无法适应，唯一也是最大的安慰是饭可以尽饱地吃。但这种好日子也不长，由于自然灾害和短时期内人口激增，从 1960 年冬支边青年就开始了吃糠咽菜的生活。

---

① 《新疆生产建设兵团一九五九年安置教育支边青壮年工作的简结》，（1960年），江苏省档案馆藏，档案号：4008-002-0016。

② 《新疆维吾尔自治区接迁支边青壮年家属工作组刘厅长在江苏迁送支边家属会议上的发言》（1961 年 8 月），江苏省档案馆藏，档案号：4008-001-0012。

一、衣与食

（一）衣着方面

支边青壮年在进疆之前，动员省按照中央规定给每人制发了棉衣、棉被和鞋帽，这就基本上解决了冬装的问题。还有大批青年进疆时正值夏季，但大部分夏衣带得不多。为解决夏季衣服，自治区按照内地和新疆布票差额，每人补发了 6 米布票。同时，兵团还发动老职工为支边青年捐献衣服和布票，解决了部分青壮年急需的夏衣。[①] 但是支边青年发的棉衣很薄，没有手套，冷了就筒到袖筒里。帽子很薄，就用围巾围住嘴和鼻子。脚上穿的也是一双薄棉鞋，鞋帮又浅，踩到二三十厘米深的雪地里，鞋里灌满了雪，鞋湿透了一整天捂着，等晚上收工后才能放到炉子旁边烤，有很多人脚被冻伤。[②] 有的生产队发了皮窝子、毡袜或者毡筒，在年终决算分红时要扣钱。毡筒很暖和，但支边青年刚开始不会穿，就向当地人学习，要把毡筒最上边翻开坐下穿，穿好之后再站起来。[③] 分配到奇台县的江阴县支边青年王关永套上两公

---

① 《〈新疆生产建设兵团〉对江苏、湖北、安徽三省支援新疆社会主义建设青年安置工作的简结报告》，1959 年 10 月 25 日，新疆生产建设兵团档案馆藏，档案号：004-05-0475-10。

② 程永林口述、怡然整理：《回望支边路》，载昌吉州政协党派社团学习文史委员会编：《昌吉州政协文史资料第 33 辑》（苏皖鄂青壮年支边在昌吉），新疆维吾尔自治区内部资料性出版物准印证（2010）年第 53 号，2010 年版，第 33 页。

③ 徐成初口述、梅润生整理：《支边岁月回眸》，载《昌吉州政协文史资料第 33 辑》（苏皖鄂青壮年支边在新疆），第 25 页。

斤重的毡筒后，挪不动腿，迈不开步，就即兴创作歌曲一首。

> 我是江苏人哪，
> 来到新疆省（维吾尔自治区），
> 政府为了照顾我，
> 发一双老毡筒，
> 不穿冻得很，
> 穿上重得很，
> 真正急死人哪，
> 真正急死人。[①]

虽然政府多次给支边青壮年拨款、拨布或动员当地社员捐赠衣物，但这些物资仍然十分紧缺。以呼图壁县卫星公社为例，该社 713 名支边青壮年中（包括少部分自流人员），到 1961 年仍缺棉袄的有 113 人，缺棉裤的 134 人，缺棉被的 83 人，直接影响到他们出勤参加劳动生产。[②]

（二）饮食方面

关于支边青壮年的饮食问题，1959 年新疆各地开办有公共食堂，粮食供应比较充足。1960 年冬天起，粮食供应日益紧张。1961 年各地公共食堂相继撤销，支边青年生活就面临很多困难。

---

① 刘洁山：《江苏支边青壮年在奇台》，载《昌吉州政协文史资料第 33 辑》（苏皖鄂青壮年支边在昌吉），第 270 页。

② 《（呼图壁县）61 年支边安置工作总结（初稿）》，1962 年 1 月 2 日，呼图壁县档案馆藏，档案号：8-2-310。

　　新疆各地主食以麦面为主，大米较少，杂粮（包谷）吃得不多。副食品牛羊肉较多，蔬菜尚充足。支边青年在老家吃惯了大米和鱼，而新疆大米很缺，困难时期连面条也吃不上，大多数时间吃的是苞米糊糊和洋芋蛋。有几个江阴支边青年来到食堂，心里想着香喷的大米饭，一看又是拉条子，沮丧地摇摇头，从食堂退出来，王某某随口哼哼："我是江苏人，支边新疆省（维吾尔自治区），三天不吃大米饭，想得我肚子疼。"[1] 有的人说在家乡青菜大米饭可以天天吃，到了新疆只有拉条子和刀把子（大馍馍），顿顿菜里有羊肉，当时的情况来说是好日子，可是在老家从来没吃过羊肉，那股膻味实在吃不惯，就是闻都闻不得。[2]

　　兵团的粮食供应按劳动强度不同，每人每月有 30—50 斤的定量，但原则上是管饱。为了照顾青年们的生活习惯，各地还调拨了较多的大肉和大米。由于各地生活水平不同，每人每月伙食费 10—20 元左右，大部分地区在 15 元上下。[3] 据自治区党委农村工作部工作组 1960 年在北疆昌吉等八县的调查，支边青年饭

---

① 刘洁山：《江苏支边青壮年在奇台》，载昌吉州政协党派社团学习文史委员会编：《昌吉州政协文史资料第 33 辑》（苏皖鄂青壮年支边在昌吉），新疆维吾尔自治区内部资料性出版物准印证（2010）年第 53 号，2010 年版，第 269 页。

② 安镇乡集体：《无锡县安镇乡五十八名支边青年在疆实况》，见钱华兴主编：《江苏省无锡县支援新疆社会主义建设青壮年进疆五十年纪念册（一九五九年八月——二零零九年八月）》，内部印行 2009 年版，第 143 页。

③ 《（新疆生产建设兵团）对江苏、湖北、安徽三省支援新疆社会主义建设青年安置工作的简结报告》，1959 年 10 月 25 日，新疆生产建设兵团档案馆藏，档案号：004-05-0475-10。

食以管饱为原则，平均每人每月供应粮食 40 斤以上，有半数的队超过了 50 斤。一天三顿干的，少数队吃一顿稀的。顿顿有蔬菜供应，供应量高于老社员，但仍比关内菜少，油肉供应新老社员一样。不少社为了照顾支边社员的生活习惯，还增加了支边青年从事炊事工作。①

由此可见，1959—1960 年间，新疆各地在饮食供应上有一个基本原则，即管饱。初到木垒的支边青壮年什么都不习惯，但唯一的也是最大的安慰是可以尽肚子吃饭。生产队食堂的馍馍（当地人叫刀把子）很好吃，拉条子也好吃。② 分配到木垒县红旗公社菜籽沟大队的支边青年，一日三餐都在生产队食堂吃，中午有人送饭，白面馍馍放开肚子吃。这在三年困难时期的老家，是连想都不敢想的事。③ 昌吉县二六工公社红星大队，主食是"二米饭"（大米、小米），菜是咸韭菜、芥菜和黄萝卜等。饭不定量，菜自己捞，尽饱了吃。④ 金坛县城东乡支边人员杨锁庆、魏水庚、陆新庚等写信说："新疆吃东西不受限制，最好（的是）馒头、肉类尽你吃饱。"朱林支边人员在信中说："大街上的食品

---

① 《自治区直属县和昌吉自治州等八个县支边青年安置情况的检查报告》，1960 年 10 月 11 日，新疆生产建设兵团档案馆藏，档案号：016-03-0223-7。

② 赵俊口述、梅子整理：《过上幸福生活，更加怀念父亲》，载昌吉州政协党派社团学习文史委员会编：《昌吉州政协文史资料第 33 辑》（苏皖鄂青壮年支边在昌吉），新疆维吾尔自治区内部资料性出版物准印证（2010）年第 53 号，2010 年版，第 190 页。

③ 徐成初口述、梅润生整理：《支边岁月回眸》，载《昌吉州政协文史资料第 33 辑》（苏皖鄂青壮年支边在新疆），第 24 页。

④ 顾永超口述、文珍整理：《昌吉就是我的家》，载《昌吉州政协文史资料第 33 辑》（苏皖鄂青壮年支边在新疆），第 114 页。

很多，不要粮票，爱吃什么买什么。"城镇支边青年反映说："白馒头、黄油条，鱼肉饭菜都吃到。"社头支边青年反映说："粮食尽饱吃，每人每月还有油一斤，糖一斤。"[1] 裕民县跃进农场有支边青壮年 245 人，他们每 10 人分配 1 头奶牛，每 1 人有羊 3 只，每天有吃不了的牛奶，每月有吃不了的牛羊肉，该场东风公社吃的还是三年前的陈粮。[2] 当然，像裕民县这样的农场应当只是极少数。但是，也有一些社队伙食供应较差。如昌吉县旗帜大队 3 队每人每月分 14 公斤粮食，其中只有 1 公斤大米。[3] 昌吉县下泉子大队没有集体食堂，每人每月只分 16 斤高粱面，既无菜又没有清油，只能以野菜拌高粱糊糊充饥。[4]

由于短时期内人口急剧增加，加之自然灾害的影响，自 1960 年冬开始各地的粮食供应就严重不足。食堂里粮食不够吃了，就用麦麸、米糠补充，小米、高粱算是好吃的，还常常把灰苕、猫耳朵草用水烫一下充饥，甚至把葵花秆心子磨碎掺在面里

[1] 《金坛县支边办公室关于支边人员善后工作处理的报告》，1959 年 12 月，镇江市档案馆藏，档案号：B21-3-361。

[2] 《中共扬州地委批转郁文纲同志"关于参加省慰问团赴新疆慰问支边青壮年的情况报告"》，1960 年 3 月 14 日，扬州市档案馆藏，档案号：B1-2-167。

[3] 杨瑞芬口述、梅润生整理：《回望我的青春岁月》，载昌吉州政协党派社团学习文史委员会编：《昌吉州政协文史资料第 33 辑》（苏皖鄂青壮年支边在新疆），第 72 页。

[4] 李文鹏：《自治区有突出贡献的优秀专家韩德峻》，载《昌吉州政协文史资料第 33 辑》（苏皖鄂青壮年支边在昌吉），第 60 页。

蒸馍馍。^① 在修水库的工地上吃的最多的是洋芋，早晚喝洋芋拌汤，中午吃咸菜馒头，三五天能吃一顿面条就算改善生活了，支边青壮年最大愿望就是能吃上一顿大米饭。^② 分配到阜康县六运三队的支边青年，在刚开始修水库时吃的是白面馒头，后来吃的则是发了霉的苞谷面，每天是稀饭、馒头。在一线工地上的每人每天定量 12 两，其他人每天只有 6 两。因为吃不饱，支边青年收工后就把当地社员扔在地里的冻土豆、白菜叶子捡回来煮熟充饥。当时支边青年根本没有什么做饭的家具，就把捡回来的冻土豆、白菜叶子，在洗脸盆子里洗干净，然后用一个洗脸盆煮，再用一个洗脸盆扣在上面。洗脸、做饭都用一个盆子，给当地人留下了支边青年"脏"的印象。^③ 有几个支边青年夜里实在饿得慌，就把一户老社员家的一缸酸菜水都偷着喝光了。^④

　　昌吉县六工公社下泉子生产队食堂撤销以后，改为每人每月 24 斤原粮，自己到生产队钢磨上去磨，麸子也舍不得扔，拌上些洋芋等蔬菜混着吃。那时候一年几乎吃不上一次肉，一个月一家人只有一斤油，炒菜都不敢用瓶子倒，一根筷子头绑上一小

① 卜志聪口述、梅润生整理：《先苦后甜忆支边》，载昌吉州政协党派社团学习文史委员会编：《昌吉州政协文史资料第 33 辑》（苏皖鄂青壮年支边在昌吉），新疆维吾尔自治区内部资料性出版物准印证（2010）年第 53 号，2010 年版，第 145 页。
② 杨君：《运河支青领队人陈玉发》，载《昌吉州政协文史资料第 33 辑》（苏皖鄂青壮年支边在新疆），第 225 页。
③ 王井龙口述、陈红光整理：《回忆我的支边路》，载《昌吉州政协文史资料第 33 辑》（苏皖鄂青壮年支边在新疆），第 346 页。
④ 程永林口述、怡然整理：《回望支边路》，载《昌吉州政协文史资料第 33 辑》（苏皖鄂青壮年支边在新疆），第 33 页。

块布，在油瓶子蘸一下拿出来抹到锅底上就行了。^① 玛纳斯县北五岔公社一到冬天就派人到石河子糖厂去拉糖渣，那本是喂猪的东西，里面有土、沙石、鸟粪，食堂炊事员用水淘一遍，就放到锅里掺些麸子烧稀饭。有时用糖渣拌麸子蒸着吃。有时加班开会，大队领导叫食堂煮些甜菜一人吃几片，或者用碾米房的二遍糠烙成饼，一人给一个临时充饥。天天吃糠麸糠渣，第二天大便解不下来。^② 水库工地上有个叫段某某的支边青年，吃了谷糠烤饼，大便不通，长时间在外面蹲大便，人被冻倒在雪地里，身体都冻青了，被发现后抬到食堂的火墙旁边，烤了 3 个多小时才苏醒过来。^③ 有的地方把树上的榆钱、地里的苜蓿、红蓼菜、冻坏的土豆都用来充当口粮，特别是人吃了苜蓿，肠道干涩，大便解不下来，大人就用手指给小孩从肛门里往外抠粪便。^④ 有的人饿急了把脚上穿的牛皮窝子撕开，用脸盆放到火炉上煮烂了吃。有一位青年从地里挖出来了一条蛇扒了皮煮着吃，后来发现这是一条毒蛇，吃后脸都肿了。^⑤ 昌吉六工公社锦丰乡男青年用水灌鼠

---

① 刘宏：《创业奋斗在第二故乡》，载《昌吉州政协文史资料第 33 辑》（苏皖鄂青壮年支边在昌吉），第 110—111 页。

② 邵礼成：《我的支边故事》，载《昌吉州政协文史资料第 33 辑》（苏皖鄂青壮年支边在新疆），第 454 页。

③ 许秀黄口述、文珍整理：《我用青春践誓愿》，载《昌吉州政协文史资料第 33 辑》（苏皖鄂青壮年支边在新疆），第 358 页。

④ 魏书强口述、魏志新、刘振江整理：《扎根边疆五十年》，载昌吉州政协党派社团学习文史委员会编：《昌吉州政协文史资料第 33 辑》（苏皖鄂青壮年支边在昌吉），新疆维吾尔自治区内部资料性出版物准印证（2010）年第 53 号，2010 年版，第 303 页。

⑤ 顾洪：《回忆我进疆初期的艰苦创业生活》，载《昌吉州政协文史资料第 33 辑》（苏皖鄂青壮年支边在新疆），第 466 页。

洞，网捕老鼠，然后破皮开膛，用鼠肉充饥。[1] 进入严冬以后，木垒县三台公社天山牧场的领导动员当地老乡到地里挖鼠洞，里面有黄豆、麦子、玉米等粮食，每天两个人能挖一袋子多。[2] 阜康县一些地方因冬季粮食供应紧张，把马的"口粮"也吃了，马饿死了不少。按照当地少数民族的习惯是不吃死牲畜肉的，但支边青年饥饿难耐，晚上就偷偷用洗脸盆把死马肉煮上吃，既充饥，又解馋。[3] 乌鲁木齐县红星公社大湾生产队的支边青壮年，也曾经几次将少数民族刚刚掩埋的牛、羊、骆驼等牲畜翻挖出来充饥。[4]

支边青壮年最烦心的还有吃水问题，在家乡喝的是清澈的河水，在新疆喝的是脏兮兮的涝坝水。全村一个涝坝，人和牲畜都在里面喝水，水里有牲畜的粪便，还有水虱子。当地人习惯了并不在乎，而青壮年却难以下咽，最后实在渴极了，只好闭着眼睛喝了。[5] 冬天上冻了，连涝坝水也没得吃了，只好靠化冰雪吃水。雪是白的，看起来很干净，可一化成水，就黄黄的，里面有很多

---

① 刘正贤口述、陈瑞祥整理：《在昌吉支边的历程》，载《昌吉州政协文史资料第33辑》（苏皖鄂青壮年支边在新疆），第130页。

② 王建新口述、徐金石整理：《我的好妈妈——吴冬珠》，载新疆兵团农六师五家渠市军垦博物馆：《戈壁红柳——江苏泰州支青扎根边关50周年纪实》，新疆维吾尔自治区内部资料准印证(2010)年第16号,2009年版，第33页。

③ 周松珍口述、梅子整理：《扎根昌吉纪事》，载《昌吉州政协文史资料第33辑》（苏皖鄂青壮年支边在新疆），第19页。

④ 薛林生、唐雪珍：《难忘岁月》，载钱华兴主编：《江苏省无锡县支援新疆社会主义建设青壮年进疆五十年纪念册（一九五九年八月——二零零九年八月）》，内部印行2009年版，第247页。

⑤ 王双忠口述、马振国整理：《支边奇台扎根记》，载《昌吉州政协文史资料第33辑》（苏皖鄂青壮年支边在昌吉），第272—273页。

树叶子、杂质，还有羊屎蛋子，也只能用那些水蒸馒头，打糊糊。① 南京市支边青年潘文霞回忆，她当时被分配到兰新铁路建设工地，饮用水都是部队从很远的地方拉来的，定量使用，一两个月才能用水擦一下身子，更不要说洗澡了。②

二、住与用

支边青年初到新疆，各地的住宿条件不一。有的地方有房子住，有的地方则是要现挖地窝子住，但普遍的都比较拥挤。基本的生活用具如炉子、席子和锅碗瓢盆等物资的供应也十分紧张。

虽然支边青年胸怀万丈豪情，但初到新疆的情形还是让他们大吃一惊，江苏泰兴支边青年说："开始到北屯，让我们下车，我们都不相信，条件太差了，真是不毛之地。没想到，又走了20多里才到我们（农十师）183团驻地，一看，心更凉了，还不如前面呢，连土房子都没有！"③分配到昌吉三工公社的江苏常熟县赵市公社支边青年，被安排到原是羊圈的几间旧房子里，刺鼻的羊粪味熏得人直发呕。家乡的干部在动员时曾说"你们到新疆去能住上洋房"，到这里却住的是羊圈，简直是天壤之别，大家都不愿意打开行李睡觉，青年们三个一群、五个一堆地跑到庄子

---

① 张宝珍口述、李洪喜采录：《修达坂河水库的艰辛》，载新疆兵团农六师五家渠市军垦博物馆：《戈壁红柳——江苏泰州支青扎根边关 50 周年纪实》，新疆维吾尔自治区内部资料准印证(2010) 年第 16 号, 2009 年版, 第 107 页。

② 殷学兵、庆潮：《支边 50 年，我们没有给南京人丢脸》，《南京日报》2009 年 5 月 18 日。

③ 杭春燕、沈峥嵘：《江苏人，激情燃烧在大漠深处》，《新华日报》2011 年 6 月 14 日。

外面的荒地里号啕大哭。[①] 江苏南通县文山公社的支边青年被分配到木垒县东城公社二大队第七生产队，他们一看全都是土房子土炕，简直是当头一棒。在南通老家有钱人住砖瓦房，穷人家住茅草房，土房子、土炕从来没见过，认为那根本没法住人。当时两三家住一个房子，炕上没有毡子，麦草上铺上被单睡觉。[②] 这在支边青年看来是不可想象的事情，但当时新疆很多地方的住宿条件确实如此。

分配到新疆生产建设兵团的支边青年，多以居住土房为主。有些单位未能盖好住房，准备了部分临时宿舍、地窝子和简易房屋。为了照顾支边青年，有的老职工主动让出一些房子给他们住。青年们初到时觉得简陋不雅，住上一段时间就习惯了。未婚男女分住集体宿舍，夫妇大体上都是一家一户分开居住，但这些大多是在一个大房子中用芦草作墙隔起来的。[③] 昌吉回族自治州等八个县的日常农具和桌、椅、板凳、锅、盆、碗勺等生活用具，主要是由老社员帮助解决的，吐、鄯、托等县则由公社给每人发放了 10 元的安置费。但总的看来，生活用具比较缺乏。[④]

---

① 程永林口述、怡然整理：《回望支边路》，载昌吉州政协党派社团学习文史委员会编：《昌吉州政协文史资料第 33 辑》（苏皖鄂青壮年支边在昌吉），新疆维吾尔自治区内部资料性出版物准印证（2010）年第 53 号，2010 年版，第 32 页。

② 赵俊口述、梅子整理：《过上幸福生活，更加怀念父亲》，载《昌吉州政协文史资料第 33 辑》（苏皖鄂青壮年支边在昌吉），第 189—190 页。

③ 《（新疆生产建设兵团）对江苏、湖北、安徽三省支援新疆社会主义建设青年安置工作的简结报告》，1959 年 10 月 25 日，新疆生产建设兵团档案馆藏，档案号：004-05-0475-10。

④ 《自治区直属县和昌吉自治州等八个县支边青年安置情况的检查报告》，1960 年 10 月 11 日，新疆生产建设兵团档案馆藏，档案号：016-03-0223-7。

吉木萨尔县安置青壮年 4,051 名，分配到 6 个公社、18 个生产大队、1 个农场。该县准备住房 2,500 间，平均每 2 人住一间房子，这些房屋大部分都进行了粉刷整修。特别是入冬以后，进一步作了补建、整修工作，对房屋内的火墙、火炕等也进行了检修。[①] 米泉县安置湖北、江苏支边青壮年 5,997 人，共准备了 2,046 间住房，其中：新建 152 间，修补 1,350 间，老社员主动腾出 544 间。在住房分配上做到了夫妻都有房子住，没有两辈人挤在一间房子里的现象。单身男女则根据房子的大小，分别为 2—8 人住一间，没有过于拥挤的现象。同时，还配备席子 1,543 张，绒毯 1,638 条，床单 167 个。在日常生活用具上，社员主动借出和社里购置的有：茶缸子 147 个，茶壶 1,439 个，洗脸盆 2,616 个，暖水瓶 120 个，水桶 599 个，煤油灯 2,131 个，门销 571 个，基本满足了他们生活上的需要。[②] 吉木萨尔县和米泉县的住房情况比较好，大概 2—3 人一间，日常用品的准备也比较充分。但乌鲁木齐县、呼图壁县等地住房则要紧张得多，一般要达到 6—7 人住一间。

乌鲁木齐县安置支边青壮年 2,051 人，全县共准备房子 457 间，新盖房屋 80 余间，所有房屋都进行了修补和粉刷。对携带家属的支边人员准备了单间 173 间，其他单身人员一般是每 6 人住一间，基本上达到人人有房住的要求。[③]

---

① 《吉木萨尔县人民委员会 59、60 两年来的安置青壮年的工作总结》，1961年 2 月 3 日，昌吉回族自治州档案馆藏，档案号：2-7-2。

② 《米泉县关于支边青壮年安置工作的情况报告》，1959 年 11 月 4 日，昌吉回族自治州档案馆藏，档案号：2-4-19。

③ 《乌鲁木齐县人民委员会关于 1959 年我县对支边青壮年的安置和接待江苏省慰问团工作的综合报告》，1959 年 12 月 27 日，昌吉回族自治州档案馆藏，档案号：2-4-19。

呼图壁县安置青壮年 10,537 人，但该县所准备房屋仅 1,793 间，室内用具 4,360 件，另有席子 17,393 张，毛毯 83 条，茶壶 22 个，面盆 161 只。[1] 到 1961 年，仍有两三对夫妻住在一间房子里，有的单身汉住到托儿所、马号等地。[2]

昌吉县三工公社金星大队安置支边青壮年 283 人，该大队为他们腾出 44 间住房，新建 11 间，修缮 8 间。新做门窗 59 个，炉子、火墙、火炕 80 余个。准备桌、椅、板凳等 50 多件，毯子、衣服、鞋帽 200 余件，小农具基本做到每人一件。当地社员还专门帮助支边青壮年架炉子烧炕取暖，介绍保暖的方法。[3] 但是支边青年不会烧炉子，而且听老社员说生火要注意煤烟中毒，弄不好是会死人的，于是有的人宁可冻着也不敢生火。[4] 昌吉县六工公社下泉子生产队安置的 5 户青壮年，住在生产队托儿所，一间大土炕，女人和孩子睡在炕上，男人们则找来些麦草垫在地下睡地铺。[5] 昌吉六工公社同心大队的支边青年住的是地窝子，里面

① 《（呼图壁县）一年来支边接待安置工作简结》（1960 年），呼图壁县档案馆藏，档案号：8-1-266。

② 《（呼图壁县）关于支边人员的有关问题的报告》，1961 年 6 月 8 日，呼图壁县档案馆藏，档案号：8-2-310。

③ 《关于昌吉县三工公社金星大队支边青壮年安置巩固工作的调查报告》，1961 年 5 月 28 日，昌吉回族自治州档案馆藏，档案号：2-7-1。

④ 安镇乡集体：《无锡县安镇乡五十八名支边青年在疆实况》，载钱华兴主编：《江苏省无锡县支援新疆社会主义建设青壮年进疆五十年纪念册（一九五九年八月——二零零九年八月）》，内部印行 2009 年版，第 141 页。

⑤ 刘宏：《创业奋斗在第二故乡》，载昌吉州政协党派社团学习文史委员会编：《昌吉州政协文史资料第 33 辑》（苏皖鄂青壮年支边在昌吉），新疆维吾尔自治区内部资料性出版物准印证（2010）年第 53 号，2010 年版，第 144 页。

有土炕，男女分开，五六人一间。① 分配到阜康县六运三队的 13
名单身汉住一个大通炕，带家属和孩子的两家共住一个炕，中间
用约 15 公分高的两层土块隔开。② 分配到兵团农垦系统的，多数
是新建农场，在荒地上白手起家，固定的房子还没有建起来，只
能住一些地窝子或简单房子，部分成家的青壮年还挤在集体宿舍
里。③ 1963 年，新湖农场支边青年苏青朗和同乡陈秀芳结婚时，
地窝子便是他们的新房。为了表示祝贺，四五十个靖江老乡聚在
一起，多蒸了几笼馒头，几个人喝上一碗酒，就算是婚宴了。④

　　阜康县天峰公社的青壮年进入修水库工地后，首先要解决的就
是住房问题。他们就在地势较高的斜坡上挖一个 2 米左右的深坑，
四周挖整齐，上面棚上树枝，朝南挖个小门，挂上毛毡或麻袋片，
做门帘挡风雪。地窝子有能住十多人和几十个人的大地窝子，也有
住几个人的小地窝子。住地窝子，因地下潮湿，睡上一夜被褥就变
潮了。再加上地窝子很低，晚上经常有人踩上窝顶，把脚掉进地窝
子，里面外面的人均吓一跳，而且还掉一被子土。⑤ 还有的水库工

①　刘正贤口述、陈瑞祥整理：《在昌吉支边的历程》，载《昌吉州政协文史资
　　料第 33 辑》（苏皖鄂青壮年支边在昌吉），第 130 页。
②　王井龙口述、陈红光整理：《回忆我的支边路》，载《昌吉州政协文史资料
　　第 33 辑》（苏皖鄂青壮年支边在新疆），第 345 页。
③　《江苏、湖北、安徽进疆青壮年在农垦系统的情况介绍》，1959 年 11 月 1 日，
　　新疆生产建设兵团档案馆藏，档案号：016-01-0181-9。
④　张元梅：《半个世纪的支边情怀——新湖农场三位老人扎根边疆花絮》，《兵
　　团日报》2009 年 11 月 7 日。
⑤　陈家谦：《修建柳城子水库的回忆》，载昌吉州政协党派社团学习文史委员
　　会编：《昌吉州政协文史资料第 33 辑》（苏皖鄂青壮年支边在昌吉），新疆
　　维吾尔自治区内部资料性出版物准印证（2010）年第 53 号，2010 年版，
　　第 361 页。

地上挖二三十米长，七八米宽的大地窝子，能住四五十人，男的睡一边，女的睡一边。冬季气温一般在零下二三十摄氏度，最冷时有零下四十多摄氏度，晚上睡觉不敢脱棉衣，不少人和衣而睡。还有些人带着棉衣、口罩，穿着毡筒睡觉。早上一睁眼，口罩冻得硬硬的，眼毛、眉梢上尽是冰水珠儿，被头也冻得硬邦邦的。有些人口水流到枕头上，把头发也冻粘在一起，起床时头都被拽住了。在水库上也没有水洗，很多人几个月都没洗过脸，更不用说洗澡、洗脚、换洗衣服了。由于长时间不换洗衣服，加上干活出汗，不仅气味难闻，而且所有人都长了虱子，有的手一伸就能从腋窝下抓几个活的。[1] 为了解决虱子太多的问题，大队卫生所拿来一些可湿性六六粉（农药），每个中队发两公斤，让大家撒在被子里和内衣上。有的人干脆在全身上下摸上六六粉，还真管用，虱子大部分死了，也不那么痒了，但中毒的危险也很大。[2]

木垒县东风公社平顶山大队五小队支边青年章祝发的工作是放马，马群走到哪里，他们的住所就搭到哪里。做饭生火没有灶，搬三块石头一垒就成；和面没有盆，就把光板羊皮袄的皮面用水冲洗，当作案板在上面和面；做饭没有锅，就把喝

① 张宝珍口述、李洪喜采录：《修达坂河水库的艰辛》，载新疆兵团农六师五家渠市军垦博物馆：《戈壁红柳——江苏泰州支青扎根边关50周年纪实》，新疆维吾尔自治区内部资料准印证（2010）年第16号，2009年版，第107—108页。

② 李洪喜：《二十万江苏儿女支边进疆五十年——记江苏支边青年进疆五十年》，载新疆兵团农六师五家渠市军垦博物馆：《戈壁红柳——江苏泰州支青扎根边关50周年纪实》，新疆维吾尔自治区内部资料准印证（2010）年第16号，2009年版，第180页。

水的大瓷缸当锅烧；吃的干粮，就是把和好的面用手拍成饼，放在用柴火烧烫的石头上烤熟。晚上睡觉用马鞍当作枕头，把生产队发的光板羊皮袄一裹，躺在铺了一些干松树枝的窝棚里。①

在木垒县龙王庙水库的工地上，有 7 位江苏女青年有一件苦不堪言的小事，那就是买不到卫生纸，解大手用杂草擦。但是有一种草把人刺得又痛又痒，后来她们就学习当地老乡，用石头和土块疙瘩来擦。② 这些说不出口的事，说明了当时物资缺乏，生活条件十分艰苦。还有的青年当时裤子划破了，就拿铁丝撩，袜子穿洞了，用橡皮膏粘。③

支边青壮年一般实行公费医疗，与老职工享受同等待遇，个人只需支付就诊挂号费（每人一角），家属小孩半费。兵团每个独立企业都有小型医院或卫生队，每个师都有一个综合性医院，卫生保健及疾病医治还是比较方便的。但是整体的医疗卫生条件较差，有些地方因传染病医疗不够及时，造成个别青壮年和小孩死亡，带来了一些不必要的损失。兵团各团场、独立企业还办

---

① 章祝发口述、文珍整理：《悠悠支边路》，载《昌吉州政协文史资料第 33 辑》（苏皖鄂青壮年支边在昌吉），第 175 页。

② 李洪喜、徐金石：《奋战在农业第一线的"半边天"——江苏泰州县支边女青年记事》，载新疆兵团农六师五家渠市军垦博物馆：《戈壁红柳——江苏泰州支青扎根边关 50 周年纪实》，新疆维吾尔自治区内部资料准印证（2010）年第 16 号，2009 年版，第 152—153 页。

③ 吴志英：《江苏无锡县堰桥排支边在疆人员》，载钱华兴主编：《江苏省无锡县支援新疆社会主义建设青壮年进疆五十年纪念册（一九五九年八月——二零零九年八月）》，内部印行 2009 年版，第 279 页。

有初级小学或托儿所，各师办有小学，并逐步成立了中学。[①] 但是各地的教学条件简陋，教师极度缺乏，有的地方把一些有文化的支边青壮年选聘为教师。吉木萨尔县国庆公社学校建在土梁子上，一共5间房子，其中3间作为教室。教室里摆放着长短不一的桌凳，都是当地社员自发捐赠的。学校有2名教师，30多名学生。学生年龄大小不等，从一年级到三年级都有，他们都在同一间教室上课，当地人管这叫"单班校"和"复式班"。[②]

三、工资待遇

支边青壮年在新疆的工资待遇与所从事行业和所分配地区有直接关系，工资一般由基本工资、生活补贴和地区津贴构成。

在生产建设兵团，支边青年均按新工人待遇，实行计时工资制，每人每月标准工资26元，加上生活补贴和地区津贴，平均每月30—40元左右。新疆有46个工资区，兵团生产部队里有38个工资区，最高的工资区每人每月工资为54.12元，最低的工资区为29.33元，几个主要地区新工人的工资分别为：乌鲁木齐40.66元，沙湾、乌苏41.56元，伊犁、哈密31.68元，米泉、五家渠38.57元，焉耆37.38元，阿克苏33.19元，阿勒泰54.12元。各行业新工人待遇原则上是统一的，但有些如工程建

---

① 《〈新疆生产建设兵团〉对江苏、湖北、安徽三省支援新疆社会主义建设青年安置工作的简结报告》，1959年10月25日，新疆生产建设兵团档案馆藏，档案号：004-05-0475-10。

② 王磐林：《辛勤耕耘四十载》，载赵光鸣主编：《感谢支边》，新疆大学出版社2003年版，第125页。

筑、工矿企业等劳动强度较大部门或物价水平较高的地区，则参照工、交、建工资标准给予适当调整，一般高于农业新工人工资5—6元。新工人工资是暂时的，经过一个时期后可进行评级，成绩优异的可评为国家规定的国营农牧企业农工一级或者二级（农工一级高于新工人工资20%）。按此工资待遇，一般是够吃、够穿，有零花钱，还可有部分养家费。以乌鲁木齐为例，每人每月工资40.66元，伙食费为18元，月平均服装费5元，零花钱7元，尚有10.66元可以养家。与此同时，兵团还明确了随迁干部和技术工人的工资标准。对带有介绍信的随迁干部，按原等级以新疆标准发放工资。无工资介绍信的非脱产干部，来时在青年队伍中任干部职务，到后又分配了干部工作的，按高于新职工工资的20%发放工资。有介绍信的技术工人按原标准发放工资。①

呼图壁县卫星一场支边青壮年的平均工资为36.4元，其中，农业二级平均工资为34.5元，基建加工副业等为43.64元，实发工资则采取五级活评的办法，多劳多得。②昌吉县南山金涝坝林场的伐木工，男劳力月全勤工资为42.4元，女劳力为35.2元。③

---

① 《（新疆生产建设兵团）对江苏、湖北、安徽三省支援新疆社会主义建设青年安置工作的简结报告》，1959年10月25日，新疆生产建设兵团档案馆藏，档案号：004-05-0475-10。

② 《呼图壁县卫星一场支边安置工作检查报告》，1960年6月25日，呼图壁档案馆藏，档案号：1-1-778。

③ 穆尚廉：《深山老林里的支边人》，载昌吉州政协党派社团学习文史委员会编：《昌吉州政协文史资料第33辑》（苏皖鄂青壮年支边在昌吉），新疆维吾尔自治区内部资料性出版物准印证（2010）年第53号，2010年版，第125页。

乌鲁木齐县除园艺场每月按 43.58 元发放外，各公社都是按劳付资的，最多的每月工资达 60 余元，一般的都在 40 元以上，少数因劳力不足的每月 35 元左右。[①] 工程队筑路工人一级工月工资为 43.32 元，二级工 54.99 元，三级工 65.25 元，支边青年大多数是二级工。[②] 乌鲁木齐县地窝堡乡金星公社 1959 年时每个工好的 2 元，差一点的 1 元或者几角。[③] 1961—1963 年间该公社劳动分值很低，全公社 15 个生产小队平均分值每个工分只有 0.126 元，最低的生产队每个工分只有 0.03 元，一个壮劳力年收入不足百元，入不敷出，连基本生活都不能自理。[④] 分配到乌鲁木齐市商业局蔬菜经理部的人员按农牧工一级工资发放，首月工资为 43.8 元（比当时录用的临时工低 30%），这样的薪资一直延续了三四年。[⑤] 乌鲁木齐县柴窝堡农业大队天山公社叶春田第一个月工资是 39.6 元，而其在江苏如皋县桃园公社担任大队文书

---

① 《乌鲁木齐县人民委员会关于 1959 年我县对支边青壮年的安置和接待江苏省慰问团的综合报告》，1959 年 12 月 27 日，昌吉回族自治州档案馆藏，档案号：2-4-19。

② 庄名芳口述、吴铭整理：《三代筑路工人的经历》，载《昌吉州政协文史资料第 33 辑》（苏皖鄂青壮年支边在新疆），第 44 页。

③ 访谈王清保，新疆乌鲁木齐，2014 年 5 月 29 日。王当时是无锡县港下公社支边青壮年，被分配到乌鲁木齐县地窝堡乡金星公社。

④ 王清保、张永祥：《地窝堡乡支边青年概况》，载钱华兴主编：《江苏省无锡县支援新疆社会主义建设青壮年进疆五十年纪念册（一九五九年八月——二零零九年八月）》，内部印行 2009 年版，第 75 页。

⑤ 吴振平、钱华兴：《支援新疆建设 50 周年》，载钱华兴主编：《江苏省无锡县支援新疆社会主义建设青壮年进疆五十年纪念册（一九五九年八月——二零零九年八月）》，内部印行 2009 年版，第 137 页。

时的工资为 24 元左右。[①] 呼图壁县芳草湖一场支边青年陆敬法在连队担任会计，刚开始每月工资为 34.5 元，他觉得在新疆比老家好，因为当时家乡是吃工分，而在这里能按月拿工资。[②]

由此可见，各个行业、各个地方的支边青壮年的工资待遇是不同的，人民公社人员的工资多寡与工分挂钩。1959—1965 年新疆各行业的年均工资，见下表。

表 6-2-1：1959—1965 年新疆相关行业劳动力年均工资统计表

（单位：元）

	1959 年	1960 年	1961 年	1962 年	1963 年	1964 年	1965 年
全民所有制部门平均工资	729	655	632	654	671	675	657
工业部门	763	695	696	764	846	865	838
农业水利部门	536	491	470	483	493	501	503
农村人民公社	139.40	159.72	151.94	123.72	147.45	156.74	159.41

说明：工业部门、农业水利部门为全部职工平均工资，农村人民公社为每个劳动力的收益分配。

资料来源：新疆维吾尔自治区统计局：《新疆维吾尔自治区国民经济统计资料 1949—1985》，内部资料 1986 年版，第 175—176、388—389 页。

从表 6-2-1 可以清楚看出，工业部门工资水平最高，农业水利部门次之，而农村人民公社为年终收益分配，故要低很多。工业部门和农林水利部门的月平均工资与上文各地所述的工资是大体吻合的。那么，支边青年在新疆的工资水平与江苏省相比又是

---

① 访谈叶春田，新疆乌鲁木齐，2014 年 5 月 29 日。叶当时是如皋县桃元公社支边带队干部，任排长，被分配到乌鲁木齐县柴窝堡农业大队。

② 访谈陆敬法，农六师芳草湖农场，2014 年 7 月 23 日。陆当时是宿迁县陆圩乡大队会计，分配到呼图壁县芳草湖一场任连队会计。

如何呢？

表 6-2-2：1959 年南京市白下区相关行业人员工资统计表

（单位：元）

姓名	性别	文化程度	单位	职业	工资
蒋素华	女	小学	服务区店	服务员	25
赵云程	男	初中	新华书店	营业员	35.8
赵国芳	女	初小	友谊厂	工人	38
缪加寿	男	初中	中央商场	缝纫工	50
麦美金	男	高小	木器厂	木工	42.33
陈德顺	男	初小	建筑公司	瓦工	53
张来发	男	小学	铁器厂	锻工	37
马德华	男	专科	一中	初中教员	59.4

资料来源：《南京市白下区支边青壮年前往新疆参加社会主义建设人员登记表》（1959 年 6 月 22 日），南京市档案馆藏，档案号：5016-2-4。

表 6-2-2 中笔者所选人员从事的行业不同，其薪资水平也不尽相同。有的虽同为一个行业，也因工龄、技术水平等因素而产生差异，但这些数据大致反映出了江苏各行业大概的工资水平。可以看出，这些技术工人的工资水平是较高的，他们到新疆后很多单位的平均工资是达不到这一水平的，这也是技术工人和城市支边青年跳厂、返籍的原因之一。而从农村人民公社出来的很多人是没有工资的，虽然新疆的工资与他们的心理预期（宣传动员时很多地方说在新疆每月工资 80 元）有很大差距，但他们还是比较满意的。

从上文可见，当时支边青年工作、生活条件很艰苦，但是他们没有动摇，没有退缩，认为那段日子虽苦，但也是最值得珍藏和回忆的。安徽支边青壮年韩佩志夫妇，为了表达对边疆的热爱，给他们新出生的一对双胞胎儿子取名"支边"和"建设"。[1] 他们用自己的青春和血汗改变了戈壁荒滩的面貌，使新疆这片贫瘠荒凉的土地旧貌换新颜。正如支边青年所言："我们热爱自己的家乡，热爱培养我们成长的工厂、学校、公社、农庄……但我们更爱我们伟大的祖国，更爱我们祖国最需要的地方——新疆。我国有句古话说'好男志气在四方'，我们的志气在祖国最需要最艰苦的地方……我们懂得最需要的也将是最艰苦的，但我们更懂得最艰苦的也将是最幸福的。"[2] "我们青壮年不能在温室里成长，我们就是要到祖国最需要、最艰苦的地方，我们懂得，经得起艰苦，就经得起锻炼，就可以创造出美丽幸福的生活。我们决不做社会主义建设中的逃兵。我们一定要依靠党的领导，拿出勇敢顽强的精神，迎战一切困难，在新疆生根立足，坚持到底。"[3] 当时不少支边青年还互相在日记本上留言，以示勉励，江苏支边青年缪仕英给陈兰英写的是："愿你把青春献给边疆，献给戈壁，让青春的熊熊烈火，为粮食而战，为美好的未来而发光!"[4] 他们有这样的豪言壮语，更有在蹉跎岁月中的默默坚守。他们把最美好的青春和光阴献给了美丽的新疆，却依然无怨无悔。

---

[1] 《支边青年志气豪壮，农业战线大显身手》，《新疆日报》1960年9月28日。

[2] 《支边代表郑芝兰讲话稿》，1959年6月24日，南京市档案馆藏，档案号：5016-2-2。

[3] 《支边人员李广运同志代表江苏省第一批参加新疆社会主义建设的讲话稿》，1959年6月24日，南京市档案馆藏，档案号：5016-2-2。

[4] 井岩：《他们热爱农业劳动——访战斗在谢家戈壁的支边青壮年》，《新疆日报》1960年10月11日。

第三节　生存现状

支边青壮年进疆已有半个多世纪了，他们从十八九岁，甚至十五六岁意气风发的青少年，变成饱经沧桑、两鬓斑白的老者。他们用生命和汗水创造了辉煌和奇迹的同时，他们灵魂深处还镌刻着沉重与艰辛，苦涩与期盼。

一、当前情形

支边青壮年中有农民、工人、学生、干部、知识分子和复员军人等，他们中有极少数是大学毕业，有部分是初高中毕业，而绝大多数是普普通通的农民。经过岁月的磨砺和时间的考验，有一些支边青年成为党政军领导，还有一部分成为专家、学者、作家、艺术家等，成为新疆支边大军中璀璨的明星。然而，更多的支边者是普通的机关干部、职员、医生、教师、工人和农民，他们坚守在平凡的岗位上，为新疆的建设增砖添瓦。一批又一批的支边者来到新疆，在荒凉沉寂的大地上搭起窝棚，支起炉灶。于是，戈壁荒滩上有了炊烟升腾，有了禾苗摇曳和田园牧歌，有了村庄、工厂、学校，有了大片绿洲和城镇的崛起。支边青壮年在平凡的岗位上默默奋斗着、劳作着，把自己的青春、智慧、热血播撒在新疆大地上，使新疆大地渐渐变得生机勃发，充满活力。

50多年过去了，当年生活在一起的支边青壮年已各奔东西。有的因各种原因返回原籍，有的另迁他地，有的已溘然离世、名归华表。扎根新疆的已年逾古稀，儿孙满堂。当今社会人口流动频繁，现在有多少支边青壮年还健在，或者还有多少人仍留在新疆都很难计算。随着岁月的流逝，他们也即将成为逝去的一代。

　　以在阜康市如皋籍的支边青壮年为例，该县原有如皋县支边人员约3,000人（包括他们的子女），到2008年时为1,595人（男904，女691）。其大致分布情况如下：阜康市区170人，滋泥泉子镇351人，九运街镇670人，城关镇257人，水磨沟32人，上户沟乡20人，三工乡2人，小泉牧场3人，西沟煤矿6人，农六师六运湖农场81人，农六师土墩子农场3人。① 江苏省海门县有1,500名青壮年支到玛纳斯县，到2008年还健在并定居在玛纳斯县的大约有210人。其中，在城镇有工作单位的有70余人，在农村的农民有130多人，其余为城镇家属等。② 江苏省无锡县1,044名支边青年中，到2006年仍留在新疆一直到退休的有428人，大约有225人已离世。③ 由此可以看出，各地支边青壮年的生存现状有很大差异，但留在新疆的大都还生活在乡镇。

　　支边青壮年大多数是分配到国营农牧场，也有部分是由工人、农民转为干部身份，他们退休后大都有养老保障。虽然不同

---

① 孙华志：《如皋支边青壮年在阜康》，载昌吉州政协党派社团学习文史委员会编：《昌吉州政协文史资料第33辑》（苏皖鄂青壮年支边在昌吉），新疆维吾尔自治区内部资料性出版物准印证（2010）年第53号，2010年版，第337页。

② 高玉芳：《我所知道的在玛纳斯支边的海门人》，载《昌吉州政协文史资料第33辑》（苏皖鄂青壮年支边在昌吉），第436页。

③ 《在疆支边人员的情况汇报（提纲）》，载钱华兴主编：《江苏省无锡县支援新疆社会主义建设青壮年进疆五十年纪念册（一九五九年八月——二零零九年八月）》，内部印行2009年版，第306页。

地区、不同岗位退休工资不同，但他们大都是比较积极乐观的。在农村人民公社的则没有养老保障，生活要艰辛一些。安徽支边青年魏书强是复转军人进疆，被分配到吉木萨尔县大有大队泉水地生产队，每月发放生活补助费 230 元（截止到 2008 年），生病住院有合作医疗补助。[1] 江苏南通县顾达全历任米全县井冈山公社农业中学指导员、公安特派员、三道坝派出所长等，老伴从建筑公司退休，老两口退休工资 3,000 多元（截止到 2008 年）。[2] 江苏省常熟县杨瑞芬被分配到昌吉旗帜大队 3 队，退休金为每月 1300 元（截止到 2008 年）。她坦言，50 多年里遇到的挫折困难数不清，没后悔过那是假的，但每次想到当年是自己找领导要来支边，并立下雄心壮志为边疆做贡献，就不能当逃兵。[3] 江苏省沭阳县支边青年谷明轼、江苏如皋县支边青年叶春田均是县处级干部退休，他们的退休工资分别为 3,300 多元和 4,000 多元（截至 2014 年），他们生活状况较好，也比较满足。

据笔者访谈的几个江苏支边青壮年来看，他们都表示老家的生活条件要比新疆好一些，有的地方甚至要好很多。但在新疆生活久了，而且子女也大都留在新疆，因此对新疆就有着非常深厚的感情。就算是现在回老家，也觉得在老家生活不习惯了。

---

① 魏书强口述、魏志新、刘振江整理：《扎根边疆五十年》，载《昌吉州政协文史资料第 33 辑》（苏皖鄂青壮年支边在昌吉），第 306 页。

② 吴铭：《顾达泉：支边精神不能丢》，载《昌吉州政协文史资料第 33 辑》（苏皖鄂青壮年支边在新疆），第 377 页。

③ 杨瑞芬口述、梅润生整理：《回望我的青春岁月》，载昌吉州政协党派社团学习文史委员会编：《昌吉州政协文史资料第 33 辑》（苏皖鄂青壮年支边在昌吉），新疆维吾尔自治区内部资料性出版物准印证（2010）年第 53 号，2010 年版，第 72 页。

二、利益诉求

支边青壮年是作为特殊的群体进入新疆，当时的各项政策并不健全，因而各级政府在处理这类事情上会有一些遗留的问题。这些问题主要是支边青壮年退休后回原籍居住和子女户口迁回以及相关的补助落实等。还有一些人在新疆原是工人、国营农牧场职工，后因精简而被下放到农村人民公社成为农民，他们的养老问题得不到保障等。当然，这些问题多是以支边青壮年自发与有关部门的联系争取为主，多为个人行为，很难看到有迹可循的资料。

1979年初至1980年底，新疆农垦系统发起了上海知青为主的"大返城"。1981年3月，新疆维吾尔自治区和上海市政府按照中央要求研究解决新疆农场上海知青问题。经双方协商，通过了《关于解决新疆垦区农场上海支边知识青年问题的具体规定》。《规定》指出，"从开发边疆、建设边疆和巩固国防的重大战略意义出发，应继续采取把大多数上海知青稳定在新疆的方针。但是，考虑到新疆农场和知青本人或家庭的实际困难，也要在现行政策允许的范围内，分期分批地把一部分符合本规定的知青商调回沪或迁回上海落户，或调剂到上海市所属的外地农场。"[1]

《规定》对知青"顶替""特困""特殊照顾""病退""离职"等返沪条件作了详细说明。到1984年4月，新疆、上海两地办

---

[1]　刘小萌：《中国知青史——大潮（1966—1980年）》，中国社会科学出版社1998年版，第762页。

理符合调、迁回沪条件或调剂去上海农场的青年近 1.6 万人。[①]
尽管当时困难很多，但大都有所安置和解决。反观支边青壮年，
他们多在农村，又没有明确的政策，要想返籍更是困难重重，所
以他们返乡的人数要少得多。应当说支边青壮年对边疆建设所做
贡献也很大，但是他们的声势却难以与知识青年相比。因此，支
边青壮年群体往往就不被人们所关注和重视。

　　但无论如何，支边青壮年扎根边疆，勤勉服务一辈子，为新
疆开发建设作出了应有的贡献，他们有一些利益诉求有关部门也
应给予一定的帮助和扶持。

① 刘小萌：《中国知青史——大潮（1966—1980 年）》，中国社会科学出版社
　　1998 年版，第 764 页。

第七章　支边青壮年在兴疆
固边中的贡献

支边青壮年同新疆各族人民共同努力，"以席卷八荒、气吞山河的伟大气魄，开天辟地创业，使广漠辽阔的西北边陲，正在急遽地改变着面貌。在塔里木河西岸、在准噶尔草原、在阿尔泰山区、在吐鲁番盆地、在火焰山下、在铁门关畔，已建立起无数的国营农场和现代化的工厂及大型畜牧基地；在戈壁荒原上，开垦出万顷良田；在贫瘠不毛之地，夺取了空前丰收；在雪山云海架起了地上长虹，在野兽出没的山谷建造了美丽的新城。深山里汽笛长鸣，漠海中绿洲丰收，历史上所谓'出了嘉峪关，两眼泪不干'的悲凉传说已一去不复返了"①。"戈壁滩变良田，沙漠成绿荫，厂矿如春笋，牧群似流云"的理想，在不少地方早已成为现实了。②诚然，这样唯美的描写难免有渲染的成分。但不可认，支边青壮年在新疆生产建设的各个方面都起到了巨大作用。他们绝大多数都发挥了高度的政治热情和劳动热情，积极参加生产，在各个战线上都作出了良好的成绩，并且涌现出许多先进集

---

① 《中共扬州地委批转郁文纲同志"关于参加省慰问团赴新疆慰问支边青壮年的情况报告"》，1960年3月14日，扬州市档案馆藏，档案号：B1-2-167。

② 蔡书彬：《继续动员青壮年支援新疆建设——在欢送湖北、江苏慰问支边青壮年代表团大会上的告别词》，《新疆日报》1959年12月11日。

体和模范人物。

在支边青壮年进疆的同时，还有为数甚众的自流人员和部分知识青年交叉入疆，构成了浩浩荡荡的移民支边大潮。即以支边青壮年而言，也有苏、鄂、皖三省和一部分从甘肃转调新疆的河南支边青壮年。因此，在探讨支边青壮年对开发新疆建设的贡献中，不可能完全区分开来，也可能牵涉其他省份的支边青壮年或其他类型进疆人员的作用。

第一节　开发边疆

在工业、交通、基建战线上，支边青壮年虚心向老职工学习，掌握了各种操作技术，并同他们一起进行技术革新和技术革命，在革新工具，改革技术，创造发明，提高功效，增产节约等方面都取得了优异成绩。许多生产建设单位有不少新建和扩建项目，都是依靠这批支边青壮年建立起来的。在农业战线上，他们不但增加了劳动力，而且也带来了先进的生产经验、生产技术和不辞艰苦、积极劳动的优秀品质。此外，他们还带来了科学文化知识，壮大了农村知识分子队伍和技术力量，扩大了党团组织，增强了基层领导力量。各条战线上的青壮年在与各族人民共同劳动中建立了深厚的友谊，增进了各兄弟民族的团结。① 因此，新

---

① 辛兰亭：《关于自治区支边青壮年安置工作的报告——在1960年7月自治区支边青壮年安置工作会议上》，1960年7月2日，新疆生产建设兵团档案馆藏，档案号：007-03-0080-4。

疆各族人民称他们是边疆社会主义建设的生力军和突击力量。[①]

一、工农业与社会经济发展

（一）助力新疆工交基建事业的发展

1958—1960 年 3 年中，新疆新建投产中、小型企业 233 个，产品由几十种扩大到上千种，工业生产能力成倍增长，还继续发展了钢铁、煤炭、炼焦、化工、石油加工、棉纺、针织、制糖、造纸、机械、水泥和稀有金属采掘工业等。1962 年拖拉机已达到 4,976.91 个标准台，比 1957 年增长 1.28 倍。农业生产的机械化水平由原来的 60% 提高到 70%。兵团工业总产值达到 23,627.49 万元，比 1957 年增长 1.28 倍。[②] 1962 年与 1957 年相比，主要工业品的产量明显增加：生铁增长 1.8 倍，原煤增长 1.7 倍，发电量增长 2.6 倍，原油增长 8.2 倍，棉纱增长 1.3 倍，棉布增长 88%，水泥增长 2.5 倍，日用玻璃增长 14 倍，原盐增长 13.2 倍。许多工业产品如汽油、煤油、生铁等完全实现了自给。"二五"期间，新疆还新建和扩建了一大批国有大中型企业，初步奠定了现代工业的基础，如克拉玛依油田、独山子油田、苇湖梁发电厂、六道湾一号立井、哈密露天煤矿、八一毛纺厂、新疆

---

① 《在欢迎江苏、湖北慰问支边青壮年代表团大会上赛福鼎同志的欢迎词》，《新疆日报》1959 年 11 月 1 日。
② 新疆社会科学院经济研究所：《新疆经济概述》，新疆人民出版社 1985 年版，第 136 页。

制药厂、新疆联合收割机厂等。①

虽然只有很少一部分支边青壮年分配到在工业生产、基本建设和交通运输战线上，但他们在各地也积极开展了以"四化"为中心的技术革新和技术革命运动，有力地促进了工业生产的发展。以增产煤铁，加快运输为主的"小土群"和"小洋群"运动，在自治区各地区、各部门蓬勃开展，成批的小煤矿、小铁矿、小高炉、小转炉和小铁路陆续建成投入生产，大大增加了工业生产的能力。

广大支边青壮年积极参加各项生产运动，开展劳动竞赛，取得了很大成绩。兵团建工二师的江苏、湖北支边青年，虚心向老工人学习，很快掌握了筑路工程技术，成为筑路的新生力量。在漫长的铁路工地上，到处都能听到轻快的江苏方言和悠扬的湖北"号子"。

兵团工一师材料总厂焦矿车间三中队徐章义青年采矿突击组，由 10 名支边青壮年组成。他们发愤图强，横扫种种困难，月月季季都超额完成任务，1959 年他们以 6 个月的时间完成了年度计划的 500%，为自治区采矿战线树立了一面跃进的红旗。在兰新铁路筛沙工地上的支边青壮年樊秀芝突击组，在 1960 年 9 月上旬展开小组竞赛以后，日平均工效上升到 28.3 立方，打破了全国群英会代表陈贤德班创造的 27.53 立方的纪录。在公路战线上的交通厅汽车司机、支边青年杨善春，一直坚持一车 6 挂，并在 1959 年首创了一车 16 挂的新纪录，为实行汽车拖挂化起到

———————————

① 朱培民：《新疆"大跃进"研究》，《当代中国史研究》1995 年第 2 期。

了良好的带头作用。① 分配到八一钢铁厂耐火车间的 4 名青壮年，上班仅一周就完成了定额。在参加向五一献礼活动时，超额完成任务的 60%；分配到可可托海矿区的青年，普遍突破了手打钻定额，有的并创造了 8 级岩石手 5.54 米的新纪录。②

（二）促进农业生产的持续快速发展

在农业生产战线上，支边青壮年同新疆各族人民一道，坚决贯彻执行全党全民大办农业、大办粮食的方针，在"向荒地开战，让戈壁献粮"的豪迈口号的鼓舞下，不怕艰苦，不畏严寒酷热，披荆斩棘，夜以继日地辛勤劳动，取得了农业生产的伟大胜利。1957 年自治区只有 7 处地方国营农场，耕地面积仅 10 万亩；1958 年增加到 20 处，耕地面积达 30 余万亩；而 1959 年一年就新建 34 处农场，加上原有的农场达到 54 处，耕地面积达到 100 余万亩。③ 1960 年 6 月底，全区开荒 880 万亩，较 1959 年同期增长两倍多。同年 7 月底完成水利建设 1.8 亿多万土石方，完成全年计划的 90.8%，比 1959 年同期增长一倍半。④ 到 1962 年，兵团耕地面积、播种面积和粮食总产量为 1,055 万亩、645.9 万

① 辛兰亭：《树雄心，立大志，发愤图强建设伟大祖国的边疆——在支援新疆社会主义建设青壮年积极分子大会上的报告》，《新疆日报》1960 年 10 月 28 日。

② 张生才：《让支援新疆建设的青年在自治区发挥更大的力量》，《新疆红旗》1959 年第 15 期。

③ 《江苏、湖北、安徽进疆青壮年在农垦系统的情况介绍》，1959 年 11 月 1 日，新疆生产建设兵团档案馆藏，档案号：016-01-0181-9。

④ 《吕剑人同志在自治区党委电话会议上的讲话纪录》，1960 年 8 月 9 日，昌吉回族自治州档案馆藏，档案号：1-2-56。

亩和 63,913 万斤，分别比 1957 年增长 2.18 倍、1.92 倍和 2.58 倍。粮食总产量的大幅度增长，使兵团摆脱了长期以来粮食不能自给的局面，并且能够上交商品粮。兵团修建和改建独立引输水渠 145 条，输水能力 1,057 公方 / 秒。修建大、中、小型水库 31 座，其中 1,000 万方以上的 16 座。设计库容 15.7 亿方，完工能力 14 亿方，总调节能力 16 亿方，增加蓄水量 8.7 亿方，较 1957 年增长约 4 倍。[①] 新疆维吾尔自治区的耕地面积、播种面积和粮食产量等都有了明显提升，详见表 7-1-1。

表 7-1-1：1958 年、1962 年、1965 年新疆维吾尔自治区
耕地总面积、播种总面积和粮食总产量对照表

	1958 年	1962 年	1965 年	1965 年较 1958 年增长数
耕地面积	3,431.80 万亩	4,580.73 万亩	4,747.08 万亩	38.33%
播种面积	2,848.01 万亩	3,806.02 万亩	4,184.35 万亩	46.92%
粮食产量	392,170 万斤	330,708 万斤	523,476 万斤	33.48%

资料来源：新疆维吾尔自治区统计局：《新疆维吾尔自治区国民经济统计资料 1949—1985》，内部资料 1986 年版，第 109、114、121 页。

从表 7-1-1 可以看出，"大跃进"的 3 年间，新疆农业生产取得了迅猛发展，有人说"这在全国的'大跃进'运动中属于一种特殊现象"[②]。笔者认为，这种现象的产生一方面是新疆较内地省份所遭受的自然灾害要小，另一方面则是在短时期内新疆人口的迅速增加。1958 年新疆人口为 582.35 万人，但 1961 年就达到

---

① 新疆社会科学院经济研究所：《新疆经济概述》，新疆人民出版社 1985 年版，第 134—135 页。

② 李福生主编、方英楷副主编：《新疆生产建设兵团简史》，新疆人民出版社 1997 年版，第 133 页。

710.06 万人，增加了 120 多万人，劳动力的大量增加才是新疆农业快速发展的最主要原因。"大跃进"时期新疆积极响应中央号召，掀起了全民大炼钢铁运动，并"要求全区三分之一以上的劳动力投入钢铁生产。"[1] 工农业比例失衡，加上自然灾害的影响，产生了播种面积虽然增加但粮食产量并没有随之增加的现象。1962—1965 年间，耕地面积和播种面积增速放缓，而粮食产量却有较大幅度的增加。这主要是国家提出了发展国民经济要以农业为基础的方针，新疆加强了农业生产第一线的物资和技术力量。

广大支边青壮年在兴修水利、开荒造田、积肥造肥、田间管理等运动中，也发挥了突击队的作用。1959 年冬 1960 年春，昌吉回族自治州有 60%的支边青壮年投入了大修水利的运动，占全州兴修水利总劳动力的 80%。全州完成水利土方工程 640 万立方，建成水库 23 个，水渠 28 条。这些水利工程可以扩大灌溉面积 20 万亩，改善灌溉面积 30 多万亩。呼图壁县进疆支边青壮年中有 6,763 名劳动力，占该县原有劳动力的 30%。支边青壮年中参加修渠的有 5,600 余人，占渠上劳动力的 70%，占支边青壮年劳动力的 83%。[2] 1959 年玛纳斯县兴修了袁家湖、塔西河、白土坑等三处重点水库，全部建库人员 1,040 人左右，其中 85%左右都是进疆不久的青壮年。他们在工作中任劳任怨克服困难，不断改进操作方法，加速工程进度。特别是来自农村的青壮

① 《当代中国》丛书编辑部编辑：《当代中国的新疆》，当代中国出版社 1991 年版，第 121 页。

② 《昌吉州党委支边青壮年安置工作检查组对呼图壁县青壮年安置工作情况的汇报》（笔者据文意自拟标题），1960 年 1 月 21 日，昌吉回族自治州档案馆藏，档案号：1-2-61。

年在劳动中表现更为突出，他们不缺勤、不怕苦，服从分配，并能带动别人一起劳动。[1] 1959—1961 年间，米泉县修建了和平渠新建工程，新修了九道湾水库、卡子湾水库，整修了十二户等水库，并新修长 22 公里，宽 5 公尺的跃进干渠，新挖大渠 48 条，疏通旧渠 549 条，挖泉 700 多个，共用工 336,773 个，灌溉面积达 6 万亩，这些主要工程上有 60%—70%是青壮年直接参加完成的。[2] 巴里坤县支边青壮年在参加修建"四库九渠"中，挖土方 781,312 立方米，运石料 13,944 立方米，完成土石方总量的 80%以上。同时，还挖泉眼 222 眼，打井 39 眼，改建灌渠 12,310 米，开垦荒地 112,600 亩，扩大耕地 1 倍以上。[3]

玛纳斯县支边青壮年还成为开荒的主力军，1960 年该县开荒扩大的耕地面积比 1959 年增加了 48%，增长幅度超过历史上任何一年。米泉县有支边青壮年 5,378 人，1960 年该县耕地面积由原来的 21 万多亩扩大到 31 万余亩，增加 45%以上。乌苏县东风公社马场湖大队，1959 年安置了 73 名支边青壮年，1960 年该队的播种面积就从 1959 年的 3,603 亩扩大到 10,245 亩，1959 年每个劳动日的工值是 0.7 元，1960 年就提高到 1.15 元，生产发展，收入增加，社员都很满意。[4] 呼图壁县卫星一

① 《兵团各农场支边青壮年鼓足干劲，大战三秋》，《新疆日报》1960 年 10 月 11 日。
② 《米泉县劳动调配委员会关于三年来支边青壮年及自流人员安置工作的总结》，1961 年 11 月 29 日，昌吉回族自治州档案馆藏，档案号：2-7-2。
③ 哈密地区民政处编：《哈密地区民政志（1976—1990）》，内部资料 1999 年版，第 203 页。
④ 《辛兰亭副主席在 1961 年安置支边青壮年工作会议上的总结发言》（1961 年 6 月），江苏省档案馆藏，档案号：4008-002-0020。

场有支边青壮年 982 人，1959 年种植面积扩大到 27,418 亩，较 1958 年增加 55.3%；粮食总产量达 437 万余斤，较 1958 年增长 27%。[①]

由于支边青壮年的到来，许多地方不但改变了因劳力缺乏而影响及时收割和打场的现象，而且还提前、超额完成各种作物的收获和播种任务。巴里坤自治县 1960 年农作物播种总面积比 1959 年增加了一倍，但完成时间却提前了近一个月。昌吉回族自治州人委有关同志反映，青壮年的到来不仅是增加了劳动力，更重要的是他们的干劲，使全州秋收提前 20 天到 30 天完成，压冬麦又提前了一个多月，超额完成 24%。[②]

吐鲁番县葡萄沟人民公社、红旗人民公社的江苏支边青年和当地社员一起，发挥了敢想、敢说、敢做的精神，打破了部分领导和一些社员中认为"吐鲁番只能挖坎井，不能修水库"的观点，掀起挖水渠、修水库的高潮，修建了面积达 780 亩，库容 6,000,000 立方米的水库。[③]

兵团支边青壮年以"干劲大破冰封地，热汗烘暖严寒天"的精神，力争实现"两个千万亩"（播种、开荒各一千万亩），参加八一水库扩建工程的数百青壮年和老职工们一起，采取土洋并举的办法，大搞工具改革，使原计划 50 天才能完成的工程，提前到 30 天就竣工。1960 年自治区春耕、开荒和兴修水利等工作中，

---

① 《呼图壁县卫星一场支边工作及支边安置工作检查报告》，1960 年 6 月 25 日，呼图壁档案馆藏，档案号：1-1-778。

② 《关于慰问支援新疆社会主义建设青壮年的工作报告（初稿）》（1959 年 12 月），镇江市档案馆藏，档案号：B21-1-18。

③ 吐尔逊哈尔：《葡萄沟水库》，载《新疆画报》1960 年第 1 期。

均实现了"三早"（春耕早、播种早、中耕早）、"三多"（兴修水利多、开荒造田多、播种面积多）和"三好"（小麦生长好、播种质量好、田间管理好），这些成绩的取得，与支边青壮年的辛勤劳动是分不开的。[①]

二、生产经验与科学技术的传播

广大支边青壮年不但是生产上的突击队，而且在技术革新运动中也起到了积极推动作用。在广大农村，以改良用具和半机械化农具为主的农业技术改造运动有了迅速发展，在服务行业和养殖业中有不少单位也实现了机械化、半机械化。这不仅节约了大批劳动力，提高了劳动生产效率，而且还增加了大量农产品，创造了许多新工艺、新技术。

五一农场四连胡绪德在平田埂子时，看到当地社员平地用铁锨，很费劲而且工效不高，于是就设计并制作了平田耖，既轻便，工效又高。在呼图壁县修建青年干渠的安徽嘉山支边青年创造了挖土石的新方法，即在铁锹上把靠下的部位拴一根绳，留两个头由两个人拉，一个人握住铁锹把铲上土石，然后另外两人猛力拉绳，土石就被抛上渠岸。这种方法省力省时，效率高，每

[①] 辛兰亭：《关于自治区支边青壮年安置工作的报告——在 1960 年 7 月自治区支边青壮年安置工作会议上》，1960 年 7 月 2 日，新疆生产建设兵团档案馆藏，档案号：007-03-0080-4。

人每天挖土可达四五立方米。[①]昌吉六工人民公社五工沟水库的支边青壮年和老社员共同创造了冬季揭冬盖、挖深槽的挖掘方法，推行了"快挖、快上、快运、快倒、快夯"的五快连环高速施工法，使工地的工效由原来平均每人每天不到 1 立方，提高到 1.5—2.5 立方。阜康县天峰公社城北大队在水库工地上的支边青壮年改进了施工方法，将一人挖、两人挑的操作法改为自挖自挑，使工效从每人每天 4.2 方提高到 7.0 方。[②]兵团桥涌管区木工班的支边青壮年同全体职工一道，大胆革新，简化了安装桥帽模板和道渣槽模板的工序，把两个工序合为一个工序，使施工进度加快了 5 倍。他们还改装了一个提升双轮绞车，使桥基开挖上提泥土的工效提高了 3 倍。

兵团建工一团通用机械厂铸造车间，钢锭模学徒工、支边青年曾继贤苦心潜研，革新技术，使车间的钢锭模产量由每天每人 5 个增加到 24 个，提高工效近 5 倍，成品率由 62% 提高到 68%，每天还能节约铁钉 25 斤。"七一"第二棉纺织厂前纺车间支边青年孟庆华试制成功了自动清洁皮辊装置，既节省了人力，又提高了质量，打破了"新工人不能革新，鸡毛不能上天"的迷信。昌吉综合电机厂变压器车间支边青年虞维先后实现了 0.3KVA 安全变压器、0.15KVA 安全变压器、绝缘垫卷冲模、绝

[①]　邱斌:《青年干渠上的嘉山支边青年》，载昌吉州政协党派社团学习文史委员会编:《昌吉州政协文史资料第 33 辑》(苏皖鄂青壮年支边在昌吉)，新疆维吾尔自治区内部资料性出版物准印证 (2010) 年第 53 号，2010 年版，第 428 页。

[②]　《阜康县人民委员会关于江苏、湖北慰问支边青壮年代表团活动情况的报告》，1959 年 11 月 20 日，昌吉回族自治州档案馆藏，档案号: 2-4-19。

缘垫块冲模、KTM型0.5级电流互感器等关键生产问题的革新。[①]
新疆许多地方灌溉都是用大水漫灌的方式，平均每亩地用水量
在1,000—2,000立方米，如皋县支边青年贲志明和当地社员一起
研究防汛水库渠道及农田灌溉管理，不断推广小畦沟灌、沟植沟
灌、膜下滴、滴灌等先进技术，每亩地用水量降低到350—400
立方米，农业产量也提高了，深受广大农民欢迎。[②]

广大支边青壮年不仅能够虚心学习和迅速掌握本地生产技术
和经验，而且把内地的先进技术和经验传播到了新疆。昌吉县六
工人民公社红旗大队支边青壮年姚林生看到当地水稻都是撒播，
不易管理，产量又低，就采用插秧的方法种了38亩试验田，水
稻生长极好，公社和县都开了现场会议来推广经验。[③] 五一农场
支边青壮年对水稻进行黄泥选种、温汤浸种、拔苗插秧的方法，
来提高水稻产量。这些看似普通的方法，当地过去从来没有这样
做过。[④] 呼图壁县推广了关内捆粮食不用苇子，而是割什么粮食，
就用什么粮食捆的办法，大大节约了劳力与物力，提高了生产工
效。红星公社西树窝子大队五生产队安徽支边青壮年杜道全成功
仿制簸箕式钐镰，工效较当地镰刀手12时收2亩的工效高5.5倍，

① 《〈昌吉综合电机厂〉支边青年情况调查报告》，1960年10月8日，昌吉回族自治州档案馆藏，档案号：149-1-26。

② 李克发：《为玛纳斯水利事业奉献40年》，载《昌吉州政协文史资料第33辑》（苏皖鄂青壮年支边在昌吉），第497页。

③ 辛兰亭：《树雄心，立大志，发愤图强建设伟大祖国的边疆——在支援新疆社会主义建设青壮年积极分子大会上的报告》，《新疆日报》1960年10月28日。

④ 《江苏、湖北、安徽进疆青壮年在农垦系统的情况介绍》，1959年11月1日，新疆生产建设兵团档案馆藏，档案号：016-01-0181-9。

达到日割 11 亩。[①] 鄯善县前进公社玉望克尔大队夏收时，因为队里耕畜少，麦捆子一时拉不回来，他们就采用家乡的办法，一人一条扁担往场上挑，当地社员纷纷向他们学习。当地社员拾棉花都习惯用大筐子，行动不便，又容易落上干棉花叶，影响棉花质量。支边青壮年便用家乡的办法，在腰间缠上一条布单，两只手边拾边装，拾棉花既快又干净。[②]

　　呼图壁县跃进公社长胜大队副业队木工、支边青年秦殿一试制成功了播种机，一天可播种 20 亩，比人工快 9 倍，极大改变了当地的播种方法。他还创造了马拉插秧机、水稻条播机、快速磨等，成为技术革新中的能工巧匠。吉木萨尔县国庆公社支边青壮年仿制了笼脖锄，日锄地 8 亩，提高工效 4 倍。[③] 湖北新洲县支边青年操以旺更是闻名于整个伊犁垦区，他一面向老职工学习和钻研新疆碱地耕作技术，一面大胆试验老家的先进抗灾经验，创造了水稻平均亩产 431 斤的新纪录，打破了碱地低产的迷信。[④] 托克逊县先锋农场的青壮年，把当地的"二牛抬杠"，改装为内地的软套犁，犁地平整，工效提高 2—3 倍。[⑤] 阜康县修水库工

①　《（呼图壁县）一年来支边接待安置工作简结》，1960 年 5 月，呼图壁县档案馆藏，档案号：8-1-266。

②　李星：《玉望克尔大队一生产队江苏支边青壮年热爱边疆，保持支边青壮年先进集体光荣旗帜，埋头苦干把青春献给边疆建设事业》，《新疆日报》1962 年 11 月 30 日。

③　《吉木萨尔县人民委员会 59、60 两年来的安置青壮年的工作总结》，1961 年 2 月 3 日，昌吉回族自治州档案馆藏，档案号：2-7-2。

④　蔡书彬：《幸福的历程，难忘的情谊》，《新疆日报》1959 年 12 月 8 日。

⑤　徐力之：《社办农场是人民公社安置支边青壮年的一种好形式》，《新疆日报》1960 年 7 月 13 日。

地上工具很落后，两个人抬一个由两根木棒夹着榆树条编的抬耙子，两个人一天只能抬一方土。在支边人员带动下，开始使用扁担挑土，大大提高了效率。于是，队里就买了很多毛竹扁担，用榆条编成盛土的畚箕，用绳子拴上，一人挑两畚箕，工效倍增。每人每天能挑 3 方土，工效提高六倍，而且还不太累。[1]昌吉县免费给公社发放了播种机和化肥，但有的地习惯于撒播而把播种机搁置一边，大多数生产队社员不相信化肥会增产，还怕化肥把禾苗毒死，县上分的化肥全被倒掉了。湖北支边青年刘全方说服干部群众用播种机播种，而且用化肥在农田作比对试验，不仅提高了工效，还明显提高了粮食产量。[2]

此外，支边青壮年的到来，还推动了新型团场与新兴城市的崛起。在荒滩戈壁上建立了石河子、奎屯、五家渠、阿拉尔、北屯、克拉玛依等新兴城市和一大批绿洲农场。

第二节　巩固国防

20 世纪 60 年代，面对复杂的国际国内形势，新疆边境地区安全稳定形势也日趋紧张。在"伊塔事件"后边境农场建设和中

---

[1]　唐正美口述，孙林整理：《选择支边路，真棒》，载昌吉州政协党派社团学习文史委员会编：《昌吉州政协文史资料第 33 辑》（苏皖鄂青壮年支边在昌吉），新疆维吾尔自治区内部资料性出版物准印证（2010）年第 53 号，2010 年版，第 365—366 页。

[2]　刘全方口述、怡然整理：《支边往事》，载《昌吉州政协文史资料第 33 辑》（苏皖鄂青壮年支边在新疆），第 75 页。

印自卫反击战等重大事件中，也有部分支边青壮年参与其中，虽然人数不多，但也发挥了应有的作用。

一、在边境地区的安全稳定中发挥重要作用

20 世纪 60 年代初，随着中苏关系的不断恶化，苏联当局通过其驻疆领事机构及其所控制的"苏侨协会"等，长期煽动、诱骗、纵容和支持边民外逃活动。1962 年 4 月 16 日，伊犁哈萨克自治州发生了大规模的边民逃往苏联，即所谓的"伊塔事件"，塔城、裕民、霍城等边境县先后有 6 万多名中国公民携带 10 万多头牲畜和农具、车辆等非法越境出逃苏联。同年 5 月 29 日，苏联驻伊宁领事馆还煽动当地数万民众冲击伊犁哈萨克自治州党委和人委办公场所，进行打砸抢活动，严重破坏了新疆社会的安全稳定。[1] 塔城、裕民两县因此减少劳力 58% 以上，9 个公社、7 个牧场基本解散。边民外逃时播下的农作物无人管理，畜群无人看管，两县损失牲畜 23 万多头，良田荒芜 40 多万亩，加之部分粮仓和商店被洗劫，据估计损失达 7,000 多万元。[2]

面对这种严峻的局势，自治区党委一方面派出工作组奔赴相关地区宣传教育，制止事态继续发展，解决群众生产生活中的迫

---

[1] 新疆维吾尔自治区地方志编纂委员会、《新疆通志·政务志·政府》编纂委员会：《新疆通志·政务志·政府》，新疆人民出版社 2006 年版，第 654—655 页。

[2] 新疆维吾尔自治区地方志编纂委员会、《新疆通志·生产建设兵团志》编纂委员会：《新疆通志·生产建设兵团志》，新疆人民出版社 1998 年版，第 726 页。

切问题，另一方面加强边防力量，改变以往中苏边境"有边无防"的状况。1962 年 5 月 5 日，遵照中共中央、西北局、自治区党委和人委的指示，兵团从农一师、农四师、农五师、农七师和农十师抽调 21 个值班民兵连，组成 6 个独立营，在中苏边境布防，阻止边民外逃，初步形成了以生产兵团为主体的"劳武结合"的边境防范体系。

为迅速恢复伊塔地区正常的社会秩序，重建各级组织，周恩来指示兵团要承担起巩固国防，维持社会治安的重任，并要求对边民遗留下来的农牧业生产等实行代耕、代牧、代管的"三代"任务。按照中央和自治区党委的部署，兵团先后从农四、五、六、七、八师和兵团直属单位抽调干部 810 人，工人 16,750 人，汽车 39 辆，拖拉机和收割机 45 台，开赴塔城、裕民、霍城、额敏等 4 县 12 个公社、6 个牧场执行"三代"工作。[①]

兵团机运处先后抽调艾维尔沟钢铁总厂 1,214 人、跃进钢铁厂 843 人、通用机械厂 201 人、工程处 235 人、汽车二营 58 人，共计 2,551 人到霍城县东风公社、前进公社执行"三代"任务。[②]"伊塔事件"发生之初，农七师三管处有干部职工 3,600 余人，其中湖北、江苏支边青壮年近 3,400 人，他们在控制这事件中发挥了重要作用。农九师 166 团湖北支边青年鲍厚福、江苏支边青年栾自元，在卡拉不拉山口巡逻，主要是对外逃边民进行

---

① 李福生主编、方英楷副主编：《新疆生产建设兵团简史》，新疆人民出版社 1997 年版，第 175 页。

② 六十二团史志编纂委员会、王文学主编：《新疆生产建设兵团农四师六十二团志》，新疆人民出版社 2000 年版，第 74 页。

说服劝导工作，共劝阻 200 余人次，拦回牲畜 2,000 多头（只）。据 167 团退休干部刘光汉回忆，"三代"人员白天忙生产，晚上手持棍棒站岗放哨。男青年随时待命，如遇紧急情况，立即出发。[1] 兵团党委还制定了《"三代"工作队守则》，强调指出工作队是为人民大办好事的服务队，要帮助地方对外逃的群众留下的耕地、牲畜、财物等无代价的"三代"，待他们重返后原封不动的移交给他们。"三代"工作队中代理公社级、大队级、小队级职务的分别为 54 人、199 人和 499 人，代耕土地、代管庄稼分别为 42 万亩和 78 万亩，收拢并代牧牲畜 32.7 万头。1962 年 8 月，他们将代耕的土地、代牧的牲畜、代管的财物等，全部移交当地政府和民众。

在这里，还要特别讲一下支边青壮年中的革命烈士孙龙珍。孙龙珍是江苏泰州县太西公社 1959 年进疆的支边女青年，最初被分配到吐鲁番地区工二师 12 团火焰山化工厂当工人。1962 年"伊塔事件"发生后，她同"三代"队伍一起，被分配到裕民县巴尔鲁克山西部地区执行代牧工作。代牧工作之后，她与战友们又奉命在当地组建了农九师第 161 团，成为 161 团牧一队职工。1969 年 6 月 10 日，为了营救被苏军绑走的队友张成山，不幸中弹牺牲，当时她已有 6 个月身孕。[2] 同年 8 月 25 日，她被新疆维吾尔自治区追授为"革命烈士"。1992 年，自治区党委、人民

---

[1]　李遐明：《执行"三代"的艰苦岁月》，载新疆生产建设兵团毛泽东屯垦思想研究会编：《亲历激情岁月·第四集》，新疆人民出版社 2006 年版，第 140—141 页。

[2]　郑桂梅口述，王伟华整理：《生命不息，战斗不止——回议和孙龙珍在一起的日子》，《兵团工运》2005 年第 3 期。

政府、新疆军区将她生前所在的女民兵班命名为"孙龙珍民兵班"，成为兵团唯一一个履行屯垦戍边使命、准军事化管理的成建制的女民兵班。[1]

为进一步开发和建设边境地区，中央和自治区党委责成兵团有计划地、迅速地筹划设立若干边境农场，以连成一条边境农场带，作为巩固祖国边防的屏障。1962 年 8 月 11 日，兵团党委向自治区党委提交了《关于建设边境农场的报告》，就土地划拨、畜群调拨以及草场和物资供应等问题进行汇报。8 月 21 日，自治区党委对该《报告》作出了批复，进一步明晰了边境农场土地划拨、土地调整等问题，提出划拨边境农场的土地既要照顾到要有必要的纵深地带，又要照顾到边境居民迁移的困难，特别是在两国边民习惯的过路通道，军事据点和县、社接合部，一定要有足够的纵深宽度。[2]

1962 年底，自治区在伊犁、塔城、阿勒泰等地州边境划拨土地 117.33 万公顷，作为建立边境农场用地。在"三代"人员的基础上，兵团又调集了一批干部职工到边境地区。他们劳武结合，亦兵亦农，在恶劣的自然条件下，在漫长的边防线上，年复一年地在争议地区我方控制区内，种"军事田"放"政治牧"。[3]到 1966 年，建成边境农场 38 个，开垦土地 15.61 万公顷，总

---

[1] 《女儿志在成边——记全国三八红旗集体一六一团孙龙珍民兵班》，《兵团日报（汉文版）》2006 年 3 月 28 日。

[2] 《关于建设边境农场的几个问题的通知》，1962 年 8 月 21 日，载新疆生产建设兵团农九师史志编纂委员会编：《新疆生产建设兵团农九师概况》，新疆人民出版社 1994 年版，第 336—337 页。

[3] 马大正：《国家利益高于一切——新疆稳定问题的观察与思考》，新疆人民出版社 2002 年版，第 221 页。

人口 15.5 万人，其中职工 8.21 万人。到 1988 年，兵团沿中苏 2019 公里的国境线上，共建成边境农场 58 个，总人口 38.41 万人，职工 16.08 万人，耕地面积 28.86 公顷，基本上形成了一条纵深 10—30 公里的边境农场带。[1] 边境农场带的建立，有力地保障了边境地区的安全与稳定，维护了国家主权和领土完整。

二、在对印自卫反击战中贡献了力量

20 世纪 50 年代初，印度就在中印边境上对中国领土步步蚕食侵占。中国政府坚持通过和平谈判解决有争议边界的方针，向印方多次交涉、抗议，从 1951 年到 1958 年间，中印边境地区基本上是平静的。20 世纪 50 年代末 60 年代初，印度政府加紧推行"前进政策"，不断侵犯中国领土领空，制造流血事件，导致边境局势持续紧张。对印军不断入侵挑衅和蚕食的行径，中国政府和边防部队始终保持了最大限度的克制和忍耐，采取了一系列避免武装冲突的措施。但印度扩张主义分子，无视中国政府的严正警告，在 2,000 多公里的中印边境线上，加速全线进攻。1962 年 10 月 20 日，印度政府调集军队 2.2 万余人发动了全面进攻，中国边防部队被迫自卫反击，中印边境自卫反击战爆发。

中印边境自卫反击战分为东、西线两个战场，而新疆是西线

---

[1]　新疆维吾尔自治区地方志编纂委员会、《新疆通志·生产建设兵团志》编纂委员会：《新疆通志·生产建设兵团志》，新疆人民出版社 1998 年版，第 727 页。另，《新疆生产建设兵团简史》一书中相关数字与该数字略有出入，详见李福生主编、方英楷副主编：《新疆生产建设兵团简史》，新疆人民出版社 1997 年版，第 176 页。

的主战场。战争爆发在世界屋脊之上，在严酷的自然条件下，双方不仅是战斗力的较量，更是后勤保障和运输能力的比拼。按照新疆军区后勤部的要求，兵团抽调民兵积极备战，作为边防正规军的战略预备队，担负着支前保障任务。

在这场战争中，新疆喀什、阿克苏、库尔勒等地，抽调青壮年干部和民兵 2,224 人，调集汽车 1,054 辆参加支前运输工作。1962 年 8—12 月，兵团汽一团、汽二团和独立汽车二营、三营，共抽调汽车 401 辆，选派民兵和驾驶员 1,125 人，把军用物资从康苏、叶城、喀什、莎车等地，运送到康西瓦、红柳滩、空喀山口等边防前线的防区和哨卡，先后运送军用物资 6,000 余吨，有力支援了作战部队。[1] 新藏公路冰封雪冻，险峰林立，公路两边常常一面是山石紧贴，一面是悬崖紧邻，加上空气稀薄，还要克服各种塌方、泥石流，他们是用生命随着车轮冲出雪谷。[2] 在做好运输任务的同时，兵团汽车一团三连、独立汽车三营还抽调 20 辆汽车作为战备车辆，配合解放军骑兵第三团、炮兵团、工兵营等执行任务。在中印边境自卫反击战期间，他们还主动参加了搬运炮弹、抢救伤员、押解俘虏、运送烈士等战勤工作。汽车三营四连的 9 辆车、15 名正副驾驶员及保修工，因积极配合执

---

① 李福生主编、方英楷撰著：《新疆兵团屯垦戍边史》，新疆科技卫生出版社 1997 年版，第 219 页。另，《新疆通志·生产建设兵团志》中数字与该数字有出入，详见新疆维吾尔自治区地方志编纂委员会、《新疆通志·生产建设兵团志》编纂委员会：《新疆通志·生产建设兵团志》，新疆人民出版社 1998 年版，第 725 页。

② 陈平：《风烟滚滚昆仑行——忆中印边界自卫反击战中的兵团汽车兵》，《兵团建设》2007 年第 3 期。

行战地勤务，荣立集体三等功。[①]

兵团支前参战人员不畏艰险，奋勇直前，为中印自卫反击战的胜利作出了应有贡献。

三、在援建中巴公路中勇创佳绩

中巴公路原称喀拉昆仑公路，始建于 1966 年 2 月，至 1979 年底全部完成。它是世界上海拔最高的公路，被誉为世界公路建设史上的奇迹。

为加强对克什米尔地区的控制，打通与中国互通有无的孔道，1965 年 9 月 30 日，巴总统委派其政治顾问法鲁克拜会周恩来总理，提出在中巴之间修建一条现代公路的想法。此时，中国正面临以美国为首西方国家的封锁与孤立，加之中苏关系恶化，印度不断在边境制造摩擦，进而发动边境战争，使中国几乎限于全面的封锁与包围之中。在这种情况下，积极谋划中巴友好合作，突破重围，具有重要的经济意义和战略意义，也是中国的必然选择。因此，当巴基斯坦提出该要求时，中方慨然应允。

1966 年 1 月 20 日，双方签署了《中巴公路联合勘察组关于修筑中巴公路会谈纪要》，规定中巴公路的接线点为红其拉甫达坂，中巴公路中国段即从喀什经喀什库尔干塔吉克自治县至红其拉甫。2 月，交通部批复了中巴公路国内段建设任务，代号

---

① 新疆维吾尔自治区地方志编纂委员会、《新疆通志·生产建设兵团志》编纂委员会：《新疆通志·生产建设兵团志》，新疆人民出版社 1998 年版，第725 页。

"1601"。3月18日，中巴代表团在北京签署了"关于修筑喀喇昆仑公路的协定"，规定两国境内的公路由各自负责修筑，其中喀什至红其拉甫达坂段由中国负责修筑，全长416公里；红其拉甫达坂至塔科特由巴基斯坦负责修筑，全长616公里。同时，中国答应无偿为巴方提供全部的筑路机械和设备，并为巴方一支1,500人的工兵部队无偿提供3年的生活用品、燃料和物资等。

按照双方的协定，新疆方面由新疆军区牵头，迅速组成了由自治区交通厅、喀什专署、兵团工三师等参加的"1601"工程指挥部，施工任务由工三师21团承担。1966年4月，首批1,558人进入工地，其后兵团农一师和工三师23团1,000余人参与施工，工地人数最多时达到2,697人。[1] 1968年9月，国内段的修建任务顺利完成。

由于交通不便、地质结构复杂、技术落后等因素，巴基斯坦境内公路建设进展缓慢，难以为继。为了争取中巴公路早日通车，中方主动提出帮助巴方修路，由中国修筑自红其拉甫达坂向南至帕苏约140公里的公路，并规定，如果中方提前完成工程，中方则继续向南修建直至到巴尔提特以北，同巴方修建的公路连接为止。当时正值国内"文化大革命"，中央指示由新疆军区承担该任务，施工人员则由兵团负责抽调。[2] 1968年7月至1971年2月，完成了援巴修路的一期工程，修路156.7公里。1974年4月至1978年6月，完成了援巴修路的二期工程，修路459.3公

---

① 新疆维吾尔自治区地方志编纂委员会、《新疆通志·公路交通志》编纂委员会：《新疆通志·公路交通志》，新疆人民出版社1998年版，第146页。

② 王复华口述、顿时春、陈伍国整理：《中巴公路的修建》，《百年潮》2009年第2期。

里。1978 年 6 月至 1979 年 11 月，应巴方要求，中国协助其修复因洪水、塌方、泥石流等毁坏的公路，又称援巴第三期工程。第一期工程中，中方施工人数达到 1 万余人，其中交通部和新疆交通厅干部 204 人，新疆军区 776 人，兵团农一师 2,780 人，农二师 1,921 人，工二师 1,273 人，农九师 1,139 人，兵团直属队、农三师、四师、五师、六师、七师、八师、工三师共 1,807 人。第二期工程中，兵团共派出 4,184 人，占中方总人数的 47%。[1]第三期工程中，有 3,750 人参与善后修复工程。[2]

中巴公路的修筑历时 14 载，施工时间 8 年多，先后有 2.2 万名军人、战士、支边青年和技术工人参与其中，消耗各种物资 30 余万吨，投资 229 亿元。在十几年的施工中，发生事故 700 余起，死亡 168 人，致残 200 余人。[3]两万余名筑路工人战严寒，斗酷暑，克服强烈的高原反应，在生活条件极度艰苦、施工机械十分缺乏、地质结构异常复杂的情况下，在被断言为筑路禁区的高山深谷、冰峰达坂中凿出一条坦途，他们用血肉之躯续写着丝绸之路的今古传奇。

第三节　民族交融

支边青壮年来到新疆，不仅给工农牧业生产战线增加了大批

① 侯万里：《兵团援巴始末》，《兵团档案》2013 年 3 月（下半月刊）。
② 本刊特约记者：《中巴公路修筑纪事》，《百年潮》2012 年第 3 期。
③ 刘向晖、朱少华：《中巴公路修建始末（下）》，《喀什日报》（汉文版）2006 年 12 月 27 日。

劳动力和技术力量，而且加强了民族融合与文化交流，活跃了农村的文化生活，对加强基层党团组织的核心力量等方面也起到了积极作用。

一、各民族交往交流交融

著名维吾尔诗人和翻译家克里木·霍加[①] 于 1959 年创作了《你们好》一诗，表现出对支边青壮年的热诚欢迎，抒发了强烈的兄弟之情。

你们好

克里木·霍加

你们好，亲爱的兄弟！欢迎你们的到来。愿你们踏过的每一片土地，变成红色的花海。

我们望着你们的来路，等了多少个白天。急切地为你们展开了臂膀，盼了多少个夜晚。

瞧，天山也在低头躬背，向你们致"萨拉姆！"[②] 那白头博格达也摊开了怀抱，亲切地说："好啊，巴拉姆[③]！"

塔里木也在欢腾喧嚷，"来吧，来到我的怀抱！"塔克拉玛干也喜出望外，为你们的到来点头微笑。

克拉玛依也在说："来呀！给我赋予了生命的亲人。是

---

① 克里木·霍加，维吾尔族，生于 1928 年，新疆哈密人，诗人和翻译家。
② 萨拉姆，维吾尔族问候语。
③ 巴拉姆，维吾尔语，意为"我的孩子"。

你的同胞打扮得我如此灿烂，我头上的花是他们亲手栽培。"

如今，我还迫切地需要，你们那无穷的智慧和力量。从那还未打开的密室里，找到更多更贵的宝藏……

喀什噶尔的热瓦甫，也把心底的秘密吐露："要是没有上海的琴弦，我怎么会长出说话的舌头？"

献给你们的那顶花帽，也在倾诉它的心望："若不是苏州的丝线，我怎会显得如此鲜艳？"

帕米尔的高峰也在呼喊："请你们到这边来！这里的草原和牧场，和你们家乡的蓝天难分开。"

阿尔泰的鱼儿也没有沉默，"来吧，高贵的客人！我们和长江流域的鱼儿，向来都是亲兄弟！"……

你们好，亲爱的弟兄，让我来把你们祝贺。你们踏过的每一个脚印，对我们何等的亲切！

欢迎你们，亲爱的兄弟！请你们坐在上座，为欢迎你们远道而来，设宴宰了个骆驼。①

这首诗不仅是诗人自我情感的表白，也是新疆广大少数民族共同心愿的典型写照。在这首诗中，我们可以看到新疆各族民众对支边青壮年热烈而诚挚的欢迎之情，这更是亲密无间的兄弟之谊的真情流露。

支边青壮年与当地各族人民在共同的生产生活中结成了深厚的情谊。昭苏县人民医院院长艾拜都拉，为了治好一个腿部受伤

---

① 艾光辉：《新疆大地与支边青年家乡的蓝天分不开》，载王佑夫、钟兴麒主编：《民族团结诗话》，新疆人民出版社1993年版，第248—250页。

的支边青年，毫不犹豫地从自己腿上割了 14 块皮。鄯善县卫星公社支边青年梅广风的母亲在家里去世了，维吾尔族大妈古逊木汗像母亲一样，把梅广风照顾的无微不至，嘘寒问暖，每逢节日必请她到家做客，梅广风感动地说："这里的妈妈比家里的妈妈照顾得还要好。"该社支边青年黄家木病了，当地干部立即送他住院，并且经常探望。尼亚孜老人听说病人爱吃水饺，他就立刻做好，跑了几公里路，亲自送到病人口边。① 吐鲁番火焰山公社木头沟管理区前进大队二生产队，有来自江苏省的支边青年 41人，他们和当地维吾尔族社员朝夕相处。对这些来自外乡的青年，当地老社员都当作自己的亲兄弟姐妹一样看待。因荒地上全是洪水，烧一锅茶锅底总要沉下一些泥，喝水时当地群众总是先给支边青年舀，因为上边的水清。有时茶水少，老社员们宁可少喝或不喝，也要留给支边青年。② 阿克苏的少数民族群众从 100多公里以外给进疆青年送鱼吃，红旗第一农场民族副场长亲自赶车到 50 公里以外，为进疆青年拉铺草。还有很多少数民族同志均把房子和铺板腾出来让进疆青年住，进疆妇女的小孩没奶吃，当地民族妇女就主动送给她们牛奶。国营精河牧场农田生产队副队长买合苏提意味深长地说："汉族老大哥来后，帮助我们提高了技术，我们从心里喜欢他们，也离不开他们。"进疆青年也表示："一定要把边疆建设好，一定要把荒滩变成各族人民幸福的花园。"正如他们在诗歌中写的那样：

---

① 辛兰亭：《树雄心，立大志，发愤图强建设伟大祖国的边疆——在支援新疆社会主义建设青壮年积极分子大会上的报告》，《新疆日报》1960 年 10 月28 日。
② 刘元吉：《鱼水相亲一家人》，《新疆日报》1961 年 9 月 6 日。

新疆是个好地方，天山南北多宝藏，

土地肥沃水源足，风吹草动见牛羊。

各项建设大发展，劳力缺乏跟不上，

毛主席和党中央，调兵遣将援边疆。

郊迎十里接亲人，各族兄弟喜若狂，

同心协力齐跃进，你追我赶日夜忙。

祖国边疆心连心，社会主义放光芒，

年年丰收想恩人，毛主席呀寿无疆。①

　　分配到昌吉县南山金涝坝林场的支边青年与当地的哈萨克族职工互帮互学，结下了深厚的情谊。盐城县支边青年刘小莲用他们从江苏老家带来的小纺线车，教哈萨克族职工家属纺羊毛线、织毛衣、毛裤、毛袜子、毛头巾和毛绑腿等，指导他们洗衣晒被，并教他们给大人小孩理发。哈萨克族职工则教支边青年骑马、骑牛，收拾畜力干活用的套具、骑具等，教他们做皮衣皮裤、皮窝子鞋，还教他们挤牛奶、烧奶茶、做抓饭等等。②

　　在长期的生产生活中，不少支边青年还与当地民众通婚，更有一些人与当地的回族、维吾尔族群众喜结百年之好，在当地被传为佳话。1960年刚满18周岁的刘玉芳从江苏靖江支边来到吉

---

① 张生才：《让支援新疆建设的青年在自治区发挥更大的力量》，《新疆红旗》1959年第15期。

② 穆尚廉：《深山老林里的支边人》，载昌吉州政协党派社团学习文史委员会编：《昌吉州政协文史资料第33辑》（苏皖鄂青壮年支边在昌吉），新疆维吾尔自治区内部资料性出版物准印证（2010）年第53号；2010年版，第127页。

木萨尔县，被分配到了维吾尔族聚居的光明大队。从来没有听过的语言，从来没有接触过的民俗习惯，陌生的人们给她带来了莫大的不适感。维吾尔族青年达吾提·沙吾提主动帮助刘玉芳干一些力所能及的活，尽量减轻她的劳动强度。最终，他们走到了一起。①

二、文化交流

在农村，有不少支边青壮年担任了社、队领导干部，还有许多人担任了文书、会计、小学教员等，特别是一些有文化知识的支边青壮年，更是和当地社员群众打成一片，帮助当地社员学习文化、读报、讲时事，组织演剧、开展体育活动等，丰富了当地群众的文化娱乐生活，使农村呈现出热闹欢乐的景象。② 米泉县支边青年采取包教包学的办法，热心帮助老社员学习文化。如东丰大队支边青年庄学范等每人包教 3 人，每晚上要认会 10 个字。③ 随着群众性扫盲和业余教育运动的深入发展，新疆各地也开展了业余文化学习活动，支边青年在扫盲运动中发挥了重要作

---

① 俞瑞娟：《刘玉芳：用一生的真情诠释"融合"的真谛》，载昌吉州政协党派社团学习文史委员会编：《昌吉州政协文史资料第 33 辑》（苏皖鄂青壮年支边在昌吉），新疆维吾尔自治区内部资料性出版物准印证（2010）年第 53 号，2010 年版，第 298—299 页。

② 《米泉县关于支边青壮年安置工作的情况报告》，1959 年 11 月 4 日，昌吉回族自治州档案馆藏，档案号：2-4-19。

③ 《玛纳斯县基本情况和进疆支边青壮年安置生产情况向江苏、湖北两省慰问团的介绍》，1959 年 11 月 20 日，昌吉回族自治州档案馆藏，档案号：2-14-19。

用。玛纳斯县半数的扫盲教师都是由支边青壮年担任的，有的公社由支边青壮年担任教师的占到 90%，全县三所农业中学的 8 名教师中，有 5 名是支边青壮年。[①] 呼图壁县在各队担任扫盲教师的 40 人中，有 2/3 是支边青壮年，他们出现在田间地头，一边参加劳动，一边传授文化知识。[②]

为了更好地为新疆社会主义建设服务，不少支边青年还积极学习维吾尔语。

江苏支边青年蔡水良自进疆以来一直学习维语，他除了随时随地向维吾尔族社员学习外，还专门拜了懂一点汉语的维吾尔族社员乌不拉音为师。经过学习，他不但在日常工作中能用维吾尔语同当地群众直接交流，有时开会还能担任翻译工作。[③]

通过这种互相交流学习，不但改变了农村的社会风尚，促进了生产，而且对改变边疆地区文化落后的面貌，都具有深远意义。

---

① 辛兰亭：《树雄心，立大志，发愤图强建设伟大祖国的边疆——在支援新疆社会主义建设青壮年积极分子大会上的报告》，《新疆日报》1960 年 10 月 28 日。

② 《呼图壁县卫星一场支边工作及支边安置工作检查报告》，1960 年 6 月 25 日，呼图壁档案馆藏，档案号：1-1-778。

③ 韩志学、何志贤：《支边青年蔡水良努力学习维语》，《新疆日报》1962 年 11 月 10 日。

结　语

青壮年移民支边运动是在"大跃进"特殊历史背景下进行的，因而不可避免地带有某种盲目性。1960 年下半年，国家经济上的严重困难，使得大规模的支边工作无法继续进行，已到达边疆地区的也因各种原因而大批返回原籍。[①] 因此，有人认为，"组织大量移民垦荒，结果不但成效甚微，而且还留下了许多后遗症"[②] 。不可否认，在移民支边实施过程中确实存在种种问题，但从近几十年来边疆开发建设、安边固疆、维稳成边、各民族的交流交融、边疆地区中华民族凝聚力的增强等方面的成效来看，国家的移民支边工作是利大于弊的。

一、对江苏青壮年移民支边工作的理性思考

青壮年移民支边工作是一场特殊背景下的社会运动，不能简单地将其归咎为好或者不好，而应把其放入当时的社会条件下进行考察，既要看到其成绩和积极作用，又要总结归纳其存在的问

---

① 　《当代中国》丛书编辑部编辑：《当代中国的劳动力管理》，中国社会科学出版社 1990 年版，第 101 页。
② 　张纯元主编：《中国农村人口研究》，中国人口出版社 1994 年版，第 92 页。

题，以利于更好地指导今后的工作。

（一）青壮年移民支边工作的成绩

1958 年，北戴河会议决定从内地动员 570 万青年到边疆和少数民族地区参加社会主义开发和建设工作后，各相关省、自治区和国务院有关部门积极拥护和执行了这一决定。该项工作是由农垦部负责具体管理，各有关省、自治区党委协商的基础上进行的。1959—1961 年间，除四川、广东省内移民和河北支援内蒙古的劳动力基本未动员外，共迁移青壮年 93 万余人，随迁家属 43.8 万余人，退伍士兵及其家属 11.7 万余人，总计迁移 148.5 万人。其中，进疆的支边青壮年及其家属为 303,904 人（江苏省 150,986 人，湖北省 115,341 人，安徽省 37,577 人），内有家属 58,347 人。此外，还有 1961 年从甘肃转入新疆的河南省支边青壮年 10,108 人。①

在支边工作中，移出地区表现出了支援边疆建设的高度热情，迁移对象多是主动自愿报名的，绝大多数支边青壮年都符合中央规定的各项条件。到边疆和少数民族地区的 140 多万人中，随迁干部有 41,000 多人，党员 53,891 人，团员 157,744 人，还有相当数量的教育、卫生、手工业、商业和各服务行业人员，是一支政治素质好、有一定文化知识、身强力壮、各业人员齐全的劳动大军。他们到达边疆后，在各级党政领导的关怀和当地群众

_____

① 《新疆维吾尔自治区劳动调配委员会关于报送三年来支边青壮年安置巩固工作的报告》，1962 年 8 月 4 日，江苏省档案馆藏，档案号：4008-002-0025。

的帮助下，很快地安定下来，投入了工农业生产。支边青壮年中参加国营农场的有 49.8 万余人，占支边青年的 50%；参加人民公社的 20.9 万人，占 21%；参加工矿、交通、林业、贸易、文教等事业的 28.9 万人，占 29%。[①] 他们在开发和建设边疆事业上发挥了积极作用，正如辛兰亭副主席所言：支边青壮年进疆，不仅可以缓解自治区劳动力缺乏的困难，更好地发挥新疆地大物博，资源丰富的特点，加速各项建设事业的发展，而且可以增强汉族人民和少数民族人民的团结，促进社会主义民族关系的发展，更有利于提高当地的科学技术文化水平，"这对迅速改变自治区经济、文化落后的面貌，使自治区更快地赶上先进地区，具有深远的政治意义"。[②]

支边青壮年的巩固情况，各地不一。截至 1962 年 8 月，新疆、云南、吉林、黑龙江等省巩固下来的达 80%—90%。辽宁、甘肃等省约有半数返回原籍。宁夏回族自治区返籍的占 80% 以上，青海省逃离和返回原籍的约占 95%。各省区返籍的支边青年有 40 余万人，占迁移总人数的 30% 左右。[③] 可以看出，虽然

---

① 《中央批转农垦部党组关于动员青年参加边疆建设工作情况和今后意见的报告》，1962 年 10 月 19 日，载农垦部政策研究室、农垦部国营农业经济研究所、中国社会科学院农经所农场研究室编：《农垦工作文件资料选编》，农业出版社 1983 年版，第 570 页。

② 辛兰亭：《关于自治区支边青壮年安置工作的报告——在 1960 年 7 月自治区支边青壮年安置工作会议上》，1960 年 7 月 2 日，新疆生产建设兵团档案馆藏，档案号：007-03-0080-4。

③ 《中央批转农垦部党组关于动员青年参加边疆建设工作情况和今后意见的报告》，1962 年 10 月 19 日，载农垦部政策研究室、农垦部国营农业经济研究所、中国社会科学院农经所农场研究室编：《农垦工作文件资料选编》，农业出版社 1983 年版，第 570 页。

有的地方巩固率不高，但总体上有 2/3 以上的青壮年都留在了移入地区。返籍人数较多的省区与当地的客观条件有直接关系，有的地区确实不适宜农业生产。以青海省为例，该省安置的 8 万余名河南支边青年，在海拔 3,000 公尺的高原上建立了 32 个农场，但最终连种子都没有收回。[①] 这就说明安置地区的客观条件对支边青壮年的巩固有直接的影响。再以新疆为例，虽然戈壁荒滩居多，但气候条件适宜发展工农业生产，故安置巩固率就高。江苏省进疆支边青壮年 145,163 人（含家属），返回原籍的约 3 万人，约占 20%。[②]

　　1958 年至 1962 年间，新疆安置支边青壮年 30 万人，自流人员约 80 万人，精减下放职工约 12 万人。[③] 自流人员远多于国家计划性迁入的支边青壮年，但是，对地广人稀的边疆地区的开发和奠基是需要集体的力量，仅依靠零散的自流人员是无法完成的。而且，有许多自流人员投靠的对象往往是集体迁移民众的亲朋故旧，如若没有国家计划性迁移民众的开拓，边疆地区也不可能在短时期内吸引数量如此庞大的劳动力。[④] 支边青壮年和自流人口在边疆地区安家落户，使边远省区农村人口快速增长，有些

① 《当代中国》丛书编辑部编辑：《当代中国的劳动力管理》，中国社会科学出版社 1990 年版，第 101 页。

② 《关于我省支边返籍人员情况和请求拨给安置经费及物资的报告》，1962 年 10 月 17 日，江苏省档案馆藏，档案号：4008-002-0026。

③ 《新疆自治区党委、人委批转自治区人委政法办公室、劳动调配委员会"关于安置巩固支边青壮年、精减下放职工、自流人员工作会议的报告"》，1963 年 2 月 12 日，昌吉回族自治州档案馆藏，档案号：1-2-139。

④ 赵入坤：《二十世纪五六十年代的中国边疆移民》，《中共党史研究》2012 年第 2 期，第 64 页。

省区人口甚至成倍增长。从 1953 年到 1982 年 30 年间，黑龙江
人口增长 1.37 倍，宁夏为 1.33 倍，新疆为 1.26 倍，内蒙古为 1.15
倍，青海为 1.09 倍。[①] 随着人口的不断增加，边疆地区的人口
密度和民族构成也发生了很大变化，这对于发展边疆地区的经济
文化事业，增进各族人民的团结，保卫巩固祖国的边疆，都具有
举足轻重的作用。

再从这次移民支边与历史上的人口迁移对比来看。从汉朝开
始，历代中央王朝为了加强对边疆的控制，就通过移民的方式屯
垦戍边。民国时期，官方和社会舆论高度关注开发西北。国民政
府在赈灾与实边的双重压力下，制定了庞大的移民计划，但实际
成效却极为有限。孙中山最早提出了在西北修筑铁路，10 年内
向西北迁移 1,000 万人的设想。[②]"九一八事变"后，因东北沦
陷引起了国人对开发西北的关注，社会各界力主向西北移民。国
民党中央也相继通过了一系列开发西北的议案，其中包括第一期
向西北移民 2,000 万的计划。[③] 1942 年，新疆督办盛世才与苏联
关系恶化，蒋介石趁机委派第八战区司令长官朱绍良和国民政府
经济部长翁文灏与盛世才谈判，意欲促使盛世才归顺国民政府。
其后，国民政府多次商讨向新疆移民事宜。1942 年 10 月，国防
最高设计委员会呈报《西北十年建设计划提要》，计划在 10 年内
移民 100 万，扩充垦地 2,000 万亩，垦民以豫西、川北、鄂西、

---

① 张纯元主编：《中国农村人口研究》，中国人口出版社 1994 年版，第 82 页。
② 孙中山：《实业计划二》，载中国国民党中央委员会党史委员会编订：《国父
全集》（第 1 册），（中国台北）"中央"文物供应社 1965 年版，第 523 页。
③ 秦孝仪主编：《革命文献》（第 89 辑），（中国台北）"中央"文物出版社
1981 年版，第 72 页。

鄂北、山西及冀鲁贫民为主。① 同年 10 月 27 日，盛世才、朱绍
良电催蒋介石尽快在短时间内移民实边。盛世才还提出迁移人数
多多益善，第一年以 20 万—30 万为准，以示其诚意。② 由于经
费缺乏和交通落后等原因，行政院通过的开发西北实施计划将迁
移人数大大压缩，提出先迁河南省灾民 2 万人。③ 在此期间，河
南灾情持续发展，但政府照旧征粮征实，致民生凋敝，民怨沸
腾。加上新疆方面不断向中央请求移民，1943 年 10 月国民政府
正式启动了迁移河南灾民赴新疆垦殖计划。该计划由三个部门负
责实施，农林部负责召集灾民，交通部西北公路运输局负责运送
及沿途食宿供应，新疆政府负责安置。然而，移民招集工作并不
顺利，尽管官方进行了宣传动员工作，但灾民对于移垦新疆并不
积极，报名人数寥寥，完全出乎官方的预料。运送垦民的交通工
具为汽车，每车约 40 人。受天气等因素影响，运输计划不断后

① 《王世杰呈陈布雷文》，1942 年 10 月 12 日，台北"国史馆"藏档《国民政
　府：开发西北与移民》(1)，典藏号：001-111031-0002，转引自刘萍：《1942—
　1944 年豫籍灾民迁移新疆述略》，《东岳论丛》2014 年第 4 期，第 52 页。
② 《盛世才、朱绍良致蒋介石电》，1942 年 10 月 27 日，(中国台北)"国史馆"
　藏档《国民政府：开发西北与移民》(1)，典藏号：001-111031-0002，转引
　自刘萍：《1942—1944 年豫籍灾民迁移新疆述略》，《东岳论丛》2014 年第
　4 期。
③ 行政院《三十二年度开发西北实施计划及概算及审查报告》，1943 年 2 月
　13 日，(中国台北)"国史馆"藏档《国民政府：开发西北与移民》(1)，典
　藏号：001-111031-0002，转引自刘萍：《1942—1944 年豫籍灾民迁移新疆述
　略》，《东岳论丛》2014 年第 4 期。

推。1943—1944 年间，共移送垦民 9,101 人。① 后因三区革命爆发，移民实边活动停办。

民国末期国民政府向新疆移民实边活动与 20 世纪五六十年代的移民支边运动，均因各种原因执行两年便被迫停止。但二者迁移数量却有巨大差别，说明了中国共产党"群众动员能力之强，操作技术之有效是其他政党组织难以比拟的"②。在移民支边的实践过程中，不仅探索和积累了一套行之有效的援建边疆的政策措施，还树立了全国"一盘棋"和社会主义大协作精神，弘扬了"好儿女志在四方"和到祖国最艰苦的地方去建功立业的时代精神，探索了党委号召、政府组织、社会参与，立足边疆实际和需要的援疆工作新机制，对于推进新时期的援疆工作也提供了有益的历史启示和工作经验。③

（二）青壮年移民支边工作中存在的问题

在看到青壮年移民支边工作成绩的同时，还应清楚看到其存在的问题。这些问题在前文中都或多或少有所涉及，举起要而言之，大概有以下几个方面：

---

① 刘萍：《1942—1944 年豫籍灾民迁移新疆述略》，《东岳论丛》2014 年第 4 期。另有一说为移送垦民 1.1 万余人，载阎东凯、张莉：《民国"开发西北"中一次未竣的移民计划——1942 年至 1944 年的新疆移民》，《民国档案》2006 年第 3 期。

② 张励：《抗美援朝运动中上海的群众动员》，《上海党史与党建》2006 年第 3 期。

③ 中共湖北省委党史研究室、新疆生产建设兵团党委党史研究室：《湖北二十世纪五六十年代援疆史料选辑》，湖北长江出版集团、湖北人民出版社 2008 年版，第 35 页。

1.计划大任务急，准备工作不足

青壮年移民支边工作规模大、频率高，而且采取的是远距离的农村移民形式，这与当时国力和安置省区的安置能力是不匹配的。有的地区不考虑安置条件，一下子进人太多，以致最基本的生产生活资料都不能保证。有的地区没有经过荒地勘察规划或进行必要的物资准备，便盲目建场，结果是农场没有办成，又破坏了自然资源。如青海省新建的 32 个青年农场，多数在海拔 3,000 米以上的高寒地区，这些地方水资源严重缺乏，无霜期短，不能保种保收，结果不但生产搞不起来，而且造成了很大浪费。国家对青海省新建农场投资 11,000 万元，调拨粮食 9,250 万斤，而 3 年内仅生产粮食 3,500 多万斤，产值仅为 1,800 万元。甘肃省甘南地区的情况与青海类似，大部分新建农场也相继撤掉。张掖地区也因粮荒严重，不得不把 2.5 万余名支边人员调往新疆、山西。①

相对于青海、甘肃等省，新疆的环境气候条件更适合农业生产。但是，初到新疆安家的支边青壮年面临许多实际困难。无论是兵团、人民公社，还是农牧、工交系统，都面临着共同的问题——住房问题。② 即以最基本的日常生活用具锅碗瓢勺来说，都极其缺乏，他们常常陷入做饭没锅，和面没盆，打水没桶的境

---

① 《中央批转农垦部党组关于动员青年参加边疆建设工作情况和今后意见的报告》，1962 年 10 月 19 日，载农垦部政策研究室、农垦部国营农业经济研究所、中国社会科学院农经所农场研究室编：《农垦工作文件资料选编》，农业出版社 1983 年版，第 570—571 页。

② 会议秘书处编：《安置支边青壮年工作会议简报》第 4 期，1961 年 6 月 1 日，农六师芳草湖总场档案室，目录号 3，卷号 72。

地，有的支边人员一个面盆兼具洗脸、洗脚、洗衣服、和面、打水、盖锅、喂猪等多重功能。① 有的公社长期发不了工资，许多青年因缺少衣物而换不了季，有的生病没钱治疗，甚至连理发、寄信和零用的钱都有困难。这些问题中有很多是应该并且完全可以解决的，但是有些单位没有及时解决，甚至把国家下拨的安置费和物资扣住不发，故意为难青壮年。②

2.动员工作中有夸大宣传，甚至有强迫命令现象

各省区都对支边的意义进行了广泛深入的宣传，但时间紧、任务重，在动员工作中对新疆的情况介绍不够完整，对服从工作需要、服从新疆各级党委的统一分配强调不够，对新疆建设过程中的暂时困难，特别是对参加农业生产的意义说得不多，个别干部甚至信口承诺进疆以后都能参加工业生产。少数地区部分基层干部为了完成任务，不惜夸大宣传，甚至用强迫命令等手段，主要表现为：

一是部分基层干部宣传内容片面浮夸，甚至信口开河、随便许愿。具体体现在：（1）夸大新疆的物质生活。如东县有些公社干部说："新疆吃得好，穿的是皮衣，一个月工资百把元。"吴县车坊等公社干部讲："新疆遍地是黄金，吃的是牛羊肉，支边等

① 《关于玛纳斯县几年来民政事业费和支边、精减自流人员各项费用和物资的管理情况的调查报告》，1963 年 1 月 10 日，昌吉回族自治州档案馆藏，档案号：1-1-335。
② 辛兰亭：《关于自治区支边青壮年安置工作的报告——在 1960 年 7 月自治区支边青壮年安置工作会议上》，1960 年 7 月 2 日，新疆生产建设兵团档案馆藏，档案号：007-03-0080-4。

于去贩货。"①南通专区有人说到新疆一天两次荤，拿钱多，一年
供应 500 斤大米，农村与城市没有两样。还说新疆有一个大果
园，因人少果子吃不下烂在地上，核子有 3 公尺。②湖北省在宣
传动员中也有类似宣传，如说"新疆每年只工作三个月，其余的
时间都是在家里烤火，说乌鲁木齐比武汉三镇都大，去到新疆后
有的是洋楼住"③。（2）片面强调工业。无锡县西漳公社干部讲：
"到新疆最苦是开拖拉机，好的是进工厂。"常熟虞山镇一个小组
长说："城镇青年去支边一般不会到农村，不是当干部就是做工
人，即使到农村也是学开拖拉机。"滨海县正洪公社动员时说到
新疆可以当工人，因此许多青年都报了名，"一是想到外面闯荡
闯荡，二是盼望能够改变身份，成为一名领工资的工人"。④（3）
怕群众"故土难离"，把支边说成是短期的。安徽枞阳县有的宣
传说："好像是支援新疆稻改，一年就回来。"岳西县有的干部

①　《少数地区在宣传中存在的问题》（笔者据文意自拟标题），载江苏省支边
　　办公室编印：《支边动态》1959 年第 16 期，1959 年 8 月 8 日，镇江市档案
　　馆藏，档案号：B21-3-360。
②　《陈副专员 3 月 22 日电话会议上发言记录稿》，1960 年 3 月 22 日，南通市
　　档案馆藏，档案号：D222-111-0034-0011。
③　《关于新疆驻湖北省工作组协助湖北动员青壮年支援新疆社会主义建设的
　　工作总结报告》，1959 年 6 月 24 日，新疆生产建设兵团档案馆藏，档案号：
　　016-03-0223-2。
④　刘训邦口述，佐君整理：《寻梦五十年》，载昌吉州政协党派社团学习文史
　　委员会编：《昌吉州政协文史资料第 33 辑》（苏皖鄂青壮年支边在新疆），
　　新疆维吾尔自治区内部资料性出版物准印证（2010）年第 53 号，2010 年版，
　　第 340 页。

说"去学习几个月就回来"①。江苏无锡县个别公社干部讲"到新疆三年就回来"，这一点，在无锡县港下公社一名支边青年处得到证实，"当时他们说去三年就回来，分配到农业上 3—5 元一个工"。②苏州一位支边青年也说"公社领导说干三年就回去，而且一个月 80 块钱工资"。③常熟县也有类似的宣传动员，"在家搞啥工作的，到新疆去还是做啥工作，3 年以后就可以回来"。④很多人都是想着就去新疆三年，抱着出去闯一闯、看一看的想法。扬州专区有个别地方乱提口号，"人人打报告，个个写申请，户户谈支边，家家做准备"，造成工作上被动。⑤应该说，这样的宣传确实很有吸引力，但同时也造成部分人到新疆后，因与心理预期落差太大而返回原籍，不利于安置巩固工作。

二是少数地方动员工作简单粗暴，甚至产生强迫命令现象。如皋县新民公社五大队支书在党支部会议上只是简单地号召群众当场报名，结果 17 个党员都报了名，但经排队思想通的只有 2 人。个别大队事先写好名单，在生产会议上号召一下，就要求大家去盖章。海安县西场公社个别生产队召开会议动员报名，群众

---

① 《安徽省劳动局关于支边工作给黄省长、张副省长的报告》（笔者据文意自拟标题），1959 年 3 月 28 日，安徽省档案馆藏，档案号：52-2-255。

② 访谈王清保，新疆乌鲁木齐，2014 年 5 月 29 日。王当时是无锡县港下公社支边青壮年，被分配到乌鲁木齐县地窝堡乡金星公社。

③ 访谈吴巧根，新疆和静，2014 年 1 月 7 日。吴当时是江苏苏州支边青壮年，被分配到和静巴音公社二大队。

④ 杨瑞芬口述、梅润生整理：《回望我的青春岁月》，载《昌吉州政协文史资料第 33 辑》（苏皖鄂青壮年支边在新疆），第 66 页。

⑤ 《（扬州专区）关于动员青壮年支援新疆社会主义建设工作总结》，1959 年 12 月，扬州市档案馆藏，档案号：A45-1-11。

因思想酝酿不够不肯报名，就把门关起来不散会。[1]淮安县南闸公社周庄大队原定6个动员任务，干部指定3对夫妻，经审查，其中1人有病，5人思想不通，全部返工。[2]湖北省一些县的基层干部说："上面一箍，下面一赶，就迁走了，还搞什么动员。"[3]

三是部分地区报名后审查、思想巩固工作不扎实，造成审批过程中不少人思想"回潮"。如东县有158,505人报名，经过排队，符合支边条件的48,256人，真正"三通"的为5,855人，仅超过任务数355人。[4]各地思想回潮的人数一般为5%—10%，盐城专区批准6,362人中，回潮的504人，占8.5%；武进县试点工作批准50人，回潮的5人，占10%；宿迁县黄墩公社批准400人，有20人思想起变化，占5%。盐城马沟公社批准55人，回潮达31人，占56.3%。[5]思想回潮人员的规律是：女的比男的多，有小孩的比没小孩的多，城镇的比乡村的多。

3.政策界限不清，决策执行不力

有不少移出地区在处理支边人员的房屋、家具、树木等个人财产时，出现了被公社无偿占有或作价太低的现象。有的安置在

① 《进一步认真做好思想发动工作》，载江苏省支边办公室编印：《支边动态》1960年第2期，1960年3月22日，镇江市档案馆藏，档案号：B21-3-398。
② 《6月17日各地电话纪要》，载江苏省支边办公室编印：《支边动态》第9期，1959年6月19日，镇江市档案馆藏，档案号：B21-3-360。
③ 《湖北省支边委员会关于罗田、麻城县迁送支边青壮年家属工作会议情况的通报》，湖北省档案馆藏，档案号：SZ67-2-938。
④ 《进一步认真做好思想发动工作》，载江苏省支边办公室编印：《支边动态》1960年第2期，1960年3月22日，镇江市档案馆藏，档案号：B21-3-398。
⑤ 《许靖同志关于盐城地区支边工作情况的报告》，1959年6月5日，江苏省档案馆藏，档案号：4008-002-0003。

人民公社的支边人员所需的生产生活资料，几乎全都是平调当地生产队和社员个人的。1962年《农村人民公社工作条例修正草案》（简称人民公社六十条）下达后，虽然对侵占当地公社和社员利益的进行了退赔，但执行得不够彻底，老社员仍有不少意见。特别是青海省循化县还出现了撵走当地民众，侵占他们的村庄、牧场和耕地的办法来建立青年农场，甘南地区的夏河、临潭等县也出现过类似的情况。

在政策掌握上，少数基层单位对省委的政策规定缺乏正确的理解，有的在条件上挑剔过度，要求过高，有的忽视了发动壮年，有的忽视了发动妇女，有的批准了孕妇随行，致有7人在途中流产。[1] 还有的地方审查不严，个别有精神问题、严重慢性病的青壮年和少数十三四岁的孩子也进了疆，甚至个别品质不好，有偷窃行为的人也混了进来。[2] 在家属接迁工作中，有的地方对于接迁范围、原则以及支边青壮年本人如何根据自身情况选择接迁对象等交代不清，加上接迁干部素质不高，责任心不强，甚至把一些不应接和根本不是家属的也接来了。[3]

人民公社化以后，农业战线劳动力普遍紧张，江苏省的一些公社和大队对返籍的支边青壮年持欢迎的态度，没有户口的也给落了户口，没有党团关系的恢复了党团关系，还分配了工作，甚

---

① 《江苏省支边委员会关于下半年支边工作情况和今后工作意见的报告》，1959年9月29日，江苏省档案馆藏，档案号：4008-001-0004。

② 《关于慰问支援新疆社会主义建设青壮年工作的报告》，1959年12月31日，江苏省档案馆藏，档案号：4008-002-0007。

③ 《关于1963年接迁支边青壮年家属的工作总结》，1964年1月20日，江苏省档案馆藏，档案号：4008-001-0014。

至有的还寄来证明，鼓动支边青壮年返籍。[①] 自从贯彻中央以调整为中心的"八字"方针以后，有不少安置地区从城镇和企业中精简支边人员转向农业生产。按照自治区的规定，支边青壮年及其家属是不允许遣返原籍的，但仍有不少单位大量处理支边青壮年返回返籍，有的地区甚至有动员、强迫遣返支边青壮年回籍的现象。有的青壮年返籍后不能和当地社员享受同等待遇，生活上的困难有增无减。有的公社对返籍青年不但不给予应有的关怀，反而千方百计地往回逼，致使返籍青壮年和其家属极其痛心，严重伤害了他们的感情。[②] 一些支边青壮年被迫重新返疆，但有个别安置单位或领导不是抱着欢迎的态度，更不是热情接待妥善安置，而是说户口注销、口粮未留，一律不能安置等抵制重返者。[③]

在国家下拨的救济款和扶助物资的发放上，没有认真贯彻执行"困难大的多补助，困难小的少补助，无困难或虽有而可以克服的不补助"的原则，存在层层下拨不求实效的做法，还有的地方把有关款项截留或挪作他用。有的队以干部的恩赐代替了党和政府的关怀，他们在发放补助时，既没有宣传教育，又没有民主评议，补助对象只是由少数干部研究确定，出现了应补的没补，不应补的补了，应少补的多补了，补了的也不认

① 《新疆维吾尔自治区劳动调配委员会关于积极采取措施制止目前部分地区支边青壮年逃跑的通知》，1961年4月28日，新疆生产建设兵团档案馆藏，档案号：016-03-0224-6。

② 《关于江苏省迁移家属和对返籍人员处理工作的调查报告》，1961年10月15日，江苏省档案馆藏，档案号：4008-002-0022。

③ 《(呼图壁县)1961年支边安置工作总结》，1962年1月2日，呼图壁县档案馆藏，档案号：8-2-310。

为是政府的关怀，而感到是理所应得的，甚至产生争多论少的不团结现象。[①]

4. 对支边青年关心照顾不够，存在排挤歧视的现象

支边青壮年一度逃离外流，其主要原因之一是基层干部的排挤歧视所致。[②] 支边青壮年中大部分人思想稳定，生产积极性高。但是，由于农业连年遭灾，关内大批自流人员入疆，农民收入减少，劳动力紧张状况有所缓解，基层干部放松了对支边青壮年的安置巩固工作。存在对支边青年单纯使用的观点，而在思想教育方面抓得不够。支边青壮年一到公社，没有很好地做思想教育工作，就分配上山、下水库、值夜勤等重体力劳动，在劳动中又没有适当的劳逸结合，而只是苦战放卫星，劳动强度太大，挫伤了支边青壮年的劳动热情。支边青壮年对此有意见，而有些基层干部认为"青壮年来新动机不纯，调皮捣蛋，不好管理"等等，甚至把因灾害造成的收入减少也归咎于支边青壮年。

支边青壮年在异地安家，吃、穿、住、用等方面要比老社员困难得多。特别是由于受灾减产，不少支边青壮年劳作一年所得无几，进疆两三年仍有几十个人、几对夫妇同住一屋的现象。添置衣物和生活用品又手头无钱，只好找大队去借。时间长了，基层干部就有厌烦情绪，认为支边青壮年来到新疆，帮助不大，麻

---

① 《关于玛纳斯县几年来民政事业费和支边、精减自流人员各项费用和物资的使用管理情况的调查报告》，1963 年 1 月 10 日，昌吉回族自治州档案馆藏，档案号：1-1-335。

② 《新疆维吾尔自治区人民委员会批转伊犁自治州人民委员会关于自治区支边青壮年、精减下放职工和自流人员安置巩固工作会议精神贯彻执行情况的简报》，1963 年 3 月 11 日，昌吉回族自治州档案馆藏，档案号：2-4-42。

烦太多。支边青壮年则由于实际困难解决不了，而埋怨干部"没有把我们当人看待"，因而不遵守劳动纪律，不出勤，卖衣物，甚至有少数人偷东西，引起当地群众的反感，产生了厌恶、歧视、排斥等现象。因此，在评分、打饭、借钱、口粮标准等方面都另眼看待，不能一视同仁。[①] 基层干部对支边青壮年耐心教育少，指责惩罚多，有些单位对不出勤的青壮年一律不给饭吃，并且把这作为好的经验来推广。[②] 少数基层干部违法乱纪行为严重，随意打骂、冻饿支边青壮年的现象不断发生。昌吉县榆树沟公社的红星、永进两个大队，把认为爱调皮、闹思想和逃跑过的人集中在一起，组织所谓的"红专学校"，进行强制劳动。[③]

除此而外，由于短时间内大量支边青壮年入疆，工作分配仓促。因此，对支边青壮年中有些技术的工人和知识青年、随迁干部的分配和使用不当，有些适合在工厂企业单位的却被分配在农村和水利工程方面。由于分配不当，学非所用，并且长期未能调整，引起他们思想动摇，特别是其中的随迁干部，对支边青壮年的巩固有很大影响。

[①] 《新疆维吾尔自治区劳动调配委员会关于报送三年来支边青壮年安置巩固工作的报告》，1962 年 8 月 4 日，江苏省档案馆藏，档案号：4008-002-0025。

[②] 辛兰亭：《关于自治区支边青壮年安置工作的报告——在 1960 年 7 月自治区支边青壮年安置工作会议上》，1960 年 7 月 2 日，新疆生产建设兵团档案馆藏，档案号：007-03-0080-4。

[③] 《新疆维吾尔自治区劳动调配委员会关于报送三年来支边青壮年安置巩固工作的报告》，1962 年 8 月 4 日，江苏省档案馆藏，档案号：4008-002-0025。

二、对新时期人口迁移支边工作的建议

新中国成立后，除了国家为开发和建设边疆和少数民族地区而实行的计划性迁移外，还有库区移民和生态移民等。库区移民是由于水利工程需要，必须根据政府安排搬迁到他处的非自愿性移民，比较大的如三峡水利工程移民和南水北调水利重点建设工程移民。生态移民，指因生态环境恶化或遭到破坏后而产生的人口自愿移民或政府主导的移民活动，如青海省三江源移民工程和内蒙古牧区生态移民等。其中，库区移民规模大、范围广、涉及区域多，安置工作周期长，是一项复杂而系统的工程。以三峡移民工程为例，经过 17 年的努力，搬迁安置移民 124.55 万人，基本实现了"搬得出，稳得住"的阶段性目标。[1] 但是，随着时间的迁移，移民搬迁后库区人文社会功能再造、社会关系重构和社会经济发展中出现的新矛盾、新问题逐渐显现出来，如产业发展相对滞后、就业和生计问题突出、干群矛盾突出、移民心理失衡等。[2] 这些问题与青壮年移民支边工作中存在的问题都具有一定的相似性，笔者拟就这些问题提出几点建议。

（一）迁移支边规划与保障措施相对应

迁移工作不仅仅是政策制定和执行的问题，更要关注迁移民众的社会适应和长远发展的问题。因此，迁移规划的制定必须遵

---

[1]　石伯勋、尹忠武、王迪友：《三峡工程移民安置规划与实践》，《中国工程科学》2011 年第 7 期。

[2]　孙元明：《三峡库区"后移民时期"若干重大社会问题分析——区域性社会问题凸显的原因及对策建议》，《中国软科学》2011 年第 6 期。

循人与自然协调发展的规律，应具有一定的前瞻性，构建符合社会经济发展需要的政策体系。在政策的制定上，既要从国家、部门的需求出发，又要充分考虑民众的利益需求，如相应的人文关怀、心理需求、话语权等。牢固树立稳定为先、发展为本的工作思路，从民众最现实、最直接、最关心的利益问题入手，切实解决好民众的合理诉求和各种政策性遗留问题。按照市场经济规律，在中央政府、地方政府和移民群体之间的博弈中寻求动态平衡点，防止形成过于强烈的"路径依赖"。在政策执行过程中不断反思和完善，提高政策的灵活性和适应性。

（二）迁移支边文化与心理需求相契合

现有的迁移政策往往只注重日常生活的适应，而对于劳动生产和心理归属的适应考虑不多，或甚少涉及。故应通过各种途径加大迁移民众对安置地区语言、生活习惯、风土人情等的认知，逐步消除他们的文化与心理障碍，进而融入当地的社会生态，增强他们的心理归属感。集约各方优势，整合各方资源，营造关心、爱护和支持移民的良好氛围。加强对迁移民众利益诉求的疏导，防止社会问题的滋生和蔓延。完善移民区信息收集、报送和分析制度，定期对民众的社会心态进行分析、预测，增强社会心理监测和社会冲突评估的能力。

（三）迁移支边生存与发展能力相促进

大力发展劳动密集型产业，不断拓宽群众增产增收的途径，使他们的生产生活水平不断提高、生活环境不断改善。围绕产业结构调整，开展好交通运输、加工制造和服务业等方面的专业培训，增强迁移民众的增收能力。积极支持地方高等教育，大力发展和普及职业教育和成人教育，不断提高移民的科学文化素质，增强他们的就业、择业能力和后续的生存发展能力。建立健全农村富余劳动力的转移机制，促进劳动力向非农产业转移，避免移民盲目流动。特别关注迁移民众中的特困群体，妥善解决他们普遍关心的社保、教育、医疗等实际困难。唯有如此，才能使他们真正安下心、扎下根。

（四）迁移支边管理机构与职能相匹配

随着国家各项事业的快速发展，迁移工作会更多更频繁。在新形势下，移民工作涉及面更广，政策性更强。因此，移民管理机构和职能要不断加强。建立统一的迁移管理机构，配备高素质的专业人员，提供相应的保障经费，不断扩大其服务职能，保证移民工作的顺利开展。加强干部队伍建设，加大业务能力培训，着力提高干部的业务素质和工作能力。建立健全移民行业管理规范和执行标准，对移民过程中的决策权限、组织形式、调节机制、监督办法等都要在相应的框架范围内运行。[1] 依托移民管理机构，发挥其服务职能，理顺干群关系，集中解决干群之间的利益冲突，提高移民经济的整体效益。

综而言之，20 世纪五六十年代的青壮年移民支边运动，是特殊历史背景下中央政府加快边疆开发建设的重要举措，也是国家组织的大规模的计划性迁移的一次实践。在条件十分有限的情况下，中央政府相关部门和有关省区克服重重困难，努力进行了

---

[1]　廖蔚：《水库移民经济论》，博士学位论文，四川大学，2005 年，第 294 页。

宣传动员、组织运送、安置巩固支边青壮年及其家属和部分返籍
人员的工作。受自然灾害特别是"三年困难时期"造成的经济
困难的影响，青壮年移民支边的计划仅执行两年便不得不停止。
江苏省的迁移任务只完成原计划的 1/5，苏、鄂、皖三省仅完成
约 1/7，也就使得这次移民支边所要承担的开发和建设边疆的使
命大打折扣。但这次移民支边较民国时期国民政府的移民垦殖具
有无可比拟的优势，即在短时期内完成了大量人口的迁移，这对
于加速边疆和少数民族地区工农业建设，对于保卫边疆、巩固国
防、增进各民族的团结都具有非同寻常的作用。同时还应看到，
移民支边运动的戛然而止有着深层次的原因，一方面固然是受经
济困难的影响和发展农业的需要，另一方面则是迁移之后因各种
社会问题交织而引发的大批支边人员的逃离和返籍。应当说，这
一运动中的许多问题已经显露出来，但 1968 年却发起了规模更
大的知识青年上山下乡运动。该运动也同样存在操之过急、忽视
客观条件、执行中有偏差和安置措施不当等方面的弊端。因此，
这一历史时期的政治运动是颇为值得深思的问题。

　　自古以来，大规模有计划的迁移活动就是一项综合性、系统
性的大工程。从宣传到动员，从组织到运送，从安置到巩固，层
层推进，环环相扣，不仅是对政府人力、物力、财力的考验，也
是对组织实施者智慧的检验。在移民支边的实践中可以看到，政
策界限明晰与否、支边青年的心态、组织动员者的宣传策略、基
层干部和群众的接纳程度、生产生活困难的解决情况等，都直接
影响到迁移的效果，有的仍然是制约和影响当代人口迁移工作的
重要因素。时至今日，制定切实可行的迁移计划，加强顶层设计
以及与之相关的保障措施，充分考虑各地区的安置条件和安置能

力，处理好迁移地区民众与安置地区人民的切身利益，力争实现移民个人意愿与国家意志相一致，是迁移成功与否的关键所在。因此，从这个意义上考察青壮年移民支边工作中存在的诸多问题，力争在以后的工作中避免或减少类似的错误，也许是梳理总结这次移民支边工作的学术和现实意义之所在。

参考文献

一、档案资料

[1] 江苏省档案馆藏：①江苏省支边支前办公室档案；②江苏省民政厅档案；③中共江苏省委农村工作部档案。

[2] 南京市档案馆藏：南京市动员青壮年参加新疆社会主义建设办公室档案。

[3] 新疆生产建设兵团档案馆藏：①新疆军区生产建设兵团司令部档案；②兵团机运处档案；③兵团工交部档案。

[4] 昌吉回族自治州档案馆藏：①昌吉回族自治州委办公室档案；②昌吉回族自治州人委办公室档案；③中共昌吉回族自治州委农工部档案。

[5] 扬州市档案馆藏：①扬州专区支边委员会档案；②扬州专区行政专员公署民政科档案。

[6] 南通市档案馆藏：①南通专区支边委员会档案；②南通专区行政专员公署民政科档案。

[7] 苏州市档案馆藏：苏州专员公署民政处档案。

[8] 镇江市档案馆藏：①中国共产党镇江地方委员会民政档案；②镇江专员公署民政科档案；③中共江苏省委文件。

[9] 江阴市档案馆藏：①江阴县人民委员会档案；②江阴县支边办公室档案。

[10] 呼图壁县档案馆藏：①呼图壁县人民委员会档案；②呼图壁县民政科档案。

[11] 兵团农八师石河子市档案馆藏：①兵团农八师档案；②兵团石河

子管理处档案。

[12] 兵团农六师芳草湖总场档案室藏：芳草湖总场行（政）办（公）室档案。

[13] 湖北省档案馆藏：①湖北省人民委员会档案；②湖北省动员青壮年支援边疆建设委员会办公室档案；③湖北省民政厅档案。

[14] 安徽省档案馆藏：①安徽省支援边疆社会主义建设委员会办公室档案；②安徽省劳动局档案。

二、文献汇编

[1] 本书编写组：《管文蔚文集》，中共党史出版社 1995 年版。

[2] 昌吉州政协党派社团学习文史委员会编：《昌吉州政协文史资料第 33 辑》（苏皖鄂青壮年支边在昌吉），新疆维吾尔自治区内部资料性出版物准印证（2010）年第 53 号，2010 年版。

[3] 《邓子恢文集》，人民出版社 1996 年版。

[4] 国家劳动总局政策研究室：《中国劳动立法资料汇编》，工人出版社 1980 年版。

[5] 国家劳动总局政策研究室资料组编：《劳动问题研究资料》，劳动出版社 1981 年版。

[6] 国家统计局国民经济综合统计司编：《新中国五十年统计资料汇编》，中国统计出版社 1999 年版。

[7] 国家统计局人口统计司、公安部三局编：《中华人民共和国人口统计资料汇编 1949—1985》，中国财政经济出版社 1988 年版。

[8] 国家统计局社会统计司编：《中国劳动工资统计资料 1949—1985》，中国统计出版社 1987 年版。

[9] 《李富春选集》，中国计划出版社 1992 年版。

[10] 农垦部政策研究室等编：《农垦工作文件资料选编》，农业出版社 1983 年版。

[11] 《王恩茂文集》（上、下），中央文献出版社 1997 年版。

[12] 新疆生产建设兵团史志编纂委员会、兵团党委党史研究室编：《新

疆生产建设兵团史料选辑第 12 辑》（支边知识青年专辑），新疆人民出版社
2003 年版。

[13] 新疆维吾尔自治区统计局：《新疆维吾尔自治区国民经济统计资
料 1949—1985》，内部资料 1986 年版。

[14] 中共湖北省委党史研究室、新疆生产建设兵团党委党史研究室：
《湖北二十世纪五六十年代援疆史料选辑》，湖北长江出版集团、湖北人民
出版社 2008 年版。

[15] 中共中央文献研究室编：《建国以来重要文献选编》，中央文献出
版社 2011 年版。

[16] 中共中央文献研究室、中共新疆维吾尔自治区委员会编：《新疆
工作文献选编（一九四九——二〇一〇年）》，中央文献出版社 2010 年版。

[17] 中国社会科学院、中央档案馆编：《1953—1957 年中华人民共和
国经济档案资料选编》，中国物价出版社 1998 年版。

[18] 中国社会科学院、中央档案馆编：《1958—1965 年中华人民共和
国经济档案资料选编》，中国财政经济出版社 2011 年版。

[19] 中华人民共和国国家农业委员会办公厅编：《农业集体化重要文
件汇编 1958—1981》（上、下），中共中央党校出版社 1981 年版。

[20] 中华人民共和国内务部办公厅编印：《民政法令汇编 1949 年 10
月—1954 年 9 月》，1954 年版。

[21]中华人民共和国内务部办公厅编印：《民政法令汇编 1954 年 9 月—
1955 年 12 月》，1956 年版。

[22]中华人民共和国内务部办公厅编印：《民政法令汇编 1956 年 1 月—
12 月》，1957 年版。

[23] 中华人民共和国内务部农村福利司编：《建国以来灾情和救灾工
作史料》，法律出版社 1958 年版。

[24] 中华人民共和国内务部移民局编印：《移民工作资料选编（第一
辑)》，1958 年版。

[25] 中华人民共和国农业部编：《新中国农业 60 年统计资料》，中国
农业出版社 2009 年版。

[26] 中央人民政府内务部办公厅编：《第二次全国民政会议文件汇编》，人民出版社 1954 年版。

三、地方史志

[1] 阿克苏地区地方志编纂委员会编：《阿克苏地区志》，新疆人民出版社 2008 年版。

[2] 阿勒泰地区地方志编纂委员会编：《阿勒泰地区志》，新疆人民出版社 2004 年版。

[3] 博尔塔拉蒙古自治州地方志编纂委员会编：《博尔塔拉蒙古自治州志》，新疆大学出版社 1999 年版。

[4] 昌吉回族自治州地方志编纂委员会编：《昌吉回族自治州志》，新疆人民出版社 2002 年版。

[5] 昌吉市地方志编纂委员会编：《昌吉市志》，新疆人民出版社 2003 年版。

[6] 福海县史志编纂委员会编：《福海县志》，新疆人民出版社 2003 年版。

[7] 哈密地区民政处编：《哈密地区民政志》，内部资料 1999 年版。

[8] 哈密地区地方志编纂委员会编：《哈密地区志》，新疆大学出版社 1997 年版。

[9] 和静县史志编纂委员会编：《和静县志》，新疆人民出版社 1995 年版。

[10] 和田地区地方志编纂委员会编：《和田地区志》，新疆人民出版社 2011 年版。

[11] 呼图壁县志编纂委员会编：《呼图壁县志》，新疆人民出版社 1992 年版。

[12] 江苏省地方志编纂委员会编：《江苏省志·劳动管理志》，江苏古籍出版社 2000 年版。

[13] 江苏省地方志编纂委员会编：《江苏省志·民政志》，方志出版社 2002 年版。

[14] 江苏省地方志编纂委员会编:《江苏省志·人口志》,方志出版社1999年版。

[15] 喀什地区地方志编纂委员会编:《喀什地区志》,新疆人民出版社2004年版。

[16] 库尔勒市史志编纂委员会编:《库尔勒市志》,新疆人民出版社1995年版。

[17] 民丰县地方志编纂委员会编:《民丰县志》,新疆人民出版社2007年版。

[18] 墨玉县史志编纂委员会编:《墨玉县志》,新疆人民出版社2008年版。

[19] 尼勒克县地方志编纂委员会编:《尼勒克县志》,新疆人民出版社2001年版。

[20] 农二师二二三团史志办公室编著:《农二师二二三团简史》,新疆人民出版社2008年版。

[21] 农六师红旗农场史志编纂委员会编:《新疆生产建设兵团农六师红旗农场志》,新疆电子出版社2004年版。

[22] 农一师史志编纂委员会编:《农一师简史》,新疆人民出版社2002年版。

[23] 吐鲁番地区地方志编纂委员会编:《吐鲁番地区志》,新疆人民出版社2004年版。

[24]《吐鲁番市志》编纂委员会编:《吐鲁番市志》,新疆人民出版社2002年版。

[25] 托克逊县地方志编纂委员会编:《托克逊县志》,新疆人民出版社2005年版。

[26] 乌苏县党史地方志编纂委员会编:《乌苏县志》,新疆人民出版社1999年版。

[27] 五一农场史志编纂委员会编:《五一农场志》,新疆人民出版社2003年版。

[28] 新疆生产建设兵团农六师史志编纂委员会:《农六师垦区·五家

渠市志》，新疆人民出版社 2001 年版。

[29] 新疆维吾尔自治区地方志编纂委员会、《新疆通志·劳动志》编纂委员会：《新疆通志·劳动志》，新疆人民出版社 1996 年版。

[30] 新疆维吾尔自治区地方志编纂委员会、《新疆通志·民政志》编纂委员会：《新疆通志·民政志》，新疆人民出版社 1992 年版。

[31] 新疆维吾尔自治区地方志编纂委员会、《新疆通志·农业志》编纂委员会：《新疆通志·农业志》，新疆人民出版社 1994 年版。

[32] 新疆维吾尔自治区地方志编纂委员会、《新疆通志·生产建设兵团志》编纂委员会：《新疆通志·生产建设兵团志》，新疆人民出版社 1998 年版。

[33] 新疆维吾尔自治区地方志编纂委员会、《新疆通志·统计志》编纂委员会：《新疆通志·统计志》，新疆人民出版社 2004 年版。

[34] 新疆维吾尔自治区地方志编纂委员会、《新疆通志·政务志·政府》编纂委员会：《新疆通志·政务志·政府》，新疆人民出版社 2006 年版。

[35] 徐州民政志编纂办公室：《徐州民政志》，中国文史出版社 1992 年版。

[36] 伊犁哈萨克自治州地方志编纂委员会编：《伊犁哈萨克自治州志》，新疆人民出版社 2004 年版。

[37] 中共昌吉市委员会党史研究室：《中国共产党昌吉市简史 1949—2003》，新疆生产建设兵团出版社 2007 年版。

四、报刊

（一）报纸

《兵团日报》（汉文版）、《喀什日报》（汉文版）、《南京日报》、《人民日报》、《新华日报》、《新疆日报》等。

（二）期刊

《劳动》《新疆红旗》《新疆青年》《新疆画报》《新疆维吾尔自治区人民委员会公报》《新疆政报》《中国农垦》《中华人民共和国国务院公报》等。

五、著作

（一）中文著作

[1] 碧野：《天山南北好地方》，中国少年儿童出版社 1959 年版。

[2] 陈超主编：《现代新疆史事记（1949.9—1985.12)》，（内部资料）1990 年版。

[3] "当代中国"丛书编辑部编辑：《当代中国的劳动力管理》，中国社会科学出版社 1990 年版。

[4] "当代中国"丛书编辑部编辑：《当代中国的新疆》，当代中国出版社 1991 年版。

[5] 段成荣：《中国省际人口迁移研究》，海潮出版社 2001 年版。

[6] 《飞跃前进中的新疆》编写组编写：《飞跃前进中的新疆》，新疆人民出版社 1965 年版。

[7] 富文等主编：《中国共产党新疆历史大事记（一九四九．十——一九六六．四)》（上册），新疆人民出版社 1993 年版。

[8] 《光辉的三十年》编辑组：《光辉三十年（1955—1985)》，新疆人民出版社 1986 年版。

[9] 侯杨方：《中国人口史》（第六卷 1910—1953 年），复旦大学出版社 2001 年版。

[10] 李福生主编：《新疆生产建设兵团简史》，新疆人民出版社 1997 年版。

[11] 李好学：《河南青年在新疆》，河南人民出版社 1959 年版。

[12] 刘海林主编：《戈壁春秋》，新疆维吾尔自治区内部资料性出版物准印证（2006）年 293 号总第 904 号 2006 年版。

[13] 刘科编著：《新疆生产建设兵团人口迁移与开发研究》，新疆人民出版社 1997 年版。

[14] 农垦出版社丛书编辑部：《拓荒曲（农垦诗集)》，农垦出版社 1959 年版。

[15] 钱华兴主编：《江苏省无锡县支援新疆社会主义建设青壮年进疆

五十周年纪念册（一九五九年八月——二零零九年八月）》，内部印行 2009
年版。

[16]商务印书馆编：《新疆、内蒙、青海散记》，商务印书馆 1959 年版。

[17] 沈益民、童乘珠：《中国人口迁移》，中国统计出版社 1992 年版。

[18] 石方：《中国人口迁移史稿》，黑龙江人民出版社 1990 年版。

[19] 田方、林发棠主编：《中国人口迁移》，知识出版社 1986 年版。

[20] 田方、张东亮编：《中国人口迁移新探》，知识出版社 1989 年版。

[21] 童玉芬：《中国新疆的人口与环境》，世界知识出版社 2006 年版。

[22] 新疆社会科学院经济研究所：《新疆经济概述》，新疆人民出版社
1985 年版。

[23] 新疆生产建设兵团毛泽东屯垦思想研究会编：《亲历激情岁月第
二集——屯垦戍边讲谈录》，新疆人民出版社 2004 年版。

[24] 新疆生产建设兵团毛泽东屯垦思想研究会编：《亲历激情岁月第
六集》，新疆生产建设兵团出版社 2009 年版。

[25] 新疆生产建设兵团毛泽东屯垦思想研究会编：《亲历激情岁月第
七集》，新疆生产建设兵团出版社 2010 年版。

[26] 新疆生产建设兵团毛泽东屯垦思想研究会编：《亲历激情岁月第
四集》，新疆人民出版社 2006 年版。

[27] 新疆生产建设兵团毛泽东屯垦思想研究会编：《亲历激情岁月特
辑：青史丹心照天山》，新疆生产建设兵团出版社 2009 年版。

[28] 王小平：《当代新疆屯垦口述史》，新疆人民出版社 2012 年版。

[29] 新疆人民出版社编：《天山赞歌——新疆革命歌曲选》，人民音乐
出版社 1977 年版。

[30] 新疆人民出版社编辑：《红日照天山：新疆维吾尔自治区自治州县
成立十周年文集》，新疆人民出版社 1965 年版。

[31] 徐金石、李洪喜主编：《戈壁红柳》，新疆维吾尔自治区内部资料
准印证（2010）年第 016 号 2010 年版。

[32] 杨云彦：《中国人口迁移与发展的长期战略》，武汉出版社 1994
年版。

[33] 杨政、童玉芬、原新:《新疆人口省际迁移研究》,新疆人民出版社 1996 年版。

[34] 张纯元主编:《中国农村人口研究》,中国人口出版社 1994 年版。

[35] 赵光鸣主编:《感谢支边》,新疆大学出版社 2003 年版。

[36] 赵予征:《丝绸之路屯垦研究》,新疆人民出版社 2010 年版。

[37] 中共新疆维吾尔自治区委员会党史研究室编:《情系天山:党和国家领导人在新疆》,中共党史出版社 1995 年版。

[38] 中共新疆维吾尔自治区顾问委员会编:《写在天山上的碑文》,新疆人民出版社 1985 年版。

[39] 中共新疆维吾尔自治区委员会办公厅、中共新疆维吾尔自治区人民政府办公厅编:《新疆五十年——1949—1999》(上、下卷),新疆人民出版社 1999 年版。

[40] 中共新疆维吾尔自治区委员会党史研究室编著:《当代新疆风云》,新疆人民出版社 2002 年版。

[41] 中共新疆维吾尔自治区委员会宣传部、新疆维吾尔自治区统计局编:《新疆四十年——1955—1995》,中国统计出版社 1995 年版。

[42] 周崇经主编:《中国人口》(新疆分册),中国财政经济出版社 1990 年版。

(二)外文译著

[43] [英] 安东尼·吉登斯:《社会学》,赵旭东等译,北京大学出版社 2003 年版。

[44] [美] 乔纳森·H.特纳:《现代西方社会学理论》,范伟达主译、卢汉龙校订,天津人民出版社 1988 年版。

[45] [美] 乔纳森·H.特纳:《社会学理论的结构》,邱泽奇、张茂元等译,华夏出版社 2006 年版。

[46] [美] 塔尔科特·帕森斯:《社会行动的结构》,张明德、夏遇南、彭刚译,译林出版社 2003 年版。

(三)外文著作

[47] Donald H.McMillen, *Chinese Communist Power and Policy in*

Xinjiang，*1949—1997,* Boulder:Westview,1979.

[48] Lawrence Guy Brown, *Immigration Cultutal conflicts and Social adjustments*, Longmans, Green and Co,1933.

六、论文

（一）学位论文

[1] 胡雁：《新疆省际人口迁移及其对社会经济发展的影响》，硕士学位论文，新疆大学经济与管理学院，2003年。

[2] 胡彦明：《新中国初期河北省移民问题研究》，硕士学位论文，河北师范大学历史文化学院，2006年。

[3] 康添财：《中共移民边疆政策之研究》，硕士学位论文，（台湾）国立政治大学边政研究所，1987年。

[4] 李洁：《变迁、互动与交融——新疆阿克苏地区汉族移民及民族关系研究》，博士学位论文，兰州大学历史文化学院，2009年。

[5] 李淑芬：《中共治理新疆与生产建设兵团前期发展之研究1949—1966》，硕士学位论文，（台湾）中央大学历史研究所，2012年。

[6] 罗联芳：《中共移民新疆之研究》，硕士学位论文，（台湾）政治大学边政研究所，1983年。

[7] 马晶莹：《新中国成立后河南对新疆的人力支援研究（1956—1966)》，硕士学位论文，新疆大学人文学院，2012年。

[8] 王振华：《二十世纪五六十年代湖北援疆历史考察》，硕士学位论文，华中师范大学历史文化学院，2011年。

（二）期刊论文

1. 期刊论文（中文）

[9] 葛剑雄、安介生：《20世纪中国移民史的阶段性特征》，《探索与争鸣》2010年第2期。

[10] 李德滨：《当代中国移民基本经验》，《人口研究》1995年第2期。

[11] 李洁、徐黎丽：《试论1949年以后新疆汉族移民的类型与功效》，《北方民族大学学报》（哲学社会科学版）2009年第2期。

[12] 李元庆：《浅议新疆人口的机械增长》，《新疆社会科学》1989年第3期。

[13] 林显恩：《中共移民边疆之分析》，（中国台北）《光复大陆》第199期（1983年）。

[14] 刘丹：《新疆移民问题研究——新中国成立后新疆人口迁移、定居及类型研究》，《西北人口》2010年第6期。

[15] 刘萍：《1942—1944年豫籍灾民迁移新疆述略》，《东岳论丛》2014年第4期。

[16] 刘绍文、杨红伟：《建国以来新疆人口增长初探》，《人口学刊》2001年第6期。

[17] 刘月兰：《新疆生产建设兵团人口迁移研究》，《西北人口》2007年第2期。

[18] 刘月兰、汪月华：《1954—2005年新疆兵团人口发展的特点及制约因素分析》，《西北人口》2008年第1期。

[19] 刘迫、陈艳：《新疆省际人口迁移现状及效果评价》，《西北人口》2013年第6期。

[20] 鹿立、王秀银：《从我国五十年代有组织的移民垦荒探析移民巩固问题》，《人口研究》1986年第4期。

[21] 仇为之：《对建国以来人口迁移的初步研究》，《人口与经济》1981年第4期。

[22] 田方：《我国移民问题的剖析》，《社会》1984年第6期。

[23] 童玉芬：《新疆省际人口迁移机制研究》，《西北人口》1994年第3期。

[24] 汪学华、刘月兰、唐湘玲：《建国以来新疆人口的省际迁移状况分析》，《西北人口》2010年第4期。

[25] 续西发：《新疆人口迁移问题研究》，《新疆大学学报（哲学社会科学版）》1996年第4期。

[26] 杨政、原新、童玉芬：《新疆人口省际迁移研究》，《新疆大学学报（哲学社会科学版）》1995年第2期。

[27] 姚勇、张磊：《建国初至"文革"前新疆人口迁移与社会经济发展》，《兰台世界》2013 年 5 月（上旬）。

[28] 张毅、何秉宇：《新疆兵团人口迁移与新疆社会发展》，《新疆大学学报（哲学社会科学版）》1999 年第 4 期。

[29] 赵入坤：《二十世纪五六十年代的中国边疆移民》，《中共党史研究》2012 年第 2 期。

2. 期刊论文（英文）

[30] A. R. Field,"Strategic Development in Sinkiang", *Foreign Affairs*, Vol.39, No.2 (Jan.,1961), pp.312–318.

[31] Michael Freeberne,"Demographic and Economic Changes in the Sinkiang Uighur Autonomous Region", *Population Studies,* Vol.20, No.1 (Jul., 1966), pp.103–124.

[32] J.P.Lo, "Five Years of the Sinkiang-Uighur Autonomous Region,1955-1960", *The China Quarterly,* No.8 (Oct.- Dec.,1961), pp.92–105.

[33] Henry G. Schwarz, " Chinese Migration to North-West China and Inner Mongolia, 1949–59", *The China Quarterly,* No.16 (Oct.-Dec., 1963), pp.61-74.

[34] O. Edmund Clubb, "Economic Modernization in Sinkiang", *Far Eastern Survey*, Vol.27, No.2 (Feb., 1958), pp.17–23.

附录一：访谈提纲

非常感谢您的热心帮助，我想了解以下几方面的内容：

一、您的姓名，出生年月，到疆工作单位？在疆工作时间？目前生活状况如何？

二、江苏省是如何宣传动员青壮年进疆的？您是怎么报名参加的？县、公社是怎么宣传动员的？还记得是怎么样审批的吗？

三、您是自愿进疆的，还是公社下达指标要求进疆的？您当时对新疆有什么样的认识？

四、据您所知，江苏省有多少支边青年进疆，他们来自那些地区？您当时怎么样进疆的？新疆方面是如何接待，如何分配安置的？

五、在新疆安置后吃、穿、住、用、行的基本情况是怎么样的？较江苏省有什么区别？

六、据您所知，有没有江苏支边青壮年安置后不久即返籍的？返籍的原因大概有哪些（如气候不适应，身体不适应，当地条件太差，与当地民众相处不融洽，国家精简下放政策的影响等）？返籍人员的比例大概有多少？江苏省又是如何安置这些返籍青年的？

七、您对当时新疆方面的安置是否满意？在新疆干了一辈子，是否后悔过？您对国家当时的移民支边政策怎么看，觉得有什么利与弊？

八、当下十九省市支援新疆，作为曾经建设新疆的一分子，您对当下的援疆怎么看？认为怎样才能把新疆建设得更好？

附录二：
江阴县支边宣传动员材料选摘（六则）

同到边疆建设新家乡

（对口小演唱）

（男）春暖花开千里香，支边号召到我乡，青壮年成群去报名，人人都想去新疆，我阿龙听了心欢喜，恨不得马上批准到边疆，今天清早去东庄，要与素娥来商量。

（女）东方发白天刚亮，素娥急忙把工上，见他全身簇新走前来，虎背熊腰好雄壮。

（夹白）为什么清早他来我庄。

（哦）莫非为了婚姻事，要来与我同商量。上前便把龙哥叫，为啥这早到东庄，浑身衣衫簇崭新，满脸喜气为那桩？

（男）枝头喜鹊喳喳叫，有桩喜事告诉你知晓。

（女）龙哥你日期没算准，"五四"婚期还未到。

（男）（白）素娥，（唱）这桩喜事你猜错了，我说的是大家响应支边号召我早打算去支边，只等批准就要跑。（白）只怕你……

（女）（白）怕我什么？

（男）怕你一人……

459

（女）龙哥只管把心放，你报名，素娥心里喜洋洋，建设边疆大家有责任，女青年也该出力量。（白）我也早到公社去报名，和你一同到边疆。

（男）真的？

（女）谁骗你！

（同唱）到边疆来到边疆，同上边疆出力量，要学苏联青年们，到西伯利亚去办农场，成家立业搞生产，开花结果建设新家乡，把青春献给社会主义，建设边疆成天堂。

六唱新疆好地方

（《梳妆台》调）

一唱唱新疆，是个好地方，地大物博风景好，有名的歌午（舞）乡；各族人民热爱劳动，勇敢又豪爽，艰苦奋战大建设，力争超苏杭，依格呀化海。

二唱唱新疆，是个好地方，南北两疆原野上，办起大农场，修建水库、开挖渠道，一片稻花香，棉花朵朵象（像）雪团，麦穗闪金光。

三唱唱新疆，是个好地方，新疆果瓜品种好，全世界有名望，伊犁苹果、哈密西瓜，汁多甜水淌，葡萄满架桃满树，国内外销路广。

四唱唱新疆，真是好地方，茫茫草原接天边，水清绿草长，牛马羊群满山野，草原好牧场，风吹草低见牛羊，奶茶甜又香。

五唱唱新疆，是个好地方，座座山里有宝贝，处处有矿藏，

煤铁金银、稀有金属，丰富又多样，大好资源要开发，

六唱唱新疆，真是好地方，祖国优秀好儿女，决心到边疆，不怕艰难、不避艰苦，斗志多昂扬，建设祖国成乐园，建设新家乡，新疆成天堂。

新疆是我第二家乡

（《杨柳青》调）

新疆是个好地方，土地肥沃好风光。（过门）大草原，是牧场，山底下，有矿藏。（过门）麦穗金黄稻花香。

边疆富源要开发，要靠大家出力量。（过门）帮助那，各民族，搞建设，要支援。（过门）建设新疆变乐园。

边疆好象（像）是围墙，围墙坚固狼难闯。（过门）支援那，各民族。团结紧，保边疆。（过门）保卫祖国得安康。

合力建设我边疆，和建设家乡一个样。（过门）祖国是个大家庭，建设任务，大家担当。（过门）祖国愈建愈富强。

祖国优秀好儿女，响应号召到边疆。（过门）美丽青春，献给祖国，成家立业，住在新疆。（过门）新疆是我第二家乡。

齐心合力搞生产，搞好生产迎支边。（过门）青壮年，有志气，忙增产，迎支边。（过门）去到新疆建我第二家乡。

英雄好汉出征记

支边者合唱：

早晨朝霞烧红山，

我的心呀你莫猜，

我要背上"经"和"宝"，

去把边疆建设好。

当年出征战蒋匪，

今日进疆开宝地，

地下资源遍地开，

誓叫荒地变良田。

战场上是英雄汉，

开发边疆前头走，

今日赴疆心里欢，

定叫边疆变乐园。

父唱：

当年送儿去打匪，

今日送儿去支边，

我的好儿你今去，

建设边疆是重任，

一定要听主席话，

勿要为父丢脸蛋。

男唱：

> 爹爹希你多放心，
>
> 饮水不忘掘井人，
>
> 你儿一定勤巧干，
>
> 要为故乡争光荣。

邻居唱：

> 英雄儿女去支边，
>
> 路上饱暖自当心，
>
> 我们在家生产好，
>
> □□我们□□归。

女唱（羞涩地）：

> 妈妈您话我明白，
>
> 我去支边为建设，
>
> 你们在家也一样，
>
> 身在两地心连心！

（支边队伍在锣鼓喧天中齐步走）

合唱：

> 金色太阳临空照，
>
> 新疆是个好地方，
>
> 我们是战斗英雄，
>
> 我们是生产好汉，
>
> 英雄好汉出征去，
>
> 直叫边疆听我唤，
>
> 荒地变成肥沃田，
>
> 人间要与天堂换！

新疆来信

（女声演唱，配《大嫂的来信》调）

王秀英拿着一封信兴冲冲地上，边拆边看，脸上显出笑容，五、六个俏皮的姑娘上。

甲：秀英，秀英听我讲哎，你别那个躲呀你别那个藏哎，新疆来信何人写？快快讲来。

乙：快快讲来。

合：快快快快。

甲：赶快对俺讲一讲，哎……

秀：这信来自……

甲：来自……

秀：这信来自他……

合：他是谁？

秀：他，他

合：哎……

秀：他他他他，他就是支援边疆的张吉良。

甲：张吉良？

乙：张吉良？

合：支援边疆的张吉良（秀害羞地）

甲：你别那个躲来，你别那个藏哎，新疆来信说点啥？俺要了解，俺要了解。

合：赶快给我们讲一讲，哎……

秀：要想知道他的信，公开一下又何妨？

甲：哎呀呀呀呀！

合：哎呀呀呀呀！

秀：姑娘们！新疆好，新疆本是个好地方。

　　　　土地广来资源富，

　　　　青山草地布牛羊，

　　　　如今新疆大发展，

　　　　工农林牧齐跃进，

　　　　汗水洒出甜瓜果，

　　　　劳动浇出幸福花，

　　　　自从新疆解放后，

　　　　开办农场建工厂，

　　　　新疆处处新气象，

　　　　先苦后甜是常例（理），

　　　　劳动才得幸福享，

　　　　祖国边疆应开发，

　　　　利用资源搞生产，

　　　　我国面貌处处新，

　　　　天南海北都一样，

　　　　拿起行装上前方，

　　　　支边不怕困难挡。

　　　　不怕困难挡！

甲：秀英，秀英，俺不相信，还有那个事儿没有讲，如果只有几句话，他为啥写了，为啥写了四五张？哎呀呀呀呀！

合：呀呀呀呀呀！如果只有这几句话，为啥写了四五张？哎……

秀：姑娘们呀不要慌，还有一点没有讲，我们已经……（害羞地）

合："我们已经"怎么样？

秀：我们已经……

合："我们已经"怎么样？

秀：我们已经，我们已经……

合：哎……

秀：我们已经订了约，我将到新疆，将到新疆去建乐园。

甲：哎……秀英，秀英，你真行，支援边疆功劳大。

合：支援新疆搞生产，发展新疆变富强，我们和你一同去，吃你的喜糖怎么样？

秀：你们？

合：我们，哎……

支援边疆理应当

（沪剧曲调）

（一）祖国新疆好地方，天山南北好风光，遍地是牧场，有名的歌舞乡，人民勤劳勇敢又豪爽，叫声同志呀，新疆是个好地方。

（二）新疆是个好地方，资源丰富物产广，大片肥沃地，金银满地藏，金黄麦穗一片□花香，叫声同志呀，新疆是个好地方。

（三）支援新疆建设味（喂）意义哩格大，加速新疆地方建设，开发祖国宝藏。边疆地区地方大，资源丰富物产广，劳力不足人稀少，支援边疆理应当。支援边疆开发富源，青壮年们勇敢坚强，赴边疆。

（四）祖国新疆地区味（喂）实在哩格大，各族人民团结紧，合力建边疆。祖国边疆似围墙，围墙坚固狼难闯，各族人民团结紧，同心合力建边疆。民族之间紧密团结，开发边疆建设边疆，生活乐无疆。

（五）祖国新疆土地味（喂）肥沃哩格好，加速新疆农业建设，意义更重大。一亿六千万亩田，等待我们去开发，种出经济农作物，支援国家工业化。支援边疆农业建设，开垦荒地增产量，泥土变为粮。

（六）江阴青年决心强，立志报名去边疆，踊跃去报名，争登光荣榜，献出青春和力量。同志们呀，建设幸福新边疆。

资料来源：《江阴县委宣传部为做好"动员青壮年参加新疆社会主义建设"工作的宣传鼓动工作的通知》，1959年4月1日，江阴市档案管藏，档案号：118-3-2。

主题索引